掌尚文化

Culture is Future

尚文化·掌天下

聊城大学学术著作出版基金资助

山东省社会科学规划基金重点项目（项目编号：17BJJJ11）的后续成果

山东省高等学校"青创科技计划"项目（项目编号：2019RWE012）的阶段性成果

高建刚 著

中国工业的绿色发展

Green Development of Chinese Industry

绩效、机制与路径

Performance, Mechanism and Path

经济管理出版社
ECONOMY & MANAGEMENT PUBLISHING HOUSE

图书在版编目（CIP）数据

中国工业的绿色发展：绩效、机制与路径/高建刚著. —北京：经济管理出版社，
2021.7

ISBN 978-7-5096-8181-7

Ⅰ.①中…　Ⅱ.①高…　Ⅲ.①工业经济—绿色经济—经济发展—研究—中国
Ⅳ.①F424

中国版本图书馆 CIP 数据核字（2021）第 151011 号

组稿编辑：张　昕
责任编辑：张　昕
责任印制：黄章平
责任校对：张晓燕

出版发行：经济管理出版社
　　　　　（北京市海淀区北蜂窝 8 号中雅大厦 A 座 11 层　　100038）
网　　址：www.E-mp.com.cn
电　　话：（010）51915602
印　　刷：唐山玺诚印务有限公司
经　　销：新华书店
开　　本：720mm×1000mm/16
印　　张：21.5
字　　数：356 千字
版　　次：2021 年 12 月第 1 版　　　2021 年 12 月第 1 次印刷
书　　号：ISBN 978-7-5096-8181-7
定　　价：98.00 元

序

党的十九大报告指出，中国经济已经由高速增长阶段转变为高质量发展阶段，必须坚持质量第一、效益优先，推动经济发展质量变革、效率变革、动力变革。受资源环境容量的限制，中国经济要实现高质量发展，必须坚持走绿色发展之路。工业在中国国民经济中的地位非常重要。目前，工业既是中国经济增长的主要动力源，也是以高投入、高消耗、高排放为特征的粗放式经济发展方式的主要领域。因此，中国工业的绿色发展对中国经济实现绿色发展至为关键。为此，亟须深入、系统地考察中国工业的绿色发展现状、动机机制以及提升路径。《中国工业的绿色发展：绩效、逻辑及路径》即是此方面研究的力作。

本书分为上、中、下三篇共十二章。上篇是中国工业绿色发展绩效评价（第一至第三章）。主要考察中国工业绿色发展现状及历程，包括基于绿色生产率视角考察中国省际层面和工业大省——山东省的工业绿色发展绩效（第二章），以及基于经济—能源—环境（3E）关系的中国工业绿色发展绩效评价（第三章）。中篇是中国工业绿色发展的内在逻辑（第四至第七章）。主要包括：从污染导致的健康成本阐述绿色转型逻辑即环境压力倒逼机制（第四章）；从清洁能源发展对3E关系的影响阐述中国工业绿色转型的逻辑即科技创新驱动机制（第五章）；从政策层面（补贴、税收、绿色权证、再生能源配额等）论述中国工业绿色转型的逻辑即政策引导机制（第六章）；从环保意识层面阐述中国绿色转型的逻辑即文化型塑机制（第七章）。下篇是中国工业绿色发展的障碍及提升路径（第八至第十二章）。主要包括：中国战略性新兴产业发展的主要障碍（第八章）、主要发达国家推动绿色转型的镜鉴（第九章、第十章）、中国工业绿色发展提升之路（第十一章）。第十二章是结论和政策建议。

整体上看，本书具有逻辑严密、结构完整的特点，不仅具有较高的学术价值和理论创新，同时具有很高的实际应用价值。从研究方法看，其创新点主要体现在以下方面：

一是将传统 SBM 模型拓展为动态 SBM 模型，并用之考察中国省际工业绿色生产率水平。此外，以往文献较少考察某一省份的工业绿色发展水平，故本书以山东省为例，运用动态 SBM 模型考察了该省 17 个地市的工业绿色生产率水平。

二是建构了再生能源发展政策的模型。主要体现在两个方面：①运用博弈论建构了开放条件下，考虑再生能源具有正负双重外部性条件的最优政策模型；②运用博弈论建构了包含碳税、再生能源补贴（含资本补贴和电价补贴）、再生能源配额、绿色权证等在内的一体化分析模型，并进行了模拟。

三是 LV 共生模型的运用。以往研究的线性假设使得对复杂的 3E 关系的探索受到限制。为此，本书采用 Lotka-Volterra 模型，建构非线性动态竞合 LV-COSUD 模型，探讨 3E 之间可能存在的非常复杂的关系，有利于制定更加精准的永续政策和绿色能源政策。

四是双层 KLEM 投入产出结构分解法的运用。以往文献大多使用因素分析法探讨能源消耗的因素，仅能呈现总体效果。双层 KLEM 投入产出结构分解法能进一步探讨生产要素间的替代、技术进步、最终需求、产业结构及进出口等因素的影响，可以深入厘清能源消费变化的复杂关系与机制。

当然，本书还存在一些不足，需要在今后的研究工作中予以改进。例如，有几章的样本数据较少，样本期间仅限于 2007—2017 年，在未来的研究中，应当尽可能扩大样本容量。但整体来看，本书论证完善，方法科学，结论可靠，对策措施针对性强，可为政府部门决策提供重要依据，同时可以成为高等院校、科研机构、研究协会等学术机构的参考资料，对广大企业也具有重要的启示作用和指导意义。

山东大学管理学院教授、博士生导师
杨蕙馨
2020 年 10 月 10 日

目 录

上篇

中国工业绿色发展绩效评价

第一章 导 言

第一节 研究背景与研究意义

一、研究背景

改革开放以来，中国经济飞速发展，取得了举世瞩目的成就。国内生产总值从 1978 年的 3678.7 亿元增长到 2018 年的 900309.5 亿元。2007 年，中国超越德国成为世界第三大经济体，2010 年超越日本成为仅次于美国的第二大经济体，用 60 多年的时间完成了西方发达国家 100 多年的工业化进程，成为世界经济的领跑者。目前，中国的工业化尚未全部完成，其持续推进仍然需要消耗大量能源特别是传统化石能源，造成碳排放量不断增加。国际能源署（International Energy Agency，IEA）2019 年的报告预测，至 2030 年，中国对石油和煤炭等主要能源的需求将比目前增长 1 倍以上，年均增长率达 3.2%，且 2005 年以来，中国已经连续多年成为碳排放第一大国。

我国 2018 年工业增加值达 305160 亿元，占 GDP 的 33.89%。作为中国的支柱产业，工业对中国经济的发展做出了突出贡献，其占 GDP 比例一般在 1/3 左右（2004—2017 年增加值、工业增加值及占 GDP 比重见图 1-1）。但由于中国的能源结构以煤炭等化石燃料为主，而工业煤炭消费占据了绝大部分的比重，因此工业也造成了极大的环境污染，特别是采矿业、电力、燃气等产业仍占比较高，工业废水、废气和固体废弃物排放量仍维持在较高水平，2018 年我国能源消费量达 464000 万吨标准煤，远高于世界平均水平，工业发展加大了环境承载力，不利于经济可持续发展。

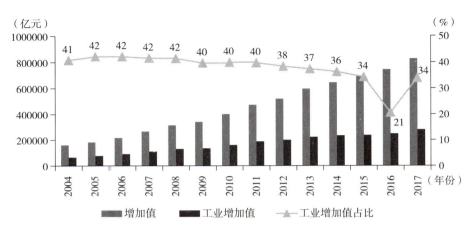

图 1-1　2004—2017 年中国全行业增加值（GDP）、工业增加值及其占 GDP 比重

注：在数值与百分比数据同时存在时，显示双坐标轴，其中左轴为数值，右轴为百分比（下同）。

资料来源：根据相关年份统计年鉴整理。

　　由图 1-2 可看出，在中国煤炭消费总量中，工业的煤炭消费占比一般在 91% 以上，不少年份甚至高达 95%。而煤炭等化石能源又是环境污染的主要来源。虽然近年来，煤炭消费总量和工业煤炭消费量有下降趋势，但工业的煤炭消费仍然居高不下。因此，工业既是中国经济增长的主要动力和来源，也是能源消耗和环境污染的主要来源，如图 1-3 所示的工业电力消费的事实印证了这一点。2001 年以来，工业的电力消耗一般占整个电力消耗总量的 70% 以上，这同样表明工业是主要的能源消耗大户和主要的污染大户。

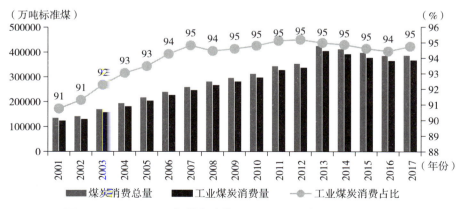

图 1-2　2001—2017 年煤炭消费总量、工业煤炭消费总量及占比

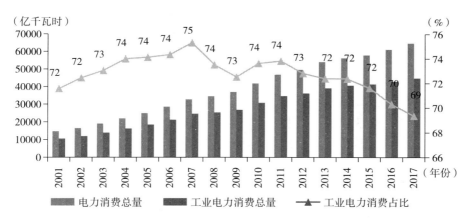

图1-3　2001—2017年中国电力消费总量、工业电力消费总量及占比

二、研究意义

从国内来看，中国工信部发布的《工业绿色发展规划（2016—2020年）》中指出："中国工业仍处于高消耗、高投入、高排放的粗放式发展方式，能源消耗量大，生态环境问题突出，迫切需构建标准的绿色制造体系。加快工业绿色发展，有利于实现降本增效、节能减排，补齐绿色发展短板，是促进工业稳增长调结构、推进供给侧结构性改革的重要举措。"

从国际上看，在2015年巴黎气候峰会上，中国向国际社会庄严承诺，到2030年左右二氧化碳排放达到峰值并争取尽早实现这一目标，2030年单位GDP二氧化碳排放比2005年下降60%~65%。《巴黎协议》已于2016年11月正式生效，然而联合国环境规划署（UN Environment Programme，UNEP）2018年公布的《排放差距报告》（*The Emissions Gap Report* 2018）指出：各国做出的减排承诺仍远远不足以达到《巴黎协议》的减碳目标，2020年前各国必须调整目标且提出更强有力的承诺，并指出"能源部门"和"工业部门"（二者在国内都属于工业门类）具有最高的减排贡献潜力。因此，中国经济发展面临着资源、环境、经济的三重约束，和来自国内外的双重压力，必须切实实现节能减排和绿色发展，才能应对上述严峻挑战。

综上所述，笔者认为，工业的绿色发展不但对中国工业自身发展具有重要意义，而且。由于工业既是中国经济增长的主要动力和就业主阵地，也是能源消耗和环境污染的主要产业和来源，工业的绿色发展对整体经济实现绿色发展和诚信履行国际承诺同样至关重要，当属关键一环，故有必要对中国工业的绿色发展现状、绿色发展机制、绿色发展路径进行深入系统研究。这对系统认识中国工业绿色发展的现状，深刻理解中国工业绿色发展的内在逻辑无疑具有重要意义，对加快推动中国工业绿色发展乃至整个国民经济实现绿色发展，建设美丽中国，也具有重要意义，对推动世界温室气体减排目标的达成也将具有积极意义。

第二节　文献综述

一、工业绿色发展的概念

目前，学术界关于工业绿色发展的概念还未形成一个统一的定义。联合国工业发展组织从发展中国家的角度出发，将工业绿色发展定义为企业在扩大生产规模、增加就业机会的同时，降低二氧化硫、烟粉尘、工业废水等污染物的排放量，改变原有的生产方式，实现"工业绿色化"和"绿色产业化"。谢红彬等（2006）认为工业绿色化是在相关监管部门的监督下，工业企业将可持续发展理念贯穿到企业的生产过程中，树立绿色发展理念，追求企业利润的同时降低对环境的破坏。刘红明（2008）认为所谓的工业绿色化是指企业关于环境问题的认知、思维和行为发生变化，使企业朝着减少污染排放，提高环境质量的方向发展。苏利阳等（2013）把工业绿色发展看作一种环境友好、绿色低碳、资源节约的工业发展模式，通过生产绿色低碳产品、优化工业生产过程、大力发展绿色低碳产业等手段降低污染物的排放，协调工业发展与环境资源之间的关系。傅志寰等（2015）认为工业绿色发展是通过加强科技创新、优化产业结构、降低污染物排放、提高资源利用率等方式，实现工业生产过程绿色化、企业产品绿色化。黄聪英和林宸彧（2018）认为工业绿色发展是指在工业规模扩张提供更多就业机会的同时，创造更多绿色产品，促使资源有效利用，建立绿色制造体系，健全绿色发展机制，实现绿色政策、绿色产业、绿色产品和绿色生产的有机统一。黄磊和吴传清（2019）认为工业绿色发展效率与绿色技术创新、绿色红利外溢和绿色政策供给密切相关，在环境约束条件下追求工业期望产出最大化和投入与非期望产出最小化。

通过以上梳理，本书将工业绿色发展定义为：在对高耗能、高排放的传统工业进行改造的基础上，积极寻求技术、理念和制度创新，在生态环境的承载范围内实现能源物质的精细化利用、污染物排放的精细化控制，使工业生产对环境产生的负面影响最小化。

二、工业绿色发展的绩效评价

国外学者关于工业绿色发展绩效的研究较早，研究方法较为成熟。Chung（1997）等认为期望产出与非期望产出一起产生，这会导致对生产率的测算产生一定的困难，定向距离生产函数能够较好地解决这一问题。Hur 等（2003）讨论了生态效率的测量框架及改进，开发了生命周期评估（Life Cycle Assessment，LCA）和总成本评估（Total Cost Assessment，TCA）两种类型的生态效率指标。Jyri 等（2005）基于生命周期评估方法构建环境影响指标，包括压力指标、影响类别指标和总影响指标，并利用该方法对芬兰 Kymenlaakso 地区的生态效率进行监测。Wursthorn 等（2010）以德国数据为例，使用指标 99 进行生态效率的测算和评估，该方法能够对环境经济状况进行准确的描述，并能够将经济数据与生态数据经常关联并更新。Zhou 等（2010）介绍了随时间变化的 Malmquist CO_2 排放绩效指数（Malmquist CO_2 Emission Performance Index，MCPI），利用该指数研究世界 18 个二氧化碳排放国的排放绩效。Heshmati 等（2010）提出了考虑技术变革的 Sequential Malmquist-Luenberger（SML）生产率指数，并测算了 26 个经济合作与发展组织国家的环境绩效。Lei 等（2013）利用中国钢铁行业 50 家企业的数据来评估其能源效率和生产率的变化。在传统 DEA 模型和 Malmquist 生产率指数（MPI）的基础上，将不良产出考虑在内，采用 Malmquist-Luenberger 生产力指数（MLPI）来探讨 2006—2008 年生产率的变化，省略不良产出将导致效率变化和技术变革的偏差。Honma 和 Hu（2014）运用随机前沿分析方法（SFA），估计了 1996—2008 年日本 47 个地区的全要素能效（TFEE）得分。Yongrok 等（2015）使用共同边界的

ML 指数法衡量环境敏感生产率，并对中国区域生产率的增长进行分解。同时使用 MML 指数来分析环境不良产出和区域异质性。Makridou 等（2015）采用数据包络分析（DEA）和基于 DEA 的 Malmquist 生产率指数（MPI）测算效率趋势，以此来分析效率绩效背后的驱动因素。

国内文献对工业绿色发展绩效的评价主要集中在以下两个方面：第一，构建工业绿色发展指标体系法。该方法简单易操作，但确定权重时主观性较强。万鲁可等（2012）以聚类分析、模糊数学理论和方差分析为基础，构建了包括经济子系统和环境子系统的协调发展评价指标体系，并对哈尔滨、大庆、齐齐哈尔三个城市的经济与环境系统的脆弱性进行分析。卢强等（2013）根据绿色发展的内涵，构建了包含工业发展绿化度、工业资源环境压力和工业资源环境弹性脱钩三个一级指标的工业绿色发展评价指标体系，并以广东省为例进行实证研究。李琳和楚紫穗（2015）构建包含资源环境承载力、政府政策支持力和产业绿色增长度三个维度的区域产业绿色发展体系，并利用主成分分析法对中国 31 个省份的产业绿色发展指数进行多层次、多空间的比较。李琳和张佳（2016）结合"绿色"和"发展"理念构建工业绿色发展水平评价指标体系，运用 TOPSIS 模型对长江经济带 108 个地及市的工业绿色发展水平进行实证分析，并分析了长江经济带三大城市群及其内部的绿色发展差异。傅为忠和陈文静（2017）运用灰色网格关联矩阵法对数据进行聚类分析，采用改进的 CRITIC 客观赋值法对指标进行赋权，最后运用简化的 VIKOR 算法测算中国东、中、西部和东北地区的绿色工业发展水平。傅为忠和徐丽君（2018）通过借助熵值修正 G1 法进行指标赋权，通过构建协调成熟度指数、发展成熟度指数和协调发展成熟度指数对长江经济带的工业绿色发展水平进行评价。张波和温旭新（2018）通过构建工业绿色综合评价指标体系，运用 SPSS 软件进行因子分析，并进行 KMO 检验，通过线性加权综合法计算工业绿色发展指数得分。第二，测算工业绿色全要素生产率。多采用数据包络法（DEA）和随机前沿分析方法（SFA）测算工业绿色生产率，DEA 能够较好地解决构建工业绿色发展体系时主观性较强的问题。吴军（2009）运用 Malmquist-Luenberger 指数测算环境约束下的地区全要素生产率，并进行收敛性分析，结果显示：东部地区的全要素生产率介于西部和中部地区之间，西部地区增长最快且波动幅度较大，中部地区增长缓慢且平稳，技术进步是全要素生产的增长源泉。陈诗一（2009）利用中国工业 38 个行业的面板数据，将二氧化碳考虑在内，构建超越对数测算中国工业绿色全要素生产率，并分析其变化趋势。涂正革和刘磊珂（2011）采用扩展的 SBM 模型，测算了中国 30 个省份的工业环境效率及地区间工业与资源协调性的差异，发现全国的工业环境效率稍有下降，东、西部地区间协调性差距明显。杨文举和龙睿赟（2012）运用方向距离生产函数及 ML 生产率指数模型测算各个省份的绿色全要素生产率，并在同一模型中多角度地分析省际工业绿色全要素生产率的演变趋势。吴英姿和闻岳春（2013）采用 DEA 和 SML 指数分别测算中国工业的减排成本和工业绿色生产率，发现工业减排成本呈现波动式增长的趋势，而工业绿色生产率呈现先上升后下降的趋势。余泳泽和杜晓芬（2013）以中国 29 个省份为研究样本，通过 DEA 模型测算中国各个地区的节能减排潜力和效率，并分析各地区特征。汪克亮等（2015）运用窗口分析法分别测算长江经济带 11 个省市的工业煤炭生态效率、工业水生态效率、工业 COD 生态效率和工业 SO_2 生态效率，分析四种工业生态效率的地区演变趋势，并进行收敛性研究，分析其收敛性特征。吴旭晓（2016）分别选取东、中、西部三个典型的省份福建、河南和青海为研究样本，采用超效率 DEA 测算多个时间段内的工业绿色效率演变情况，发现三个省份的工业绿色效率均属于 DEA 无效。戴志敏等（2016）构建了以环境污染和资源消耗为投入指标，以工业经济发展为产出指标的指标体系，运用超效率 DEA 法和 Malmquist 指数测算六省一市的工业生态效率并进行动态对比，发现华东地区整体的工业生态效率不高，并存在显著的趋同现象。王小艳、陈文婕和陈晓春（2016）以 2005—2012 年 30 个省份为研究样本，采用网络 DEA 与窗口分析相结合的方法测算、动态比较分析各省份的资源环境效率。杨志江和文超祥（2017）选取中国 29 个省份 14 年的面板数据，运用 SBM 模型测算省际绿色发展效率，并采用 α 收敛、条件 β 收敛和绝对 β 收敛进行收敛性分析，判断其收敛及发散情况。杨亦民和王梓龙（2017）选取合适的投入、产出指标，设定模型为可变规模报酬，运用 DEAP 软件测算湖南省 14 个地市的工业生态效率，并分析其综合效率值、纯技术效率值与规模效率值。刘建翠和郑世林（2019）运用 2002—2015 年相关年份的投入产出表数据，基于非期望产出的 SBM 模型测算了中国 21 个工业行业的绿色技术效率，并用 Tobit 模型分析了绿色技术效率的影响因素。杨莉等（2019）采用 GML 指数（Global-Malmquist-Luenberger index）测算了江苏沿江八市的工业绿色全要素生产率，并将 GML 指数分解为 TC（绿色技术进步指数）、PEC（纯绿色技术效率指数）和 SEC（绿色规模效率指数），分析工业绿色生产率增长的主要贡献来源。韩洁平等（2019）构造包括工业生产阶段和环境污染治理阶段的两阶段模型，采用网络超效率 EBM 模型测算 2016 年 47 个大气污染重点防治城市的生产阶段效率、治理阶段效率和综合生态效率，并分析"三区十群"的平均生态效率。此外，还有少数文献如卢强等（2013）使用弹性脱钩值方法用于测算工业绿色水平测度与评价。

三、工业绿色发展的影响因素分析

国外关于工业绿色发展影响因素的分析成果丰硕。Jaffe 等（1995）认为环境规制有助于刺激企业创新，提高国际竞争力。Magat 和 Viscusi（1990）分析了美国制定的 EPA 水污染法规与纸浆和造纸工业水污染排放的关系，发现合规的标准和相对强有力的执行有助于水质的改善。Bhattarai 和 Hammig（2001）发现环境规制政策对热带森林砍伐过程产生重大影响，实行环境规制政策有助于减少森林砍伐，保护生态环境。Boyd 等（2002）提出了 Malmquist 生产力指数，测算生产率时将污染作为非期望产出考虑在内，发现技术变革有助于提高集装箱和玻璃行业的生产力和环境绩效。Fisher 等（2006）通过收集中国企业特征和技术创新活动的相关数据来判断中国工业部门能源生产率提高的关键因素，发现研发支出、企业部门所有制改革及产业结构变化都是生产率变化的关键因素。Fan（2015）运用 GML 指数方法，估算并分解了 32 个工业子行业的全要素 CO_2 排放性能（TFCEP），并采用系统广义矩量法（SGMM）来研究 TFCEP 的决定因素，研究发现：加强研发强度、优化能源消费结构、提高能源效率和劳动生产率有利于提升 TFCEP，而资本深化不利于 TFCEP 的提升。

国内文献研究工业绿色发展影响因素采用的实证模型大多为空间计量模型、Tobit 模型、系统 GMM 模型等。王询和张为杰（2011）以全国 29 个省份 17 年的面板数据为研究样本，发现东、中部地区的环境规制效果较好，西部地区的环境规制效果不明显。李玲和陶锋（2011）将四种非期望产出考虑在内，运用 SBM 模型和卢恩伯格生产率指数（Luenberger Productivity Index）测算污染密集型产业的绿色全要素生产率，并对影响因素进行实证分析，发现环境规制程度和规制结构有助于生产率的提高。董敏杰等（2012）运用卢恩伯格生产率指数与效率损失测度法相结合的方法测算工业绿色全要素生产率，并将绿色全要素生产率的来源进行分解，发现加强污染治理和提高劳动生产技术可以提高绿色全要素生产率。潘兴侠和何宜庆（2014）通过将生态效率分解构建工业生态效率评价模型，测算中国中东部地区的工业生态效率，并分析污染治理投资、研发投资、外资利用和产业结构对末端治理效率和源头消除效率的影响。周五七和武戈（2014）采用非参数前沿的 ML 指数测算 CO_2 排放约束下的工业绿色全要素生产率（TFP），并运用双向固定效应模型进行实证分析，发现经济发展水平和技术进步有利于促进绿色全要素生产率的增长，资本深化、地方分权和国有重工业比重则起到抑制作用。武春友等（2014）采用粗糙集、灰数理论与 DEMATEL 相结合的方法来分析绿色治理能力、绿色技术水平、绿色企业文化和绿色生产能力对企业绿色增长的影响。张江雪等（2015）分别考察了市场型、行政型和公众参与型三种类型的环境规制对工业绿色增长指数的影响，发现行政型环境规制主要在低绿化度地区起作用，而在高、中绿化度地区主要是市场型环境规制起作用，公众参与型环境规制的影响不大。石风光（2015）通过构建空间误差模型（SEM）和空间滞后模型（SAR）分析工业绿色全要素生产率的影响因素，发现工业绿色全要素生产率与工业污染治理强度、外贸依存度和投入强度呈正相关，与所有制结构不相关，其中工业污染治理强度对全要素生产率的影响更为显著。陈超凡（2016）在测算工业绿色全要素生产率的基础上，运用 SYS-GMM 动态面板模型分析其影响因素，发现高的技术水平和合理的产权结构能够提高绿色全要素生产率，而不合理的能源结构和资本深化则起到阻碍作用。吴传清和黄磊（2018）在利用 SBM-GML 指数模型测算长江经济带工业绿色发展效率的基础上，采用 Tobit 模型分析能源结构、外商投资、对外开放、城镇化等对工业绿色效率的影响。王丽霞等（2018）运用面板门限回归模型研究环境规制与工业绿色发展绩效之间的关系，发现二者存在倒 "U" 型的关系，环境规制政策强度大于 0.00015 时，规制强度对发展绩效起抑制作用；小于 0.00015 时，起促进作用。郝淑双和朱喜安（2019）通过构建空间杜宾模型估计环境规制、结构变迁和技术进步对工业绿色发展指数的影响，发现技术创新与工业绿色发展指数呈正相关且技术进步存在空间溢出效应，FDI 和较为严格的环境规制仅对东部地区的绿色发展存在促进作用。杨宏伟、李雅莉和郑洁（2019）采用空间杜宾模型分析相关解释变量及其外生交互效应的影响，分析发现城镇化水平、产业结构、市场化程度、科技创新能力对工业绿色发展具有正向影响，相邻地区的人力资本水平、产业结构优化升级、科技创新能力不利于本地区的工业绿色发展水平，产生空间竞争效应。王建民等（2019）运用灰色斜率关联模型分析经济发展水平、工业内部结构、环境规制、城镇化和技术创新对工业绿色发展效率的影响，发现经济发展水平的关联程度最大、环境规制的关联程度最小。刘建翠和郑世林（2019）认为环境规制强度对低污染行业绿色技术效率有显著正影响，低碳能源消费结构则对高污染行业有显著抑制作用。

四、工业绿色发展的动力及提升路径分析

中国社会科学院工业经济研究所课题组（2011）、周小亮（2015）认为推动工业绿色转型需要加快机制创新，以政府战略法规为支撑，市场化推进，鼓励企业自主行动和公众广泛参与。王金胜（2015）指出绿色发展的制度体系存在自发性制度不足、系统整体性制度相对较少的问题，提出构建绿色发展制度体系需要从构建教育制度、发展考评制度、市场引导制度等方面努力。刘冰（2016）认为大力发展高效低碳产业是今后工业经济发展的必然选择。是提高经济发展质量和效益，提升产业发展层次，实现转型发展和可持续发展的客观要求。此外，不少文献是从供给侧结构性改革寻找工业绿色发展的动力，主要有要素驱动型（劳动、资本、资源）、产业结构（低碳能源、节能产业）、绿色技术、制度环境（环境规制、政策法规）四个方面（徐成龙和庄贵阳，2018；杨仁发和李娜娜，2019）。史丹（2018）认为，深化供给侧结构性改革是中国工业绿色发展的动力，并从创造绿色发展的良好市场环境、加强绿色技术研发、优化工业布局等六个方面提出了促进工业绿色发展的改革方向和举措。涂正革和王秋皓（2018）依据2000—2014年地级市层面的工业产出与二氧化硫的关系，认为在重工业比例高地区，工业结构调整是绿色发展的最大牵引力；而在经济发展水平较高地区，绿色消费对工业绿色发展的贡献最大。黄聪英和林宸彧（2018）从绿色发展战略、绿色供应链体系、绿色管理能力和绿色发展的体制机制四个方面论述了推动（福建省）工业绿色发展的路径。

五、文献评述

综上所述，国内外学者关于工业绿色发展的概念、绩效评价和影响因素等方面的研究成果较为丰富。关于工业绿色发展概念的研究，尽管国内外学者并没有形成一个统一的概念，相关学者进行阐释时，侧重点各有不同，但在阐述时均涉及了可持续发展、技术创新、绿色低碳和资源节约等方面，说明关于工业绿色发展的概念学术界已形成初步共识。国外学者关于绩效评价和影响因素的实证研究较早，且较为成熟，而国内学者针对绩效评价的研究主要集中在构建工业绿色评价指标体系和测算全要素生产率，对影响因素的研究主要集中在两方面：一是单一要素对工业绿色生产率的影响，如环境规制、技术创新等；二是多要素对工业绿色生产率的影响，如经济发展水平、外资规模、技术进步等。

整体上看，原有文献主要不足之处在于以下四点：第一，在研究对象上，多以全国或区域层面为切入口，研究的层面较大而广，对某一省份，特别是能源消耗大省及工业占比较高的省份的研究尚不多见。第二，在研究方法上，已有研究多采用静态 DEA 或构建工业绿色发展指标体系测算工业绿色生产率，忽略了时间的连续性，而在测算工业绿色生产率时，每个决策单位的投入或相对应的产出并不一定出现在同一时期，而已有文献未分析存在期间 "Carry-over" 在两个时期的作用影响。第三，在工业绿色发展的机制上，论述较为简略。以往文献在阐述该问题时，一般是作为工业绿色发展的影响因素（比如调整能源结构、发展新兴能源等）而阐述的，未能系统深入地加以展开论述。第四，在工业绿色发展路径与政策方面，同样存在略而不详的问题。

第三节　研究内容与方法

一、研究内容

故此，本书将系统、深入研究中国工业绿色发展的绩效，既包括全国层面的，也包括地方层面的特别是重工业和高能耗高污染工业占比较高的省份的绿色发展绩效；深入分析中国工业绿色发展的机制或内在逻辑，包括压力机制、动力机制以及牵引力机制，即污染造成的健康损失迫使工业转型（压力机制），发展战略性新兴产业如风能、新能源汽车等产业而产生的驱动转型（动力机制）以及政策或文化如政策补贴、环保意识理念等引发的牵引机制；深入考察中国工业绿色发展的转型之路及其有关政策建议，包括壮大绿色发展的主体、能源转型、产业转型、绿色科技、绿色基础设施以及绿色文化等方面的论述以及相关政策建议。具体而言，包括如下部分和章节内容：

上篇为中国工业绿色发展绩效评价，包括第一章至第三章。中篇为中国工业绿色发展的内在逻辑，包括第四章至第七章。下篇为中国工业绿色发展的障碍及提升路径，包括第八章至第十二章。分述如下：

第一章：导言。首先，介绍了本书的研究背景与研究意义。其次，在阅读大量国内外学者相关文献的基础上加以评述。再次，阐述了本书研究内容。最后，给出了本书的研究方法以及主要创新点和不足之处。

第二章：基于绿色生产率的中国工业绿色发展绩效评价。包括全国层面的考察以及省级层面（以山东省为例）的考察。首先，从工业规模、工业内部结构和污染物排放情况三个方面分析中国（山东）工业绿色发展基本概况，并对工业绿色发展存在的问题进行分析。其次，介绍了本书所用的带有非期望产出的动态 DEA 模型，并用之测算全国 30 个省份以及山东省 17 个地市的工业绿色生产率。最后，运用面板 Tobit 模型考察工业绿色生产率的影响因素。

第三章：基于经济—能源—环境（3E）关系的中国绿色发展绩效评价。运用面板 VAR（PVAR）模型分析中国能源投入、经济增长与二氧化碳排放之间的关系。首先，使用 Granger 因果检验分析了三者之间的关系。其次，使用脉冲响应函数考察三者在不同时期一个变量的冲击对另一个变量的影响效果与路径。最后，使用预测误差分解考察各内生变量对彼此波动的相对贡献率。

第四章：工业污染与居民健康（环境压力倒逼机制）。首先，使用对数面板多元回归模型来估计年煤炭消耗和平均人口加权 PM2.5 暴露之间的关系。其次，使用面板门槛模型来评估 PM2.5 与特定原因死亡率的关系。最后，将这两个步骤结合起来，使用两阶段计量经济学方法，以人口加权 PM2.5 暴露水平为门槛，考察煤炭使用造成的污染对人体健康的影响。

第五章：清洁能源发展对 3E 关系的影响（科技创新驱动机制）。首先，使用能源结构类似的国家群体（如再生能源或核能占比最高的 5 个国家）作为研究标的，实证探讨 3E 之间的关系。其次，采用 Lotka-Volterra（LV）模型，建构非线性动态竞合 LV-COSUD 模型，探讨 3E 之间可能存在的非常复杂的关系。最后，使用世界投入产出数据库，从两个视角即生产视角和消费视角估计不同经济体再生能源含量，并进行不同经济体比较，探讨再生能源消费量与经济增长的关系。

第六章：再生能源发展与最优政策（政策引导机制）。首先，简要介绍了再生能源政策工具，主要包括数量型工具和价格型工具。其次，建构博弈模型，假定再生能源具有正负双重外部性，分析了开放条件下再生能源的政策工具。最后，结合中国业已出台的再生能源政策法规，并加入前瞻性的思考（在模型中引入碳税），建立一个综合再生能源主要政策工具（包括固定价格收购 FIT、资本补贴、电价补贴、碳税、RPS、绿色权证等）的两阶段动态最优化博弈模型分析最优的政策组合。

第七章：环保意识、环境管理与企业竞争力（文化型塑机制）。首先，尝试运用四种社会责任理论区分不同的企业环保意识类型。其次，考察环保意识是否通过环境管理影响企业竞争优势。最后，探讨利益相关者压力对企业环境管理的影响，分析环保意识与环境管理的关系是否受到利益相关者压力的影响。

第八章：中国若干战略性新兴产业的发展障碍问题。首先，运用产业创新系统理论分析了新能源汽车产业的发展以及创新系统的失灵。其次，运用结构方程模型分析了影响中国风能产业发展的因素。最后，对影响中国若干战略性新兴产业的因素进行了提炼比较。

第九章：主要发达国家推动绿色发展的镜鉴。主要包括五个方面内容：一是发达国家（德国、美国、日本等）工业发展战略与技术潮流；二是主要国家及地区（英国、日本、欧盟等）推动循环经济的概况；三是主要国家再生能源政策及其转变；四是主要国家的能源效率政策；五是欧盟和挪威的新能源汽车政策介绍。

第十章：APEC 主要经济体能源节约因素比较与借鉴。首先，考察了 APEC 主要经济体的经济发展与能源消费状况。其次，分析了 APEC 主要经济体能源（炸炭、石油、天然气、电力）消费变动分解结果。最后，对不同经济体能源消耗影响因素进行了比较分析与讨论。

第十一章：中国工业绿色发展提升路径。主要从以下方面阐述中国工业绿色发展或转型路径：推动循环经济、发展绿色制造、推进高耗能产业绿色转型、能源转型与能效提升。

第十二章：主要研究结论与政策建议。本章对本书的研究结论进行了总结，然后从能源政策、环境政策、产业政策、金融政策四个方面阐明了本书的政策建议。

二、研究方法

按章节顺序，本书所采用的主要方法总结如下：

（1）动态 DEA 模型和面板 Tobit 模型。采用基于 SBM-DEA 模型，选取合适的投入指标、期望产出指标和非期望产出指标，并考虑 Carry-over（资本形成额）在 t 期和 t+1 期的作用，利用 MaxDEA 软件测算中国省际 30 个省份及山东省 17 个地市的工业绿色生产率，并运用面板 Tobit 模型实证分析上述绿色生产率的影响因素。

（2）面板 VAR 模型（PVAR）和面板门槛模型（PTM）。采用 PVAR 模型考察了中国省际经济增长—能源消耗—碳排放（3E）之间的关系，并使用 Granger 因具模型检验三者之间的因果关系。使用 PTM 模型来评估 PM2.5 与特定原因死亡率的关系。

（3）LV 种群共生模型和博弈论。运用 LV 种群共生模型检验了再生能源大国的 3E 关系。运用博弈论分析了开放条件下本国和外国再生能源的政策工具，同时建构两阶段动态博弈模型分析了一体化的再生能源最优政策。

（4）结构方程模型和 KLEM 投入产出结构分解法。运用结构方程模型考察了环保意识、环境管理对企业生产力的影响；同时采用结构方程模型考察了中国风能发展的障碍因素。运用双层 KLEM 投入产出结构分解法（Two-tier KLEM Input-Output Structural Decomposition Analysis）模型，分析影响 APEC 经济体能源消费的主要因素。

第四节　主要创新点

本书创新点主要有以下四点：

第一，将传统 SBM 模型拓展为动态 SBM 模型，并用之考察中国省际工业绿色生产率水平。此外，由于以往文献较少考察某一省份的工业绿色发展水平，故本书另以山东省为例，运用动态 SBM 模型考察了该省 17 个地市的工业绿色生产率水平。

第二，建构了再生能源发展政策的模型。主要体现在两个方面：一是运用博弈论建构了开放条件下，考虑再生能源具有正负双重外部性条件的最优政策模型；二是运用博弈论建构了包含碳税、再生能源补贴（含资本补贴和电价补贴）、再生能源配额、绿色权证等在内的一体化分析模型，并进行了模拟。

第三，LV 共生模型的运用。以往研究的线性假设使得对复杂的 3E 关系的探索受到限制。为此，本书采用 Lotka-Volterra 模型，建构非线性动态竞合 LV-COSUD 模型，探讨 3E 之间可能存在的非常复杂的关系，有利于制定更加精准的永续政策和绿色能源政策。

第四，双层 KLEM 投入产出结构分解法的运用。以往文献大多使用因素分析法探讨能源消耗的因素，仅能呈现总体效果。双层 KLEM 投入产出结构分解法能进一步探讨生产要素（资本 K、劳动 L、能源 E 与其他原材料 M，KLEM）间的替代、技术进步、最终需求、产业结构及进出口等因素的影响，可以深入厘清能源消费变化的复杂关系与机制。

第二章　基于绿色生产率的中国工业绿色发展绩效评价

改革开放以来，中国经济飞速发展，但各地区间的差距日益扩大，环境污染问题也日益突出。工业作为中国经济发展的支柱产业，工业绿色化发展是提高中国整体工业竞争力、实现工业现代化和工业经济可持续发展的必然选择。本部分首先测度中国工业的绿色发展水平，然后考察中国工业绿色生产率的影响因素。此外，山东省虽作为一个沿海经济大省，但相较于其他发达省份，山东省工业的重工业化程度较高，能源结构以煤炭为主，推进产业转型升级、实现绿色发展的任务尤为艰巨。为此，在分析全国的绿色发展水平后，本书将重点考察山东省工业的绿色发展水平。这对其他省份乃至全国工业经济的绿色发展可以提供好的借鉴与启迪。

第一节　全国层面的工业绿色发展绩效评价

一、理论模型

本书采用带有非期望产出的 SBM 模型来衡量中国工业的绿色发展水平。传统的 DEA 模型虽然考虑了投入与产出非径向的调整情况，但是忽略了二氧化硫等非期望产出，为了考虑投入、期望产出和非期望产出之间的关系，本书采用带有非期望产出的 SBM 模型来评估。

假设有 K 个 DMU，每个 DMU 均有非期望产出、期望产出以及投入三个变量，分别以 $x \in R^n$、$y^g \in R^m$、$y^b \in R^j$ 三个向量表示。定义：$X = [x_1, x_2, \cdots, x_k] \in R^{n*K}$、$Y^g = [y_1^g, y_2^g, \cdots, y_k^g] \in R^{M*K}$、$Y^B = [y_1^b, y_2^b, \cdots,$

$y_k^b] \in R^{J*K}$，并假设 X>0，Y^g>0、Y^b>0。于是 Tone（2003）提出了加入非期望产出的 SBM 模型，如式（2-1）所示：

$$\min p^* = \frac{1 - \dfrac{1}{N}\sum_{n=1}^{N}\dfrac{s_n}{x_{n0}}}{1 + \dfrac{1}{M+J}\left(\sum_{m=1}^{M}\dfrac{s_m^g}{y_{m0}^g} + \sum_{j=1}^{J}\dfrac{s_j^b}{y_{j0}^b}\right)} \qquad (2-1)$$

s. t. $\sum_{k=1}^{k} z_k x_k + s_n = x_0$；n = 1，2，…，N

$\sum_{k=1}^{k} z_k y_k - s_m^g = y_0$；m = 1，2，…，M

$\sum_{k=1}^{k} z_k u_k + s_j^b = u_0$；j = 1，2，…，J

$z_k \geq 0$；k = 1，2，…，K

其中，s_n 为投入冗余，s_j^b 为非期望产出，s_n 和 s_j^b 都应降低；s_m^g 为产出短缺数量，数量应该增加。目标函数 p^* 的效率值应介于 0 和 1 之间，当 p^* = 1 时，DMU 的生产是最有效率的。

然而，绝大多数 DEA 模型的投入与产出均在同一时期，缺乏时间的连续性，而工业绿色生产率评估时，投入多为劳动、资本和能源，产出多为 GDP，生产过程跨越多个时期，每一个决策单位的投入或相对应的产出并不一定出现在同一时期。因此本书借鉴 Tone 和 Tsutsui（2010）提出的加权动态 SBM 资料包络分析模式（Weighted Slack-Based Measures Dynamic DEA），以 Carry-over 作为动态联结，作为动态 DEA 的分析基础，并将 Carry-over 归纳为意欲（good）、非意欲（bad）、任意（free）、非任意（fixed）四种类型。将模型区分为三种动态，分别为投入型、产出型和非导向型，并利用 SBM 求最优解。

本书采用非导向模型对山东省的工业绿色生产率进行求解。设有 n 个 DMU 经过 T 个时期，每个 DMU 在 t 期皆有投入与产出，通过 Carry-over 连接到 t+1 期（见图 2-1）。

设 n 个 DMU（j=1，2，…，n）经过多个 T terms（t=1，2，…，T），DMUs 有 m 个 inputs（i=1，k，m）。

x：non-discretionary（fixed）inputs（i=1，k，p）

y：outputs（i=1，k，s）

r：non-discretionary（fixed）inputs（i=1, k, r）

z：link（Carry-over）为 good

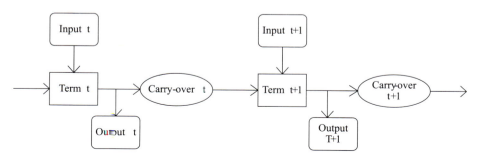

图 2-1 动态 DEA 基本模式

其非导向模型如下：

$$\rho_0^* = \min \frac{\frac{1}{T}\sum_{t=1}^{T} w^t \left[1 - \frac{1}{m}\left(\sum_{i=1}^{m} \frac{w_i^- s_{it}^-}{x_{iot}} \right) \right]}{\frac{1}{T}\sum_{=1} w^t \left[1 + \frac{1}{s+ngood}\left(\sum_{i=1}^{s} \frac{w_i^+ s_{it}^+}{y_{iot}} + \sum_{i=1}^{ngood} \frac{s_{it}^{good}}{z_{iot}^{good}} \right) \right]} \tag{2-2}$$

$$\sum_{j=1}^{n} z_{ijt}^{\alpha} \lambda_j^t = \sum_{j=1}^{n} z_{ijt}^{\alpha} \lambda_j^{t+1} (\forall i; \ t=1, \cdots, T-1) \tag{2-3}$$

式（2-3）表示 t 和 t+1 的连接方程式

$$x_{iot} = \sum_{j=1}^{n} x_{ijt}\lambda_j + s_{it}^- (i=1, \cdots, m; \ t=1, \cdots, T)$$

$$y_{iot} = \sum_{j=1}^{n} y_{ijt}\lambda_j - s_{it}^+ (i=1, \cdots, s; \ t=1, \cdots, T)$$

$$z_{iot}^{good} = \sum_{j=1}^{n} z_{ijt}^{good}\lambda_j^t - s_{it}^{good} (i=1, \cdots, ngood; \ t=1, \cdots, T)$$

$$\sum_{j=1}^{n} \lambda_j^t = 1 (t=1, \cdots, T)$$

$$\lambda_j^t \geq 0, \ s_{it}^- \geq 0, \ s_{it}^+ \geq 0, \ s_{it}^{good} \geq 0$$

可得最有效率值为：

$$\rho_{0t} = \min \frac{1 - \frac{1}{m}\left(\sum_{i=1}^{m} \frac{w_i^- s_{iot}^{-*}}{x_{iot}}\right)}{1 + \frac{1}{s + ngood}\left(\sum_{i=1}^{s} \frac{w_i^+ s_{it}^{+*}}{y_{iot}} + \sum_{i=1}^{ngood} \frac{s_{iot}^{good\,*}}{z_{iot}^{good}}\right)} \quad (t = 1, \cdots, T)$$

$$(2\text{-}4)$$

二、数据来源与指标选取

本书选取 2007—2017 年全国 30 个省份（除西藏外）11 年的面板数据测算工业绿色效率。数据来源于国家数据库及全国 30 个省份的统计年鉴。指标选取如下：

（1）投入指标：①技术投入。本书选取专利申请授权数（件）作为技术投入的衡量指标。②劳动投入。本书选取 30 个省份的年底就业人员（万人）作为劳动投入的衡量指标。③资本投入。为使研究更加客观化，本书借鉴前人的研究，选取固定资产投资（亿元）作为资本投入的衡量指标。

（2）产出指标：①期望产出。工业生产中，劳动、资本和技术等投入变量最终在工业增加值中得到反映，因此本书选取 30 个省份的工业增加值（亿元）作为期望产出的衡量指标。②非期望产出。工业的生产过程不仅带来了经济产出也带来了环境产出，本书选取工业废水（万吨）、工业烟粉尘（万吨）和工业二氧化硫（万吨）作为非期望产出的衡量指标。

（3）缺失数据的处理：对于工业二氧化硫和工业烟粉尘数据的缺失，直接用二氧化硫和烟粉尘的总量代替；对于工业废水数据的缺失，用工业废水排放总量减去 2007—2010 年生活废水的均值；对于其他数据的缺失，采用插补法进行处理。

三、描述性统计分析

表 2-1 为 30 个省份各投入、产出变量的描述性统计分析结果，从中可以直观地看出，工业生产带来工业增加值的同时，也产生了大量的废水、二氧化硫、烟粉尘等污染物，这些产物的大量排放不仅会造成环境污

染，也会危害人类的呼吸系统、心血管系统等，加重各种疾病的病情。专利授权数作为衡量技术水平的标准，专利授权数的增加意味着山东省的技术水平得到提高，提高了原材料的利用率，减少了污染物的排放，促进了经济的快速可持续发展。

表 2-1　30 个省份各投入、产出变量的描述性统计分析

变量	观测值	均值	标准差	最小值	最大值
工业增加值（亿元）	330	7594.392	6835.835	278.4	35291.8
就业人数（万人）	330	2646.897	1737.917	298.6	6766.9
固定资产投资额（亿元）	330	12724.29	10459.25	482.84	55202.72
专利申请授权数（件）	330	33429.39	53672.72	222	332652
工业废水（万吨）	330	72614.73	64305.79	5528.2	362437.6
工业 SO_2（万吨）	330	55.62121	36.98786	0.4	162.9
工业烟粉尘（万吨）	330	37.43945	29.21322	0.4	179.8

四、绿色生产率结果与分析

由表 2-2 可知，中国工业绿色生产绩效较好的省份主要包括如下两类：第一类是在样本期间，全部处在效率前沿面上，这样的省份有北京、天津、上海、广东 4 个；第二类是除第一类外，至少有 8 个年份处在前沿面上，这样的省份包括内蒙古（10 个年份）、吉林（9 个年份）、河南（8 个年份）。而中国工业绿色生产绩效欠佳的省份主要包括如下两类：第一类是没有任何年份处在前沿面上，这样的省份包括浙江、江苏、安徽、福建、江西、重庆、四川、贵州、云南、陕西、甘肃、青海、宁夏、新疆共 14 个。第二类是除第一类外，至少有 8 个年份均不处在前沿面上，这样的省份包括辽宁（8 个年份）、黑龙江（9 个年份）、湖北和湖南（9 个年份）、海南（8 个年份）。这样的结果还是较为令人意外的。一是不少沿海经济发达省份的工业绿色生产绩效不尽如人意，如浙江、江苏两省。二是海南、福建等直观上绿色发展较好的省份，其工业绿色发展绩效并不尽如人意。这是值得深思的地方。

表 2-2　2007—2017 年中国 30 个省份的工业绿色生产率及比较

年份 省份	2007	2008	2009	2010	2011	2012	2013	2014	2015	2016	2017
北京	1	1	1	1	1	1	1	1	1	1	1
天津	1	1	1	1	1	1	1	1	1	1	1
河北	1	1	1	1	1	0.696	0.595	0.562	0.543	0.532	0.396
山西	1	1	1	1	1	0.584	0.477	0.469	0.310	0.333	1
内蒙古	1	1	1	1	1	1	1	1	1	1	0.599
辽宁	0.513	0.572	0.597	0.741	0.680	0.738	0.777	0.802	1	1	1
吉林	0.672	0.739	1	1	1	1	1	1	1	1	1
黑龙江	1	1	0.684	0.807	0.548	0.407	0.406	0.455	0.435	0.377	0.252
上海	1	1	1	1	1	1	1	1	1	1	1
江苏	0.646	0.582	0.595	0.567	0.504	0.498	0.513	0.554	0.597	0.692	0.719
浙江	0.540	0.553	0.539	0.517	0.513	0.485	0.464	0.501	0.516	0.613	0.506
安徽	0.506	0.471	0.379	0.388	0.351	0.350	0.366	0.378	0.393	0.454	0.468
福建	0.578	0.615	0.623	0.722	0.567	0.536	0.543	0.591	0.551	0.599	0.642
江西	0.645	0.594	0.617	0.678	0.702	0.598	0.569	0.530	0.512	0.453	0.384
山东	1	1	1	1	0.590	0.558	0.637	0.665	0.727	0.764	1
河南	1	1	1	1	1	1	0.627	0.629	0.638	1	1
湖北	0.490	0.447	0.459	0.510	0.580	0.599	0.568	0.620	0.697	1	1
湖南	0.471	0.510	0.480	0.523	0.598	0.569	0.610	0.624	1	0.772	1
广东	1	1	1	1	1	1	1	1	1	1	1
广西	0.469	0.420	0.360	0.402	1	0.595	0.530	0.529	0.623	1	0.311
海南	1	1	0.348	0.480	1	0.380	0.270	0.281	0.283	0.213	0.123
重庆	0.369	0.447	0.418	0.456	0.462	0.439	0.362	0.405	0.409	0.500	0.599
四川	0.352	0.348	0.318	0.365	0.463	0.445	0.477	0.474	0.439	0.477	0.307
贵州	0.413	0.424	0.361	0.274	0.238	0.233	0.293	0.310	0.331	0.401	0.368
云南	0.502	0.517	0.411	0.510	0.289	0.297	0.326	0.343	0.296	0.255	0.202
陕西	0.568	0.555	0.484	0.519	0.557	0.614	0.585	0.591	0.525	0.495	0.636

续表

年份 省份	2007	2008	2009	2010	2011	2012	2013	2014	2015	2016	2017
甘肃	0.660	0.314	0.360	0.395	0.321	0.328	0.304	0.315	0.191	0.205	0.210
青海	0.665	0.495	0.447	0.582	0.469	0.493	0.539	0.538	0.375	0.365	0.226
宁夏	0.476	0.377	0.314	0.300	0.347	0.332	0.330	0.356	0.316	0.331	0.282
新疆	0.773	0.486	0.422	0.513	0.435	0.371	0.342	0.393	0.271	0.323	0.308

五、全国工业绿色生产率影响因素分析

评价各省份的绿色发展绩效是第一步，如何提升其工业绿色发展水平才是关键。为此，本书将进一步分析影响工业绿色发展的因素。运用 30 个省份的面板数据，建立以下面板 Tobit 回归模型来分析工业绿色生产率的影响因素：

$$EI_{it} = \beta_0 + \beta_1 \ln(GDP_{it}) + \beta_2 \ln(PAG_{it}) + \beta_3 \ln(EVR_{it}) +$$

$$\beta_4 \ln(FDI_{it}) + \beta_5 SIG_{it} + u_{it} \qquad (2-5)$$

其中，EI_{it} 是被解释变量，代表第 i 个省第 t 年的工业绿色生产率。解释变量分别为：GDP_{it} 为地区生产总值，用来衡量经济发展水平对工业绿色生产率的影响；PAG_{it} 为专利授权数，用来衡量技术进步对工业绿色生产率的影响；EVR_{it} 为出口贸易额，用来衡量第 i 省的外贸水平，代表市场开放程度对工业绿色生产率的影响；FDI_{it} 为第 i 省的实际利用外商直接投资额，用来衡量外资规模对工业绿色生产率的影响；SIG_{it} 为第 i 省第三产业增加值占 GDP 的比重，用来衡量产业结构的变化对工业绿色生产率的影响；u_{it} 为随机误差项。

由于环境效率（EI_{it}）为相对得分，解释变量中的 GDP、专利授权数、出口贸易额和外商直接投资额为总量指标，故将各总量指标分别取对数，反映各变量增长率对环境效率的影响。运用 Stata 15 软件估计上述动态模型，回归结果如表 2-3 所示。

表 2-3 工业绿色生产率影响因素回归结果

解释变量	变量符号	系数	
		调整前	调整后
经济发展水平	ln（GDP）	0.269***	0.268***
市场开放程度	ln（EVR）	0.063**	0.063**
技术进步	ln（PAG）	-0.202***	-0.203***
产业结构	SIG	-0.506**	-0.498**
外资规模	ln（FDI）	-0.002	

注：***、**、*分别表示通过了1%、5%和10%的显著性水平检验。

表2-3中影响因素的回归结果分为调整前和调整后两部分，调整前回归模型的解释变量为经济发展水平、市场开放程度、技术进步、产业结构和外资规模，运用 Stata 15 进行回归分析，发现外资规模未通过显著性检验，将外资规模这一解释变量去掉后，得到调整后的结果。进一步，对调整前和调整后的回归结果进行分析：

（1）经济发展水平。经济发展水平的系数为正，说明经济发展水平对工业绿色生产率的影响为正。随着经济的发展，政府的科技投入增加，企业的科技实力增强，人们整体的受教育水平得以提高，经济发展水平提高形成了良好的外部环境，这些良好的外部环境推动了工业行业技术水平的进步和工业绿色生产率的提高。

（2）市场开放程度。市场开放程度的系数为正，说明提高市场开放程度有助于提高工业绿色发展水平。提高市场开放程度会使出口额增加，有助于提高工业企业的效益水平，较好的效益水平有助于企业将更多的资金投入到科技研发和外来技术的引进上，有助于工业企业提高绿色生产率。

（3）技术进步。技术进步的系数为负，说明技术进步对工业绿色生产率的影响是负向的。其原因可能在于，一方面，本书衡量技术水平的变量为专利申请授权数，在授权的专利中，关于提高工业绿色效率的专利较少；另一方面，从技术专利到生产应用的周期较长，专利转化率低，未将技术专利应用到实际的生产中去。

（4）产业结构。产业结构的系数是负的，说明产业结构对工业绿色生产率的影响是正的。也就是说，第三产业增加值占 GDP 的比重越大，工业整体的规模会越低，反而会不利于整体工业绿色生产率的提高。

（5）外资规模。外资规模的系数是负向的，但实际利用外商直接投资额对工业绿色生产率的影响未通过显著检验。

第二节　工业大省的绿色发展绩效评价
——以山东省为例

一、山东省工业概况及污染情况

1. 工业规模

2007—2017 年山东省工业总产值和工业总产值增长率概况如下：2016 年之前，工业总产值呈逐年递增趋势，2008—2013 年为山东省工业快速增长期，年均工业增长率达 15.62%，其中 2011 年的增长速度最快，增速达 18.67%；2014 年增速开始放缓，但工业总产值仍继续增长，2014—2016 年年均增长率仅为 5.1%，2016 年工业总产值达到最大值；2017 年开始下降，工业总产值从 2016 年的 150705 亿元下降到 2017 年的 137440 亿元，增长率为 -8.8%，下降幅度较大。2007—2017 年山东省工业大致经历了快速增长时期、增速放缓时期和负增长时期，从山东省工业整体发展趋势来看，未来几年，山东省工业总产值将会有所下降，工业规模将会有所缩减。

2. 工业内部结构

（1）重工业、轻工业比重变动趋势。2007—2017 年山东省重工业、轻工业比重从整体变动趋势来看，二者的变动幅度较小，变动趋势较为平稳。2007—2017 年山东省重工业比重年均维持在 67.5% 左右，轻工业则只占 32.5% 左右，轻工业所占比重较低，其中 2014 年重工业比重最高为 69%，轻工业比重最低为 31%。这说明山东省以重工业为主，重工业在山东省的国民经济发展中起着至关重要的作用。2007—2014 年山东省重工业比重呈缓慢增长的趋势，2015 年开始重工业所占比重有下降的趋势，但下降幅度不大，这说明在未来几年，山东省重工业的比重存在持续下降的趋势，但重工业依然处于山东省经济发展的主导地位，对山东省国民经济的发展起着决定性作用。

（2）高新技术产业占规模以上工业比重。整体来看，高新技术产业所占比重呈"V"型的变动趋势，整体的变动幅度较大且不稳定。2007—2010 年高新技术产业所占比重从 2007 年的 29.21%增长到 2010 年的 35.2%，年均增速约为 6%；2011 年高新技术产业占比开始下降，降至 27.31；2012 年高新技术产业占规模以上工业的比重下降到"V"型的底端，仅为 1.23%；2013 年高新技术产业占比又恢复到 30.23%，且呈现上升趋势，但增速缓慢；2017 年占比达到 34.96%。高新技术产业通常以关键高新技术为基础，具有较高的经济效益和社会效益。高新技术产业占规模以上工业的比重越高，企业的自主创新能力越强，对环境的依赖程度越低，企业的经济效益和社会效益越高。近几年，山东省高新技术产业占比呈上升趋势，但占比整体偏低且不稳定，因此需不断提高企业的自主创新能力，加快科技成果转化力度。

3. 山东省工业污染物排放情况

2007—2015 年工业废水的排放量变化比较平稳，平均排放量达 183561 万吨；2016 年开始工业废水排放量呈下降趋势，从 2015 年的 185493 万吨下降到 2017 年的 145686 万吨，下降率达到 11.35%。2007—2015 年工业二氧化硫的排放量呈波动式变化的趋势，从 2012 年开始下降，但下降幅度较小；2016 年、2017 年工业二氧化硫呈直线式下降的趋势，其中 2017 年二氧化硫的排放量仅为 492756 吨，下降幅度达 43%。2007—2013 年工业烟（粉）尘的排放量变化不大，呈水平变化的趋势，2014 年烟粉尘的排放量大幅上升，达 1024473 吨，为 2013 年的 2 倍左右；2015 年排放量开始下降，且幅度较大，至 2017 年烟粉尘的排放量仅为 370836 吨。

4. 存在的主要问题

（1）重工业占比高。山东省国民经济的发展以重工业为主，重工业在山东省国民经济的发展过程中占据主导地位。2007—2017 年山东省重工业占比最高达 69%，轻工业则仅占 31%，重工业年均维持在 67.5%，是轻工业的两倍多，占比较高；2017 年山东省重工业占比为 67.1%，而 2017 年GDP 全国排名第一的广东省重工业占比仅为 58.27%，与广东省相比，山东省的重工业占比也较高。重工业占比较高，钢铁、煤炭、电解铝等重污染企业较多，不利于山东省工业的绿色化发展。

（2）工业技术创新能力不足。2007—2017 年山东省高新技术产业年均占比 29.04%，最高占比为 35.2%，最低占比为 1.23%。整体上，高新技术产业占规模以上工业的比重较低且不稳定，呈"V"型的变动趋势，2012 年达到"V"字型的底端。企业的高新技术产业占比低，说明企业的自主创新能力不足，对外部环境的依赖程度较高。究其原因：各类型工业企业缺乏自主创新意识以及对技术引进的独立思考，政府的创新激励程度不够，缺乏良好的创新氛围。

（3）工业污染物排放量较高。2007—2015 年山东省工业污染物的排放量变化平稳，自 2015 年开始，各污染物的排放量开始下降，但仍处于较高水平。2017 年山东省工业废水排放 145686 万吨，工业二氧化硫排放 492756 吨，工业烟粉尘排放 370836 吨，排放量远高于广东、上海、北京等省份。工业污染物的较高排放易产生负外部效应，不利于人们的身体健康，会对人们赖以生存的环境产生不利影响。

二、变量选取与数据处理

本书选取 2007—2017 年山东省 17 个地市 11 年的面板数据测算工业绿色生产率，数据来源于《山东统计年鉴》（2008—2018）和 17 个地市统计年鉴。指标选取如下：

1. 投入指标

（1）劳动投入。本书选取 17 个地市规模以上工业企业从业人员年平均人数（人）作为劳动投入的衡量指标。

（2）资本投入。为使研究更加的客观化，本书借鉴宋马林、张琳玲和宋峰（2012）等的研究，选取规模以上工业企业固定资产（万元）作为资本投入的衡量指标。

（3）能源投入。选取各市工业企业能源消费量（万吨标准煤）作为能源投入的衡量指标。

2. 产出指标

（1）期望产出。GDP 作为衡量一个国家或地区最常用的经济指标，劳动、资本、技术等投入指标最终在 GDP 中得到反映，因此本书选取 17 个地市的工业总产值（万元）作为期望产出的衡量指标。

（2）非期望产出。工业生产不仅带来了经济产出也会排放大量的污染物，加大环境的承载力，易造成环境污染等问题，本书选取工业废水排放量（万吨）、工业二氧化硫排放量（吨）、工业烟粉尘排放量（吨）作为非期望产出的衡量指标。

3. 存在期间（Carry-over）

将资本形成额（亿元）作为存在期间的衡量指标，通过资本形成额将 t 期的投入与产出连接到 t+1 期。

4. 缺失数据的处理

对于各地市资本形成额的缺失，本书采用"国内生产总值×山东省的资本形成率"来表示；对于菏泽市工业企业能源消费量的缺失，采用"山东省总体的工业企业能源消费量/17"来表示；对于其他数据的缺失，采用插补法和均值替换法处理。

三、描述性统计分析

山东省 17 个地市 2007 年、2011 年和 2017 年的投入与产出变量的数据特征如表 2-4 所示。从中可以看出，工业企业的固定资产和能源消费量均出现了不同程度的增长，但 2017 年从业人员年平均人数与 2011 年相比出现了下降，一方面可能由于生产技术进步取代了部分劳动力，另一方面可能与山东省强制关闭一部分污染严重的工业企业有关。工业作为山东省国民经济的支柱产业，在带来经济收入的同时，也产生了大量的烟粉尘、二氧化硫、废水等污染物，污染物的排放不仅会造成环境污染，也会危害人们的身心健康，带来不利影响。山东省 17 个地市工业总产值的均值从 2011 年的 5740 亿元上升到 2017 年的 8080 亿元，增长迅速，但工业废水、工业二氧化硫、工业烟粉尘等污染物出现了不同幅度的下降，工业二氧化硫的均值从 2011 年的 95802.76 吨下降到 2017 年的 28985.71 吨，降幅最大。

表2-4　山东省17个地市各变量数据特征描述

		规模以上工业企业从业人员年平均人数（人）	规模以上工业企业固定资产（万元）	工业企业能源消费量（万吨标准煤）	工业总产值（万元）	工业废水（万吨）	工业SO$_2$（吨）	工业烟粉尘（吨）	工业增加值（亿元）
2007	均值	489505	7039032	2364.8	2.94E+07	9798.4	93098.2	37964.6	832.2
	标准差	280084	3246647	1286.0	1.73E+07	5208.0	36924.7	24562.5	469.7
	最小值	128362	2167458	920.7	8608211	1452.6	49432.7	11067.1	203.5
	最大值	1213738	1.21E+07	5893.2	6.65E+07	18853.4	194231.4	92274.7	1916.8
2011	均值	505454	1.38E+07	3086.8	5.74E+07	11014.4	95802.8	36043.7	1513.4
	标准差	244746	6349376	1658.0	3.12E+07	6111.1	41860.6	25402.4	860.6
	最小值	117996	2991690	910.5	1.36E+07	2040.0	46368.0	6793.0	346.3
	最大值	1028618	2.57E+07	7047.0	1.22E+08	28191.0	228816.0	103915	3590.4
2017	均值	443110	2.17E+07	4020.8	8.08E+07	8569.8	28985.7	21813.9	2462.3
	标准差	206109	1.07E+07	3096.7	3.62E+07	5323.6	19551.8	16869.9	1609.4
	最小值	119873	6019425	923.1	1.89E+07	1210.0	5137.0	3717.0	468.0
	最大值	813329	3.96E+07	11630.2	1.40E+08	22007.0	72459.0	58926.0	6878.3

注：E 表示科学计数法，如 1.21E+07 表示 1.21 乘 10 的 7 次方，余同理。

第二章　基于绿色生产率的中国工业绿色发展绩效评价

四、绿色生产率测算结果与分析

利用 MaxDEA 软件设定生产过程为可变规模报酬，采用带有非期望产出的动态 DEA 模型，测算山东省 17 个地市的工业绿色生产率。表 2-5 为 2007—2017 年山东省 17 个地市的工业绿色生产率测算结果。

表 2-5　2007—2017 年山东省 17 个地市工业绿色生产率

年份 地市	2007	2008	2009	2010	2011	2012	2013	2014	2015	2016	2017
济南	1	1	1	1	1	1	1	1	1	1	0.810
青岛	1	1	1	1	1	1	1	1	1	1	1
淄博	1	1	1	1	1	1	1	1	0.583	0.609	0.491
枣庄	0.554	0.513	0.592	0.574	0.685	1	1	1	1	1	1
东营	1	1	1	1	1	1	1	1	1	1	1
烟台	1	1	1	1	1	1	1	1	1	1	1
潍坊	0.570	0.656	0.642	0.629	0.626	0.616	0.611	0.628	0.586	0.600	0.734
济宁	0.445	0.397	0.403	0.394	0.431	0.420	0.415	0.452	0.456	0.472	0.415
泰安	0.773	0.786	0.813	0.734	0.674	0.643	1	1	1	1	1
威海	1	1	1	1	1	1	1	1	1	1	1
日照	1	1	1	1	1	1	1	1	1	1	1
莱芜	1	1	1	1	1	1	1	1	1	1	1
临沂	0.778	0.675	0.618	0.656	0.713	1	1	1	1	1	1
德州	0.580	0.565	0.619	0.615	0.679	0.682	0.851	0.842	1	1	1
聊城	0.734	0.674	1	1	1	1	1	1	1	1	1
滨州	0.629	0.630	0.728	0.714	0.756	0.695	0.712	0.641	0.757	0.571	0.515
菏泽	1	1	1	1	1	1	1	1	1	1	1

五、工业绿色生产率的整体差异化分析

1. 区域之间比较

（1）地市层面比较。分析山东省 17 个地市工业绿色生产率的时间变

031

化趋势，可以将 17 个地市的工业绿色生产率分为四类：第一类为效率水平前沿者，城市多为东部沿海城市，主要包括青岛、东营、烟台、威海、日照、莱芜和菏泽。在本书研究期内，青岛、东营等地市的工业绿色效率值均为 1，落在效率前沿上，为有效决策单位。第一类城市的效率水平较高，效率改善空间较小。第二类为效率水平波动性变化者，主要包括潍坊、济宁和滨州。这一类城市的效率水平呈波动性变化的趋势，但变动幅度不大。2007—2017 年，潍坊、济宁和滨州的工业绿色生产率均值分别为0.627、0.427 和 0.668，效率变动幅度均值分别为 0.034、0.023 和 0.066，其工业绿色生产率水平整体偏低且变动幅度较小，存在较大的效率改善空间。第三类为效率水平提升者，主要包括枣庄、泰安、临沂、德州和聊城，这一类地市一开始的工业绿色生产率偏低，但随着时间推移逐渐提高。第四类为效率水平下降者，主要包括济南和淄博，2007—2016 年济南市的工业绿色生产率均为 1，但 2017 年下降到 0.81，淄博市的工业绿色生产率从 2015 年开始下降，2017 年下降到 0.491。第三类和第四类地市的工业绿色生产率整体较高，但上升和下降的幅度较大。

（2）区域间比较。山东半岛蓝色经济区、省会城市群经济圈和西部经济隆起带分别分布在山东省的东部、中部和西部，各地区的经济基础和资源禀赋不同，主导产业不同，工业发展水平也不同。因而对山东省东、中、西三大区域的工业绿色生产率进行比较分析，可以揭示山东省地区间的差异。从区域间来看，在三大区域中，山东半岛蓝色经济区的工业绿色生产率最高且较为平稳，除 2013 年外，其余年份山东半岛蓝色经济区的工业绿色生产率均高于省会城市群经济圈和西部经济隆起带，最高值为 0.956，最低值为 0.928，年均值为 0.938，最高值与最低值间仅相差 0.028，差距较小，基本呈直线型趋势。省会城市群经济圈和西部经济隆起带位于山东省的内陆地区，二者的工业绿色生产率相较于山东半岛蓝色经济区偏低，其年均工业绿色生产率分别为 0.871 和 0.802，2015 年之前，省会城市群经济圈的工业绿色生产率高于西部经济隆起带，此后，省会城市群经济圈的工业绿色生产率低于西部经济隆起带，且西部经济隆起带的工业绿色生产率一直呈上升的趋势。山东半岛蓝色经济区位于东部沿海地区，主要利用海洋资源带动其他产业的发展，构建现代海洋产业体系，大力发展生产养殖业、现代海洋化工、海洋生物等优势产业，相较于内陆地区，工业的污染程度较低，工业绿色生产率较高。省会城市群经济圈是以济南为中心，与周边地区组成的区域，冶金、新材料、新能源生物技术等产业发展迅速。西部经济隆起带煤炭、矿产资源丰富，以资源深加工为突破口，不断推进节能减排，持续优化工业化结构。随着供给侧结构性改革和新旧动能转换等工程的启动，省会城市群经济圈和西部经济隆起带不断调整工业结构，强制关闭部分高污染工业企业，环境保护意识不断增强，工业绿色生产率不断提高。

2. 不同区域生产率的收敛性分析

在经济学中，"收敛"最初用来研究国家或者地区间收入差距是否会随着时间的推移而逐步缩小。一般来说，收敛性分析主要包括 α 收敛，绝对 β 收敛和条件 β 收敛。应用到工业绿色生产率的分析上，α 收敛是指随着时间的推移，山东省 17 个地市的工业绿色生产率之间的差距会逐渐缩小，一般用工业绿色生产率的标准差来表示，标准差随着时间的推移越来越小，则说明差距越来越小，存在 α 收敛；绝对 β 收敛假设各地市的经济基础条件相同，存在相同的经济发展水平、技术水平、人口数量等，工业绿色生产率随着时间的推移最终趋于某一稳态水平；条件 β 收敛则放弃绝对 β 收敛的假设条件，考虑各个地区的经济基础和工业技术水平，沿着原有的稳定的工业发展路径，最终保持稳定的增长速度，达到稳定的增长水平。

本书主要采用 α 收敛、绝对 β 收敛和条件 β 收敛来判断将来的某一时段山东省各个地区的工业绿色生产率差距是否会消失，是否存在收敛。

（1）α 收敛。本书分别分析山东省、山东半岛蓝色经济区、省会城市群经济圈和西部经济隆起带的 α 收敛情况。从山东省整体的标准差变化趋势来看，随着时间的推移，标准差变动幅度不大，整体较为平稳且存在上升趋势，这说明山东省工业绿色生产率间的差距逐渐扩大，不存在 α 收敛，整体呈发散趋势。西部经济隆起带和省会城市群经济圈标准差变动趋势与山东省整体的变动趋势基本相同，二者的标准差在个别年份出现下降，如西部经济隆起带在 2011 年降至 0.218，省会城市群经济圈在 2013 年降至 0.114，但整体上仍呈标准差增大的趋势，所以省会城市群经济圈和西部经济隆起带均不存在 α 收敛。山东半岛蓝色经济区标准差曲线位于山东省整体标准差曲线的下方，效率值的标准差偏低，标准差从 2016 年的 0.163 下降到 2017 年的 0.109，标准差存在下降趋势，故山东半岛蓝色经济区存在 α 收敛。综上，山东省、省会城市群经济圈和西部经济隆起带均

不存在 α 收敛，山东半岛蓝色经济区存在 α 收敛。

（2）绝对 β 收敛。对工业绿色生产率进行绝对 β 收敛的模型如式（2-6）所示：

$$\ln\left(\frac{EI_{i,\,t+1}}{EI_{i,\,t}}\right) = \alpha + \beta\ln EI_{i,\,t} + \varepsilon_{i,\,t} \tag{2-6}$$

其中，$EI_{i,\,t+1}$、$EI_{i,\,t}$ 分别为第 i 个地市第 t+1 年和第 t 年的工业绿色生产率，α 为常数项，$\beta = -(1 - e^{-\lambda T})/T$，λ 为收敛速度，$\varepsilon_{i,\,t}$ 为随机误差项。如果 β 值显著为负，则说明存在绝对 β 收敛，工业绿色生产率的提升速度与初始水平相反，工业绿色生产率较低的地区存在追赶工业绿色生产率较高地区的趋势，山东省各地区工业绿色生产率的差异长期内逐渐消失。本书选取 T=1，采用 2007—2017 年山东省 17 个地市工业绿色生产率，运用 Stata 15.0 软件进行绝对 β 收敛性检验，结果如表 2-6 所示。

表 2-6　绝对 β 收敛性检验

系数	山东省	山东半岛蓝色经济区	省会城市群经济圈	西部经济隆起带
β	-0.058**	-0.063***	-0.121*	-0.027
	(-2.11)	(-2.77)	(-1.71)	(-0.68)
α	-0.004	-0.001	-0.019	0.020
	(-0.41)	(-0.19)	(-0.96)	(0.92)

注：括号内为 t 值；***、**、* 分别代表在 1%、5%、10% 的显著性水平下显著。

从山东省整本来看，β 系数为 -0.058，且通过 5% 的显著性检验，这说明全省范围内的工业绿色生产率存在绝对 β 收敛，整体上呈收敛趋势。分区域来看，山东半岛蓝色经济区和省会城市群经济圈的 β 系数均小于 0，且分别通过了 1% 和 10% 的显著性检验，这说明二者也同样存在绝对 β 收敛，存在低工业绿色生产率地区的"追赶"趋势，且省会城市群经济圈的收敛趋势相较于山东省整体和山东半岛蓝色经济区更为明显。西部经济隆起带的 β 系数也小于 0，但未通过显著性检验，说明西部经济隆起带不存在绝对 β 收敛。

（3）条件 β 收敛。条件 β 收敛放弃了各地市具有相同经济基础的假设条件，在绝对 β 收敛的基础上，加入对收敛情况有影响的控制变量，如果

此时 β 值仍小于 0，且通过显著性检验，则存在条件 β 收敛。本书借鉴彭国华（2005）、张子龙等（2015）和赵楠等（2015）的研究，分别加入了以下控制变量：fdi（外商直接投资额），代表外资规模；gdp（地区生产总值），代表经济发展水平；sig（第二产业占 GDP 的比重），代表产业结构；evr（出口贸易额），代表市场开放程度；str（高新技术产业占 GDP 的比重），代表工业内部结构。加入相关控制变量后，条件 β 收敛模型如下：

$$\ln\left(\frac{EI_{i,\,t+1}}{EI_{i,\,t}}\right) = \alpha + \beta \ln EI_{i,\,t} + \gamma_1 fdi + \gamma_2 gdp + \gamma_3 sig + \gamma_4 evr + \gamma_5 str + \varepsilon_{i,\,t}$$

$$(2-7)$$

加入控制变量后，山东省及各区域的条件 β 收敛性检验结果如表 2-7 所示。从山东省整体的回归结果来看，β 值为负，且通过了 5% 的显著性检验，说明山东省存在条件 β 收敛。分区域来看，山东半岛蓝色经济区和省会城市群经济圈的 β 系数为负，且均通过显著性检验，这说明二者也存在条件 β 收敛，在将来一段时间内，各区域内的差距可能会消失。但西部经济隆起带的 β 系数虽为负，但未通过显著性检验，即西部经济隆起带不存在条件 β 收敛。山东省及各区域条件 β 收敛结果与绝对 β 收敛结果基本一致，相互印证。

表 2-7　条件 β 收敛性检验

变量	山东省	山东半岛蓝色经济区	省会城市群经济圈	西部经济隆起带
β	-0.072**	-0.061**	-0.145**	-0.033
	(-2.34)	(-2.44)	(-2.00)	(-0.53)
fdi	-0.013*	-0.002	-0.024**	-0.005
	(-1.90)	(-0.33)	(-2.04)	(-0.40)
gdp	-0.006	-0.005	0.019	0.069
	(-0.27)	(-0.34)	(0.42)	(0.81)
sig	0.013	0.036	0.050	0.132
	(0.11)	(0.46)	(0.18)	(0.21)
evr	0.006	0.013	-0.059	-0.055
	(0.45)	(0.88)	(-1.57)	(-0.87)

续表

变量	山东省	山东半岛蓝色经济区	省会城市群经济圈	西部经济隆起带
str	0.024	−0.101*	0.438*	−0.081
	(0.24)	(−1.67)	(1.88)	(−0.31)
_cons	0.077	−0.109	0.645*	0.152
	(0.52)	(−0.82)	(1.81)	(0.18)

注：括号内为 t 值；*** 、** 、* 分别代表在 1%、5%、10%的显著性水平下显著。

通过对山东省及各区域的工业绿色生产率进行 α 收敛、绝对 β 收敛和条件 β 收敛检验可以发现，山东半岛蓝色经济区存在 α 收敛，山东省、山东半岛蓝色经济区和省会城市群经济圈均存在绝对 β 收敛和条件 β 收敛。从长期来看，山东省、山东半岛蓝色经济区和省会城市群经济圈区域内工业绿色生产率差距存在不断缩小的趋势，随着时间的推移，可能达到某一稳态发展水平。

3. 空间自相关检验

山东省 17 个地市间并非相互独立的，而是存在着广泛而复杂的联系，距离的远近通常决定着联系的密切程度。那么山东省 17 个地市间联系的密切程度如何？17 个地市间的工业绿色生产率是否存在空间自相关性（空间依赖性）？这些都是值得我们研究的问题。

空间自相关性通常可以理解为位置相似区域具有相似的变量取值。关于空间自相关性的检验，相关文献中提出了一系列的检验方法，如莫兰指数（Moran's I）、"吉尔里指数 C"和"Getis-Ord 指数 G"等，其中最常用的是莫兰指数。本书运用莫兰指数检验山东省 17 个地市工业绿色生产率的空间自相关性。

进行空间自相关性检验，首先要建立空间权重矩阵，构建空间权重矩阵的方法有很多种，本书通过构建 0，1 空间权重矩阵进行空间自相关性检验，将矩阵定义为：

$$W_{ij} = \begin{cases} 1 & \text{当区域 i 和区域 j 在地理上存在共同边界时} \\ 0 & \text{当区域 i 和区域 j 在地理上无共同边界时} \end{cases} (i, j=1, 2, \cdots, 17, i\neq j)$$

一般来说，W_{ij} 主对角线上的元素为 0。

"莫兰指数 I"的计算公式如式（2-8）所示：

$$I = \frac{\sum_{i=1}^{n} \sum_{j=1}^{n} w_{ij}(x_i - \bar{x})(x_j - \bar{x})}{s^2 \sum_{i=1}^{n} \sum_{j=1}^{n} w_{ij}} \tag{2-8}$$

其中，n 为地区数，s^2 为样本方差，w_{ij} 为空间权重矩阵——ij 元素，$\sum_{i=1}^{n} \sum_{j=1}^{n}$ 为空间权重之和。莫兰指数 $I \in (-1, 1)$，若 I>0，则表示低值与低值相邻，高值与高值相邻，存在正相关；若 I<0，则表示高低值相邻，存在负相关；若 I 接近 0，则表示不存在空间相关性，空间是随机分布的。

本书运用 Stata 15.0 软件计算山东省 17 个地市的莫兰指数，进行工业绿色生产率的全局自相关性检验。

表 2-8 为 2007—2017 年山东省工业绿色生产率的全局 Moran's I，从表 2-8 中可以看到，2007—2011 年"I"值大于 0，2012—2017 年的"I"值小于 0，这说明山东省的工业绿色生产率存在负的空间自相关性，但只有 2013 年通过了显著性检验，其他年份未通过显著性检验。综上，山东省的工业绿色生产率不存在空间自相关性，各地区间的依赖性较弱。

表 2-8　2007—2017 年山东省工业绿色生产率的全局 Moran's I

年份		2007	2008	2009	2010	2011	2012	2013	2014	2015	2016	2017
Moran's I	I	0.013	0.124	0.138	0.128	0.086	-0.225	-0.29	-0.289	-0.204	-0.198	-0.148
	p	0.635	0.239	0.198	0.223	0.34	0.283	0.098	0.113	0.34	0.374	0.57

六、工业绿色生产率的影响因素研究

学界关于影响工业绿色发展的因素的现有研究大多从全国或某一区域的角度出发，关于山东省的研究较少。因此，本书将进一步分析影响山东省工业绿色发展水平的影响因素。

1. 模型构建

效率值的大小介于 0 和 1 之间，直接用 OLS 估计可能会因数据无法完整呈现出现偏差，故建立以下面板 Tobit 模型研究山东省工业绿色发展的影响因素：

$$ei_{it} = \beta_0 + \beta_1\ln(gdp_{it}) + \beta_2\ln(pag_{it}) + \beta_3 str_{it} + \beta_4\ln(evr_{it}) +$$

$$\beta_5\ln(fdi_{it}) + \beta_6 sig_{it} + \beta_7 urb_{it} + u_i + \varepsilon_{it} \qquad (2-9)$$

其中，ei_{it} 为工业绿色生产率，代表工业的绿色发展水平；gdp_{it} 为地区生产总值，衡量经济发展水平对绿色工业生产率的影响；pag_{it} 为专利申请授权数，衡量技术进步对绿色工业生产率的影响；str_{it} 为高新技术产业占规模以上工业的比重，衡量工业内部结构对绿色工业生产率的影响；evr_{it} 为出口贸易额，衡量市场开放程度对绿色工业生产率的影响；fdi_{it} 为外商直接投资额（实际使用额），衡量外资规模对绿色工业生产率的影响；sig_{it} 为第二产业占 GDP 的比重，衡量产业结构对绿色工业生产率的影响；urb_{it} 为城镇常住人口占总人口的比重，衡量城镇化水平对绿色工业生产率的影响；u_i 为不随时间变化的个体效应，ε_{it} 为随个体和时间变化的随机误差项，β_0 为常数项。

由于环境效率值（ei_{it}）为相对得分，大小介于 0 和 1 之间，解释变量中的地区生产总值、专利申请授权数、出口贸易额和外商直接投资额均为总量指标，故在数据运行之前，将各总量指标分别取对数。

2. 描述性统计

研究数据来源于《山东统计年鉴》（2008—2018）和山东省 17 个地市统计年鉴（2008—2018）。模型中各变量含义及描述性统计特征如表 2-9 所示。

表 2-9　变量的描述性统计特征

变量	含义	观测值	均值	标准差	最小值	最大值
ei	工业绿色生产率	187	0.872	0.193	0.394	1.00
gdp	地区生产总值（亿元）	187	2933.19	1868.56	372	11024
pag	专利申请授权数（件）	187	3806	3959	258	23870
str	高新技术产业占规模以上工业的比重（%）	187	0.27	0.090	0.11	0.470
evr	出口贸易额（万美元）	187	702848	994978	48925	4577696
fdi	外商直接投资（万美元）	187	62755	108261	84	773500
sig	第二产业占 GDP 的比重（%）	187	0.534	0.071	0.359	0.765
urb	城镇常住人口占总人口的比重（%）	187	0.481	0.139	0.194	0.726

3. 实证结果分析

（1）整体效率影响因素分析。回归结果如表2-10所示。

表2-10　工业绿色发展效率影响因素回归结果

变量	山东省	山东半岛蓝色经济区	省会城市群经济圈	西部经济隆起带
lngdp	−0.126 ***	−0.132	−0.051	−0.848 ***
	（−3.00）	（−1.16）	（−0.87）	（−5.32）
lnpag	−0.054	−0.118 **	0.084 *	−0.050
	（−1.43）	（−2.03）	（1.72）	（−1.00）
str	0.458 **	−0.220	0.660 **	0.075
	（2.23）	（−1.05）	（2.37）	（0.16）
lnevr	0.093 ***	0.130 **	−0.060	0.386 ***
	（4.09）	（2.40）	（−1.19）	（4.43）
lnfdi	−0.053 ***	0.013	−0.029 **	−0.078 ***
	（−3.47）	（0.71）	（−2.10）	（−4.27）
sig	−0.037	0.785 **	0.804 **	−0.756
	（−0.18）	（2.27）	（2.00）	（−1.02）
urb	0.676 ***	1.020 ***	0.431 **	0.532
	（4.52）	（3.90）	（1.97）	（1.29）
_cons	1.193 ***	0.112	0.828 *	3.896 ***
	（4.36）	（0.24）	（1.89）	（4.50）

注：括号内为t值；*** 、** 、* 分别表示在1%、5%、10%的显著性水平下显著；_cons为常数项。

从表2-10中可以得到以下结论：

第一，经济发展水平、工业内部结构、市场开放程度、外资规模、城镇化水平对山东省工业绿色生产率有显著影响。GDP对山东省工业绿色生产率的影响系数为−0.126，且通过了1%的显著性检验，说明经济发展水平对山东省工业绿色生产率的影响是负向的，这可能与一些学者的实证结果相反，一般认为经济发展水平能够促进工业的绿色化发展。笔者认为这一研究结果出现的原因可能是山东省重工业比重较大，在生产过程中，追求经济收益容易忽视对环境造成的破坏，经济发展水平与绿色工业化水平很难同步提高；同时企业在节能减排等方面的技术投入不足，企业研发投入主要集中于如何提高经济效益，不利于促进工业的绿色化发展。

第二，工业内部结构对山东省工业绿色生产率的影响为正，且通过了5%的显著性检验，这说明 R&D 经费支出占比较高的高新技术产业有助于工业绿色化的发展。山东省的高新技术产业主要包括电子通信设备制造，医药制造，航空、航天设备制造，计算机及办公设备制造等，高新技术产业的发展不仅增加了工业总产值，同时对环境产生较小的负面影响。在工业发展过程中，进一步提高高新技术产业的比重是工业绿色化发展过程中的重点。

第三，出口贸易额对山东省工业绿色生产率的影响系数为正，且通过了1%的显著性检验，说明对外开放有助于提高工业绿色化水平。山东省作为中国的东部沿海省份，提高对外开放水平有助于引进先进技术，特别是节能减排、减少污染物排放方面的技术，加强国际合作，有助于促进山东省工业的绿色化发展。

第四，外商直接投资对山东省工业绿色生产率的影响系数为负，且通过了5%的显著性检验，说明外资的引进不利于山东省工业的绿色化发展。外商直接投资额在一定程度上可以反映山东省承接其他国家污染密集型产业的转移力度，外商投资额越大，产业转移力度越大，越不利于山东省工业的绿色化发展。西方发达国家将污染密集型产业转移到中国，在国内投资兴建工厂，虽然某种程度上有助于提高当地的经济水平，但破坏了当地的生态环境，不利于资源与环境的协调发展，不利于地区的可持续发展。

第五，城镇化水平对山东省工业绿色生产率的影响系数为正，且通过了1%的显著性检验，提高城镇常住人口占总人口的比重有利于工业的绿色化发展。在农业人口向城镇转移的过程中，人们的环保意识不断提高，城镇管理更加精细化，在增加地方城镇特色的同时不断优化产业结构，生态服务产业迅速发展，不断涌现新的商业模式。

（2）山东半岛蓝色经济区影响因素分析。技术进步、市场开放程度、产业结构和城镇化水平对山东半岛蓝色经济区的工业绿色生产率具有显著影响。相较于整体回归结果，GDP、高新技术产业占规模以上工业的比重和外商直接投资回归结果不显著，但技术进步和产业结构对山东半岛蓝色经济区的影响是显著的，且专利申请授权数对山东半岛蓝色经济区的影响是负的，一般认为技术进步能够改善原有工业水平，提高工业绿色生产率，本书出现这种实证结果可能是由于：笔者采用专利申请授权数作为衡量技术进步的指标，专利申请授权数包括发明专利、实用新型专利和外观设计专利，可能存在大多数的专利授权与提高工业绿色发展无关，甚至某些专利会进一步加大环境污染，或者所取得的专利并未投入到实际的生产过程中，专利的投入利用率较低。第二产业占 GDP 的比重对山东半岛蓝色经济区的影响是正的，山东半岛蓝色经济区位于山东省的东部沿海地区，主要发展海洋经济，同时能够积极自主研发或引进相关技术，集中处理污染物。

（3）省会城市群经济圈影响因素分析。技术进步、工业内部结构、外资规模、产业结构和城镇化水平对省会城市群经济圈的工业绿色生产率具有显著影响。但与前面回归结果不同的是，专利申请授权数对省会城市群经济圈的影响是正的，且通过了 10% 的显著性检验，这说明专利申请授权数的增加有利于工业绿色生产率的提高。

（4）西部经济隆起带影响因素实证分析。经济发展水平、市场开放程度、外资规模对西部经济隆起带的工业绿色生产率有显著影响。GDP 增长对工业的绿色化发展具有抑制作用，提高对外开放程度有利于促进工业的绿色化发展，在引进外资时，应实行严格的筛选机制，减少外商直接投资产生的负面影响。

综上，从山东省整体的回归结果来看，环境库兹涅茨理论并不是完全成立的，技术进步对工业绿色化发展的影响不显著。山东半岛蓝色经济区、省会城市群经济圈和西部经济隆起带的回归结果存在一定差异，不同影响因素对不同区域的影响是不同的。

第三章 基于经济—能源—环境（3E）关系的中国绿色发展绩效评价

第一节 研究背景

经济增长、资源消耗与环境保护之间存在着相互制约相互依存的紧张关系。20 世纪 80 年代以来，伴随着中国经济的快速发展，资源紧张、环境恶化特别是温室效应的问题日益凸显，这也反过来影响了中国经济的健康发展，并给全球经济的可持续发展带来不利影响。为应对上述多重压力和兑现对国际社会的承诺，必须科学处理经济—能源—环境之间的紧张关系，在保持经济增长的同时实施节能减碳行动，实现经济的可持续发展。由于产业结构、能源结构以及经济发展阶段不同，不能照抄照搬发达国家的发展经验，必须立足中国国情，深入分析三者之间的互动关系，才能为促进中国经济生态的可持续发展提供决策依据。那么，在中国，经济增长、能源消耗与二氧化碳排放之间究竟是什么关系，如何化解冲突，增强它们之间的协调性？回答这些问题对制定相关政策，实现中国经济可持续发展具有重要意义。

研究经济增长、能源消费、二氧化碳排放的文献可划分为三类：第一类是研究经济增长和能源消费间的关系；第二类是研究经济增长和二氧化碳排放之间的关系；第三类则在统一的框架下研究经济增长、能源消费和二氧化碳排放之间的关系（以下简称"三者之间的关系"）。不少文献指出，单独研究任何二者之间的关系都有可能发生遗漏变量问题。为此，我们选择和本书最接近的第三类文献进行综述。

在国外文献中，最早研究三者之间关系的是 Ang（2007）。该文基于法国 1996—2000 年数据，运用协整检验和误差修正模型，实证分析三者之间的关系，发现长期中经济增长和二氧化碳排放呈倒"U"型关系。Apergis和 Payne（2009）采用面板向量误差修正模型（Panel Vector Error Correction Model，PVECM）研究了 1971—2004 年 6 个中美洲国家三者之间的关系，研究发现能源消费与二氧化碳排放间存在着长期双向因果关系。Arouri 等（2012）运用面板单位根检验和协整分析，考察了 12 个中东和北非国家三者之间的关系，发现能源消费和二氧化碳在长期中存在双向的因果关系。Saboori 和 Sulaiman（2013）采用 Granger 因果检验和自回归分布滞后（Auto Regressive Distributed Lag，ARDL）模型考察了 5 个东盟国家三者之间的关系，研究发现能源消费和二氧化碳排放间存在双向因果关系。Azlina 等（2014）利用马来西亚 1975—2011 年的数据研究三者之间的关系，研究结果表明：收入会受到碳排放的影响；能源消费受到碳排放、收入、结构变化和可再生能源使用的影响；可再生能源使用受到碳排放和所得的影响。Ito（2017）探讨了 42 个发展中国家的可再生能源消费、不可再生能源消费、GDP 与二氧化碳排放的关系。研究结果表明：不可再生能源消费与 GDP 会造成二氧化碳排放上升，可再生能源消费则造成二氧化碳排放下降；不可再生能源消费虽然会影响 GDP，但不同的检验得出的结果是互相矛盾的；可再生能源消费会造成 GDP 下降，但长期有上升的趋势；GDP 会造成不可再生能源消费下降；不可再生能源消费与可再生能源消费影响是双向的，而且都会造成彼此减少。Boontome 等（2017）研究了泰国的可再生能源消费、不可再生能源消费、经济增长与二氧化碳之间的关系，研究发现：存在一个协整关系；不可再生能源消费与二氧化碳排放有单向的因果关系。Cai 等（2018）使用 ARDL 模型，研究 G7 国家中清洁能源消费、经济增长和二氧化碳排放之间的关系，研究发现：加拿大、法国、意大利、美国和英国的相关变量之间没有协整关系；当实际人均 GDP和二氧化碳排放量作为因变量时，德国存在协整关系；当二氧化碳排放量是因变量时，日本存在协整关系。另外，Granger 因果关系检验表明：加拿大、德国和美国的清洁能源消费会导致实际人均 GDP 增加；德国的二氧化碳排放与清洁能源消费存在双向关系；美国的清洁能源消费会造成实际人均 GDP 上升、二氧化碳排放减少。

国内研究方面，杨子晖（2011）采用"有向无环图"技术方法，并结合动态递归分析方法，考察三者之间的关系及其演变轨迹。研究发现，中国存在经济增长到能源消费再到二氧化碳排放的关系链，大规模"节能减排"的措施将不可避免地对经济增长产生较大影响。胡宗义等（2012）使用中国1960—2008年的样本数据，对三者之间的因果关系进行了实证分析。研究结果表明，三者之间存在单向Granger因果关系，能源消费与经济增长之间则存在双向Granger因果关系。姚君（2015）运用单位根、格兰杰因果检验和自向量回归模型，发现中国能源消费、二氧化碳排放对经济增长同时存在长期和短期的因果关系，而能源消费是二氧化碳排放的原因。肖宏和张媛（2016）基于动态面板联立方程模型，实证考察了1990—2011年全球61个国家以及不同收入水平国家内部三者之间的互动关系。研究发现，世界整体、高等收入国家和低等收入国家的经济增长和能源消费、能源消费和二氧化碳排放之间均存在双向因果关系，同时存在由经济增长到二氧化碳排放的单向因果关系；对于中等收入国家，经济增长、能源消费、二氧化碳排放的任意两者间都存在双向因果关系。

此外，还有不少国内文献对不同省份如辽宁、广西、新疆、福建、江西、河南、河北（武红等，2011）；不同产业如钢铁产业、物流产业（王丽萍，2017）；不同区域如京津冀（程海森等，2017）、长三角（翟石艳和王铮，2013）、辽宁沿海经济带（盖美等，2014）；不同能源类型如化石能源（武红等，2013）、清洁能源（任晓航等，2015；姚树洁和张帅，2019）等不同的特定条件下三者之间的关系进行了研究。

综上所述，国内外文献对经济增长、能源消费与二氧化碳排放之间关系的研究已经较为全面和深入，这为本书提供了研究基础。但本书关注的中国经济增长、能源消费、二氧化碳排放之间的关系研究则比较少见，特别是运用较长时期的省际面板数据实证分析三者关系的文献更为少见。面板向量自回归（Panel Vector Auto Regression，PVAR）模型非常适合研究经济上具有紧密联系而统计意义关系尚不明确的多变量之间的关系。是故，本书拓展以往的研究，以中国30个省级地区1995—2016年经济增长、能源消费与二氧化碳排放数据为分析基础，运用PVAR模型，实证考察三者之间的关系，以期为实现中国可持续发展提供有益的政策建议。

第二节 模型设定和变量说明

为了考察经济增长、能源消耗和二氧化碳排放之间的动态关系，本书使用 PVAR 方法，模型设定如下：

$$y_{it} = u_i + \lambda_t + \sum_{j=1}^{J} y_{it-j} + \varepsilon_{it} \qquad (3-1)$$

其中，下标 i、t 分别表示截面单元和时间，y_{it} 为内生变量，y_{it-j} 为 y_{it} 的 j 期滞后，u_i 为个体效应，λ_t 为时间效应，ε_{it} 为随机扰动项。根据研究需要，本书构建由 3 个方程构成的 PVAR 模型，其第 k 个方程如下：

$$y_{it}^k = u_i^k + \lambda_t^k + \sum_{j=1}^{J} y_{it-j}^k + \varepsilon_{it}^k \qquad (3-2)$$

其中，k = 1，2，3；i = 1，…，30 代表各个省级单位；t 表示年度时间（1997—2016 年）；y_{it} = {rgdp_g_{it}，lnenergy$_{it}$，lnco2$_{it}$} 是基于面板数据的 3×1 维的列变量。

本书选择 30 个省级地区作为研究样本（西藏数据不全，故未纳入）。资料来源于相关年份（1995—2016 年）的《中国统计年鉴》《中国能源统计年鉴》《中国环境统计年鉴》。各省级单位各年份的实际 GDP 是以 1995 年为基期，经过价格指数平减得出，然后计算 1996—2016 年的实际 GDP 的增长率（rgdp_g）；lnenergy、lnco2 分别表示能源消耗总量、二氧化碳排放总量的自然对数。三个变量的基本统计特征如表 3-1 所示。

表 3-1 1995—2016 年省际变量的描述性统计

变量	单位	分组	均值	标准差	最小值	最大值	观测值
rgdp_g	%	overall	2.3215	3.8894	-20.4100	16.3516	N = 630
		between		0.7422	0.6307	4.0023	n = 30
		within		3.8202	-18.9260	15.5160	T = 21
lnenergy	万吨标准煤	overall	8.8335	0.8558	5.7137	10.5687	N = 660
		between		0.7062	6.7440	9.9181	n = 30
		within		0.4996	7.6793	9.8235	T = 22

变量	单位	分组	均值	标准差	最小值	最大值	观测值
lnco2	万吨	overall	9.6231	0.9083	6.3613	11.4605	N = 660
		between		0.7675	7.4124	10.7504	n = 30
		within		0.5047	8.5106	10.7669	T = 22

注："overall"表示整体，"between"表示组间，"within"表示组内。

第三节　实证结果与结论

一、面板单位根检验和最优滞后阶数确定

运用PVAR模型的前提是各变量须是平稳序列，如果变量不平稳而直接建模，容易出现伪回归现象。为此，需要进行面板单位根检验。为确保检验结果的可靠性，本书综合使用IPS、LLC、HT三种单位根检验方法互相验证，检验结果如表3-2所示。可以看出，至少在10%的显著性水平上，三种单位根检验均拒绝了三个变量存在面板单位根的原假设，表明rgdp_g、lnenergy、lnco2三个变量均属于平稳序列，可以进行PVAR建模。

表3-2　相关变量的面板单位根检验结果

检验方法（统计量）	rgdp_g	lnenergy	lnco2
IPS	−9.7711 ***	−2.8427 ***	−2.4819 ***
LLC	−9.8450 ***	−2.0548 **	−4.3221 ***
HT	−9.5615 ***	−1.3038 *	−2.3041 **

注：IPS、LLC、HT的原假设均是面板存在单位根；*** 、** 、* 分别表示1%、5%、10%的显著性水平，后表同。

在模型估计之前，尚需要确定PVAR模型的最优滞后阶数。如果滞后阶数选择不当，则会遗漏滞后变量包含的信息，导致估计出现较大误差

（杨飞虎等，2016）。为避免损失较多的自由度，本书设定最大滞后阶数为3阶，使用赤池信息量准则（Akaike Information Criterion，AIC）、贝叶斯信息准则（Bayesian Information Criterion，BIC）以及汉南和奎因准则（Hannan-Quinn Information Criterion，HQIC）三种信息准则让软件自动选择滞后阶数。当使用上述信息准则时，其值越小滞后期选择越合理。运行 Stata 15，使用 pvar2 软件包给出的结果如表 3-3 所示。由表可见，三种信息准则均在 1 期滞后时达到最小值。因此，本书选择最优滞后阶数为 1 阶。

表 3-3　模型的最优滞后期选择准则

lag	AIC	BIC	HQIC
1	1.7944 *	2.5492 *	2.0889 *
2	3.0566	3.9149	3.3923
3	4.7333	5.7047	5.1141

二、Granger 因果关系检验

对模型进行 Granger 因果关系检验，发现实际 GDP 增长和能源消费为双向因果关系（见表 3-4）；实际 GDP 增长和二氧化碳排放也是双向因果关系；而能源消费对二氧化碳排放是单向因果关系。

表 3-4　PVAR 模型的 Granger 因果关系检验

方程	因变量	Excluded	chi2	df	p	格兰杰因果方向
I	h_rgdp_g	h_lnenergy	2.8413	1	0.092	lnenergy→ rgdp_g
	h_rgdp_g	h_lnco2	3.4714	1	0.062	lnco2→ rgdp_g
	h_rgdp_g	ALL	13.588	2	0.001	—
II	h_lnenergy	h_rgdp_g	10.022	1	0.002	rgdp_g→ lnenergy
	h_lnenergy	h_lnco2	1.2816	1	0.258	lnco2 不是 lnenergy 的 Granger 原因
	h_lnenergy	ALL	15.869	2	0.000	—
III	h_lnco2	h_rgdp_g	3.7095	1	0.054	rgdp_g→ lnco2
	h_lnco2	h_lnenergy	12.488	1	0.000	lnenergy→lnco2
	h_lnco2	ALL	25.201	2	0.000	—

三、基于全国层面的 PVAR 估计结果

在 PVAR 模型估计之前，本书使用前向均值差分法（Forward Mean Difference）消除个体与时间固定效应。这种处理可以使内生变量的当前值、滞后项与干扰项均不相关，从而可以运用系统广义矩（Generalized Method of Moments，GMM）估计 PVAR 模型，估计结果参见式（3-3）至式（3-5），括号内为 t 值。

$$rgdp\_g_{it} = 0.244 rgdp\_g_{it-1} + 12.710 lnenergy_{it-1} - 14.287 lnco2_{it-1} + \varepsilon_{1it}$$
$$(4.24^{***}) \qquad (1.69^{*}) \qquad (-1.86^{*})$$
$$(3-3)$$

$$lnenergy_{it} = 0.003 rgdp\_g_{it-1} + 1.157 lnenergy_{it-1} - 0.241 lnco2_{it-1} + \varepsilon_{2it}$$
$$(3.17^{***}) \qquad (5.47^{***}) \qquad (-1.13)$$
$$(3-4)$$

$$lnco2_{it} = 0.003 rgdp\_g_{it-1} + 1.144 lnenergy_{it-1} - 0.227 lnco2_{it-1} + \varepsilon_{3it}$$
$$(1.93^{*}) \qquad (3.53^{***}) \qquad (-0.70) \qquad (3-5)$$

由式（3-3）至式（3-5）可得出如下结论：

第一，经济增长对能源消耗的影响。由式（3-4）可知，平均而言，经济增长率提高 1 个百分点，将带动下期能源消耗总量增长 0.3%，即中国能源消耗的经济增长弹性大约为 0.3，并在 1% 的水平上显著，这与相关研究的结论基本是一致的。这表明，中国经济增长可以驱动能源使用的增长。在其他条件相同的情况下，一国能源使用总量越少，经济发展质量越好，国家的经济竞争力越强。有数据表明，不少发达国家的经济增长和能源消费总量已经脱钩，即在经济保持一定增长的同时，能源消费零增长或者负增长。目前，中国尚未发展到这一阶段，表明中国的能源使用效率有待提高。

第二，经济增长对二氧化碳排放的影响。由式（3-5）可知，平均而言，经济增长率提高 1 个百分点，将使二氧化碳排放总量增长 0.3%，即中国二氧化碳排放的经济增长弹性大约为 0.3，并在 10% 的水平上显著。相比发达国家经济增长和碳排放脱钩现象，即经济增长的同时，碳排放零

增长或者负增长；中国在保持经济增长的同时，碳排放总量也会增加。这表明中国经济的绿色发展水平距发达国家还有不小差距，有待提高。

第三，能源消耗对经济增长的影响。由式（3-3）可知，平均而言，能源消耗量增长 1%，将使实际 GDP 增长率提高 0.127 个百分点。中国经济增长的资源驱动特征仍然较为明显。

第四，能源消耗对二氧化碳排放的影响。由式（3-5）可知，平均而言，能源消耗增长 1%，将使二氧化碳排放增长 1.144%。碳排放增长幅度高于能源消耗增幅，表明中国的能源消费结构仍然以高碳排放的化石能源为主。

第五，二氧化碳排放对实际 GDP 增长的影响。由式（3-3）可知，平均而言，二氧化碳排放总量增加 1%，将使下期 GDP 增长率下降 0.143 个百分点。其中的原因可能在于，二氧化碳排放量的增加使下期全国碳排放量控制趋于更加严格，化石能源投入下降，也会连带 GDP 增幅有所放缓。

四、基于区域层面的 PVAR 估计结果

中国地域辽阔，各地经济社会发展不平衡。为更好地揭示区域之间的经济增长、能源消耗与二氧化碳排放之间的关系，依照中国东、中、西部三大区域的划分标准①分别进行 PVAR 估计，结果如表 3-5 所示。由表可得如下两点结论：

第一，不同地区间三个变量之间的关系差距很大。东部地区的回归结果表明，三个变量之间不存在显著的动态关系；在中部地区，存在实际 GDP 增长率对能源消耗，以及能源消耗对二氧化碳排放两组显著的关系；在西部地区，只存在经济增长对能源排放的显著关系。

第二，全国 PVAR 模型回归结果之一，即能源消耗对二氧化碳排放有显著的正向关系，而东、西部地区的回归结果并不存在这种关系，两者形成鲜明对照。这表明，为在全国范围内实现控制碳排放的减排任务，其关键路径应当是控制中部地区能源消耗以减轻碳排放，比如提高中部地区能

---

① 按照国家统计局的标准：东部地区包括北京、天津、河北、辽宁、上海、江苏、浙江、福建、山东、广东、海南 11 个省份；中部地区包括山西、内蒙古、吉林、黑龙江、安徽、江西、河南、湖北、湖南 9 个省份；西部地区包括重庆、四川、贵州、云南、广西、西藏、陕西、甘肃、青海、宁夏、新疆 11 个省份。

源使用效率或者发展再生能源。

表 3-5　区域层面 PVAR 模型估计结果

变量	东部地区	中部地区	西部地区
rgdp_g	—	—	—
L. rgdp_g	0.414（1.32）	0.249*（2.51）	0.243*（2.47）
L. lnenergy	55.76（0.63）	12.42（1.29）	7.536（0.89）
L. lnco2	−58.81（−0.64）	−13.62（−1.45）	−9.100（−1.05）
lnenergy	—	—	—
L. rgdp_g	0.00754（0.78）	0.00273*（2.14）	0.00480**（2.61）
L. lnenergy	2.655（0.93）	1.289***（5.86）	0.872***（3.82）
L. lnco2	−1.802（−0.61）	−0.350（−1.63）	0.0534（0.23）
lnco2	—	—	—
L. rgdp_g	0.0169（0.81）	0.00219（1.27）	0.00358（1.56）
L. lnenergy	4.461（0.75）	1.089***（5.68）	0.667（1.95）
L. lnco2	−3.685（−0.60）	−0.114（−0.60）	0.258（0.75）

注：L. 表示滞后 1 期；* 表示 $p<0.1$、** 表示 $p<0.05$、*** 表示 $p<0.01$；括号内为 t 值。

五、模型的稳定性检验

为进行脉冲分析和预测误差的方差分解，上文建立的模型需要满足稳定性条件。使用伴随矩阵的特征根图（见图 3-1）进行分析，三个特征根都在单位圆内部，由此表明本书建立的 PVAR 模型是稳定的，可对其进行脉冲响应函数分析和预测误差分解。[①]

---

①　所谓稳定性，是指系统中某个变量受到干扰时，其他变量也会相应改变，并产生连锁反应，导致整个系统发生改变，但随着时间推移，这种干扰带来的冲击会逐渐消失，系统重新恢复稳定。

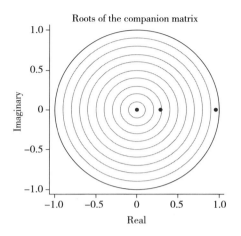

图 3-1　伴随矩阵的特征根图

六、脉冲响应函数与方差分解

1. 脉冲响应函数

为分析各变量之间的关系，使用广义脉冲响应函数进行观察。脉冲分析反映的是，各变量的一个标准差变动对其他各变量的影响。设定滞后 10 期，经蒙特卡洛模拟 999 次，得到如下脉冲信息响应图（见图 3-2）。在图 3-2 中，横轴表示冲击期（s），纵轴每幅图的中间线表示各变量受冲击的影响程度，其余两条线为 95% 的置信区间上下界线。

实际 GDP 增长率（rgdp_g）受到冲击后的脉冲响应（图 3-2 第一行）。受到自身一个标准差的正向冲击后，实际 GDP 增长率在 1 期内产生显著正向响应，随后衰减为零；受到能源消费的一个标准差正向冲击后，在第 1~2 期，由于零水平线始终处在置信区间内，表示实际 GDP 增长率未受到其变动的显著影响，在第 3~10 期，实际 GDP 增长率出现了显著的但逐渐衰减的负向效应；此外，受二氧化碳排放一个标准差的正向冲击后，在第 1 期，实际 GDP 增长率呈现显著下降，而后冲击影响逐渐消失为零。这可能是因为如果当期二氧化碳排放水平较高，会使下一期的减排更加严厉，实际 GDP 增长率会受到负向影响，不过这种影响是短期的。

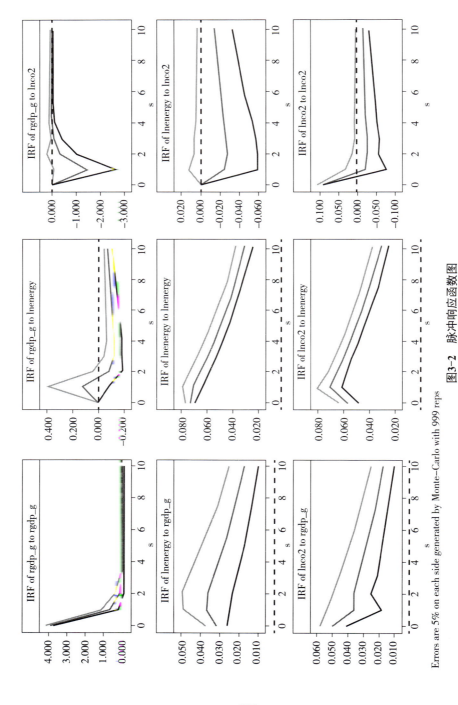

图3-2 脉冲响应函数图

Errors are 5% on each side generated by Monte—Carlo with 999 reps

注：图中虚线表示"0"值所在处。

能源消费受到冲击后的脉冲响应（图 3-2 第二行）。受到实际 GDP 增长率一个标准差的正向冲击后，能源消费在较长的期间内都产生了显著的正向响应；类似地，受到自身一个标准差的正向冲击后，能源消费在较长的期间也产生了显著的正向响应；直到本书研究的第 10 期，两种冲击对能源消费的影响仍然存在；受到二氧化碳排放一个标准差的正向冲击后，由于零水平线始终处于置信区间内，因此能源消费未受到显著影响。

二氧化碳排放受到冲击后的脉冲响应（图 3-2 第三行）。受到实际 GDP 增长率一个标准差的正向冲击后，二氧化碳排放在较长的期间内都产生了显著的正向响应；表示中国的能源结构仍是以化石能源为主，在其他条件一定的情况下，经济增长率的提高必然需要消耗更多的化石能源，从而产生更多的二氧化碳排放。类似地，受能源消费的一个标准差正向冲击，二氧化碳排放也产生了显著的正向响应。直到本书研究的第 10 期，两种冲击对二氧化碳排放的影响仍然存在；受到自身一个标准差的正向冲击后，由于零水平线始终处于置信区间内，二氧化碳排放未受到显著影响。

2. 预测误差的方差分解

脉冲响应描述在不同时期一个变量的冲击对另一个变量的影响效果与路径，而方差分解则是将系统内任意一个内生变量的预测误差的方差分解为系统内各变量的随机冲击，从而给出对模型中的变量产生影响的每个随机扰动的相对重要性的信息，即各变量随机冲击的贡献占总冲击贡献的比率，由此可以分析各内生变量对彼此波动的相对贡献率。表 3-6 给出了共 5 期的预测误差的方差分解结果。

表 3-6　预测误差的方差分解

预测期	变量	rgdp_g	lnenergy	lnco2
1	rgdp_g	1.000	0.000	0.000
	lnenergy	0.156	0.844	0.000
	lnco2	0.156	0.198	0.645
2	rgdp_g	0.881	0.001	0.119
	lnenergy	0.176	0.780	0.045
	lnco2	0.166	0.359	0.475

预测期	变量	rgdp_g	lnenergy	lnco2
3	rgdp_g	0.875	0.001	0.124
	lnenergy	0.185	0.747	0.068
	lnco2	0.174	0.429	0.397
4	rgdp_g	0.874	0.002	0.124
	lnenergy	0.190	0.730	0.081
	lnco2	0.179	0.466	0.355
5	rgdp_g	0.873	0.003	0.124
	lnenergy	0.192	0.719	0.088
	lnco2	0.182	0.489	0.329

由表3-6可以发现，对实际 GDP 增长率波动影响最大的是其自身，在第 5 期，其贡献率仍然高达 87.3%；其次是二氧化碳排放和能源消费的波动影响，以第 5 期为例，各占 12.4% 和 0.03%。对能源消费波动影响最大的也是其自身，其贡献率在第 5 期仍然高达 71.9%，其次是实际 GDP 增长率和能源消费的波动影响，各自占 19.2%、8.88%。前两期，对二氧化碳排放波动影响最大的是其自身的变动；而自第 3 期开始，能源消费的波动对二氧化碳排放波动的影响最大；在第 5 期时，能源消费、二氧化碳排放、实际 GDP 增长变动对二氧化碳排放波动的影响分别占 48.9%、32.9% 和 18.2%。这表明，从较长的时期来看，能源消费结构的低碳转型仍然是控制中国温室气体排放的最重要抓手。

第四节　本章小结

中国仍处于工业化发展阶段，中国经济的快速发展、人民生活水平的提高得益于能源供给和消费的不断增加，其直接的结果就是排放了大量的二氧化碳。但是经济发展不能只追求速度上的增长，现阶段及以后更长的时期内更应追求经济发展质量上的提高。为此，本书以 1995—2016 年中国

30个省级地区作为研究样本构建面板VAR（PVAR）模型，研究中国经济增长、能源消费与二氧化碳排放之间的动态关系。

1. 研究结论

Granger因果关系分析表明：经济增长与能源消费之间、经济增长与二氧化碳排放之间均存在双向因果关系，能源消费对二氧化碳排放具有单向因果关系。其中，基于全国层面的PVAR估计结果与相关研究结论基本一致。基于区域层面的PVAR估计结果表明：东部地区三个变量之间不存在显著的因果关系；在中部地区，实际GDP增长率对能源消耗、能源消耗对二氧化碳排放均存在显著的Granger因果关系；而西部地区只存在经济增长对能源消耗的单项因果关系。

脉冲响应函数分析表明：经济增长受自身冲击影响较大而且在短期内二氧化碳排放也会对经济增长有明显的冲击；经济增长和能源消费本身对能源消费有显著的影响；而经济增长、能源消费二者对二氧化碳排放的冲击都比较大。预测误差方差分解结果表明，对经济增长与能源消费波动贡献最大的都是其自身，而在对二氧化碳排放波动的贡献中，能源消费占据主导地位。

2. 政策建议

基于本章的研究结果，提出以下几点建议：第一，中国能源消费结构仍以高碳排放的化石能源为主，为实现中国经济的可持续发展，应该转变能源消费结构，大力开发风能、太阳能、核能等清洁能源。为此，政府也应该搭配相应的科技政策、产业政策、财政金融政策等引导和鼓励经济组织对新能源的开发和运用。第二，中国经济发展不均衡，不同区域之间三个变量之间的互动关系可能存在较大差别。区域层面的PVAR估计结果表明，中部地区能源消耗与二氧化碳排放有显著的正向关系。因此，可以通过人才培养和加强技术创新提高中部地区能源使用效率，并大力推进中部地区新能源的开发与使用。第三，为了实现中国经济与环境的协调发展，还应该优化产业结构，实现产业升级，逐步淘汰高污染的产业，鼓励和维护绿色环保产业的发展，并积极推进碳税制度的出台，完善碳排放交易制度，提高中国绿色发展水平，推动经济的可持续发展。

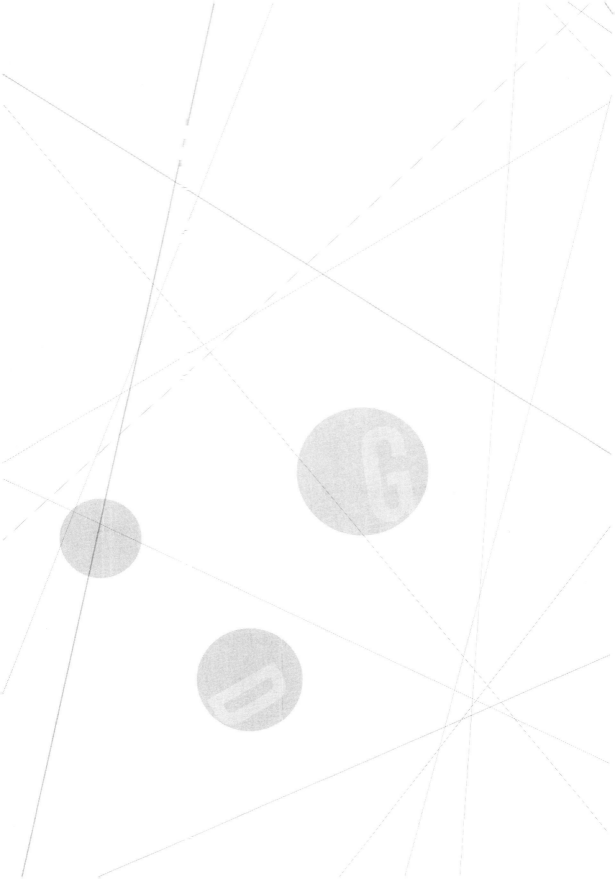

中篇

一

中国工业绿色发展的内在逻辑

第四章 工业污染与居民健康
（环境压力倒逼机制）

第一节 研究背景

中国的空气污染程度随着经济的发展迅速增加，成为其必须面对的最大环境挑战之一。2011 年前，中国的空气质量主要使用空气污染指数（API）和测度 PM10、SO_2 及 NO_2 整体浓度的一级综合指标测算（Bao et al., 2015）。在全城市（all-city）平均水平上，2001 年、2006 年和 2011 年，作为主要污染物的天数分别为 76.1%、73.4% 和 71.5%，符合中国环境空气质量标准的天数占全年比例分别为 75%、88% 和 92%（Wang, 2013）。2012 年以来，中国开始建立全国空气报告系统，现今包括 190 个城市的 945 个站点。这些自动化站通过互联网每小时报告一次，并关注六种污染物：PM2.5、PM10、SO_2、NO_2、O_3 和 CO。由于缺乏前期 PM2.5 数据，大多数研究一般使用卫星数据进行与 PM2.5 相关的估计（Brauer, 2015）。

PM2.5（直径<2.5 微米的细微颗粒物）主要来源于运输、制造、发电等燃烧过程中产生的氮氧化物、二氧化硫和一氧化碳等气体直接造成的一次污染。在空气污染物中，PM2.5 可被人体吸入肺部深处，进入血液循环，对健康构成重大威胁。表 4-1 显示了目前中美两国和世界卫生组织（WHO）的 PM2.5 空气质量标准，表 4-2 显示了 2004—2010 年中国分区域划分的人口加权 PM2.5 浓度。

表 4-1   PM2.5 空气质量标准   单位：μg/m³

时段	WHO				NAAQS	GB 3095—2012	
	AQG	IT1	IT2	IT3		Grade I	Grade II
24 小时	25	75	50	37.5	35	35	75
一年	10	35	25	15	15	15	35

注：AQG、IT：世界卫生组织空气质量准则（AQG）和过渡目标（IT）；NAAQS（National Ambient Air Quality Standard of United State，2011）：美国国家环境空气质量标准；GB 3095—2012：中国环境空气质量标准，2012。Grade I 针对自然保护区，Grade II 针对居民区、商业区和工业区。

资料来源：笔者自行整理。

表 4-2   年均人口加权 PM2.5 暴露卫星数据   单位：μg/m³

省份	2004 年	2005 年	2006 年	2007 年	2008 年	2009 年	2010 年
北京	27.7	31.06	35.88	35.49	38.64	29.54	28.45
天津	28.4	30.54	36.62	37.23	38.06	31.12	30.29
河北	36.97	41.9	49.23	48.77	46.8	38.37	39.76
山西	22.91	26.1	30.25	29.62	26.71	22.48	24.07
内蒙古	11.66	11.92	13.18	14.42	14.8	13.2	11.43
辽宁	16.78	18.09	19.84	19.45	22.39	20.06	18.19
吉林	14.64	12.79	15.41	15.19	18.72	17.2	15.11
黑龙江	7.91	7.53	8.55	9.01	11.35	8.95	9.13
上海	25.56	22.94	26.43	31.79	28.1	28.8	23.51
江苏	41.74	41.03	46.25	48.32	44.52	46.72	44.76
浙江	23.46	21.62	22.34	24.46	26.12	22.9	21.98
安徽	34.03	36.37	36.3	40.65	38.71	34.73	38.46
福建	18.41	19.64	18.95	21.11	17.59	16.14	15.31
江西	29.69	32.01	32.57	35.11	33.2	26.87	27.23
山东	40.44	45.26	51.78	51.94	46	40.44	49.97
河南	38.11	46.82	48.53	51.02	47.46	39.53	43.25
湖北	34.13	39.46	38.72	40.43	40.68	34.59	37.72
湖南	30.92	34.06	35.62	35.06	35.59	31.42	31.42
广东	28.59	32.71	29.92	28.84	25.87	25.36	24.88

续表

省份	2004 年	2005 年	2006 年	2007 年	2008 年	2009 年	2010 年
广西	40.35	41.06	39.43	39.58	38.14	34.27	35.6
西藏	2.62	2.98	2.35	2.90	2.57	2.17	2.54
海南	36.77	37.95	45.95	39.65	40.12	35.34	40.5
四川	22.47	25.64	24.58	25.26	24.13	20.84	20.35
贵州	32.05	28.5	28.31	30.62	29.7	26.20	26.96
云南	11.06	9.85	10.86	9.81	11.00	9.26	9.31
陕西	23.36	28.59	31.47	30.33	27.97	26.91	26.73
甘肃	16.04	19.43	18.64	19	19.97	18.11	16.98
青海	12.53	13.82	14.31	15.14	16.07	14.24	13.95
宁夏	14.12	16.6	16.49	16.18	16.59	15.38	13.69
新疆	18.68	16.83	18.86	18.94	20.47	19.31	17.67
平均	24.73	26.43	28.25	28.84	28.26	25.01	25.3

资料来源：笔者根据徐安琪（2012）一文整理。

在中国空气污染较严重的地区，PM2.5 浓度都超过了 NAAQGV、GB 3095—2012 标准，也超过了世界卫生组织空气质量指南过渡目标 IT1（35μg/m³）的最高水平。

中国严重依赖煤炭作为主要能源。2012 年，中国消耗了世界 50.2% 的煤炭，成为世界上最大的煤炭消费国，同年美国的煤炭消耗仅占世界的 11.7%（英国石油公司，2013）。2000—2015 年，中国每年消耗了 21 亿吨煤，大约占年均 30 亿吨标准煤当量的 70%。未来，尽管有许多替代能源如天然气、水力、核能等正在开发，但煤炭在较长的一段时期仍然是中国的主要能源。中国 2001—2017 年各种能源消耗及其占比如图 4-1 所示。

心血管疾病是一种与血管和高血压有关的疾病，包括供应心肌/心脏瓣膜/大脑/手臂和腿部的血管的疾病等。根据世界卫生组织的估计，心血管疾病是全球第一大死亡原因。2015 年估计有 1770 万人死于心血管疾病，占全球死亡总数的 31%。在这些死亡中，估计有 740 万人死于冠心病，670 万人死于中风。呼吸系统疾病是呼吸道和肺部疾病。其中最常见的是慢性

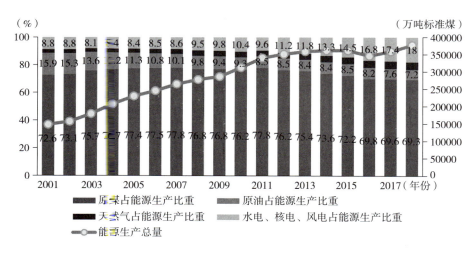

图4-1 2001—2017年中国整体能源消费和构成

资料来源：《中国统计年鉴》（2001—2017）。

阻塞性肺疾病、哮喘、职业性肺病和肺动脉高血压。在全球十大死亡原因中，慢性阻塞性肺疾病夺去了320万人的生命，肺癌以及气管和支气管癌症造成了170万人死亡，而下呼吸道感染仍然是最致命的传染病，2015年全球320万人死亡于下呼吸道传染。

许多研究发现呼吸道死亡率风险与PM2.5水平相关（Neas，1994；Daniel，2000；Slaughter，2003；Anenberg et al.，2010；Hwang，2016；陈硕和陈婷，2014；刘颖和刘世炜，2018）；还有不少研究发现，PM2.5也会导致严重的心脏病，甚至对心血管系统造成致命损害（Yang，2012；Thurston，2016；东仁杰等，2014；刘颖和刘世炜，2018）。

为了估计中国空气污染的短期影响，阚海东等（Kan et al.，2007）发现，上海市PM2.5的两天移动平均浓度增加$10\mu g/m^3$，则将导致全因死亡率、心血管疾病死亡率和呼吸系统死亡率分别增加0.36%、0.41%和0.95%。马雁军等（2011）以沈阳市为例的研究表明，PM2.5浓度增加$10\mu g/m^3$，则上述三种死亡率分别增加0.49%、0.53%和0.97%。

PM2.5的长期健康暴露效果比短期效果更为严重。陈硕和陈婷（2014）运用中国161个地级市5年（2004年、2006年、2008年、2009年、2010年）的面板数据分析了二氧化硫排放量对于呼吸系统和肺癌死亡率的影响，发现二氧化硫排放每增加 1%，每万人呼吸系统疾病死亡率和肺癌死亡率就分别增加 0.055 和 0.005。董光辉等（2012）研究发现，在中国，PM2.5 浓度每增加 $10\mu g/m^3$，会导致呼吸系统疾病死亡率增加 67%、心血管疾病死亡率增加 55%。

本书以 PM2.5 的多重门槛效应评估空气污染对健康的影响，使用 $10\mu g/m^3$ 作为 PM2.5 的单位可能不合适，因为以增加 $10\mu g/m^3$ 为单位时，PM2.5 可能从较低门槛转变成较高门槛，这会造成一些复杂的需要解释的例外情况。因此，本书估计 PM2.5 每增加 1% 时对死亡率的影响。

心血管疾病和呼吸系统疾病相关的死亡率与二氧化氮（NO_2）和二氧化硫（SO_2）浓度增加有关，这一点已得到之前一系列研究的确证（Venners，2003；Kan et al.，2008；Kan et al.，2010；陈硕和陈婷，2014；刘颖和刘世炜，2018）。此外，由于经济增长通过工业排放、教育质量、医疗服务质量等间接影响预期寿命，本书使用地区生产总值（GRP）和高等教育学生人数变量来控制死亡率和经济增长之间的关系。最后，由清华大学和美国健康影响研究所等开展的《主要空气污染来源引起的全球疾病负担（GBDMAPS），2013》报告估计，燃煤是中国 PM2.5 的最主要来源，占人口加权 PM2.5 浓度的四成，生物质、煤炭燃烧在 2013 年造成了大约 366000 人死亡，其中包括工业用煤（155000 人死亡）、运输（137000 人死亡）和发电厂用煤（86500 人死亡）。本书将对煤炭使用、PM2.5 浓度水平和相关疾病死亡率的关联展开研究，重点关注 PM2.5 的门槛效应。

第二节　实证模型、数据与方法

为实现研究目的，本书首先使用对数面板多元回归模型来估计年煤炭消耗和平均人口加权 PM2.5 暴露之间的关系；其次使用面板门槛模型来评估 PM2.5 与特定原因死亡率的关系；最后将这两个步骤结合起来，使用两阶段计量经济学方法，以人口加权 PM2.5 暴露水平为门槛，考察煤炭使用造成的污染对人体健康的影响。

一、估计空气污染中燃料消耗的环境影响

基于文献综述部分关于燃料消耗和空气质量之间的因果关系，人口加权 PM2.5 暴露是因变量，自变量是包括煤炭消耗在内的 PM2.5 的来源。汽油和柴油消耗量代表车辆排放的贡献。由于未铺设路面的道路灰尘对颗粒物浓度有很大影响，我们添加了铺设路面人均面积的数据，并预计其系数会出现负号。此外，中国被选为 2008 年夏季奥运会的主办国以来，政府对车辆、工业、建筑活动以及大多数空气污染地区的燃料消耗实施了许多严格的排放限制。中国的空气质量随之发生了巨大变化，为此我们设定一个时间虚拟变量来消除这一影响。其他变量，如温度、降水和湿度的气象数据也被用作控制变量，因为它们与 PM2.5 水平之间存在显著相关（Dawson et al.，2007；Tai et al.，2010；Wang et al.，2015）。

1. 数据描述

本书使用 2004—2010 年中国 29 个省份（重庆和台湾除外）的省级面板数据进行实证分析，人均加权的 PM2.5 暴露数据由美国科学家团队估计，并由笔者根据徐安琪（2012）的研究进行了整理。本书将卫星估计的网格单元 PM2.5 浓度乘以居住在该网格单元内的省人口百分比，作为特定省份按照人口加权的 PM2.5 浓度数据。此外，煤炭、汽油、柴油、人均铺设道路面积和气象条件的数据来自《中国统计年鉴》（2005—2011）。数据的描述性统计如表 4-3 所示。

表 4-3　变量的描述性统计

变量	观测值	均值	中位数	最大值	最小值	标准差
PM2.5（$\mu g/m^3$）	203	26.69	26.72	51.94	2.17	11.71
煤炭（万吨）	203	10520.76	8559.73	37327.89	332.23	7897.92
汽油（万吨）	203	682.03	568.77	2754.68	40.74	496.26
人均铺路面积（平方米）	203	11.41	11.19	22.23	4.04	3.31
温度（℃）	203	14.47	15.1	25.4	4.5	5.07
湿度（%）	203	64.24	66	83	44	9.41
降水（毫米）	203	867.63	765.6	2628.2	74.9	503.46

2. 面板多元回归模型

首先分析煤炭消费对 PM2.5 的影响，其回归模型如下：

$$\ln PM2.5_{it} = \beta_0 + \beta_1 \ln Coal_{it} + \beta_2 Dumy_{it} + \beta_3 \ln GasDie_{it} +$$

$$\beta_4 \ln Road_{it} + \beta_5 \ln Temp_{it} + \beta_6 \ln PRec_{it} +$$

$$\beta_7 \ln Humid_{it} + \varepsilon_{it} \tag{4-1}$$

其中，i，t 分别表示省份和年份，$PM2.5_{it}$ 是按照人口加权的细微颗粒物浓度；$Coal_{it}$ 是煤炭消费量；$Dumy_{it}$ 是时间虚拟变量，其值在 2004—2008 年为 1，其余年份为 0；$GasDie_{it}$ 是汽油和柴油消耗量；$Road_{it}$ 是地区人均道路铺设面积；$Temp_{it}$、$PRec_{it}$、$Humid_{it}$ 分别是平均温度、平均降水量和平均相对湿度，为消除自相关和异方差的影响，上述变量均取对数；ε_{it} 为随机干扰项。

二、PM2.5 和死亡率之间的面板门槛估计

通过使用日死亡率和 PM2.5 之间的浓度—反应曲线，不少研究表明 PM2.5 和死亡率之间存在非线性关系，可能存在门槛。为此，本书使用面板门槛模型估计 PM2.5 浓度和两种特定原因即呼吸系统和心脏病死亡率的影响。回归模型如下：

$$MOT_{kit} = \mu_i + \alpha_1 PM2.5_{it-1} I(PM2.5_{it-1} < \gamma_1) + \alpha_2 PM2.5_{it-1} I(\gamma_1 <$$

$$PM2.5_{it-1} \leqslant \gamma_2) + \alpha_3 PM2.5_{it-1} I(\gamma_2 < PM2.5_{it-1} \leqslant \gamma_3) +$$

$$\alpha_4 PM2.5_{it-1} I(\gamma_3 < PM2.5_{it-1}) + \theta_1 SO_{2it-1} + \theta_2 NO_{2it-1} +$$

$$\theta_3 GRP_{it-1} + \theta_4 EDU_{it-1} + \theta_5 Forest_{it-1} + \omega_{it} \tag{4-2}$$

其中，i，t 是区域和年份变量。MOT_{kit} 是特定原因死亡率人数，其中 MOT_{1it}、MOT_{2it} 分别是心脏病和呼吸系统疾病死亡人数；μ_i 是固定效应；$PM2.5_{it}$ 是人口加权的细微颗粒物浓度；SO_{2it} 是地区二氧化硫排放量；NO_{2it} 是二氧化氮的平均浓度；GRP_{it} 是地区生产总值，各年份的产值均以 2004 年为基期计算；EDU_{it} 是每十万人中受过高等教育的人数（大学及以上教育）；$Forest_{it}$ 是森林覆盖率（由于滞后效应的存在，上述变量按滞后一期计算）；ω_{it} 是随机干扰项。

由于中国缺乏按省份统计的年度特定原因死亡率数据，本书使用区域

人口、死亡率和国家特定原因死亡率的官方数据来估计特定地区年度心血管死亡率和呼吸死亡率（按省份），推导公式如下：特定原因死亡人数＝区域人口×区域死亡率×国家特定原因死亡率。此外，SO₂、NO₂和社会经济变量数据如教育水平、地区生产总值和森林覆盖率来自《中国统计年鉴》（2005—2011）。相关变量的描述性统计如表4-4所示：

表4-4 变量的描述性统计

变量	观测值	均值	中位数	最大值	最小值	标准差
心脏病死亡人数	203	429894.7	380633.5	1196949	22898	291341.5
呼吸系统死亡人数	203	375647.4	332609.5	1080532	19611	255241.3
PM2.5（$\mu g/m^3$）	203	26.69	26.72	51.94	2.17	11.92
SO₂（万吨）	203	76.30	63.35	200.30	0.10	48.16
NO₂（万吨）	203	40.86	41.30	73.00	11.90	13.69
GRP（亿元）	203	6283.42	4754.95	22656.41	220.34	5013.59
EDU（每十万人学生数）	203	2056.25	1790.00	5897.00	550	1175.71
Forest（%）	203	27.32	24.03	63.01	2.94	17.43

第三节 实证结果与分析

一、煤炭消费对大气污染的估计结果

本书分别使用混合最小二乘法、固定效果和随机效果模型估计式（4-1），估计具参见表4-5。F检验和LM检验的结果表明，固定效果和随机效果模型的估计结果均优于混合OLS。Hausman检验结果表明，随机效果模型最适合式（4-1）的估计。

表4-5　PM2.5影响因素的估计结果

变量	混合OLS	固定效应	随机效应
cons	-1.3454（0.2746）	-1.7710**（0.0341）	-1.9231**（0.0116）
lnCoal	0.4043***（0.0000）	0.1960***（0.0005）	0.2333***（0.0000）
Dumy	0.1261*（0.0747）	0.1415***（0.0000）	0.1454***（0.0000）
lnGasDie	0.0168（0.8085）	0.0755**（0.0456）	0.0652*（0.0754）
lnRoad	-0.1584（0.1381）	-0.0455（0.2282）	-0.0564（0.1268）
lnTemp	0.6894***（0.0000）	0.2328**（0.0356）	0.2405**（0.0118）
lnPRec	-0.2603**（0.0107）	-0.0587**（0.0320）	-0.0609**（0.0247）
lnHumid	0.2436（0.5057）	0.6043***（0.0002）	0.5806***（0.0001）
AdjustR^2	0.4809	0.9838	0.3757
Obs	203	203	203
F test		216.96***	—
lM test		—	540.24***

注：括号内为标准误；*、**、***分别表示10%、5%、1%的显著性水平。

由表4-5可以看出，除人均道路面积不显著外，其他变量均显著。在1%的显著性水平上，煤炭消费每增加1%，可使人口加权的PM2.5暴露增加0.23%。这与之前关于空气污染中使用煤炭对环境影响的研究结果有着密切的联系；汽柴油消费每增加1%，将导致PM2.5浓度增加0.065%（显著性水平为10%）；此外，还发现三个气象变量的估计系数结果在1%和5%水平上都是显著的，这表明人口加权PM2.5暴露对气象条件的变化相当敏感。不过，温度和相对湿度的变动与PM2.5浓度水平正相关，而与降水量的变动负相关。上述变量的回归结果与Tai（2010）使用为期11年美国数据的研究结果相似。此外，虚拟变量Dummy的估计系数表明，2008年北京奥林匹克运动会前后人口加权PM2.5暴露的差异在1%水平上是显著的，2008年后的PM2.5浓度比2004—2008年大约低14.5%。这意味着中国在2008年奥运会期间提高空气质量的努力所取得的成就非常突出。

二、多重门槛测试

表 4-6、表 4-7 的上半侧显示了 PM2.5 暴露与两种疾病响应关系的门槛测试结果。由表 4-6 可见，在 PM2.5-MOT1（心脏病死亡率）的关系中，单门槛效应和双门槛效应均不显著，而三重门槛的评价结果在 1% 水平上显著，这表明心脏病死亡率和 PM2.5 浓度之间存在三重门槛，这三个门槛值分别为 26.2μg/m³、34.27μg/m³ 和 44.76μg/m³。由表 4-7 可见，在 PM2.5-MOT2（呼吸系统死亡率）的关系中，单门槛、双门槛和三重门槛效应分别在 1%、10% 和 1% 的水平上显著。本书选择 p 值最低的三重门槛效应进行研究。相应地，呼吸系统死亡率和 PM2.5 之间三个门槛值分别为 37.95μg/m³、38.06μg/m³ 和 48.53μg/m³。

表 4-6　心血管疾病死亡率的面板门槛回归结果

门槛估计	门槛	估计	95%的置信区间	
	门槛 1	26.20	[25.2005, 28.0002]	
	门槛 2	34.27	[33.2712, 35.2701]	
	门槛 3	44.76	[43.7600, 45.7622]	
变量	估计系数	估计弹性	标准差	
			OLS	White
PM2.5<26.2μg/m³	4053.19*	0.2516	2291.95	2303.06
26.2μg/m³<PM2.5<34.27μg/m³	6872.91***	0.4267	1746.34	1578.11
34.27μg/m³<PM2.5<44.76μg/m³	8633.53***	0.5360	1478.89	1378.12
PM2.5>44.76μg/m³	6513.50***	0.4044	1454.51	1397.79
SO₂	598.27*	0.1062	391.73	352.54
NO₂	3293.52***	0.3131	911.58	788.42
GRP	18.72***	—	1.22	1.194
EDU	-116.42***	—	16.50	14.08
Forest	2003.71***	—	788.42	788.42

注：*、**、***分别表示 10%、5%、1%的显著性水平。

表4-7　呼吸系统死亡率的面板门槛回归结果

门槛估计	门槛	估计	95%的置信区间	
	门槛1	37.95	［37.9490，37.9510］	
	门槛2	38.06	［38.0595，38.0610］	
	门槛3	48.53	［48.5295，48.5315］	

变量	估计系数	估计弹性	标准差	
			OLS	White
PM2.5<37.95μg/m³	5326.70*	0.3785	1478.30	1521.24
37.95μg/m³<PM2.5<38.06μg/m³	13636.61***	0.9689	2394.18	1453.64
38.06μg/m³<PM2.5<48.53μg/m³	8007.68***	0.5869	1287.40	1357.73
PM2.5>48.53μg/m³	5584.38***	0.3967	1359.78	1570.51
SO₂	2074.69*	0.4214	3885.70	388.67
NO₂	3026.73***	0.3293	974.20	949.92
GRP	5.153***	—	1.23	1.48
EDU	-89.51***	—	16.85	17.12
Forest	600.94***	—	838.67	823.03

注：*、**、***分别表示10%、5%、1%的显著性水平。

三、PM2.5和特定疾病死亡率之间实证结果

面板门槛模型2的估计结果如表4-6、表4-7的下半侧所示。回归估计表明，PM2.5的影响效果取决于初始PM2.5浓度。此外，本书还估计了核心自变量的平均死亡率弹性（给定自变量的一个百分比变化，死亡率的百分比变化）。

由表4-6可以看出，首先，随着PM2.5浓度水平的变化，其对心血管疾病死亡率的影响程度也不相同。当26.2μg/m³<PM2.5<34.27μg/m³时，PM2.5每增加1%，将导致心血管死亡率增加0.42%，即弹性为0.42；当34.27μg/m³<PM2.5<44.76μg/m³时，PM2.5每增加1%，其弹性为0.53，上升0.11个百分点；而当PM2.5>44.76μg/m³时，其浓度每增加1%，则导致心血管疾病死亡率增加0.40%，即弹性为0.4。其次，NO₂暴露与心血管死亡人数呈显著正相关，其浓度水平每上升1%，则死亡人数上升

0.31%。SO_2 排放与人体健康也呈显著关系，其弹性为 0.1。地区生产总值 GRP 与心血管死亡人数有正向显著关系，教育水平则对心血管死亡率有负面冲击。最后，我们发现森林覆盖率对死亡率有正面影响，这一结果可以解释为，当空气污染越来越严重时，中国会加强植树造林来改善空气质量，尽管森林覆盖率的统计数据似乎有可能增加，但森林实际上需要更多的时间来成长和发挥其功能。

由表 4-7 可以看出，首先，当 PM2.5<37.95μg/m³ 时，PM2.5 每增加 1%，会导致呼吸系统死亡率上升 0.38%；即弹性为 0.38；当 37.95μg/m³< PM2.5<38.06μg/m³ 时，PM2.5 每增加 1%，呼吸系统死亡率增加 0.97%，即弹性为 0.97；当 38.06μg/m³<PM2.5<48.53μg/m³、PM2.5>48.53μg/m³ 时，PM2.5 每增加 1%，将导致呼吸系统死亡人数分别增加 0.56% 和 0.39%。其次，我们发现 NO_2、SO_2 浓度对呼吸系统死亡率均有显著正向影响，其弹性分别为 0.4 和 0.33。最后，GRP 估计系数的符号与心血管疾病死亡率的回归结果一样，都是正向显著，这意味着发展经济和保护环境在中国存在矛盾，这与之前的发现是一致的，即在 1997—2010 年为减少 PM2.5 浓度付出了努力，但人均 GDP 的增长却使 PM2.5 的排放量增加了 1600 万吨（Guan，2014）。

四、两阶段回归方法的结果

现在把两个回归式的结果进行整合，求出煤炭百分比的变化对特定原因死亡率百分比变动的影响。其计算方法如式（4-3）所示：

$$\frac{\partial \ln MOT}{\partial \ln Coal} = \frac{\partial \ln MOT}{\partial \ln PM2.5} \times \frac{\partial \ln PM2.5}{\partial \ln Coal} = \frac{\partial \ln PM2.5}{\partial \ln Coal} \times \left(\frac{\partial MOT}{\partial PM2.5} \times \frac{\overline{PM2.5}}{\overline{MOT}} \right)$$

$$= \widehat{\alpha_1} \times \widehat{\beta_1} \times \frac{\overline{PM2.5}}{\overline{MOT}} \qquad (4-3)$$

式中，$\widehat{\beta_1}$ 和 $\widehat{\alpha_1}$ 分别是式（4-1）、式（4-2）中 β_1 和 α_1 的估计值。式（4-3）的计算结果如表 4-8 所示。由表可知，当 PM2.5 的浓度水平介于（26.2μg/m³，34.27μg/m³）时，煤炭消费量增加 1%，会导致心血管死亡率上升 0.099% ≈ 0.1%；而当 PM2.5 的浓度水平介于（34.27μg/m³，44.76μg/m³）和大于 44.76μg/m³ 时，煤炭消费量增加 1%，会使心血管疾

病死亡率分别上升 0.125% 和 0.094%。至于呼吸系统死亡率的情况，当 PM2.5 的浓度水平低于 37.95%μg/m³ 时，煤炭消费量增加 1%，会导致死亡率增加 0.077%；当 PM2.5 的浓度水平介于（37.95μg/m³，38.06μg/m³）、（38.06μg/m³，48.53μg/m³）时，煤炭消费量增加 1%，会导致呼吸系统死亡率增加 0.197%、0.116%；最后，当 PM2.5 的浓度水平大于 48.53μg/m³ 时，煤炭消费量增加 1%，会使呼吸系统死亡率上升 0.08%。

表 4-8 空气污染中煤炭消费对两种原因死亡率的影响

心血管疾病死亡率		呼吸系统死亡率	
PM2.5 范围	估计弹性	PM2.5 范围	估计弹性
PM2.5<26.2μg/m³	0.0587	PM2.5<37.95μg/m³	0.0771
26.2μg/m³<PM2.5<34.27μg/m³	0.0995	37.95μg/m³<PM2.5<38.06μg/m³	0.1975
34.27μg/m³<PM2.5<44.76μg/m³	0.1250	38.06μg/m³<PM2.5<48.53μg/m³	0.1159
PM2.5>44.76μg/m³	0.0943	PM2.5>48.53μg/m³	0.0808

五、进一步讨论

1. PM2.5 健康效应的演变趋势

PM2.5 对呼吸系统死亡率的影响，以第二区间即 37.95μg/m³<PM2.5<38.06μg/m³ 时的效果最大，而对心血管疾病死亡率的影响，则是第三区间即 26.2μg/m³<PM2.5<34.27μg/m³ 的影响效果最大，不过随后的健康效应则减弱了。这个结果可以人们环境意识的提高来解释。当 PM2.5 浓度过高，以至于可以被人们用肉眼或嗅觉感知时，人们当然会意识到污染的严重性，从而会更有意识地采取一些保护措施以免受到伤害。此外，在较高浓度下，PM2.5 的死亡风险降低，也可能是因为有些身体脆弱的人在此之前已经死亡（Zhang et al., 2011；Dong et al., 2012）。

2. PM2.5 与以前结果的比较

如前所述，本书旨在估计 PM2.5 的百分比变化对死亡率的百分比变化的影响大小，以更准确描述具有多重门槛效应的暴露—反应关系。为便于和之前的研究结果做比较，我们将结果转换为可比值，方法是将表 4-6 和表 4-7 中的弹性除以 PM2.5 平均值再乘以 1000，转换后的结果如表 4-9 所示。

表 4-9　PM2.5 的健康效应估计

心血管疾病死亡率		呼吸系统死亡率	
PM2.5 范围	转换后的健康效应（%）	PM2.5 范围	转换后的健康效应（%）
PM2.5<26.2μg/m³	9.42	PM2.5<37.95μg/m³	14.18
26.2μg/m³<PM2.5<34.27μg/m³	15.98	37.95μg/m³<PM2.5<38.06μg/m³	36.30
34.27μg/m³<PM2.5<44.76μg/m³	20.08	38.06μg/m³<PM2.5<48.53μg/m³	21.31
PM2.5>44.75μg/m³	15.15	PM2.5>48.53μg/m³	14.86

与之前的估计系数相比，本书中国人口加权 PM2.5 暴露下降范围的健康效应大于以前文献的短期效应，而小于以前文献长期暴露的健康效应。例如，PM2.5 每增加 $10\mu g/m^3$，短期（每日）接触 PM2.5 导致心血管和呼吸道死亡率增加 0.41% 和 0.95%（Kan et al., 2008），PM2.5 暴露一年的健康效应导致心脏病死亡率上升 9.42%~20.08%，呼吸系统死亡率上升 14.18%~36.3%，而在为期 10 年的后续跟踪研究中，长期接触颗粒物导致中国沈阳市居民的心血管死亡率上升了 55%，呼吸死亡率上升了 67%（Zhang et al., 2011；Dong et al., 2012），加拿大缺血性心脏病死亡率增加了 31%。

第四节　本章小结

环境空气污染对人类健康的影响已经在全世界，特别是在中国得到了广泛研究。然而，人口加权 PM2.5 暴露对中国特定原因死亡率的门槛效应尚待考察，因为这可为发展中国家保护公共健康免受恶劣空气质量的影响提供非常有用的信息。为此，本书使用 PM2.5 的多重门槛效应估计煤炭消费对健康的影响。

面板门槛模型的估计结果表明，空气污染通过 SO_2、NO_2 等 PM2.5 影响人类健康。我们发现这一效果取决于人口加权 PM2.5 暴露的水平范围，心脏病和呼吸系统死亡率 PM2.5 的临界水平分别为 $26.2\mu g/m^3$、$34.27\mu g/m^3$、$44.76\mu g/m^3$ 和 $37.95\mu g/m^3$、$38.06\mu g/m^3$、$48.53\ \mu g/m^3$。具体而言，当人口加权 PM2.5 暴露水平处于 $26.2\sim34.27\mu g/m^3$、$34.27\sim44.76\mu g/m^3$ 及

高于 $44.76\mu g/m^3$ 时，PM2.5 每增加 1% 导致每年心脏病死亡率分别增加 0.42%、0.53% 和 0.40%。我们还发现了 NO_2 和 SO_2 的显著影响，其中 NO_2 浓度增加 1% 使心脏病死亡率增加 0.31%，SO_2 排放增加 1% 导致心脏病死亡率增加 0.1%。对于呼吸系统死亡率—空气污染关系，本书发现当 PM2.5 分别低于 $37.95\mu g/m^3$、处于 $37.95\sim38.06\mu g/m^3$、$38.06\sim48.53\mu g/m^3$ 及高于 $48.53\mu g/m^3$ 时，对应 PM2.5 增加 1%，呼吸系统死亡率将分别增加 0.37%、0.97%、0.56% 和 0.39%。此外，研究发现 1% 的 SO_2 排放增加导致呼吸道死亡率增加 0.42%，NO_2 浓度增加 1% 导致呼吸系统死亡率增加 0.33%。

实证结果还表明，在中国，1% 的煤耗增加导致人口加权 PM2.5 暴露增加 0.23%。以两阶段估计方法得到煤炭消耗对空气污染的健康影响。具体而言，当年度 PM2.5 高于 $34.27\mu g/m^3$ 时，1% 的煤耗增加导致心脏病死亡率增加 0.125%。此外，PM2.5 高于 $37.95\mu g/m^3$ 时，1% 的煤耗增加将使呼吸系统死亡率增加 0.197%。

通过将 2008 年设计为结构转换年份研究发现，中国在改善大气污染方面所做的努力使 PM2.5 浓度降低了大约 14.5%。此外，本书采用面板多元回归模型来估计 PM2.5 与气象变量之间的相关性，以便更深入地了解影响大气污染物有害特征的相关因素。本书确信人口加权 PM2.5 暴露与气候条件密切相关，这些发现与之前的研究一致。

第五章　清洁能源发展对 3E 关系的影响（科技创新驱动机制）

第一节　研究背景

在全球暖化、气候变迁以及自然资源特别是化石能源有限的情况下，如何保护环境而不影响能源安全和经济发展是经济—能源—环境（Environment-Energy-Economy，3E）议题的核心，其主旨是降低对化石能源的依赖，由发展再生能源、提升能源安全，实现节能减碳和经济增长，最终实现 21 世纪内全球升温不超过 2℃ 的目标规划。全球碳减排自 1990 年开始，然多年来碳排放仍以 2%~3% 的速度增长，至 2013 年增加了 65%，人类活动、能源使用、经济发展及能源结构是影响碳排放的重要因素。可喜的是，2015 年 12 月自然气候变迁（Jackson et al.，2015）的研究报告指出，2014 年全球化石燃料燃烧产生的二氧化碳排放量几乎没有增长，与 2013 年同为 323 亿公吨，而 2015 年有可能降低 0.6%，这是一个重大逆转，达到了经济增长与碳排放脱钩的预期效果，主要归功于中国和经合组织改变使用能源的方式，转向更多的再生能源消费①。能源系统低碳化的主力是电力行业，再生能源发电目前仅能满足全球电力需求的 23%，预期 2040 年可以满足全球 33% 的电力。此外，核电是一个可以提供清洁且满足大量电力需求的有效选择，目前占全球电力需求的 11%；国际能源署（IEA，2015）建议，到 2050 年核电应增加到占全球电力需求的 17%。核电和再生能源的发展将在很大程度上缓解全球对清洁能源的巨大需求。综

---

① 全球碳排放 2014—2016 年曾保持平稳，但 2017—2018 年出现反弹。

上所述，在资源有限以及可持续发展的情况下，化石能源—再生能源—核能之间呈现很强的交互竞争与合作关系，分析这些交互竞合作用是制定能源特别是绿能政策的重要参考指标。

经济发展难以避免消耗能源，化石能源必定会带动温室气体排放并伤害环境；但经济发展也可能促进技术进步，改善能源效率及降低清洁能源电价，因而降低碳排放进而保护环境；而环境保护可能会抑制化石能源使用进而影响能源安全和经济发展，分析这些变量之间的相互竞合作用是制定可持续发展政策的重要参考指标。

依据 2015 年巴黎气候峰会协定，全球 195 个国家将致力于大幅减少温室气体排放，实现 21 世纪末全球升温不超过 2℃的目标，并努力实现升温不超过 1.5℃的目标。目前，中国近九成的能源供给来自化石燃料（煤炭、石油、天然气），2014 年的碳排放量大约 103 亿吨，排名居全球第 1 位，比第二位高出约 50 亿吨。2013 年中国人均碳排放 7.55 吨，全球排名第 45 位。面对碳减排的全球趋势，国家主席习近平在 2015 年巴黎气候峰会上提出，到 2030 年中国单位 GDP 二氧化碳排放比 2005 年下降 60%~65%，非化石能源占一次能源消费比重达到 20%左右。可见，能源清洁化已成必然趋势。

综上所述，3E 议题中主要影响因素有：总能源消耗量、不同类型的能源消费、碳排放量以及经济增长之间，存在着交互竞争又合作的关系，政策制定和因子之间的关系有密切关系，而后者又和国家的能源结构有密切关系，在能源结构清洁化的趋势下，本书探讨再生能源及核能两种清洁能源对 3E 之间关系的影响及其差异。研究成果可以为中国制定永续发展政策以及绿能政策提供前瞻性的建议。

如前所述，3E 之间有着非常复杂的联动关系，这些关系与永续发展政策以及能源结构有着密切的联系，在全球温控低于 2℃的目标下，3E 之间的关系更加受到重视。

近年来，不少学者使用不同数据、模型，以总量分析或分类分析方法，实证检验环境、能源和经济之间的动态关系，研究成果较多，大致可以分为如下几类：第一类文献是总能源消耗量、碳排放量与经济增长之间的关联性分析。包括使用向量误差修正模型（VECM）分析因子间的长短期因果关系以及均衡关系（Bastola and Sapkota，2015；Alshehry and Belloumi，2015；Begum et al.，2015；Tang and Tan，2015；Saboori et al.，2014；

Acaravci and Ozturk，2010；Pao and Tsai，2010；Pao and Tsai，2011a，b；Pao et al.，2011；Pao et al.，2012）；使用 T-Y 程序（Toda-Yamamoto procedure）探讨因子之间的因果关系（Magazzino，2014；Menyah and Wolde-Rufael，2010；Payne，2012）；以及使用多目标线性规划（Multiple Objective Linear Programming，MOLP）探讨因子之间的交互作用（Oliveira and Antunes，2011；Henriques and Antunes，2012）。第二类文献是碳排放—经济增长之间的关系分析。此类文献主要研究 EKC 曲线是否成立，即经济增长和碳排放之间是否存在倒"U"型关系。研究结果发现，EKC 曲线一般很少发生在新兴国家，而在发达国家容易成立（Burnett et al.，2013；Shahbaz et al.，2013）。第三类文献是总能源消耗量—经济增长、再生能源—非再生能源—经济或核能—非核能—经济增长的关系。主要采用线性生产函数框架，用以判断节能政策时候会抑制经济增长。许多文献采用总量分析法研究能源消耗—经济增长的关系（Yildirim et al.，2012；Apergis and Payne，2013；Wolde-Rufael，2012；Bildirici and Bakirtas，2014；Ghosh and Kanjilal，2014）。总量分析未能考虑能源类型的异质性，及难以分辨清洁能源以及非清洁能源和经济增长之间的关联性，因此不少文献考察再生能源—非再生能源—经济或核能—非核能—经济增长的关系，希望增加检验不同类型能源之间的替代关系，以作为能源安全政策的参考（Apergis and Payne，2012b，c；Tugcu et al.，2012；Pao and Fu，2013a；Lin et al.，2015）。

关于 3E 联动关系的量化研究丰富了我们对 3E 关系的理解，由于时间周期、数据类型以及分析方法的不同，且未考虑各国能源结构的差异，上述文献并未得出一致的结论。本书拟进行拓展研究。我们的创新点主要有以下两点：第一，本书使用能源结构类似的国家群体（如再生能源或占比最高的 5 个国家）作为研究标的，实证探讨 3E 之间的关系。第二，以往研究的线性假设使得对复杂的 3E 关系的探索受到限制。为此，本书采用 Lotka-Volterra 模型①，建构非线性动态竞合 LV-COSUD 模型，探讨 3E 之

① Lotka-Volterra（LV）模型被广泛应用于生物学、生态学和环境等领域的研究中，包括股票（Lee et al.，2005）、移动电话（Kim et al.，2006）、电视（Tsai and Li，2011；Kreng et al.，2012）、硅晶圆（Chiang，2012）、操作系统（Lakka，2013）和替代能源（Kamimura et al.，2006；Kamimura and Sauer，2008）等产业市场的研究；另外，也被用于探讨经济、人口、劳动力和资本之间的动态关系（Ramos-Jiliberto，2005；Krutilla and Reveuny，2006；Puliafito et al.，2008），以及用于探讨能源、经济、环境之间的动态关系（Pao and Fu，2015；Pao et al.，2015）。

间可能存在的非常复杂的关系，包括竞争、捕食、共生、共栖、偏害和中立。了解 3E 之间的竞合形态，有利于制定更加精准的永续政策和绿色能源政策。

第二节　模型和研究方法

一、样本选取

本书使用 EIA 提供的数据，将全球国家分别以再生能源和核电站各自国家发电量的比例排序，筛选出再生能源占比最高的 5 个国家即冰岛、挪威、奥地利、新西兰和丹麦，以及核电占比最高的 5 个国家即法国、比利时、瑞典、瑞士和芬兰，共计 10 个国家作为研究标的，时间跨度为 1981—2015 年。按照再生能源和核能分别选取样本的原因在于，再生能源发电量较小但价格贵，而核能发电量大且价格便宜，性质差异较大，分开选取以符合能源结构相似的要求。在能源结构相似的 5 个国家中分别进行归纳分析，借以清楚了解国家使用不同类型清洁能源对 3E 竞合型态的影响，并提出有针对性的政策建议，有助于实现国家能源清洁化的目标。

二、Lotka-Volterra（LV）模型构建

LV 动态模型是逻辑斯蒂曲线（或 S 曲线）的拓展，可以同时模拟同一种群内部的竞争以及不同种群之间的竞争（Girifalco，1991）。S 曲线的方程如式（5-1）所示：

$$dX/dt = (a - bX)X \tag{5-1}$$

其中，X 表示种群在时间 t 时的总数量，参数 a 表示种群的净增长率，b 表示规模限制参数，dX/dt 表示种群在时间 t 的改变量。本书建构的 LV 动态模型是将式进行扩充到如下式：

$$dX_1/dt = X_1(a_1 - b_{11}X_1 - b_{12}X_2 - b_{13}X_3)$$
$$dX_2/dt = X_2(a_2 - b_{22}X_2 - b_{21}X_1 - b_{23}X_3)$$

$$dX_3/dt = X_3(a_3 - b_{33}X_3 - b_{31}X_1 - b_{32}X_2) \qquad (5-2)$$

其中，a_i 表示种群的增长率，b_{ii} 是和种群相关的规模限制参数，$b_{ij}(i \neq j)$ 是种群 i、j 之间的竞争程度，表示种群 j 对 i 造成损失的比率。因此，若 b_{ij} 符号为负，表示种群 j 的增长有助于 i 的增长；反之，若 b_{ij} 符号为正，表示 j 的增长会抑制 i 的增长。依照 b_{ii}、b_{ij} 的符号，可以将种群间的竞合型态分为 6 种，即竞争、共生、中立、捕食（被捕食）、偏害和共栖。以下以能源、GDP 和碳排放之间的关系加以说明。

（1）竞争：b_{ji}、b_{ij} 的符号均为正，表示两者之间为相互抑制的关系，如碳排放和经济增长之间互相抑制的关系。

（2）共生：b_{ji}、b_{ij} 的符号均为负，表示因子之间的关系互相促进。例如，能源消耗量与 GDP 会互相助长对方的增长率。此种情况可能出现在化石能源占比较高的国家。

（3）中立：b_{ji}、b_{ij} 均为零，表示两因子之间无相互作用，如碳排放和 GDP 之间的脱钩现象。此种情况可能出现在能源结构清洁化的情况下，大量使用清洁能源而不会增加碳排放，但会提升国家经济增长率。

（4）捕食（被捕食）（Predator-prey）：b_{ij} 符号为负，b_{ji} 符号为正。此种情况表示因子 j 会助长 i 的增长率，而因子 i 会抑制 j 的增长率。例如，能源消费量会助长 GDP 增长率，但 GDP 增长会抑制能源消费的增长率，此种情况可能出现在能源结构正在加速清洁化的国家。

（5）偏害：b_{ij} 符号为正，b_{ji} 为零。即因子 j 的增长会抑制因子 i 的增长率，但因子 i 增长不会影响因子 j 的增长。例如，能源消耗增长会抑制二氧化碳排放增长，但二氧化碳消费对能源消费无影响。此种情况可能出现在能源结构已经清洁化的发达国家，大量使用清洁能源抑制了二氧化碳增长。

（6）共栖：b_{ij} 符号为负，b_{ji} 为零。即因子 j 的增长会促进因子 i 的增长率，但因子 i 增长不会影响因子 j 的增长。例如，能源消费会助长二氧化碳增长率，而二氧化碳排放不会影响能源消费量。此种情况可能出现在化石燃料占比较高的国家，大量使用化石能源产生了大量的二氧化碳。

连续型 LV 模型模拟离散时间会出现时间偏差，为此，考虑离散型 LV 模型后如式（5-3）所示：

$$X_1(t+1) = \frac{\alpha_1 X_1(t)}{1 + \beta_{11} X_1(t) + \beta_{12} X_2(t) + \beta_{13} X_3(t)}$$

$$X_2(t+1) = \frac{\alpha_2 X_2(t)}{1 + \beta_{22} X_2(t) + \beta_{21} X_1(t) + \beta_{23} X_3(t)} \qquad (5-3)$$

$$X_3(t+1) = \frac{\alpha_3 X_3(t)}{1 + \beta_{33} X_3(t) + \beta_{31} X_1(t) + \beta_{32} X_2(t)}$$

其中：

$$\alpha_i = e^{a_i}; \quad \beta_{ij} = \left(\frac{e^{a_i} - 1}{a_i}\right) b_{ij}, \quad i, j = 1, 2, 3 \qquad (5-4)$$

式中，β_{ij} 与 b_{ij} 的符号必然相同。这是因为，在 $a_i \neq 0$ 的情况下，$(e^{a_i}-1)/a_i$ 均为正。此外，当 $\alpha_i > 1$ 时，a_i 的符号也为正。依据上述判定规则，可以了解因子间的交互竞合型态。

第三节　描述性统计与实证分析

一、描述性统计

表 5-1 是清洁能源大国的再生能源和核能的占比情况，表 5-2 是各国经济—能源—环境的关系情况，表 5-3 是 2006—2015 年再生能源和核能占比大国各变量的年均增长率。由表 5-3 可以看出，再生能源发电占比高于50%的国家如冰岛、挪威、奥地利、新西兰及丹麦的碳排放量，2006—2015 年的年均增长率是负值，而经济增长是正值，总能源消耗量（Total Energy Consumption，TEC）除了冰岛有 5.18%的增长，另外四国一般呈现负增长。2006—2015 年，核能发电占比高于 30%的国家如法国、比利时、瑞典、瑞士以及芬兰的碳排放量呈现负增长，而经济增长为正值，能源消耗量除了瑞士持平外，其余国家也是负增长。整体而言，当国家的清洁能源发电趋于成熟且占比高于 30%时，碳排放量和经济增长呈现脱钩现象，实现了低碳经济。

表 5-1　清洁能源（再生能源和核能）大国及其占比情况（2015 年数据）

再生能源大国	再生能源占比（%）	核能大国	核能占比（%）
冰岛	99.98	法国	78.33
挪威	97.69	比利时	47.19
奥地利	81.13	瑞典	41.75
新西兰	79.12	瑞士	39.47
丹麦	55.87	芬兰	34.67

表 5-2　再生能源和核能占比大国的经济—能源—环境关系情况
（1981—2015 年均值）

类别	国家	GDP（亿美元）	总能源消耗量（TEC）（百万吨油当量）	CO_2（百万吨）
再生能源占比大国	冰岛	1175.81	2.58	2.61
	挪威	1970.06	43.39	36.98
	奥地利	230.00	32.40	60.56
	新西兰	151.160	18.68	31.87
	丹麦	1500.00	21.01	57.70
核能占比大国	法国	1610.00	250.95	377.68
	比利时	286.00	60.90	135.12
	瑞典	2671.30	55.56	59.99
	瑞士	22.40	30.91	43.54
	芬兰	143.00	28.66	50.46

表 5-3　2006—2015 年再生能源和核能占比大国各变量的年均增长率

单位：%

类别	再生能源占比大国					核能占比大国				
国家	冰岛	挪威	奥地利	新西兰	丹麦	法国	比利时	瑞典	瑞士	芬兰
gGDP	2.72	1.59	1.50	1.99	0.61	1.11	1.45	1.86	3.61	1.11
gTEC	5.18	0.32	0.17	0.05	−1.93	−0.43	−0.48	−2.51	0.00	−0.94
gCO_2	−1.08	−1.04	−1.49	−0.90	−4.54	−1.33	−1.12	−2.65	−0.43	−3.50

注：g_ 表示各变量的增长率。

二、各变量之间的竞合关系分析

本书中，我们使用离散的 LV 模型分析经济—能源—环境之间的竞合关系，即实际 GDP、总能源消耗量和 CO_2 排放量之间的关系，使用 MATLAB 软件迭代求解上述 10 个国家三个因子（能源消耗总量—碳排放量—实际 GDP）之间的交互竞合作用。表 5-4 中给出的是 α_i、β_{ij} 的估计值。根据上文说明，如果 $a_i \neq 0$，b_{ij} 和 β_{ij} 的符号是一致的，估计结果参见表 5-4 和表 5-5。

表 5-4　1981—2015 年再生能源大国三因素之间关系的估计结果

国家	总能源消费（TEC）		CO_2 排放		实际 GDP	
	参数	估计值	参数	估计值	参数	估计值
冰岛	α_1	0.82 *** （20.77）	α_2	1.05 *** （12.82）	α_3	0.98 *** （30.54）
	β_{11}	0.09 *** （8.11）	β_{22}	0.04 （0.61）	β_{33}	0.00 （-0.22）
	β_{12}	-0.01 （-0.35）	β_{21}	0.05 * （1.88）	β_{31}	0.03 ** （2.59）
	β_{13}	0.00 *** （-4.29）	β_{23}	0.00 （-1.12）	β_{32}	-0.04 （-1.51）
挪威	α_1	1.01 *** （17.48）	α_2	0.98 *** （15.55）	α_3	1.03 *** （16.18）
	β_{11}	0.03 （1.06）	β_{22}	-0.01 （-0.91）	β_{33}	0.00 （1.08）
	β_{12}	-0.01 （-1.43）	β_{21}	0.02 （0.53）	β_{31}	0.02 （0.65）
	β_{13}	0.00 （0.20）	β_{23}	0.00 （0.73）	β_{32}	-0.01 （1.19）
奥地利	α_1	1.10 *** （20.88）	α_2	1.33 *** （10.99）	α_3	1.13 *** （36.93）
	β_{11}	0.02 （1.69）	β_{22}	0.01 （1.87）	β_{33}	0.00 * （3.30）
	β_{12}	-0.00 （-1.98）	β_{21}	-0.01 （-2.05）	β_{31}	-0.00 （-1.86）
	β_{13}	-0.00 （-0.48）	β_{23}	0.00 （2.13）	β_{32}	-0.00 （-0.38）
新西兰	α_1	1.11 *** （27.61）	α_2	1.03 *** （18.11）	α_3	0.99 *** （37.01）
	β_{11}	0.01 （1.10）	β_{22}	0.01 ** （2.91）	β_{33}	0.00 * （1.92）
	β_{12}	0.00 （-0.04）	β_{21}	-0.02 ** （-2.89）	β_{31}	0.00 （-1.23）
	β_{13}	0.00 （-0.25）	β_{23}	0.00 （-0.26）	β_{32}	0.00 （-0.18）

续表

国家	总能源消费（TEC）		CO_2 排放		实际 GDP	
	参数	估计值	参数	估计值	参数	估计值
丹麦	α_1	1.08 *** （4.85）	α_2	1.15 *** （3.69）	α_3	1.07 （18.03）
	β_{11}	0.05 ** （2.16）	β_{22}	−0.02 （−1.57）	β_{33}	0.00 （1.97）
	β_{12}	−0.01 ** （−1.70）	β_{21}	−0.02 （2.13）	β_{31}	−0.01 （−1.65）
	β_{13}	−0.00 ** （−1.80）	β_{23}	0.00 （−1.72）	β_{32}	0.00 （1.37）

注：*、**、***分别表示 10%、5%、1%的显著性水平；括号内为 t 值。

表 5-5　1981—2015 年核能大国三因素之间关系的估计结果

国家	总能源消费（TEC）		CO_2 排放		实际 GDP	
	参数	估计值	参数	估计值	参数	估计值
法国	α_1	1.28 *** （9.65）	α_2	1.33 *** （7.32）	α_3	1.05 *** （17.43）
	β_{11}	−0.00 （−0.06）	β_{22}	0.000 *** （2.81）	β_{33}	0.00 （2.57）
	β_{12}	0.00 ** （1.96）	β_{21}	−0.00 * （−1.47）	β_{31}	−0.00 （−1.78）
	β_{13}	0.00 （1.37）	β_{23}	0.00 （1.46）	β_{32}	0.00 * （0.87）
比利时	α_1	1.42 *** （7.44）	α_2	1.51 *** （5.77）	α_3	1.11 *** （23.51）
	β_{11}	−0.01 * （−1.87）	β_{22}	0.01 ** （2.17）	β_{33}	0.00 *** （3.47）
	β_{12}	0.00 （2.06）	β_{21}	−0.02 *** （−2.18）	β_{31}	−0.00 * （−3.1）
	β_{13}	0.00 （1.94）	β_{23}	0.00 ** （2.12）	β_{32}	0.00 （2.59）
瑞典	α_1	2.44 * （2.00）	α_2	2.72 （1.58）	α_3	1.05 *** （6.75）
	β_{11}	0.02 （1.33）	β_{22}	0.02 （1.20）	β_{33}	0.00 （0.30）
	β_{12}	0.00 （0.72）	β_{21}	−0.01 ** （−0.53）	β_{31}	−0.00 （0.32）
	β_{13}	0.00 （0.27）	β_{23}	0.00 ** （1.22）	β_{32}	−0.00 （−0.26）
瑞士	α_1	1.50 *** （4.81）	α_2	1.61 *** （3.92）	α_3	1.33 *** （5.79）
	β_{11}	0.01 （0.89）	β_{22}	0.04 ** （2.62）	β_{33}	0.00 （0.71）
	β_{12}	0.01 （0.86）	β_{21}	−0.03 ** （−2.36）	β_{31}	0.01 （0.70）
	β_{13}	−0.00 （−1.22）	β_{23}	0.00 （0.47）	β_{32}	0.00 （0.15）

续表

国家	总能源消费（TEC）		CO$_2$ 排放		实际 GDP	
	参数	估计值	参数	估计值	参数	估计值
芬兰	α_1	1.15 *** （10.38）	α_2	1.19 *** （5.33）	α_3	0.96 （16.16）
	β_{11}	0.00 （0.28）	β_{22}	0.02 （2.20）	β_{33}	0.00 （1.49）
	β_{12}	0.00 （0.17）	β_{21}	-0.03 * （-1.68）	β_{31}	-0.00 （-0.28）
	β_{13}	0.00 （0.23）	β_{23}	0.00 （1.19）	β_{32}	-0.00 （-0.74）

注：*、**、*** 分别表示 10%、5%、1% 的显著性水平；括号内为 t 值。

由表 5-3 和表 5-4 可知，2006—2015 年，再生能源发电占比高于 55% 的国家如冰岛、挪威、奥地利、新西兰及丹麦的碳排放量的年均增长率为负值；除了冰岛外，其他国家总能源消耗量的年均增长率均小于 1% 或者为负值。经济增长和碳排放量之间呈现无关共生即脱钩状态；除新西兰能源消耗增长助长碳排放量的增长之外，其他国家能源消耗和碳排放量也呈现无关共生状态；冰岛和丹麦的经济增长会助长能源消耗的增长，其他国家的经济增长和能源消耗量也呈现脱钩状态。

由表 5-3 和表 5-5 可知，2006—2015 年，核能占比高于 30% 的国家如法国、比利时、瑞典、瑞士和芬兰的碳排放量呈现负增长；能源消耗量除瑞士外，其他国家为负增长；经济增长和碳排放量呈现无关共生（脱钩）或经济增长抑制碳排放量的偏害状态；能源消耗和碳排放的关系呈现为降低能源消耗有助于降低碳排放；经济增长和消耗量之间呈现无关共生状态。

第四节　进一步讨论：供需双重视角的再生能源使用与经济发展

在探讨再生能源发展与经济增长的关系时，如何衡量再生能源使用数量是关键。近年来，贸易全球化日益发展，在产品国际专业分工的前提下，供应链通常由许多国家（地区）组成，产品链或价值链上都可能涉及再生能源的使用。因此，一国（地区）再生能源的发展将不只是将产品或零部件交由本国（地区）使用，也会将这些产品或零部件作为全球供应链的一部分。因此，在一国（地区）消费的最终产品中，到底有多少再生能源含量，以及其中来自本国（地区）和外国（地区）的部分各自占比如何？这在评价再生能源发展和经济增长的关系时需要仔细考虑。

为此，基于不同经济体投入产出表和附加值贸易的观点，本书从两个视角即生产视角和消费视角估计各国（地区）的再生能源含量，并进行不同经济体比较。这在以往研究中并不多见。在此基础上，进一步探讨再生能源消费量与经济增长的关系。

一、研究方法与数据来源

1. 多国（地区）投入产出模型

通过多国（地区）投入产出模型可以了解各国（地区）产业间的流动，以三国（地区）A、B、C 为例予以说明。假设三国（地区）均有 n 个产业部门，每一个部门生产一种产品，Z 为各国（地区）的中间交易矩阵，V 为各国（地区）附加值向量，X 为各国（地区）产出向量，Y 为各国（地区）最终需求矩阵。由宏观经济均衡条件可得多国（地区）的投入产出框架，如表 5-6 所示。

表 5-6 多国（地区）投入产出框架

	国家（地区）A	国家（地区）B	国家（地区）C	国家（地区）A	国家（地区）B	国家（地区）C	总产出
	中间需求	中间需求	中间需求	最终需求	最终需求	最终需求	
国家（地区）A	Z^{AA}	Z^{AB}	Z^{AC}	Y^{AA}	Y^{AB}	Y^{AC}	X^A
国家（地区）B	Z^{BA}	Z^{BB}	Z^{BC}	Y^{BA}	Y^{BB}	Y^{BC}	X^B
国家（地区）C	Z^{CA}	Z^{CB}	Z^{CC}	Y^{CA}	Y^{CB}	Y^{CC}	X^C
附加值	V^A	V^B	V^C				
总产出	X^A	X^B	X^C				

$$\begin{bmatrix} X^A \\ X^B \\ X^C \end{bmatrix} = \begin{bmatrix} Z^{AA} & Z^{AB} & Z^{AC} \\ Z^{BA} & Z^{BB} & Z^{BC} \\ Z^{CA} & Z^{CB} & Z^{CC} \end{bmatrix} \begin{bmatrix} I \\ I \\ I \end{bmatrix} + \begin{bmatrix} Y^{AA}+Y^{AB}+Y^{AC} \\ Y^{BA}+Y^{BB}+Y^{BC} \\ Y^{CA}+Y^{CB}+Y^{CC} \end{bmatrix}$$

经过整理，可以表示如下：

$$
\begin{bmatrix} X^A \\ X^B \\ X^C \end{bmatrix} = \begin{bmatrix} L^{AA} & L^{AB} & L^{AC} \\ L^{BA} & L^{BB} & L^{BC} \\ L^{CA} & L^{CB} & L^{CC} \end{bmatrix} \begin{bmatrix} Y^{AA}+Y^{AB}+Y^{AC} \\ Y^{BA}+Y^{BB}+Y^{BC} \\ Y^{CA}+Y^{CB}+Y^{CC} \end{bmatrix} \tag{5-5}
$$

其中，L 为多国（地区）产业关联系数矩阵，即列昂惕夫逆矩阵。如果计算为满足某一特定国家（地区）最终需求时，各国（地区）所需要生产水平，本书以 A 国（地区）为例说明。可用矩阵表示如下：

$$
\begin{bmatrix} X^{AA} \\ X^{BA} \\ X^{CA} \end{bmatrix} = \begin{bmatrix} L^{AA} & L^{AB} & L^{AC} \\ L^{BA} & L^{BB} & L^{BC} \\ L^{CA} & L^{CB} & L^{CC} \end{bmatrix} \begin{bmatrix} Y^{AA} \\ Y^{BA} \\ Y^{CA} \end{bmatrix} \tag{5-6}
$$

其中，X^{ij} 表示为满足 A 国（地区）最终需求，i 国（地区）各产业所必须生产的产值向量。若再将式（5-6）乘以各国（地区）的能源投入系数，则可以得到为满足特定国家（地区）最终需求，全球所使用的能源数量，亦即以消费量计算的各国（地区）最终产品中的能源含量。以 A 国（地区）为例：

$$
\begin{aligned}
E_{con}^A &= [(e^A)^T (e^B)^T (e^C)^T] \begin{bmatrix} X^{AA} \\ X^{BA} \\ X^{CA} \end{bmatrix} \\
&= [(e^A)^T (e^B)^T (e^C)^T] \begin{bmatrix} L^{AA} & L^{AB} & L^{AC} \\ L^{BA} & L^{BB} & L^{BC} \\ L^{CA} & L^{CB} & L^{CC} \end{bmatrix} \begin{bmatrix} Y^{AA} \\ Y^{BA} \\ Y^{CA} \end{bmatrix}
\end{aligned} \tag{5-7}
$$

其中，e^i 为 i 国（地区）生产时的能源投入系数，T 表示转置，E_{con}^A 为以消费量计算的 A 国（地区）最终消费中的能源含量。若将式（5-7）略做转变，改乘能源投入系数，则可以估算为满足某个国家（地区）最终需求时，各国（地区）各产业所需使用的再生能源数量，如式（5-8）所示：

$$
\begin{aligned}
RE_{con}^A &= [(re^A)^T (re^B)^T (re^C)^T] \begin{bmatrix} X^{AA} \\ X^{BA} \\ X^{CA} \end{bmatrix} \\
&= [(re^A)^T (re^B)^T (re^C)^T] \begin{bmatrix} L^{AA} & L^{AB} & L^{AC} \\ L^{BA} & L^{BB} & L^{BC} \\ L^{CA} & L^{CB} & L^{CC} \end{bmatrix} \begin{bmatrix} Y^{AA} \\ Y^{BA} \\ Y^{CA} \end{bmatrix}
\end{aligned} \tag{5-8}
$$

其中，RE_A 为满足 A 国（地区）最终需求时全球再生能源使用量，亦即 A 国（地区）最终消费中所隐含的再生能源数量。

2. 面板回归模型

为实证考察能源消费与经济增长的关系，参考 Bhattacharya 等（2016）的研究，假设生产函数为：

$$Y_{it} = f(K_{it}; L_{it}; RE_{it}; NRE_{it})$$ (5-9)

其中，Y 表示一国（地区）的产出，以实际 GDP 为代表；K、L 分别表示资本投入和劳动投入；RE、NRE 分别表示再生和非再生能源投入；i、t 分别表示国别和时间序列。其生产函数可以表示为式（5-10）：

$$Y_{it} = K_{it}^{\beta_{1i}} L_{it}^{\beta_{2i}} RE_{it}^{\beta_{3i}} NRE_{it}^{\beta_{4i}}$$ (5-10)

上式取自然对数，并引入随机干扰项 ε_{it}，有式（5-11）：

$$\ln Y_{it} = \beta_{1i}\ln K_{it} + \beta_{2i}\ln L_{it} + \beta_{3i}\ln RE_{it} + \beta_{4i}\ln NRE_{it} + \varepsilon_{it}$$ (5-11)

为了解一国（地区）最终需求中再生能源消费与经济增长之间的关系，将式（5-11）修改为式（5-12）：

$$\ln Y_{it} = \beta_{1i}\ln K_{it} + \beta_{2i}\ln L_{it} + \beta_{3i}\ln REC_{it} + \beta_{4i}\ln NREC_{it} + \varepsilon_{it}$$ (5-12)

其中，REC 为最终需求中再生能源含量，NREC 为最终需求中非再生能源含量。

二、数据来源

国际上使用的不同经济体投入产出数据库主要有欧盟编制的 WIOD 和 OECD 数据库。WIOD 数据库除包含基本投入产出数据外，还含有能源环境统计资料，故笔者使用 WIOD 数据库，区间为 1995—2009 年，包含 40 个国家（地区）。

笔者从生产面和消费面两个视角计算再生能源使用。所谓生产面能源使用，是指产业主生产阶段的能源投入，根据 WIOD 数据库，其能源可以细分为各种不同特性或技术类别的能源。在消费面，利用多国（地区）多阶段生产价值链的概念，计算各国（地区）最终需求的每一个阶段的能源使用量的总和，即可得到最终消费中的总能源含量及再生能源含量、非再生能源含量。得到再生能源使用量后，使用面板计量模型实证考察再生能源发展与经济增长之间的关系。

三、实证结果与分析

1. 生产面的再生能源使用量和消费面的再生能源含量

首先使用 WIOD 数据库，计算各国（地区）生产时再生能源的使用量，以及占总体能源的比例，结果如表 5-7 所示。由表 5-7 可以看到，奥地利、加拿大、巴西、拉脱维亚、瑞典等国是再生能源使用比率较高的国家，而印度尼西亚虽然在 1995 年的再生能源使用比率为 3.466%，但到 2009 年时已经达到 8.934%。比较各国（地区）1995—2009 年的情况，可以看出大部分国家（地区）再生能源使用比率都在逐年提高，这一方面反映了再生能源技术在不断进步，另一方面也在某种程度上反映了一国（地区）天然资源含量的情况。

然后，使用多国（地区）投入产出模型计算各国（地区）最终需求中再生能源的含量，如表 5-8 所示。可知，2009 年各国（地区）最终需求中再生能源占比较高的国家（地区）有奥地利、巴西、加拿大、印度尼西亚和瑞典等，均超过 5%。

表 5-7　各国（地区）生产时的再生能源使用量及占总体能源投入的百分比

国家（地区）	再生能源使用量（1000TJ）				再生能源投入占总能源投入比（%）			
	1995 年	2000 年	2005 年	2009 年	1995 年	2000 年	2005 年	2009 年
澳大利亚	58.0	65.1	68.7	79.5	1.028	1.015	0.986	1.153
奥地利	134.5	154.4	143.9	173.6	9.774	10.928	9.038	11.029
比利时	1.9	3.0	6.6	22.0	0.056	0.079	0.177	0.604
保加利亚	8.3	9.6	17.0	14.9	0.565	0.854	1.378	1.328
巴西	969.2	1140.6	1255.6	1544.4	10.373	9.987	9.649	11.002
加拿大	1210.3	1302.6	1325.5	1348.0	8.680	8.571	8.200	8.824
中国	706.7	857.4	1578.6	2665.7	1.544	1.688	1.850	2.324
塞浦路斯	1.3	1.5	0.3	1.0	1.131	1.014	0.239	0.803
捷克	9.2	10.1	11.1	20.1	0.399	0.474	0.465	0.891
德国	106.6	151.0	263.5	514.2	0.572	0.806	1.353	2.885
丹麦	5.7	17.0	26.0	29.2	0.415	1.210	1.684	1.816
西班牙	88.1	131.9	159.9	287.1	1.353	1.751	1.877	3.682

续表

国家 （地区）	再生能源使用量（1000TJ）				再生能源投入占总能源投入比（%）			
	1995 年	2000 年	2005 年	2009 年	1995 年	2000 年	2005 年	2009 年
爱沙尼亚	0.1	0.1	0.4	0.9	0.036	0.041	0.157	0.350
芬兰	46.4	53.8	52.0	50.5	2.591	2.658	2.489	2.322
法国	270.5	259.1	213.8	305.4	1.989	1.804	1.442	2.275
英国	34.3	56.1	91.8	151.2	0.276	0.445	0.744	1.399
希腊	13.0	15.1	24.1	34.8	0.796	0.743	1.072	1.575
匈牙利	4.2	4.2	4.7	11.6	0.311	0.319	0.338	0.904
印度尼西亚	186.2	386.6	514.0	710.8	3.466	5.997	7.091	8.934
印度	264.2	276.3	394.9	461.6	1.836	1.423	1.675	1.451
爱尔兰	2.7	5.1	7.7	17.2	0.547	0.763	1.042	2.386
意大利	269.7	345.0	357.9	465.6	2.661	3.259	3.127	4.568
日本	424.4	452.0	418.9	410.3	1.257	1.318	1.227	1.324
韩国	11.5	16.2	17.9	30.8	0.106	0.111	0.113	0.181
立陶宛	1.3	1.2	1.9	3.8	0.245	0.230	0.247	0.516
卢森堡	0.3	0.6	0.9	2.4	0.360	0.479	0.475	1.266
拉脱维亚	10.6	10.2	12.6	13.1	6.155	7.072	7.266	8.609
墨西哥	303.7	332.9	364.6	345.5	3.568	3.626	3.565	3.384
马耳他	0.0	0.0	0.0	0.0	0.000	0.000	0.034	0.069
荷兰	3.7	5.8	23.4	29.4	0.055	0.083	0.322	0.445
波兰	7.3	8.8	12.1	37.2	0.148	0.182	0.245	0.737
葡萄牙	32.1	44.7	27.0	73.6	2.309	2.906	1.627	4.974
罗马尼亚	60.1	53.4	73.3	58.3	2.210	2.697	3.368	3.173
俄国	632.7	592.9	636.5	643.9	1.624	1.599	1.558	1.540
斯洛伐克	17.6	16.6	17.6	21.8	1.732	1.611	1.569	2.135
斯洛文尼亚	11.7	14.0	12.7	18.7	4.705	5.393	4.425	6.675
瑞典	246.6	286.0	271.3	263.0	7.526	8.709	7.924	8.494
土耳其	132.7	118.3	151.4	158.0	3.940	3.040	3.391	3.267
中国台湾	17.5	16.5	14.8	16.5	0.389	0.284	0.197	0.220
美国	1822.2	1686.8	1751.4	2308.2	1.510	1.285	1.307	1.884

表 5-8　各国（地区）最终能源消费的再生能源含量及占总能源含量的百分比

国家 （地区）	再生能源含量（1000TJ）				再生能源含量占总能源含量比率（%）			
	1995 年	2000 年	2005 年	2009 年	1995 年	2000 年	2005 年	2009 年
澳大利亚	72.7	85.5	108.1	125.7	1.289	1.310	1.194	1.337
奥地利	120.9	136.7	119.0	143.1	5.211	5.744	4.342	5.871
比利时	27.4	44.5	66.0	74.1	0.806	1.251	1.614	1.875
保加利亚	7.5	8.5	14.6	13.4	0.769	1.062	1.495	1.462
巴西	935.9	1084.5	1129.5	1453.3	9.210	8.826	9.006	9.709
加拿大	924.0	934.7	1025.9	1122.1	8.065	7.443	6.926	7.491
中国	600.2	770.0	1264.5	2257.8	1.551	1.694	1.839	2.255
中国台湾	38.2	44.3	42.1	36.9	0.805	0.754	0.722	0.717
塞浦路斯	2.6	3.4	1.9	2.7	1.402	1.559	0.919	1.236
捷克	14.5	18.6	21.3	30.7	0.732	0.881	0.929	1.416
德国	244.0	302.7	395.8	582.2	0.957	1.191	1.605	2.568
丹麦	17.9	26.2	36.0	37.8	1.041	1.555	1.724	1.952
西班牙	109.9	163.1	208.5	308.7	1.467	1.804	1.810	3.019
爱沙尼亚	1.1	1.7	2.3	2.2	0.435	0.594	0.692	0.806
芬兰	45.3	52.2	57.2	55.6	2.509	2.643	2.486	2.504
法国	306.9	308.0	293.2	386.8	1.925	1.811	1.490	2.081
英国	108.4	166.4	221.4	254.2	0.784	1.029	1.171	1.784
希腊	21.4	30.1	41.9	55.2	1.004	1.159	1.362	1.734
匈牙利	11.2	15.9	17.8	21.3	0.793	1.011	0.982	1.451
印度尼西亚	172.4	314.6	445.2	646.8	3.729	6.852	6.422	7.818
印度	247.2	268.4	396.8	476.7	1.698	1.449	1.618	1.500
爱尔兰	6.2	10.8	16.3	29.4	0.803	0.947	1.114	2.139
意大利	299.2	396.0	410.7	501.8	2.328	2.754	2.657	3.649
日本	558.5	586.1	567.6	533.8	1.341	1.388	1.355	1.473
韩国	54.3	64.8	84.6	89.9	0.501	0.516	0.587	0.663
立陶宛	3.0	4.3	5.3	6.6	0.393	0.586	0.611	0.772
卢森堡	3.6	3.7	3.4	4.4	2.209	1.747	1.317	2.035

续表

国家	再生能源含量（1000TJ）				再生能源含量占总能源含量比率（%）			
（地区）	1995 年	2000 年	2005 年	2009 年	1995 年	2000 年	2005 年	2009 年
拉脱维亚	10.0	9.9	12.4	12.7	3.675	3.733	3.195	3.920
墨西哥	274.7	330.1	367.0	344.6	3.247	3.005	2.960	2.958
马耳他	0.6	0.8	0.8	0.9	0.630	0.780	0.686	0.989
荷兰	40.4	55.1	64.0	74.0	0.883	1.156	1.252	1.483
波兰	15.0	30.3	32.8	57.5	0.363	0.595	0.650	1.103
葡萄牙	35.5	51.1	39.1	79.2	2.265	2.630	1.826	4.253
罗马尼亚	50.2	45.7	64.7	59.3	2.206	2.673	2.984	2.767
俄国	501.5	351.9	457.5	526.6	1.800	1.859	1.746	1.748
斯洛伐克	16.1	16.9	18.7	24.2	2.025	2.003	1.866	2.304
斯洛文尼亚	11.1	13.2	12.8	17.8	2.848	2.944	2.594	3.346
瑞典	211.5	257.1	231.1	230.4	6.546	7.804	6.344	7.305
土耳其	129.8	133.1	166.6	166.5	3.076	2.385	2.503	2.911
美国	2173.5	2306.7	2456.4	2776.6	1.716	1.537	1.506	1.988

比较表 5-7、表 5-8，有些国家（地区）最终需求的再生能源含量较国内生产时所用的再生能源比率低，主要是由于贸易的关系。国内利用再生能源生产的产品出口至其他国家（地区）消费，而国内则进口国外较低再生能源含量的进口产品消费，如奥地利、巴西、加拿大、印度尼西亚、瑞典等，最终需求中再生能源比率均比生产时的再生能源比率低。不过，也有若干国家，其最终需求的再生能源含量比率高于国内生产时再生能源的使用比率，如韩国、荷兰、比利时等。

2. 再生能源消费与经济增长关系的实证分析

（1）单位根与协整检验。在上述数据中，马耳他在多个年份无再生能源数据，故删除。由此，共有 39 个国家（地区）15 年的数据。回归所用变量的符号、含义说明如下：GDP、K、L、NRE、RE 等变量取值来自 WIOD 数据库；REC、NREC 是利用多国（或地区）投入产出模型结合使用 WIOD 数据库进行计算得到（见表 5-9）。所有变量均取自然对数。

表 5-9　变量符号与说明

变量符号	含义	变量符号	含义
GDP	实际 GDP	NRE	生产中非再生能源使用量
K	实际资本存量	REC	最终需求中再生能源含量
L	劳动从业人数	NREC	生产中非再生能源使用量
RE	生产中使用的再生能源		

表 5-10 是单位根检验结果。由表可知，虽然不少变量的水平检验结果表明存在单位根，但经过一阶差分后，所有变量都不再存在单位根，成为稳态变量。表 5-11 是协整检验结果。由表可知，无论是生产面还是消费面的变量之间，均存在协整关系。

表 5-10　面板单位根检验

变量	水平检验		一阶差分检验	
	LLC	IPS	LLC	IPS
GDP	-4.679**	0.953	-13.176**	-1.76**
K	-0.395	7.07	-3.757**	-2.561**
L	-7.565**	-0.248	-1.639*	-3.975**
RE	0.663	3.159	-18.516**	-14.872**
NRE	0.651	3.908	-11.188**	-6.439**
REC	-0.686	3.155	-16.1**	-13.108**
NREC	-0.723	0.96	-5.804**	-6.794**

注：*、**、***分别表示 10%、5%、1%的显著性水平。

（2）FMOLS 与 VECM 估计结果。为避免内生性和序列相关问题，本书使用 Phillips 和 Hansen（1990）提出的完全修正最小二乘法（Full-modified Ordinary Least Square，FMOLS）对两式进行估计，之后使用向量误差修正模型（Vector Error Correction Model，VECM）检验各变量之间的因果关系。估计结果见表 5-11 和表 5-12。

表 5-11　变量间的长期关系及因果关系检验结果：生产面

FMOLS 长期关系估计结果

$$lnGDP = 0.796lnK - 0.047lnL + 0.365lnNRE + 0.006lnRE$$
$$(19.210)^{**}　(0.462)　(6.671)^{**}　(0.370)$$

VECM 估计结果

	$\Delta lnGDP_t$	ΔlnK_t	ΔlnL_t	$\Delta lnNRE_t$	$\Delta lnRE_t$
$\Delta lnGDP_{t-1}$	0.6622**	0.1346**	0.0718*	0.1836**	0.5055**
ΔlnK_{t-1}	-0.1307**	0.6743**	-0.0953*	-0.1443	-0.3353**
ΔlnL_{t-1}	-0.1270*	-0.0121	0.3678**	0.0615	0.0191
$\Delta lnNRE_{t-1}$	-0.0035	-0.0047	0.0604	0.1515**	0.0775
$\Delta lnRE_{t-1}$	-0.0067	-0.0049	0.0062	-0.0091	-0.0006
Con	0.0160**	0.0063	0.0059**	0.0054	0.0089
ECM_{t-1}	-0.0681**	0.0420**	0.0009	0.1173**	0.0251

注：*、**、***分别表示10%、5%、1%的显著性水平；Con 表示常数项；ECM 为误差修正项。

表 5-12　变量间的长期关系及因果关系检验结果：消费面

FMOLS 长期关系估计结果

$$lnGDP = 0.791lnK - 0.476lnL + 0.136lnNRE + 0.015lnRE$$
$$(19.570)^{**}　(9.643)^{**}　(8.671)^{**}　(1.420)$$

VECM 估计结果

	$\Delta lnGDP_t$	ΔlnK_t	ΔlnL_t	$\Delta lnNREC_t$	$\Delta lnREC_t$
$\Delta lnGDP_{t-1}$	0.0349**	0.1938**	0.0992**	0.7010**	0.4097*
ΔlnK_{t-1}	-0.1885**	0.6831**	-0.1303*	-0.3652**	-0.0612
ΔlnL_{t-1}	-0.1642*	-0.0170	0.3278**	-0.0432	-0.1494
$\Delta lnNREC_{t-1}$	0.0087	-0.0341**	0.0148	-0.1365**	0.1055
$\Delta lnREC_{t-1}$	-0.0191	-0.0059	-0.0016	0.0038	-0.1205**
Con	0.0194**	0.0049	0.0077**	0.0082	0.0348**
ECM_{t-1}	-0.0001**	-0.0001	-0.0002**	-0.0002*	-0.0003

注：*、**、***分别表示10%、5%、1%的显著性水平；Con 表示常数项；ECM 为误差修正项。

　　表 5-11 是基于生产面的回归结果。从长期关系检验结果来看，非再生能源投入对 GDP 有正向影响；然而，再生能源投入对 GDP 并无显著影响。从短期关系检验结果来看，再生能源和非再生能源投入对 GDP 均无因果关系；GDP 则对再生能源和非再生能源的使用有正向因果关系。此外，无论是再生能源还是非再生能源，其投入对固定资本形成均无因果关系。

　　表 5-12 是基于消费面的估计结果。从长期关系检验结果来看，非再生能源投入对 GDP 有正向显著影响；然而，再生能源的消费对 GDP 并无显著影响。从短期关系检验结果来看，最终需求中非再生能源和再生能源含量对 GDP 均无因果关系，而 GDP 对非再生能源消费有正向因果关系，对再生能源的消费无因果关系。此外，最终需求中再生能源含量变动无助于促进固定资本形成，非再生能源含量的提高则有助于固定资本形成。

　　上述结果表明，随着收入提高，一般而言，民众的环保意识也会较高，因此较乐于消费再生能源含量较高的商品，然而再生能源消费的提高不会带动经济增长，若仅仅将再生能源作为能源投入生产，并不能促进经济增长，因为无论是再生能源的投入还是消费，均不会引起资本存量的变动。但是，若在使用再生能源的同时发展再生能源技术，促进投资增加，则将会带动经济增长。

第五节　本章小结

　　本章首先利用 1981—2013 年的数据，以全球前五大再生能源发电国及前五大核能发电国为样本，实证分析 3E 在清洁能源国家的竞争态势，以期为山东省乃至中国制定绿色发展政策做参考。研究发现，再生能源发电占比较高的国家，2006—2015 年的碳排放量年均增长率为负值，能源消耗量一般也为负值或持平。另外，3E 系统的各因子之间即经济增长和碳排放量、经济增长和能源消耗、碳排放和能源消耗之间均呈现脱钩状态。以全球前五大核能发电占比较高的国家为样本，研究发现其碳排放量也呈现负增长，能源消耗量除了瑞士之外，其他国家也是负增长。经济增长和碳排放量之间呈现脱钩或者经济增长抑制碳排放量的偏害共生状态；能源消耗和碳排放量关系呈现能源消耗的负增长会助长碳排放量的负增长状态；经济增长和能源消耗量之间呈现脱钩状态。

在得出以上结论的基础上，进一步地，本章从供需双重视角考察了再生能源使用能否促进经济增长，主要得出以下结论：第一，生产阶段使用较高再生能源比例的国家，其进口的最终产品中再生能源的含量往往较国内生产阶段的比例低。第二，生产阶段再生能源和非再生能源的使用对经济增长无显著影响，但经济增长对非再生能源的使用有显著影响，对再生能源的使用没有显著影响。从最终消费面看，最终消费中非再生能源和再生能源含量，对经济增长同样没有显著影响，但经济增长对非再生能源和再生能源含量均有显著正向影响。第三，从再生能源和资本存量的关系看，不论生产面还是消费面两者关系均不显著，说明在生产过程中，如仅仅将其作为能源的一种来使用，并不会带动经济增长。因此，若在使用再生能源的同时提高再生能源资本投入，则再生能源的使用将促进经济增长。

第六章 再生能源发展与最优政策（政策引导机制）

第一节 研究背景

各国政府在推广再生能源的过程中，往往仅重视其对环境的友善性、能源供应的可持续性而对其进行补贴或者给予优惠措施，但常常忽略再生能源的生产过程对环境造成的污染问题，如生物酒精的生产过程中必须投入原油、天然气等对环境有污染的能源。2006年以来，中国相继出台了《可再生能源法》《可再生能源发电价格和费用分摊管理办法》《可再生能源发展中长期规划》等多项配套法律和法规，促进再生能源发展。然而，若仅就再生能源对环境的正外部性给予补贴或税收优惠，却未考虑其可能给环境带来的污染负外部性，可能会造成补贴过度，进而导致资源无效配置和环境损害。特别是，若再生能源的使用给环境带来的收益低于其生产过程中带来的环境损害，则政府补贴再生能源企业不但于环境改善无益，还将加剧环境质量恶化。因此，政府在制定再生能源政策时，除了运用政策工具促进再生能源的生产与使用外，也应针对其污染损害进行限制与课税，以矫正其负外部性所引发的市场失灵，诱使企业有自行进行污染治理的动机，进而达到社会资源的最优配置。当前国际上推动再生能源发展所采取的政策工具大致上可以分为数量政策与价格政策，其中又以价格政策的种类多，使用广泛，尤其是补贴政策应用最广，如保证价格、投资补贴、贷款贴息、消费者补助等。环境政策方面，针对污染治理和损害，则有行政管制、课征污染税等措施。

对再生能源政策实施的经济效果，国内外已有若干文献探讨。例如，武文静（2012）认为需进一步完善新能源专向性补贴的法律法规，制定合理有效的可再生能源价格补贴政策。陈艳和朱雅丽（2014）运用博弈模型分析了再生能源产业的补贴标准问题，研究发现，再生能源产品成本越小，越值得补贴；常规能源产品成本越大，再生能源产品越值得补贴。高建刚（2016）综合考虑了能源生产和使用过程中的正、负两种外部性，研究了封闭条件下再生能源的最优政策。研究发现：第一，最优污染治理税率应等于污染边际损害，即最优污染治理税为庇古税。但最优税率的大小，既与市场结构有关，也与厂商污染治理技术有关。市场越接近完全竞争，最优污染税率越高；污染治理技术越高，最优污染排放税率越低。第二，在完全竞争市场结构下，最优再生能源补贴率应等于再生能源的边际收益，即最优补贴为庇古补贴；在寡占市场结构下，最优再生能源补贴率大于再生能源的边际收益，且厂商市场势力越大，最优补贴率越高。

当前全球发达国家的污染排放累计高于发展中国家，部分发达国家为达到温室气体减排的标准，除了在国内生产使用再生能源外，也通过在发展中国家生产再生能源，满足能源需求的同时达到二氧化碳减量的要求。以欧盟和东南亚国家为例，近年来欧盟以棕榈油为主的生物燃料需求急剧上升，为满足这一需求，欧盟在印度尼西亚、马来西亚等国家大量生产油棕榈运回欧盟使用。但种植和生产棕榈油的过程中会排放大量二氧化碳，导致印度尼西亚成为世界第三大温室气体排放大国。可见，当前再生能源的生产与使用情形多是由较落后的国家生产，然后运至发达国家消费，因此发达国家不但能借此使用再生能源以达到降低污染排放的目的，还可以避免生产再生能源所造成的环境损害。但发展中国家却必须承担这一过程中造成的环境损害。在此情况下，发展中国家和发达国家即再生能源的生产国和消费国在追求各自国家福利最大化的情形下，如何制定再生能源政策成为本书关注的议题。

此外，虽然全球对再生能源产品的使用量日益增加，但发展中国家再生能源市场规模尚未得到发展，因此其国内厂商在本土生产再生能源产品然后运至欧美国家。为此，在模型的设定方面，本书拓展高建刚（2016）的封闭条件下的模型设定，考虑开放条件下的两国两厂商模型，来探讨本国与外国政府如何制定最优再生能源政策。假定在国际经济中，再生能源产业仅有本国与外国两国从事生产，两国各有一家厂商，本国将再生能源产品出口到外国，并与外国厂商在外国市场进行古诺数量竞争。对此模型，分两种情况求解：一是两国政府不合作，各自追求自己社会福利最大化的情况下最优再生能源政策如何；二是两国合作，追求联合福利最大化的情形下最优再生能源政策如何。对这两种情形，我们各自设立一个两阶段博弈：第一阶段，两国政府制定各自的最优污染排放税与再生能源补贴；第二阶段，两家厂商在既定再生能源政策下进行生产与污染防治。对此两阶段博弈，本书使用逆向归纳法求解，即先求既定政策下厂商的最优决策，然后将其代入政府的社会福利函数，求解政府的最优再生能源政策。

第二节　再生能源政策工具介绍

在进行理论分析之前，先对再生能源政策工具进行介绍。价格政策和数量政策为刺激再生能源发展最常用的政策工具。价格政策是由政府设定保证收购价格，由市场自行决定产量或者装置容量；数量政策则相反，再生能源产量或者装置容量由政府决定，市场根据产量决定价格。主要广泛使用的价格政策有保证价格或固定价格收购（Feed-in Tariff, FIT），数量政策有竞标系统（Bidding System）和可交易权证制度。实践表明，保证价格制度对再生能源的发展有显著的推动作用，而数量政策在推广再生能源政策上比较不平稳。

一、价格政策

1. 固定价格收购（FIT）

政府规定电力公司有向再生能源电厂收购（上网）的义务，并以固定价格全量收购。该固定价格通常高于一般电力市场价格，较高的成本将由消费者负担、政府负担或者消费者与政府共同负担。

保证价格的优点在于，能给予厂商收入保障以降低投资方面的风险。随着区域与技术的不同而调整的保证价格政策，更可以避免集中补贴资源较为丰富的地区或者生产成本较低的技术。其缺点在于，政府承诺的全量收购制度使厂商之间缺乏竞争，导致厂商缺乏动力进行研发或者采用新技术，即使厂商采用新技术，其成本降低的效果则由厂商全部享有，消费者获益甚少。

2. 补贴或者退款

政府对购买再生能源设备的消费者提供某个百分比的消费补贴或者退款，降低消费者的购买成本。投资再生能源的风险通常较高，导致其贷款利率往往比传统能源高，因此政府常常在资本融资上给予较低的利率优惠补贴。

3. 税收优惠（Tax Relief）

税收优惠的方式种类较多，如投资抵减、加速折旧、污染税减免等。投资抵减：政府允许投资于再生能源资本的部分得以抵减应缴纳的税赋。例如，美国州政府规定，企业或者家庭可以 10%～35% 不等的投资金额抵扣税额。加速折旧：该折旧法允许再生能源设备于较短的时间内将折旧计提完毕，实际上类似于以折旧费用抵减税额，企业实际上享受到的是延期支付税额的效果。污染税减免：若消费者消费再生能源，可以免征污染税，由此可以降低消费成本，促进再生能源发展。

二、数量政策

1. 竞标制度

竞标制度是由政府设定再生能源发电量，然后通过公开招标的方式，依次由出价最低者得标，直至目标量竞标完成。此制度下，发电企业得标必须尽量压低出价金额，导致竞标价格几近等于边际成本。理论上，竞标制度可以促进再生能源厂商之间的竞争，进而达成成本效率与价格下降的效果。但就实践来看，竞标性的政策并不能保证价格政策成功。不成功的原因在于，一方面断断续续的投标时程导致市场充满不确定性；另一方面这种通过竞标而压低再生能源价格的方式也可能导致不太细致的再生能源计划被执行（Van der Linden et al.，2005）。

2. 配比义务和可交易权证（Tradable Certificates）

再生能源配比义务（Renewable Energy Portfolio Standard，RPS）是数量政策的一种，属于一种强制性的政策法规。这种制度要求能源供应商要有一定比例或者特定数量的能源销售来自再生能源，而配比义务若再搭配可交易权证的使用，可以降低许多政策执行上的成本。可交易权证又称作再生能源权证、绿色权证。权证的功能在于可以提供认证和追踪能源的来源，从而可将传统电力和再生能源电力对社会的贡献加以区分，再生能源的绿色价值将反映在权证的价格上。权证可以与电力一块销售，也可以分别在权证市场与电力市场上销售。负有权证义务的责任人可以通过以下方式达到政府的规定目标数量：一是向有资格的再生能源电力企业购买权证；二是在权证市场上购买。通过权证制度，再生能源生产成本较高的企业可以向生产成本较低的企业购买义务量，而成本较低的企业可以从中赚取差价。

　　虽然数量政策鼓励市场竞争，并能有效降低生产成本与市场价格，但从实践经验看，保证价格收购制度对再生能源投资和生产的促进效果更为明显；而数量政策推广再生能源的过程就显得较为不平稳。更有证据表明，至少部分的成本减量效果是由厂商向那些实施 FIT 制度的国家购买技术的结果。从理论上讲，长期而言，经过仔细设计的数量政策与保证价格收购政策将会有相同的效果。唯一不同之处在于，数量政策主要依赖市场力量的运作，保证价格政策的运行则需要政府财政方面的支出。

第三节　基本模型设定和说明

　　假定再生能源市场上有 n 家厂商，各厂商生产的再生能源产品可以完全替代化石能源，且各厂商再生能源产品之间也可以完全相互替代。再生能源的使用可以减少化石能源的使用，间接减少污染排放，因此产生正的消费外部性；但厂商在生产再生能源产品的过程中必须投入化石燃料，会有污染排放问题，带来负的生产外部性，若不进行治理则会造成环境损害和资源配置无效率。为便于分析，以厂商是否具备污染治理技术进行讨论。

情形一：若厂商无污染治理技术

　　假设厂商 i 的成本函数为 $C^i(q_i, e_i)$，其中 q_i、e_i 分别表示厂商 i 的再生能源产量与污染排放量。整个市场的总产出为 $Q = \sum_{i=1}^{n} q_i$，总排放 E =

$\sum_{i=1}^{n} e_i$。假设 1 单位化石能源投入伴随 1 单位污染排放。此外，假设厂商生产 1 单位再生能源需要 γ_i 单位化石能源，$0<\gamma_i<1$。因此，厂商净能源产出为 $(1-\gamma_i)$ q_i[①]。由以上假设有 $e_i=\gamma_i q_i$，从而有 $E=\sum_{i=1}^{n}\gamma_i q_i$。厂商生产成本满足边际生产成本为正且递增，即 $C_q>0$，$C_{qq}>0$。

假设再生能源的使用不会产生污染排放，并因替代化石能源而降低污染排放。设 $B(\cdot)$ 为再生能源使用的外部性收益函数，且 $B_Q>0$，$B_{QQ}<0$。$D(E)$ 为投入化石燃料产生的污染损害函数，满足 $D_E>0$，$D''(E)>0$。$P=P(Q)$ 为反需求函数，$P'(Q)<0$。

据此，社会福利函数如式（6-1）所示：

$$W(q_1, \cdots, q_n) = \int_0^Q P(x)dx - \sum_{i=1}^{n} C^i(q_i) + B(Q) - D(E) \qquad (6-1)$$

情形二：若厂商具有污染治理技术

若厂商具有污染治理技术，厂商将进行污染治理。此时厂商成本包含生产成本与治理成本。厂商生产成本设定同上。假定边际排放成本为负，即 $C_e<0$（意味着边际污染治理成本为$-C_e>0$），且满足递增，即 $C_{ee}>0$。再假定边际污染治理成本递减，即 $C_{qe}<0$，且 $C_{qq}C_{ee}-(C_{qe})^2>0$，表示再生能源产量与污染排放量互补，且成本函数为严格凸函数。此时，社会福利函数如式（6-2）所示：

$$W(q_1, \cdots, q_n, e_1, \cdots, e_n) = \int_0^Q P(x)dx - \sum_{i=1}^{n} C^i(q_i, e_i) + B(Q) - D(E) \qquad (6-2)$$

对政府的最尤决策，分两种市场结构讨论。一是完全竞争市场，厂商是市场价格接受者；二是寡占市场，厂商具有市场势力，可以影响产品价格。对每一市场结构，均构建一个两阶段动态博弈。第一阶段，政府制定最优税率和补贴率；第二阶段，厂商在既定税率和补贴率下，制定产量和污染排放量决策。对上述博弈，用逆向归纳法求解厂商与政府最优决策。

---

① 以往对再生能源奖励政策的研究及当前许多国家实行的再生能源政策虽然均肯定了再生能源取代化石能源的贡献，但它们均以总产出为能源政策方向，忽略了净能源才是真正替代化石能源的本质，造成政策可能诱导不具有生产效率的再生能源厂商进入市场，进而引发更多的能源问题。所以，笔者认为应当以净产出衡量再生能源外部性的基础，以往有的文献也曾指出这一点，参见林益豪（2007）。

一、若厂商无污染防治技术

当市场无污染排放技术时，厂商污染排放 $e_i = \delta_i q_i$，$i = h$，f，h 和 f 分别表示本国、外国。两国政府分别对污染排放征收污染排放税。此外，由于再生能源均在外国市场进行消费，对外国环境有正效益，因此外国政府对其厂商会进行补贴。两国厂商的利润函数分别为：

$$\pi_h = Pq_h - C^h(q_h) - t_h e_h$$

$$\pi_f = Pq_f - C^f(q_f) - t_f e_f + s_f(1 - \delta_f)q_f$$

两国社会福利损害函数为 $D(e_i)$，$e_i = \delta_i q_i$。其中市场总产量为 $Q = q_h + q_f$。本国社会福利函数与外国社会福利函数分别为：

$$W_h(t) = Pq_h - C_h(q_h) - D(e_h)$$

$$W_f(t, s) = \int_0^Q P(z)Pdz - Pq_h - C_f(q_f) + B(Q) - D(e_f)$$

以下用逆向归纳法求解此两阶段博弈。即先求厂商最优决策，后求政府最优决策。

1. 第二阶段厂商的最优决策

对厂商利润函数求一阶偏微分，令其等于零，有：

$$\frac{\partial \pi_h}{\partial q_h} = P(Q) + P'(Q)q_h - C_h'(q_h) - t_h \delta_h = 0$$

$$\frac{\partial \pi_f}{\partial q_f} = P(Q) + P'(Q)q_f - C_f'(q_f) + s_h(1 - \delta_f) - t_h \delta_h = 0$$

整理后，有：

$$P(Q) + P'(Q)q_h = C_h'(q_h) + t_h \delta_h \tag{6-3}$$

$$P(Q) + P'(Q)q_f + s_h(1 - \delta_f) = C_f'(q_f) + t_h \delta_h \tag{6-4}$$

由式（6-3）、式（6-4）可以看出，两国厂商生产再生能源时均会受到消费者愿付价格、厂商生产成本、化石能源投入比例、再生能源补贴率与污染排放税率以及两国厂商面对需求价格弹性的影响。并且，本国厂商会在边际收益等于边际成本加上边际污染排放成本时生产；外国厂商会在边际收益加上净边际补贴等于边际生产成本加上污染排放成本时生产。为了解两国联合制定再生能源政策时，其污染排放税率与再生能源补贴率对再生能源产量和污染防治量的影响，对两式做污染排放税率与补贴率的偏微分，可以得到：

$$\frac{dq_h}{dt_h} = -\frac{[P'(Q)q_h + P(Q)]Q' - \delta_h}{P'(Q) - C_{qq}^h} \tag{6-5}$$

$$\frac{dq_f}{dt_f} = -\frac{[P'(Q)q_f + P(Q)]Q' - \delta_f}{P'(Q) - C_{qq}^f} \tag{6-6}$$

$$\frac{dq_h}{ds} = -\frac{[P'(Q)q_h + P(Q)]Q'' + 1 - \delta_h}{P'(Q) - C_{qq}^h} \tag{6-7}$$

$$\frac{dq_f}{ds} = -\frac{[P'(Q)q_f + P(Q)]Q'' + 1 - \delta_f}{P'(Q) - C_{qq}^f} \tag{6-8}$$

由式（6-5）至式（6-8）无法判断政府税率与再生能源补贴率对本国与外国厂商分别产量的影响，但将上式结果相加，可以看出污染排放税率与再生能源补贴率对再生能源产量的影响：

$$Q' = \frac{[P' - C_{qq}^f]\delta_h + [P' - C_{qq}^h]\delta_f}{[P' - C_{qq}^h][P' - C_{qq}^f]}$$
$$\left\{1 + \frac{[P' - C_{qq}^f][P''q_h + P'] + [P' - C_{qq}^h][P''q_f + P']}{[P' - C_{qq}^h][P' - C_{qq}^f]}\right\}^{-1} < 0 \tag{6-9}$$

$$Q'' = \frac{[P' - C_{qq}^f](1 - \delta_h) + [P' - C_{qq}^h](1 - \delta_f)}{[P' - C_{qq}^h][P' - C_{qq}^f]}$$
$$\left\{1 + \frac{[P' - C_{qq}^f][P''q_h + P'] + [P' - C_{qq}^h][P''q_f + P']}{[P' - C_{qq}^h][P' - C_{qq}^f]}\right\}^{-1} > 0 \tag{6-10}$$

由式（6-9）、式（6-10）可知，总再生能源产出将随联合污染排放税率的增加而减少，随再生能源补贴率的提高而增加。

2. 两国政府的最优再生能源政策

（1）若两国政府不合作。若两国政府不合作，两国政府分别同时制定自身的最优再生能源政策。对本国和外国社会福利函数分别求一阶偏微分：

$$\frac{\partial W_h}{\partial t_h} = [P(Q) + P'(Q)q_h - C_{q_h}^1(q_h) - \delta_h D'(e_1)]\frac{dq_h}{dt_h} = 0 \tag{6-11}$$

将厂商利润最大化的一阶条件代入上式可得：

$$\frac{\partial W_h}{\partial t_h} = [t_h\delta_h - \delta_h D'(e_1)]\frac{dq_h}{dt_h} = 0$$

由上式可知：$t_h = \delta_h$。即在两国政府不合作的情况下，本国政府最优污染排放税率等于污染边际损害，即最优污染排放税率为庇古税。同理，可以求出外国政府最优污染排放税率与净再生能源补贴率：

$$\frac{\partial W_f}{\partial t_f} = [P(Q) - P'(Q)q_h - C_{q_h}^f(q_h) + B'(Q) - \delta_h D'(e_1)]\frac{dq_f}{dt_f} = 0$$
$$(6-12)$$

$$\frac{\partial W_f}{\partial s} = [P(Q) - P'(Q)q_h - C_{q_h}^f(q_h) + B'(Q) - \delta_h D'(e_1)]\frac{dq_f}{ds} = 0$$
$$(6-13)$$

因此，有 $P(Q) - P'(Q)q_h - C_{q_h}^f(q_h) + B'(Q) - \delta_h D'(e_1) = 0$。

将厂商利润最大化的一阶条件代入，可知：

$$-P'(Q)Q - s(1-\delta_f) + t_f\delta_f + B'(Q) - \delta_f D'(e_f) = 0 \quad (6-14)$$

最优污染排放税率和再生能源补贴率可以表示为：

$$s(1-\delta_f) = -P'(Q)Q + B'(Q) \quad (6-15)$$

$$t_f = D'(e_f) \quad (6-16)$$

由式（6-15）、式（6-16）可知，由于我们假定外国厂商为独占厂商，外国政府一方面为促进外国厂商再生能源产出，会制定较高的补贴率；另一方面，由于本国厂商再生能源产品的竞争，外国政府为提高其国内厂商的竞争力，会提高补贴率以间接降低厂商成本，故外国政府会制定较高的再生能源补贴率，因此最优的再生能源补贴率高于庇古补贴。外国政府最优污染排放税率等于污染的边际损害，即最优污染排放税率为庇古税。

（2）若两国政府合作。若两国政府合作，则两国政府对两国厂商污染排放征税，对两国厂商净再生能源给予产量补贴。因此，当两国政府联合制定再生能源政策时，两国厂商利润函数为：

$$\pi_i = P(Q)q_i - C^i(q_i) - t\delta_i q_i + s(1-\delta_i)q_i, \quad i = h, f \quad (6-17)$$

对两国利润函数做一阶偏微分求两国厂商利润最大化下的一阶条件：

$$\frac{\partial \pi_i}{\partial q_i} = P(Q) + P'(Q)q_i - C_{q_i}^i(q_i) - t\delta_i + s(1-\delta_i), \quad i = h, f$$
$$(6-18)$$

两国政府联合制定再生能源政策时，表示两国追求联合福利最大化，即有：

$$W_h + W_f = W = \int_0^Q P(z)dz - \sum_{i=h,f} C^i(q_i) + B(Q) - D(E)$$

对联合社会福利函数做全微分求社会福利最大化的污染排放税率与净再生能源补贴率：

$$\frac{\partial W}{\partial t} = \sum_i [P(Q) - C^i(q_i) + B'(Q) - \delta D'(E)]\frac{dq_i}{dt} = 0$$

$$\frac{\partial W}{\partial t} = \sum_i [P(Q) - C^i(q_i) + B'(Q) - \delta D'(E)]\frac{dq_i}{ds} = 0$$

从而有 $P(Q) - C^i(q_i) + B'(Q) - \delta D'(E) = 0$。

将厂商利润最大化的一阶条件代入上式中，有 $-P'(Q)q_i + t\delta_i - s(1 - \delta_i) + B'(Q) - \delta_i D'(E) = 0$。

由上式令联合污染排放税率与最优的净联合再生能源补贴率分别为：

$$t = D'(E) \tag{6-19}$$

$$s(1 - \delta_i) = -P'(Q)q_i + B'(Q) \tag{6-20}$$

由式（6-19）、式（6-20）可知，两国政府联合制定最优的污染排放税率应等于两国厂商污染排放边际损害。最优的净再生能源补贴率会大于再生能源生产的边际收益，这主要是因为两国厂商均为独占厂商，其利润最大化的产量将偏离社会最优产量，故两国政府为促进再生能源的生产，应当制定高于再生能源边际效益的补贴率。

二、若厂商有污染防治技术

当厂商具有污染防治技术时，两国政府对厂商污染排放征收污染排放税，外国政府将补贴其国内厂商的再生能源生产。两国厂商的利润函数如下：

$$\pi_h = P(Q)q_h - C^h(q_h, e_h) - te_h \tag{6-21}$$

$$\pi_f = P(Q)q_f - C^f(q_f, e_f) - te_f + s(1 - \delta_f)q_f \tag{6-22}$$

本国社会福利函数（W_1）与外国社会福利函数（W_2）分别表示如下：

$$W_h(t) = P(Q)q_h - C^h(q_h, e_h) - D(e_h) \tag{6-23}$$

$$W_f(t, s) = \int_0^Q P(z)dz - P(Q)q_h - C^f(q_f, e_f) + B(Q) - D(e_h)$$

$$(6-24)$$

以下用逆向归纳法求解此两阶段博弈。

1. 第二阶段厂商的最优决策

对厂商利润函数求一阶偏微分，令其等于零，整理后有：

$$P(Q) + P'(Q)q_h = C_h'(q_h) \tag{6-25}$$

$$P(Q) + P'(Q)q_f + s_h(1 - \delta_f) = C_f'(q_f) \tag{6-26}$$

$$t_h = -\partial C_h(q_h, e_h)/\partial e_h \tag{6-27}$$

$$t_f = -\partial C_f(q_f, e_f)/\partial e_f \tag{6-28}$$

由式（6-25）至式（6-28）可知，厂商再生能源产量受到消费者愿付价格、厂商生产成本、再生能源补贴率与厂商面对的市场需求弹性的影响；厂商污染防治分别受到自身污染防治成本与国家污染排放税率的影响。就本国而言，本国厂商会生产边际收益等于边际成本的产量水平，厂商污染防治则在边际污染排放成本等于污染排放税率时；就外国而言，外国厂商会生产边际收益加上净再生能源补贴率等于边际生产成本，污染防治则在边际污染排放成本等于污染排放税率下。

为了解两国厂商联合制定污染排放税率与净再生能源补贴率对厂商再生能源产量与污染防治量的影响，进行如下比较静态分析：

$$\frac{dq_h}{dt_h} = -\frac{C_{ee}^h[P''(Q)q_h + P'(Q)]Q' + C_{ge}^h}{C_{ee}^h P'(Q) - A_1} \tag{6-29}$$

$$\frac{dq_f}{dt_f} = -\frac{C_{ee}^f[P''(Q)q_f + P'(Q)]Q' + C_{ge}^f}{C_{ee}^f P'(Q) - A_2} \tag{6-30}$$

$$\frac{de_h}{dt_h} = \frac{C_{eq}^h[P''(Q)q_h + P'(Q)]Q' - P'(Q) + C_{qq}^h}{C_{ee}^h P'(Q) - A_1} \tag{6-31}$$

$$\frac{de_f}{dt_f} = \frac{C_{eq}^f[P''(Q)q_f + P'(Q)]Q' - P'(Q) + C_{qq}^f}{C_{ee}^f P'(Q) - A_2} \tag{6-32}$$

$$\frac{dq_h}{ds} = -\frac{C_{ee}^h[P''(Q)q_h + P'(Q)]Q'' + (1 - \delta_h)}{C_{ee}^h P'(Q) - A_1} \tag{6-33}$$

$$\frac{dq_f}{ds} = -\frac{C_{ee}^f[P''(Q)q_f + P'(Q)]Q'' + (1 - \delta_f)}{C_{ee}^f P'(Q) - A_2} \tag{6-34}$$

$$\frac{de_h}{ds} = \frac{C_{eq}^h\{[P''(Q)q_h + P'(Q)]Q'' + (1 - \delta_h)\}}{C_{ee}^h P'(Q) - A_1} \qquad (6-35)$$

$$\frac{de_f}{ds} = \frac{C_{eq}^f\{[P''(Q)q_f + P'(Q)]Q'' + (1 - \delta_f)\}}{C_{ee}^f P'(Q) - A_f} \qquad (6-36)$$

其中，$A_1 = C_{ee}^h C_{qq}^h - (C_{qe}^h)^2$，$A_2 = C_{ee}^f C_{qq}^f - (C_{qe}^f)^2$，$Q' = \dfrac{\partial Q}{\partial t_h} + \dfrac{\partial Q}{\partial t_f}$，$Q'' = \dfrac{dQ}{ds}$。

由式（6-29）至式（6-36）无法判断污染排放税率与再生能源补贴率对本国以及外国厂商再生能源产量和污染排放量的影响。为此，将以上各式相加，有如下结果：

$$Q' = -\left[\sum_{i=h,\ f} \frac{C_{qe}^i}{C_{ee}^i P'(Q) - A_i}\right] \times$$

$$\left[1 + \sum_{i=h,\ f} \frac{C_{ee}^i[P''(Q)q_i + P'(Q)]}{C_{ee}^i P'(Q) - A_i}\right]^{-1} < 0 \qquad (6-37)$$

$$E' = \left[\sum_{i=h,\ f} \frac{C_{qq}^i - P'(Q)}{C_{ee}^i P'(Q) - A_i}\right] + Q'\sum_{i=h,\ f} \frac{C_{qe}^i[P''(Q)q_i + P'(Q)]}{C_{ee}^i P'(Q) - A_i} < 0 \qquad (6-38)$$

$$Q'' = -\left[\sum_{i=h,\ f} \frac{1 - \delta_i}{C_{ee}^i P'(Q) - A_i}\right] \times \left[1 + \sum_{i=h,\ f} \frac{C_{ee}^i[P''(Q)q_i + P'(Q)]}{C_{ee}^i P'(Q) - A_i}\right]^{-1} > 0 \qquad (6-39)$$

$$E'' = \left[\sum_{i=h,\ f} \frac{C_{eq}^i(1 - \delta_i)}{C_{ee}^i P'(Q) - A_i}\right] + Q''\sum_{i=h,\ f} \frac{C_{qe}^i[P''(Q)q_i + P'(Q)]}{C_{ee}^i P'(Q) - A_i} > 0 \qquad (6-40)$$

由式（6-37）至式（6-40）可知，联合再生能源产量将随税率提高而降低，总污染排放随着税率提高而递减，联合再生能源产量将随补贴率提高而增加，总污染排放随着补贴的提高而递增。

2. 两国政府的最优再生能源政策

（1）若两国政府不合作。先求本国政府的再生能源政策，对本国社会福利函数求排放税率的一阶偏导数为 $P(Q) + P'(Q)q_h - C_{q_h}^h(q_h, e_h) = 0$，

$- C_{e_h}^h - D'(e_h) = 0$。

由$- C_{e_h}^h - t_h = 0$可推知$t_h = D'(e_h)$。即在两国不合作的情况下，本国政府最优污染排放税率等于边际污染损害，即最优污染排放税率为庇古税。同理，可求外国政府的最优再生能源补贴率和污染排放税率。

$$\frac{\partial W_f}{\partial t_f} = [P(Q) - P'(Q)q_h - C_{q_f}^f(q_f, e_f) + B'(Q)] \frac{dq_f}{dt_f} +$$

$$[- C_{e_f}^f - D'(e_f)] \frac{de_f}{dt_f} = 0$$

$$\frac{\partial W_f}{\partial s} = [P(Q) - P'(Q)q_h - C_{q_f}^f(q_f, e_f) + B'(Q)] \frac{dq_f}{ds} +$$

$$[- C_{e_f}^f - D'(e_f)] \frac{de_f}{ds} = 0$$

由上述两式，有$P(Q) - P'(Q)q_h - C_{q_f}^f(q_f, e_f) + B'(Q) = 0$、$- C_{e_f}^f(q_f, e_f) - D'(e_f) = 0$。

结合$- C_{e_f}^f - t_f = 0$，有：

$$t_f = D'(e_f) \tag{6-41}$$
$$s_f(1 - \delta_f) = - P'(Q)Q + B'(Q) \tag{6-42}$$

外国政府的最优污染排放税率等于边际污染损害，即最优污染排放税率为庇古税。其次，外国政府最优再生能源补贴率大于再生能源的边际收益。其中原因在于：一方面，厂商为求利润最大化，其产量低于社会最优产量，故外国政府会制定较高的再生能源补贴率以促进再生能源生产；另一方面，外国政府为提高其国内厂商竞争力，也会制定较高的补贴率。

（2）若两国政府合作。若两国政府联合制定再生能源政策，则会共同决定污染排放税率与再生能源补贴率以追求联合社会福利最大化。此时，两国厂商的利润函数为$\pi_i = P(Q)q_i - C^i(q_i, e_i) - te_i + s(1 - \delta_i)q_i$。

利润最大化的一阶条件为$\frac{\partial \pi_i}{\partial q_i} = P(Q) + P'(Q)q_i - C_{q_i}^i(q_i, e_i) + s(1 - \delta_i) = 0$，$\frac{\partial \pi_i}{\partial e_i} = - C_{e_i}^i(q_i, e_i) - t = 0$，两国政府合作下的社会福利函数可表示为$W_h + W_f = W = \int_0^Q P(z)dz - \sum_{i = h, f} C^i(q_i, e_i) + B(Q) - D(E)$。

对联合社会福利求一阶偏导数，可得：

$$\frac{\partial W}{\partial t} = \sum_i \left[P(Q) - C^i(q_i, e_i) + B'(Q) \right] \frac{dq_i}{dt} +$$

$$\sum_i \left[-C^i_{e_i} - D'(E) \right] \frac{de_i}{dt} = 0 \qquad (6-43)$$

$$\frac{\partial W}{\partial s} = \sum_i \left[P(Q) - C^i(q_i, e_i) + B'(Q) \right] \frac{dq_i}{ds} +$$

$$\sum_i \left[-C^i_{e_i} - D'(E) \right] \frac{de_i}{ds} = 0 \qquad (6-44)$$

由式（6-43）、式（6-44）可得：$P(Q) - C^i(q_i, e_i) + B'(Q) = 0$、$-C^i_{e_i} - D'(E) = 0$。

将利润最大化的一阶条件代入上述两式可得：

$$t = D'(E) \quad s(1 - \delta_i) = -P'(Q)q_i + B'(Q) \qquad (6-45)$$

$$s(1 - \delta_i) = -P'(Q)q_i + B'(Q) \qquad (6-46)$$

由式（6-45）、式（6-46）可知，两国政府联合制定的最优排放税率等于两国厂商污染边际损害。最优再生能源补贴率大于再生能源边际收益。其原因在于：两国厂商均为独占厂商，在追求自身利润最大化的条件时，将偏离社会最优，故两国政府为促进厂商再生能源产出，会制定比再生能源边际收益高的补贴率。

第四节　进一步探讨：一体化的再生能源政策

如上所述，再生能源政策工具丰富多样，主要有固定价格收购（Feed in Tariff，FIT）、税收激励（补贴和税收减免）和再生能源配额制度（Renewable Portfolio Standard，RPS）以及与 RPS 搭配的可交易绿色权证（Green Certificate）制度。前两种为价格型政策，价格由政府决定，市场决定产量；后两种为数量型政策，数量由政府决定，市场决定价格。为促进再生能源发展，中国国家能源局发布《关于建立可再生能源开发利用目标引导制度的指导意见》（以下简称《指导意见》）。《指导意见》首次明确规定，2020 年各省（区、市）可再生能源在能源消费总量中的比重目标为

5%～13%，非水电可再生能源电量比重指标为9%。此外，《指导意见》还提出，建立可再生能源电力绿色证书交易机制，鼓励绿色证书持有人按照相关规定参与交易。在再生能源配额（RPS）和绿色权证交易存在的情况下，政府的各项政策如何协调，特别是在政府财力有限的情况下，资本补贴和电价补贴是否存在关联性，如何搭配电价补贴与资本补贴组合？上述问题的"一篮子"解决，对减少财政负担，发展再生能源，促进工业绿色发展具有重要理论意义和现实价值。

本章结合中国业已出台的再生能源政策法规，并加入前瞻性的思考（在模型中引入碳税），建立一个综合再生能源主要政策工具（包括固定价格收购 FIT、资本补贴、电价补贴、碳税、RPS、绿色权证等）的两阶段动态最优化博弈模型。第一阶段，在既定约束下（包括预算平衡、再生能源配额目标、碳减排目标等），基于福利最大化原则，政府制定最优（资本和发电量）补贴和征税税率（以碳税为例）。第二阶段，代表性发电企业在给定的政府政策下，选择最优的资本投资和发电量水平，以最大化自己的利润。整个模型用逆向归纳法求解，即先求解企业的最优投资和发电量决策，然后代入政府的目标函数求政府的最优政策，最后以三家风电企业为例，进行实证模拟。

一、理论模型构建与分析

1. 代表性企业的最优投资和发电量决策

考虑一个代表性企业，同时生产再生能源和耗竭能源。该企业在面对政府再生能源发电量配额、课征碳税与双重补贴的措施下，选择最优投资水平和发电量水平。模型设定如下：

$$\underset{\{I_{dt}, I_{ct}\}}{Max} \int_0^\infty e^{-rt} \pi_t dt \tag{6-47}$$

$$\begin{aligned} s.t. \quad \pi_t &= PQ_t^T(K_{dt}, K_{ct}) - C_{dt}(I_{dt}, Q_{dt}) - C_{ct}(I_{ct}, Q_{ct}) + \\ &\quad b\delta_c I_{ct} - \tau_t E_t - P^T G_{ct} + s_t \sigma Q_{ct} \\ &= PQ_t^T(K_{dt}, K_{ct}) - c_1 Q_{dt} - v_d \delta_d I_{dt} - c_2 Q_{ct} - (v_c - b)\delta_c I_{ct} - \\ &\quad \tau_t E_t - P^T G_{ct} + s_t \sigma Q_{ct} \end{aligned} \tag{6-48}$$

$$\dot{K}_{dt} = I_{dt} - \delta_{dt} K_{dt} \tag{6-49}$$

$$\dot{K}_{ct} = I_{ct} - \delta_{ct}K_{ct} \tag{6-50}$$

$$\sigma Q_{ct}(K_{ct}) - aG_t/Q_t^T \geqslant \alpha_0 \tag{6-51}$$

$$Q_t^T = f(Q_{dt}, Q_{ct}) \tag{6-52}$$

$$E_t = eQ_{dt}(K_{dt}) \tag{6-53}$$

E_0、K_{d0}、K_{c0} 已知。其中，π_t 为企业利润函数；r 为折现率；P 为上网电价，外生给定；Q_t^T 为代表性企业发电量，$Q_t^T = f(Q_{dt}, Q_{ct})$ 表示总发电量是再生能源与传统化石能源的转换函数。其中，Q_{dt} 表示由传统化石燃料生产的电量，是传统化石燃料发电资本 K_{dt} 的严格拟凹函数（Concave Function），满足 $\frac{\partial Q_{dt}}{\partial K_{dt}} > 0$，$\frac{\partial^2 Q_{dt}}{\partial K_{dt}^2} < 0$；$Q_{ct}$ 是再生能源发电量，是再生能源资本 K_{ct} 的严格拟凹函数，满足 $\frac{\partial Q_{ct}}{\partial K_{ct}} > 0$，$\frac{\partial^2 Q_{ct}}{\partial K_{ct}^2} < 0$。为简化分析，假定 $Q_t^T = Q_{dt} + \sigma Q_{ct}$，其中 σ 为再生能源的发电效率，且 $0 \leqslant \sigma \leqslant 1$。$C_{dt}(I_{dt}, Q_{dt})$、$C_{ct}(I_{ct}, Q_{ct})$ 分别表示成本化石能源和再生能源的成本函数，为简单起见，假定二者均为可分可加函数，且有：$C_{dt}(I_{dt}, Q_{dt}) = v_d\delta_d I_{dt} + c_1 Q_{dt}$ 与 $C_{ct}(I_{ct}, Q_{ct}) = v_c\delta_c I_{ct} + c_2 Q_{ct}$。$I_{dt}$、$\delta_{dt}$ 分别表示传统化石能源燃料的投资与折旧率；I_{ct}、δ_{ct} 分别表示再生能源发电量投资与折旧率，v_d、v_c 表示投资品的单位价格，c_1、c_2 表示边际成本，为常数。$\dot{K}_{dt}$、$\dot{K}_{ct}$ 分别是传统化石能源资本、再生能源资本的变化量，即总投资减去折旧；b 为单位再生能源资本设备的补贴额，为常数。α_0 为政府制定的再生能源配额下限（即再生能源占总体能源的最低比例）；P^T 为绿色权证价格；G_{ct} 为绿色权证购买量；a 为转换因子；$\sigma Q_{ct}(K_{ct}) + G_t/Q_t^T \geqslant \alpha_0$ 表示企业自行生产的有效再生能源加上购置的绿色能源之和占整体发电量的比例不能小于政府配额标准 α_0；假设再生能源发电不会排放二氧化碳，E_t 为化石能源发电二氧化碳排放量，e 为碳排放系数；τ_t 为碳税率，因此 $\tau_t E_t$ 为代表性发电企业的碳税支出；s_t 为再生能源发电量的单位补贴金额，故 $s_t\sigma Q_{ct}(K_{ct})$ 表示企业再生能源发电补贴总额。

上述问题的 Hamilton 函数如式（6-54）所示（省略下标 t）：

$$H = PQ^T - v_d\delta_d I_d - c_1 Q_d - (v_c - b)\delta_c I_c - c_2 Q_c - \tau e Q_d(K_d) - P^T G_c +$$
$$s\sigma Q_c(K_c) + \lambda_d(I_d - \delta_d K_d) + \lambda_c(I_c - \delta_c K_c) +$$
$$\eta\left[\frac{\sigma Q_c(K_c) + aG_c}{\sigma Q_c(K_c) + Q_d(K_d)} - \alpha_0\right] \tag{6-54}$$

上述问题的一阶条件如式（6-55）至式（6-59）所示（假定 I_d、I_c 大于 0）：

$$\frac{\partial H}{\partial I_d} = 0 \Rightarrow - v_d \delta_d + \lambda_d = 0 \Rightarrow \lambda_d = v_d \delta_d \tag{6-55}$$

$$\frac{\partial H}{\partial I_c} = 0 \Rightarrow - (v_c \delta_c - b) + \lambda_c = 0 \Rightarrow \lambda_c = v_c \delta_c - b \tag{6-56}$$

$$\frac{\partial H}{\partial G_c} = 0 \Rightarrow - P^T + \frac{a\eta}{Q^T} = 0 \Rightarrow P^T = \frac{a\eta}{Q^T} \tag{6-57}$$

$$\dot{\lambda}_d = - \frac{H}{\partial K_d} + r\lambda_d$$

$$= - \left[P - c_1 - \tau e - \frac{\eta(\sigma Q_c + aG_c)}{[\sigma Q_c(K_c) + Q_d(K_d)]^2} \right] \frac{\partial Q_d}{\partial K_d} + (r + \delta_d)\lambda_d \tag{6-58}$$

$$\dot{\lambda}_c = - \frac{H}{\partial K_c} + r\lambda_c$$

$$= - \left[P\sigma - c_2 + s\sigma + \frac{\eta\sigma(Q_d + aG_c)}{[\sigma Q_c(K_c) + Q_d(K_d)]^2} \right] \frac{\partial Q_c}{\partial K_c} + (r + \delta_c)\lambda_c \tag{6-59}$$

其横截条件为式（6-60）：

$$\eta \frac{\partial H}{\partial \eta} = \eta \left[\frac{(\sigma Q_c + aG_c)}{Q^T} - \alpha_0 \right] = 0 \tag{6-60}$$

由式（6-57）可知，存在绿色权证的情况下，$P^T = \frac{a\eta}{Q^T} > 0$，可知 $\eta > 0$，由式（6-60）可得 $(\sigma Q_c + aG_c)/Q^T = \alpha_0$，将式（6-55）、式（6-57）代入式（6-58），且稳定状态下 $\dot{\lambda}_d = 0$，可得：

$$\frac{\partial Q_d}{\partial K_d} = \frac{v_d(r + \delta_d)}{P - c_1 - \tau e - \frac{P^T \alpha_0}{a}} > 0 \tag{6-61}$$

式（6-61）为最优化石能源资本存量方程式。等号左侧为化石能源资本（设备）的边际产量，等号右侧为化石能源资本的实际使用成本，其受租赁价格 $v_d(r + \delta_d)$、销售电价（P）、碳税 τe 等因素影响。从式（6-61）可以看出，相对于不征收碳税，开征碳税会使得该式变大，由于边际产量递减，此意味着化石能源的最优资本存量必然下降。因此，课征碳税的确会降低化石能源产量，从而有助于改善环境质量。

令 $\dot{\lambda}_c = 0$，再将式（6-56）、式（6-60）代入式（6-59），可得再生能源资本的最优存量方程式：

$$\frac{\partial Q_c}{\partial K_c} = \frac{(r + \delta_c)(v_c - b)}{P\sigma - c_2 + s\sigma + \dfrac{P^T\sigma(1 - \alpha_0)}{a}} > 0 \qquad (6-62)$$

式（6-62）等号左侧为再生能源发电资本的边际产量，等号右侧为再生能源资本的实际使用成本，包括租赁价格 $(r + \delta_c)(v_c - b)$、有效销售电价 $P\sigma$、有效再生能源补贴 $s\sigma$ 等因素。相对于没有补贴的情况，即 $b = s = 0$，对再生能源进行资本补贴或者电价补贴，均会使式（6-62）变小。此意味着再生能源资本存量增加，从而提高再生能源产量，有助于改善环境。

对式（6-61）、式（6-62）进行全微分，并联立求解，可得如表 6-1 所示比较静态分析结果。

表 6-1　代表性企业投资行为的比较静态分析结果

变量（X）	$\partial K_d / \partial X$	$\partial K_c / \partial X$
P^T	<0	>0
τ	<0	=0
α_0	<0	<0
s	=0	>0
b	=0	>0
σ	=0	>0

由表 6-1 可知，绿色权证价格与 K_d 呈反向变化，而与 K_c 呈现同向变化。开征碳税可以降低化石能源资本存量，但对再生能源资本存量无影响；补贴可以刺激再生能源资本投资。再生能源设备发电效率越高，再生能源资本存量越大；资本补贴可以提高再生能源投资和资本存量，但对化石能源资本存量和投资无影响。因此，如果政府同时课征碳税与补贴再生能源，可以实现促进能源发展和减少碳排放的目标。两种补贴型态对再生能源发展的激励效应，有如下命题：

命题 1：对相同补贴金额，再生能源资本补贴弹性大于电价补贴弹性，亦即对再生能源进行资本补贴的激励效应大于电价补贴的激励效应。

命题 1 的经济意义如下：

可得再生能源补贴弹性如式（6-63）、式（6-64）所示：

$$\frac{dK_c/K_c}{ds/s} = \frac{-s\sigma\frac{\partial Q_c}{\partial K_c}}{\left[P\sigma - c_2 + s\sigma + \frac{P^T\sigma(1-\alpha_0)}{a}\right]K_c\frac{\partial^2 Q_c}{\partial K_c^2}} > 0 \qquad (6\text{-}63)$$

$$\frac{dK_c/K_c}{db/b} = \frac{-b(r+\delta_c)}{\left[P\sigma - c_2 + s\sigma + \frac{P^T\sigma(1-\alpha_0)}{a}\right]K_c\frac{\partial^2 Q_c}{\partial K_c^2}} > 0 \qquad (6\text{-}64)$$

比较式（6-63）、式（6-64）可知，再生能源资本补贴弹性和电价补贴弹性的相对大小决定于分子的大小。式（6-63）中，$s\sigma\frac{\partial Q_c}{\partial K_c}$ 表示再生能源资本的边际产出补贴收益，该值越大，则再生能源资本的增长率越高；式（6-64）中，$b(r+\delta_c)$ 可视作再生能源资本的使用成本，该值越大，再生能源资本（存量）的增长率越高。两种补贴弹性的大小无从判断，但若两种补贴的金额相同，即 $s\sigma Q_c = bI_c$，则在稳定状态下（$\dot{K}_c = 0$），可得 $s\sigma\partial Q_c/\partial K_c = b\delta_c$。由此，结合式（6-63）、式（6-64）可知，再生能源资本的补贴弹性大于电价补贴弹性。这一结果可以说明，为何许多国家出现大量补贴风能发电设备的现象，如英国、德国、荷兰、中国等。

2. 政府最优碳税税率与再生能源补贴率

以下探讨政府最优决策，包括最优碳税税率与补贴率的时间路径。假定整个经济体系有 n 家企业，政府将碳税收入专用于再生能源补贴（预算平衡）。从整个社会来看，绿色权证交易量为零，即 $\sum_{i=1}^{n} G_{ict} = 0$。政府目标为最大化整个社会的福利（在此不考虑消费者剩余，因目前政府的工作重心是促进再生能源产业发展。实际上，能源消费者还要缴纳可再生能源电价附加。因此，不考虑消费者剩余是合适的），其最优化问题表述如下：

$$\max_{\{\tau_t,\ b_t,\ s_t\}} \sum_{i=1}^{n} \int_0^\infty e^{-rt}\left[PQ_{it}^T - c_1 Q_{dt} - v_d\delta_{dt}I_{idt} - c_2 Q_{ct} - v_c\delta_c I_{ict}\right]dt \qquad (6\text{-}65)$$

$$s.t.\ \dot{K}_{idt} = I_{idt} - \delta_{idt}K_{idt} \qquad (6\text{-}66)$$

$$\dot{K}_{ict} = I_{ict} - \delta_{ict} K_{ict} \tag{6-67}$$

$$\sum_{i=1}^{n} E_t = \sum_{i=1}^{n} (e_i Q_{idt}) \leqslant \overline{E}_T \qquad \text{if } t \geqslant T \tag{6-68}$$

$$K_{idt}^{*}(\tau, b, s) = \arg \max \pi_{it} \tag{6-69}$$

$$K_{ict}^{*}(\tau, b, s) = \arg \max \pi_{it} \tag{6-70}$$

E_0、K_{d0}、K_{c0} 已知。其中，$\overline{E}_T$ 为政府于目标年份的二氧化碳排放总量。目标年之后，二氧化碳排放总量应当小于等于 $\overline{E}_T$，目标年之前，不受排放量约束。$K_{idt}^{*}(\tau, b, s)$、$K_{ict}^{*}(\tau, b, s)$ 分别表示企业的化石能源和再生能源资本最优存量，受政府政策变量 τ，b，s 的影响。

上述问题的 Hamiltonian 函数如式（6-71）所示（省略下标 t）：

$$H = \sum_{i=1}^{n} \begin{bmatrix} PQ^T - c_1 Q_d - v_d \delta_d I_{id} - c_2 Q_c - v_c \delta_c I_{ic} \\ + \lambda_d (I_{id} - \delta_{id} K_{id}) + \lambda_c (I_{ic} - \delta_{ic} K_{ic}) \end{bmatrix} + \eta_1 \left[\overline{E} - \sum_{i=1}^{n} e_i Q_{id} \right] \tag{6-71}$$

其一阶条件如下：

$$\frac{\partial H}{\partial \tau} = 0 \Rightarrow \sum_{i=1}^{n} \left[(P - c_1) \frac{\partial Q_{id}}{\partial K_{id}} \frac{\partial K_{id}}{\partial \tau} + (\lambda_d - \delta_d v_d) \frac{\partial I_{id}}{\partial \tau} - \lambda_d \delta_{id} \frac{\partial K_{id}}{\partial \tau} \right] -$$

$$\eta_1 \sum_{i=1}^{n} e \frac{\partial Q_{id}}{\partial K_{id}} \frac{\partial K_{id}}{\partial \tau} = 0 \tag{6-72}$$

$$\frac{\partial H}{\partial s} = 0 \Rightarrow \sum_{i=1}^{n} \begin{bmatrix} (P\sigma - c_2) \frac{\partial Q_{ic}}{\partial K_{ic}} \frac{\partial K_{ic}}{\partial s} + (\lambda_c - \delta_{ic} v_c) \frac{\partial I_{ic}}{\partial s} \\ - \frac{\partial C_{ic}}{\partial Q_{ic}} \frac{\partial Q_{ic}}{\partial K_{ic}} \frac{\partial K_{ic}}{\partial s} - \lambda_c \delta_{ic} \frac{\partial K_{ic}}{\partial s} \end{bmatrix} = 0 \tag{6-73}$$

$$\frac{\partial H}{\partial b} = 0 \Rightarrow \sum_{i=1}^{n} \left[(P\sigma - c_2) \frac{\partial Q_{ic}}{\partial K_{ic}} \frac{\partial K_{ic}}{\partial b} + (\lambda_c - \delta_c v_c) \frac{\partial I_{ic}}{\partial b} - \lambda_c \delta_{ic} \frac{\partial K_{ic}}{\partial b} \right] = 0 \tag{6-74}$$

其横截条件为：

$$\eta_1 \frac{\partial H}{\partial \eta} = 0 \Rightarrow \eta_1 (\overline{E} - \sum_{i=1}^{n} e_i Q_{id}) = 0 \qquad \text{if } t = T \tag{6-75}$$

由式（6-72）可知，在 $\lambda_d = \delta_d v_d$（参见式（6-55））以及 $\partial K_{id}/\partial \tau < 0$（见表 6-1）的情况下，可得 $\partial Q_{id}/\partial K_{id}$ 以及最优碳税税率 τ^* 方程：

$$\frac{\partial Q_d}{\partial K_d} = \frac{v_d \delta_d}{P - C_1 - \eta_1 e} \tag{6-76}$$

$$\tau^* = \tau^*(\alpha_0, \ e, \ P^T, \ \sigma, \ \overline{E}) \tag{6-77}$$

式（6-76）中，$v_d \delta_d / (P - C_1 - \eta_1 e)$ 表示化石能源发电的实际净社会使用者成本。因此，式（6-76）表示最优化石能源资本存量应该使实际净社会使用者成本等于化石能源资本的边际产量，由此进一步决定最优碳税税率。

目标年之前（$t < T$），因 $\sum\limits_{i=1}^{n}(e_i Q_{idt}) \neq \overline{E}_T$，则 $\eta_1 = 0$，式（6-76）变为：

$$\frac{\partial Q_d}{\partial K_d} = \frac{v_d \delta_d}{P - c_1} > 0 \tag{6-78}$$

式（6-78）表明，目标年之前，二氧化碳排放量没有受到限制，化石能源的使用者成本不包括社会成本，因此其实际社会使用者成本较低。比较式（6-76）和式（6-78）可知，最优碳税税率随着时间推移而上升，即初期采用较低税率，而后逐渐调高税率。

上述结果可用图 6-1 加以说明。达到目标年之前，化石能源最优资本存量为 K_d^0，对应的最优碳税税率为 τ_0；达到目标年时，化石能源最优资本存量下降至 K_d^1，对应的最优碳税税率为 τ_1，因为 $\partial K_d / \partial \tau < 0$，故有 $\tau_1 > \tau_0$。上述结果表示，为实现目标年的管制目标，政府应当采取逐渐提高碳税税率的政策，诱导企业降低化石能源资本存量，并进一步降低发电量，以降低二氧化碳排放，改善环境。

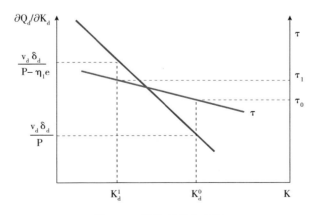

图 6-1　最优碳税率路径

观察式（6-73）、式（6-74）可以发现，在稳定状态下，由于 $\dot{K}_{ic}=0$，两式完全等价，即有：

$$\frac{\partial Q_{ic}}{\partial K_{ic}}=\frac{v_c\delta_c}{P\sigma-c_2}>0 \tag{6-79}$$

在预算平衡下，最优资本补贴 b 和电价补贴 s 的组合（b，s）并不唯一。若对式（6-79）进行全微分，并令 $\frac{\partial^2 Q_c}{\partial K_c^2}=-1$，则 b 和 s 有下列抵换关系：

$$\frac{db}{ds}=-\frac{dK_c}{dK_c}\frac{ds}{db}=-\frac{v_c\delta_c}{(P\sigma-c_2)(r+\delta_c)}<0 \tag{6-80}$$

由式（6-80）可知两种补贴率并非独立，而是负相关。对此，有命题2：

命题2：再生能源电价补贴与资本补贴组合，不存在唯一的最优解，但两者的最优组合必然是互为消长关系。

直接对式（6-76）、式（6-79）进行全微分，可以获得碳税税率、电价补贴率与资本补贴率的比较静态分析结果（见表6-2），并有命题3。

表6-2 外生变量变动对最优碳税税率、两类补贴率的影响

外生变量（X）	$\partial\tau/\partial X$	$\partial s/\partial X$	$\partial b/\partial X$
α_0	<0	>0	<0
e	<0	=0	=0
P^T	<0	<0	>0
σ	=0	>0	<0

命题3：再生能源配比提高（降低），应降低（提高）碳税税率以及资本补贴率，但应大幅提高（降低）发电补贴率。

对上述命题的含义进行说明，由表6-2可以获得如下关系式：

$$\frac{\partial\tau}{\partial\alpha_0}=-\frac{(\partial z_d/\partial\alpha_0)}{(\partial z_d/\partial\tau)}<0 \tag{6-81}$$

$$\frac{\partial s}{\partial\alpha_0}=-\frac{(\partial z_c/\partial\alpha_0)}{(\partial z_c/\partial s)}>0 \tag{6-82}$$

再生能源配比提高，会同时提高化石能源与再生能源发电的使用者成本（见式（6-61）、式（6-62）），因而降低两类资本 K_d、K_c 的存量及二氧化碳排放量，因此政府最优碳税税率应当下降；若政府以补贴发电量为优先策略，则在预算平衡限制下，因税收下降，则应当降低资本补贴量。

对绿色权证价格提高的比较静态分析，可得如下命题 4：

命题 4：绿色权证价格提高（降低），应降低（提高）碳税税率以及电价补贴率，但应提高（降低）资本补贴率。

对上述命题的含义进行说明，经过推导，可以获得如下关系式：

$$\frac{\partial \tau}{\partial P^T} = -\frac{\partial K_d / \partial P^T}{\partial K_d / \partial \tau} < 0 \tag{6-83}$$

$$\frac{\partial s}{\partial P^T} = -\frac{\partial K_c / \partial P^T}{\partial K_c / \partial s} < 0 \tag{6-84}$$

绿色权证价格提高，提高 K_d 的使用成本，但同时降低 K_c 的使用成本（见式（6-61）、式（6-62）），故降低 K_d 的存量，减少二氧化碳排放，但会提高 K_c 存量，因此可以采取降低碳税税率的政策。另外，由于绿色权证价格提高，事实上已经具有补贴再生能源发电的意义，因此宜采取降低发电补贴的措施，然而为维持预算平衡，需要增加再生能源资本补贴，以扩大再生能源投资。

命题 5：再生能源发电稳定程度提高，则应提高再生能源发电补贴，在预算限制下，这意味着应降低再生能源资本补贴。

对命题 5 的经济含义进行说明，经过推导，可以获得如下关系式：

$$\frac{\partial \tau}{\partial \sigma} = 0 \tag{6-85}$$

$$\frac{\partial s}{\partial \sigma} = \frac{\partial K_c / \partial \sigma}{\partial K_c / \partial s} > 0 \tag{6-86}$$

式（6-85）表示，再生能源发电稳定度提高，不影响最优碳税税率。式（6-86）表示，再生能源发电稳定度提高，可以增加电厂电力调度，稳定电厂收入，提高社会福利，因此应提高再生能源电价补贴。然而，在政府预算限制下，因碳税收入不变，为维持预算平衡，此时应降低再生能源资本补贴。

二、实证模拟

依据上文所建构的最优征税和补贴方程式，进一步使用内蒙古赤峰市的 A、B 两家风电场和山东诸城市 C 风电场三家电厂的风力发电资料进行实证模拟，主要探讨不同情形下两种补贴的变化情况，所用资料如表 6-3 所示。数据主要包括：单位再生能源系统价格（元/千瓦）、再生能源发电系统的折旧年限（设定为 20 年），故折旧率（δ）为 0.05，贷款利率（r）；各发电厂的发电效率即平均容量系数（σ）；再生能源单位发电成本 c_2，上网收购电价 P；单位资本设备补贴额 b（元/千瓦）；单位电价补贴额 s（元/千瓦），等于上网收购电价减去再生能源单位发电成本。下文模拟再生能源设备价格下降、贷款利率下降、取消双重补贴仅保留一种补贴、发电效率（平均容量系数 σ）提高的效果。

表 6-3　A、B、C 三家发电厂的基本资料

发电厂 项目	A 发电厂	B 发电厂	C 发电厂
总装机容量（千瓦）	2640	2400	3500
再生能源系统价格（万元）	1125	1850	1435
每千瓦再生能源发电系统价格 v_c（万元）	0.4250	0.7750	0.4125
折旧率 δ（%）	5	5	5
贷款利率 r（%）	6.61	6.39	5
发电效率 σ（平均容量系数）	0.2965	0.4021	0.1790
再生能源资本补贴（万元）	158.4	144	210
每千瓦再生能源资本补贴金额 b（元）	600	600	600
再生能源发电成本（元/度）	0.31	0.43	0.42
资本补贴后发电成本（元/度）	0.21	0.26	0.23
上网电价 P（元/度）	0.52	0.52	0.61
再生能源电价补贴 s（元/度）	0.21	0.09	0.19

注：表中为 2015 年底数据。

1. 其他参数不变，风能设备价格下降对发电量实际价格补贴的影响

风能设备价格下降，对电价补贴的影响如表6-4所示。由表可以看出，当标杆电价不变时，若再生能源设备价格下降一定幅度时，则每一家电厂的最优补贴应当同幅度增加。

表6-4　风能设备价格下降对发电量实际价格补贴的影响

单位：元/度

dv/v	A 发电厂		B 发电厂		C 发电厂	
	ds/s	最优补贴额（s）	ds/s	最优补贴额（s）	ds/s	最优补贴额（s）
-10%	10%	0.23	10%	0.10	10%	0.20
-20%	20%	0.25	20%	0.11	20%	0.23
-50%	50%	0.27	50%	0.12	50%	0.25

2. 其他参数不变，再生能源设备价格下降对最优资本补贴的影响

风能设备价格下降对三家电厂资本补贴额的影响如表6-5和图6-2所示。由图6-2可以看出，其他条件不变，再生能源设备价格下降时，最优资本补贴均应下降，而且发电效率最低的C发电厂资本补贴下降幅度更大。

表6-5　风能设备价格下降与最优资本补贴　　单位：元/千瓦

dv/v	A 发电厂		B 发电厂		C 发电厂	
	db/b	资本补贴额（b）	db/b	资本补贴额（b）	db/b	资本补贴额（b）
-5%	-20.70%	476	-12.20%	527	-29.91%	421
-10%	-41.41%	352	-24.40%	454	-59.82%	241
-20%	-82.81%	103	-48.81%	307	—*	—**

注：*表示计算结果小于-100%，**表示计算结果为负值。

3. 其他参数不变，贷款成本下降对最优电价补贴的影响

贷款成本下降，对电价补贴的影响如表6-6所示。由表可知，贷款成本下降应降低最优电价补贴。而且，发电效率越低的发电厂，最优电价补贴应当降低越多。

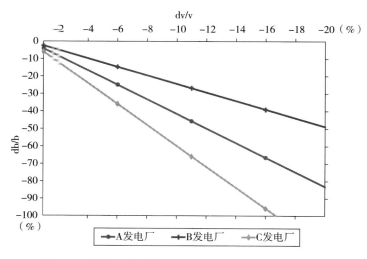

图 6-2　风能设备价格下降与三家电厂的最优资本补贴

表 6-6　贷款成本下降对最优电价补贴的影响　　单位：元/度

dr/r	A 发电厂		B 发电厂		C 发电厂	
	ds/s	最优补贴额（s）	ds/s	最优补贴额（s）	ds/s	最优补贴额（s）
−5%	−2.14%	0.21	−2.19%	0.09	−2.5%	0.19
−10%	−4.28%	0.20	−4.39%	0.09	−5%	0.18
−20%	−8.56%	0.19	−9.12%	0.08	−10%	0.17

　　4. 其他参数不变，发电量（资本）补贴取消对资本（发电量）补贴的影响

　　若取消双重补贴，仅保留一种补贴时，最优补贴额应当如何变动，计算结果如表 6-7 所示。由表可以看出，取消任何一种补贴，均应提高另一种补贴，而且补贴金额提高率不同。其中，完全取消资本补贴的情况下，A 发电厂的电价补贴应该提高 24.23%，至 0.26 元/度；B 发电厂的电价补贴应当提高 41.75%，至 0.13 元/度；C 发电厂应当提高电价补贴 16.72%，至 0.22 元/度。完全取消电价补贴的情况下，A、B、C 发电厂最优资本额应当分别提高到 5090 元/千瓦、2064 元/千瓦、4188 元/千瓦。

表 6-7　取消双重补贴，仅保留一种补贴时的最优补贴额（补贴率）变化

db/b	A 发电厂		B 发电厂		C 发电厂	
	ds/s	最优补贴额（s）	ds/s	最优补贴额（s）	ds/s	最优补贴额（s）
-100%	24.23%	0.26 元/度	41.76%	0.13 元/度	16.72%	0.22 元/度

ds/s	A 发电厂		B 发电厂		C 发电厂	
	db/b	资本补贴额（b）	db/b	资本补贴额（b）	db/b	资本补贴额（b）
-100%	415%	3090 元/千瓦	244%	2064 元/千瓦	598%	4188 元/千瓦

5. 其他参数不变，弃风率下降（即 σ 上升）对资本补贴和电价补贴的影响

平均容量系数提高对资本补贴和电价补贴的影响如图 6-3 所示。由图

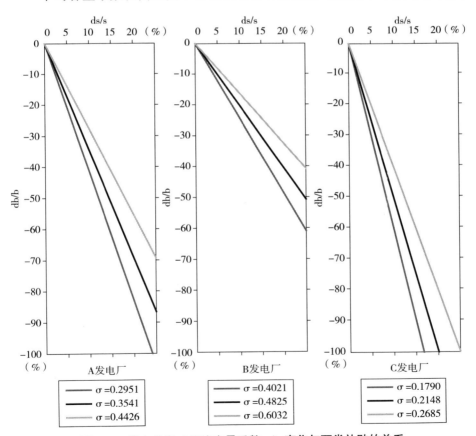

图 6-3　发电效率（平均容量系数 σ）变化与两类补贴的关系

可以看出，如果降低资本补贴的幅度相同，随着弃风率或发电效率提高（即 σ 变大），则再生能源电价补贴的提高幅度应当逐渐提高，这一点对于A、B、C 发电厂均成立。另外，如果提高电价补贴的幅度相同，随着发电效率提高，则资本补贴的下降幅度逐渐减小。

第五节　本章小结

本章探讨了开放条件下将再生能源生产过程中的环境污染纳入考虑时，政府应当如何应对。主要结论如下：

第一，在两国出口贸易型中，无论市场污染防治技术有无，当两国政府不合作时，本国政府最优再生能源补贴政策对本国厂商的污染排放征收的税率为庇古税。外国政府最优再生能源政策是向外国厂商征税排放税，但其税率低于外国厂商造成的污染损害，且外国政府将补贴外国厂商的再生能源生产，且补贴率高于再生能源产量的边际收益。当两国政府合作共同制定再生能源政策时，两国最优再生能源发展政策是对两国厂商征收污染排放税，但最优污染排放税率低于两国厂商造成的污染边际损害，并且对两国厂商进行再生能源补贴，最优再生能源补贴率等于再生能源的边际收益。

第二，当市场无污染防治技术时，两国政府不合作，两国污染排放税率的高低，依两国再生能源产量与化石能源投入比例而定，厂商再生能源产量越高或者化石能源投入比例越高，则最优污染排放税率越高。两国政府追求自身社会福利最大化的污染排放税率将低于两国联合制定的污染排放税率。两国不合作时，外国政府为提升外国厂商竞争力，会制定较高的补贴率。此时，与国政府的再生能源补贴率会高于两国联合制定的再生能源补贴率。

第三，当市场具有污染防治技术时，两国政府不合作下的污染排放税率的高低，要视其污染排放而定。若厂商污染排放造成的边际损害高，则其污染排放税率已较高。当两国合作时，其最优污染排放税率将依据总污染排放造成的边际损害而定，因此，两国政府不合作下的污染排放税率会低于联合制定的污染排放税率。当两国不合作时，外国政府为了提升外国厂商的竞争力，将会制定较高的补贴率。因此，外国政府制定的最优再生能源补贴率将高于两国政府合作时制定的补贴率。

此外，本章结合中国业已出台的再生能源政策法规，并加入前瞻性的思考（在模型中引入碳税），建立了一个综合再生能源主要政策工具（包括固定价格收购 FIT、资本补贴、电价补贴、碳税、RPS、绿色权证等）的两阶段动态最优化博弈模型，分析了最优的政策组合，在此不再赘述。

第七章 环保意识、环境管理与企业竞争力（文化型塑机制）

第一节 研究背景

经济发展与环境保护的张力和冲突，一直是企业制定发展战略时面临的难题。对企业而言，环境管理是解决上述冲突的必由之路。企业可以尝试运用前瞻战略来主动创造市场获利的机会。例如耐克的"Run London"活动，说服了许多伦敦人参与跑步活动，并引发了全民慢跑热潮，此举为慢跑气垫鞋创造了前所未有的庞大市场；再如，以零污染为目标的杜邦公司是重工业的绿色龙头，其战略变革的方向与速度更是令人赞叹。由此可见，当市场经济已经由追求利益最大化的传统市场经济发展到公共理性市场经济阶段，企业追求的目标不能仅以盈利能力衡量，环保责任亦应当纳入企业整体战略的谋划，进行全面而多样的考虑，兼顾对环境的影响、对社会的贡献（Li et al., 2013；Jamali and Karam, 2018）。环保投资、环境管理等均可以作为企业进行竞争或战略考虑的依据，这些被视为增加企业营运成本的环境支出，其实不仅可以降低企业的诉讼成本、管理成本，还将有助于企业可持续发展。

然而，企业对于环境问题需要投入时间和资源进行逐步改变，而非只是表面的"抹绿"，成为"绿皮"企业，"骨子绿色"才是真正的绿色企业（高勇强等，2012）。过去，企业通过展现高利润以及未来获利成长机会来塑造企业形象，这是传统的营销策略。现在，企业通过报道自身致力于绿色行动来建立自己的绿色形象，这种绿色营销策略有助于企业顺应环保潮流，将环保问题由危机变成转机，乃至形成企业本身的竞争优势及细分市场。不过，正如 Poter 和 Kramer（2006）指出的那样，企业若将慈善公益当成公关、广告等工具，被烙上"为形象而慈善"的印记，则不仅无法强化企业形象，反而会让社会大众更加怀疑其动机不良（Bartkus and Morris，2014；Gautier and Pache，2015），企业的绿色活动同样如此。因此，企业只有切实履行社会与环境责任才是永续发展之道。毋庸置疑的是，那些致力于发展绿色产品以及绿色行动，并进行宣传的企业容易获得投资者与消费者的注意和青睐。这些企业若凭借花样翻新的绿色手法宣传其绿色行为，来传达企业已竭尽社会责任的义务，不仅能满足利益相关者，而且可以提高企业声誉，进而吸引顾客、投资者和高素质的员工，并且能够安然度过足以毁掉信誉较差的企业的危机（Godfrey and Hatch，2007；Miras-Rodríguez et al.，2015），外界也会认为该企业的产品或服务融入了绿色理念，故能提高股价且有效地被市场接受。对此，利益相关者极有可能被企业执行的环境管理活动所误导。总而言之，"绿骨绿皮"企业坚守绿色理念，并以绿色行动落实企业社会责任，而"绿皮"企业则可能借绿色行动之名行会计操作之实。实际上，企业的环境管理兼具商业性和环境保护的双重内涵，创造利润与环境保护均能创造竞争力，而且并无理念或实际的冲突，故企业的确不应一味地机会主义地传递"绿色形象"，运用公关技巧惠而不实地虚以应付，或是以低廉的代价敷衍式地解决环境问题。

Garriga 和 Melé（2004）回顾过去企业社会责任研究的理论范畴，将社会责任的理论研究基础分为工具性、政治性、整合性与道德性理论四种类型，并呼吁后续研究应以四种理论基础为中心，考察四种理论观点的关联性。然而，过去社会责任的相关文献多为规范性思辨式研究，缺乏相应的实证研究；而为数不多的实证研究也仅仅关注某一个方法或理论，或质疑其他方法的有效性。此外，面对环保风潮，环保主管机构陆续制定了不少法规制约企业行为，利益相关者团体也会对企业不断施压，而不同类型的企业受到的利益相关者的环保压力可能不尽相同，利益相关者的压力如何影响企业行为亦值得探讨。

总之，虽然关心环保议题的文献越来越多，但其中多数研究仅关注某一种理论与环境管理的关系，较少整合四种理论进行实证分析。为此，本章尝试运用 Garriga 和 Melé（2004）所提出的四种社会责任理论区分不同的企业环保意识类型，并进一步探讨企业环保意识与环境管理（绩效、企业竞争力）的关系；同时，依据制度理论，探讨利益相关者团体压力对企业环境管理的影响。具体言之，本章希望达到如下研究目的：第一，了解企业环保意识及其对环境管理的影响；第二，考察环保意识是否通过环境管理影响企业竞争优势；第三，探讨利益相关者压力对企业环境管理的影响；第四，分析环保意识与环境管理的关系是否受到利益相关者压力的影响。

一、环境管理

环境管理是指企业营运过程中，围绕产品、工艺和组织对环境、生态及文化系统等造成的冲击进行的管理（马媛等，2016）。Hervani 等（2005）从绿色供应链出发，指出环境管理包括环保设计（销售和设计）、绿色采购（供应商、购买无害产品或原料）、环境质量管理（内部绩效测度、污染预防）、环境友好的包装材料和运输、废旧产品的再利用及回收等。企业的竞争优势主要涉及污染防治、产品管理、永续发展三者的策略组合；同时，企业在面对环境挑战及资源运用时，如何制定策略以实现预防污染、产品管理及永续发展，是维持竞争优势的关键（Wei et al.，2017）。简言之，企业环境管理就是将环境保护的观念融入企业的经营活动，在企业的成长发展中以绿色生产方式降低资源与能源的消耗，创造低污染的绿色产品，同时确保个人和社区永续发展的可能性。

二、环保意识与环境管理

环境责任属于社会责任的一种，故本章从社会责任理论的视域分析企业环境责任。对于企业社会责任的定义，Garriga 和 Melé（2004）综合过去的研究，将社会责任理论分为以下四种类型：

1. 工具性理论

Garriga 和 Melé（2004）指出，企业在有关社会责任的投资活动中若仅关注是否能够提高企业财务绩效，即可证明企业仍是以社会责任作为绩效的工具而已，故称之为工具性理论。现实中企业通过社会责任活动获取利润，业已成为司空见惯的手法。许多研究指出，有效的社会责任活动确实能够带来优秀的财务绩效表现（Wang and Choi，2013；Song and Byun，

2017；尹开国等，2014；徐建中等，2018），以及提升企业的社会资本（靳小翠，2018）。

工具性理论强调企业履行社会责任的目的在于提高企业自身的竞争优势和价值创造的能力，最终目标是追求股东利益最大化，工具性理论是企业社会责任最广泛的理论基础。因此，本章采取股东利益最大化作为衡量指标。

2. 政治性理论

政治性理论强调企业的社会力量。除了经济力量之外，企业可以公民身份参与政府对企业的相关规则的制定和完善，从而具有政治力量，故社会大众也将对企业的社会活动有所期待。Garriga 和 Melé（2004）指出，政治性理论促使企业以负责任的态度行使企业力量，参与社会合作。特别是，企业的营运策略应能提升社区环境与促进社会发展。政治理论又可以分为企业宪政主义、整合社会契约理论以及企业公民理论。其中，企业公民理论认为企业之所以能够生存并成长，是以社会大众共同牺牲为代价换取的，所以企业经营除了盈利外，应肩负并扮演好企业公民角色，在通过核心业务活动为社会提供价值的同时，也要向社会承诺其肩负的责任，善尽社会伦理道德教化的责任。

企业公民理论有特定的范畴且容易测量，常被作为企业营运的策略（Gardberg and Fombrun，2006），因此本章采用企业公民理论作为政治性理论的基础。

3. 整合性理论

整合性理论指出企业依存于社会关系，企业管理应了解并且回应不同公众的利益，结合社会责任和企业营运活动，进行整合性或一体化策略管理。因此，企业社会责任取决于当下社会价值体系的需求：当企业价值体系与其所属的价值体系相一致时，此时企业便获得正当性或声誉；反之，当两种价值体系不一致时，企业的正当性便会受到实际或潜在的威胁。Savage（1991）从规范性利益相关者理论出发，认为企业目标应致力于保护所有利益相关者的利益而非仅是股东的利益。整合性理论正好回应了规范性利害关系人理论的宗旨，其主要核心概念是企业社会绩效模型，该模型整合了企业社会责任的原则及驱动指导行为、回应社会需求的过程、行动及社会议题的政策发展等。

以往研究以利益相关者的讨论为主流（Francoeur et al.，2017；Testa

et al.，2018；戴璐和支晓强，2015）。该理论强调管理层在制定决策时，需考虑相关者的利益（齐丽云等，2017），若企业无法满足其需求，可能丧失利益相关者对企业的支持。有些实证研究证实满足企业利益相关者的期望，确实能够提高公司财务绩效（Wang and Choi，2013；Kawai et al.，2018）。故本章以利益相关者理论作为整合性理论的代表。

4. 道德性理论

道德性理论以道德价值的观点探讨企业与社会之间的关系。公司应当认识到社会责任需要符合道德义务。道德性理论主要有三个流派：利益相关者理论（Donaldson and Preston，1995；王艳艳和赵曙明，2007）强调企业为法定的利益相关者负责，满足社会特定群体的需求而非仅限于股东的利益；管家理论（Maier and Meyer，2011）强调经理人应具备道德使命感，追求做"对的事情"，不论其决策结果是否对企业财务绩效产生负面影响，都应当以这样的伦理规范回应利害关系人（陈仕华和李维安，2011；李维安和齐鲁骏，2007）；环境道德论强调企业应落实环保愿景、政策与计划，以实现公司环境道德，遵从三重底线（经济—社会—环境），而不是仅仅遵从强调财务绩效的单一基线（Elkington，1998；肖红军和许英杰，2014）。

企业环境道德论与管家理论相似，为区别利益相关者理论，本章以企业环境道德论作为道德性理论的代表。

以上四种理论在概念上相互有交叉。这些理论均认为当公司意识到其社会责任时，将促使它们参与相关活动，其中之一即是环境管理。虽然Eells（1960）、Carroll（1999）没有明确地将环境责任列入重要的社会责任，但环境责任隐藏于道德责任、慈善责任和自裁责任内，即便如此，相对于规范企业行为的法律标准，环境标准和社会标准并非可以普遍接受。不过，Menguc等（2010）认为企业在进行资源管理时，管理阶层为取得较高的财务绩效，的确会将环境管理活动作为重要的考虑。因此，本章将上述社会责任理论运用于环境管理议题，考察中国企业的绿色行为，并提出下列研究问题：

问题1：中国企业的环保意识如何形成？基于工具性、政治性、整合性或是道德性等社会责任理论的企业环保意识如何测度？

三、环境管理与企业竞争优势

所谓竞争优势是指企业所执行的策略是竞争对手难以取代，或竞争对手无法取得的既有利益和机会（Barney，1991；Chen，2008）。Barney（1991）认为竞争优势是企业采取有别于对手的竞争策略去执行更优的价值创造过程，而该策略是现有或潜在竞争对手目前无法迎头赶上的，或者采取与对手相同竞争策略，却拥有较好的执行效率；Chen（2008）认为竞争优势是指企业具有某种不可取代的地位，以及竞争对手无法如法炮制的策略，使企业维持一定的获利水平。竞争优势的建构能使企业取得卓越的绩效（Porter，1980；Wu and Wu，2014；李怡娜等，2016；徐建中等，2018）。Porter 和 van der Linder（1995）针对 29 家已实施环境管理的工厂所做的研究发现，率先投入创新的厂商，通过生产技术的改善不但可以抵消环保支出，还可以以绿色产品获得更高的价格，开创新的市场，甚至可以通过出售环保技术与服务获利。因此，良好的环境管理活动能够创造竞争优势。基于此，本章认为，环境管理活动对竞争优势的影响值得探讨，为此提出以下研究问题：

问题 2：环保意识对环境管理的影响如何？

问题 3：环保意识是否能够通过环境管理有效提升企业竞争优势？

四、利益相关者压力与环境管理

新古典经济学强调企业的经营目标是利润最大化；然而，制度经济学则认为企业并非总是以利润最大化为目的，在制定管理决策的同时，企业尚需考虑外部利益相关者的影响，并符合利益相关者的期望（Wang and Choi，2013；Kawai et al.，2018）。Berry 和 Rondinelli（1998）指出，利益相关者会形成一股推动企业履行社会责任，开展绿色环保行动的压力；Wang 和 Choi（2013）发现，建立良好的利益相关者关系会积极影响公司的财务绩效，对于知识密集程度高的企业来说，长久保持良好的社会表现尤为重要。Kawai 等（2018）认为东道国利益相关者的压力有助于促使不同经济体公司子公司进行绿色产品和工艺创新。李培功等（2010）发现，随着媒体曝光数量的增加，上市公司改正违规行为的概率也随之提高。陈贵梧等（2017）则发现，行业协会可以提高企业社会责任表现。综上，利益相关者对企业的环境管理具有重要影响。为此，本章提出如下研究问题：

问题4： 利益相关者的压力如何影响企业环保意识与环境管理之间的关系。

第二节 研究框架、变量选择与描述性统计

一、研究框架

本章基于 Carriga 和 Melé（2004）提出的工具性、政治性、整合性与道德性四大企业社会责任理论，探讨企业环保意识对环境管理的影响。我们将在不同理论视域下，探讨环保意识是否产生不同的环境管理活动，是否能为公司创造竞争优势；此外，还将分析利益相关者压力对企业执行环境管理活动是否产生影响，以及是否影响企业环保意识与环境管理活动之间的关系。本章的研究结构如图7-1所示。由于当前中国尚无健全的环境管理相关数据库，故本章采用问卷调查法搜集数据进行研究。

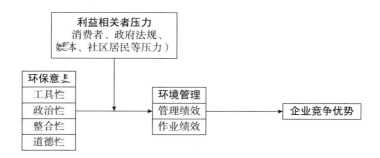

图7-1 环保意识、环境管理与企业竞争力关系

二、量表设计和变量选取

1. 环保意识

根据 Garriga 和 Melé（2004）提出的工具性、政治性、整合性与道德性四大企业社会责任理论，本章分别选取"股东利益最大化""企业公民""利益相关者理论""企业环境道德论"等题项作为上述四种社会责任理论的代理变量。

（1）工具性理论：股东利益最大化。本章以 Kraft 和 Jauch（1992）一文中的"伦理与社会责任认知"量表中的"股东观点"为基础，并参考其他文献设置问卷项目。本量表中的"股东观点"计有 5 项，强调企业的生存目的在于股东价值最大化，所以企业的最高指导原则为扩张股东利益，企业环境管理的目的在于创造利润，对于企业的社会责任和伦理道德则不重视。此部分问卷本章采用七点式李克特量表编制，共 4 题。每题最低 1 分，表示"非常不同意"；最高 7 分，表示"非常同意"。

（2）政治性理论：企业公民。Davenport（2000）曾提出三个构面来测量、评估企业是否善尽企业公民行为，并作为引导企业实践企业公民行为与衡量社会绩效的标准。这三个构面是企业应为利益相关者维持良好的运营、持续和真诚地与利害关系人沟通，以及诚实地揭露公司的价值与营运。本章以 Davenport（2000）的三个构面量表为基础，参考过去有关企业公民行为测量的文献，并考虑中国特殊的经营环境予以调整，以适合中国国情。采用七点式李克特量表编制，共 5 题。每题最低 1 分，表示"非常不同意"；最高 7 分，表示"非常同意"。

（3）整合性理论：利益相关者理论。此部分采用 Kraft 和 Jauch（1992）的"伦理与社会责任认知"量表中的"利益相关者"观点衡量。利益相关者观点认为企业以社会责任和伦理道德为经营目标，兼顾员工、顾客、供应商、债权人、股东等各方面利益，此时企业重视的已非股东利益最大化。此部分分为 4 题，分为股东观点和利益相关者观点两个构面。采用七点式李克特量表编制。最低 1 分，表示"非常不同意"；最高 7 分，表示"非常同意"。

（4）道德性理论：企业环境道德论。企业环境道德论强调积极的环境管理行为，进而影响企业环境管理活动与经营（Chen et al.，2006）。道德性理论认为企业必须有清晰的环境政策、良好的环境投资及采购预算，将环保使命、愿景与计划融入企业文化。本章以 Chang（2011）所提出的环境道德量表为依据并稍加调整，共 6 题。采用七点式李克特量表编制。最低 1 分，表示"非常不同意"；最高 7 分，表示"非常同意"。

2. 环境绩效

环境绩效评估量表参考 ISO14031 编制。ISO14031 是一套对组织的管理系统、作业系统甚至包括周围的环境状况等环境绩效进行测量与评估的标准系统。ISO14031 的环境绩效指标（Environmental Performance Indicators，EPIs）可分为管理绩效指标（Management Performance Indicators，MPIs）和作业绩效指标（Operation Performance Indicators，OPIs）两部分。MPIs 可以直接反映组织在管理绩效方面的努力，主要是衡量企业对外改善关系，提升企业形象，对内则是降低成本，提高利润，提升内部沟通效率。OPIs 则针对组织的经营系统，包括厂房、设备、原材料等的设计与操作进行评估，主要是衡量企业节能减排（废水、废气、CO_2 等）绩效。同时，参考中国环保部门的评价要点设计题项，共 11 题，其中管理绩效 6 题，作业绩效 5 题。采用七点式李克特量表编制。最低 1 分，表示"非常不同意"；最高 7 分，表示"非常同意"。

3. 竞争优势（竞争力）

本部分主要参考 Li 等（2006）、Chen（2008）的量表加以编制，主要包括成本优势、产品或服务的特殊性、研发能力、管理能力等。定义竞争优势为：企业利用竞争者无法获取的资源、技术、能力或战略，而获得高于竞争者的利润水平，使企业在市场上处于领先地位。采用七点式李克特量表编制，共 5 题。最低 1 分，表示"非常不同意"；最高 7 分，表示"非常同意"。

4. 体制（利益相关者）压力

关于体制压力的测量，本章参考 Khanna 和 Speir（2007）的分类，将体制压力分为法规力量、投资者力量、消费者力量与竞争力量。结合利益相关者（股东、消费者、政府、媒体、社区居民等）的分类，本章使用利益相关者对企业的影响来衡量体制压力。采用七点式李克特量表编制，共 10 题。最低 1 分，表示"影响非常小"；最高 7 分，表示"影响非常大"。

5. 控制变量

为了控制不同行业可能会有不同的环境管理行为，本章将参考有关文献的分类，将受测者所属产业分类为高环境敏感产业与低环境敏感产业，为虚拟变量。若企业为高环境敏感性产业，则为 1，否则为 0。

三、样本特征

本章所需数据采用问卷调查获取。受测试样本为山东省企业规模（销售收入）前 1000 名的制造业公司，采用邮寄、电子邮件和实地采访相结合的方式进行数据采集。共发放问卷 400 份，回收 290 份，删除无效问卷后，共获得 257 份有效样本，有效回收率 64.25%。

在受测试样本中，男性与女性比例分别为 73.15% 和 26.85%；有24.51% 的受访者年龄介于 26~35 岁，37.74% 的受访者年龄介于 36~45岁，有 36.97% 的受访者年龄达 46 岁以上。在工作经验方面，有 35.41%的受访者仅有 5 年以下的工作经历，24.90% 的受访者有 6~10 年的工作经历，21.79% 的受访者有 11~20 年的工作经历，17.90% 的受访者有高达 21年及以上的工作经历。在企业成立年限方面，有 18.68% 的企业成立年限在 10 年以下，26.46% 的企业成立年限在 11~20 年，19.84% 的企业成立年限在 21~30 年，成立 30 年以上的企业占比 35.02%。在产业占比方面，高、低环境敏感性产业占比分别为 73.54%、26.46%。可见，大部分受访者具有较为丰富的工作经验，且超过八成的企业为成立 10 年以上的大型企业。

四、问卷的信度与效度分析

问卷中受访者的环保意识、环保绩效以及环境竞争力的信度、效度分析如表 7-1 所示。由表可以看出，各构面的标准因子负荷量介于 0.5~0.95，表示模型的基本配适度良好；组合信度大于 0.8，代表潜在变量各题项具有内部一致性。此外，潜在变量的平均方差提取值（AVE）均大于0.5，表示各观测变量对潜在变量的平均解释能力相当高。因此，就整体而言，本章调查问卷的信度、效度已达到基本要求。

表 7-1　环保意识、环保绩效以及环境竞争力的信度、效度

构面		问卷内容	因子负荷量	标准误	t 值	配适度	组合信度	平均方差提取值
环保意识	工具性理论	a1 获利是公司最关注的问题，即使可能违反环保规定	0.899 ***	0.068	18.062	CFI = 0.999 GFI = 0.995 AGFI = 0.976 RMSEA = 0.033	0.908	0.713
		a2 公司为了维持竞争力，会漠视道德与社会责任	0.909 ***	0.053	18.383			
		a3 当公司经营处于相当危机情况时，会忽视道德与社会责任	0.788 ***	0.077	15.481			
		a4 公司产品与服务才是企业成功的关键，伦理道德与社会责任非比较条件	0.772 ***	0.077	15.030			
	整合性理论	a5 公司能够获利，伦理道德与社会责任扮演不可或缺角色	0.526 ***	0.068	8.653	CFI = 0.985 GFI = 0.982 AGFI = 0.909 RMSEA = 0.120	0.852	0.598
		a6 公司认为社会责任和获利可以共荣共存	0.760 ***	0.056	13.767			
		a7 公司认为有良好的道德才是优质企业	0.925 ***	0.044	18.200			
		a8 公司在规划与制定目标时，应加以考虑伦理道德与社会责任	0.826 ***	0.053	15.442			
	政治性理论	a9 公司秉持公正与诚实的原则从事与利害关系人相关的商业行为	0.498 ***	0.060	8.067	CFI = 0.995 GFI = 0.988 AGFI = 0.965 RMSEA = 0.044	0.838	0.519
		a10 公司针对全体员工设立高标准行为准则	0.618 ***	0.069	10.439			
		a11 公司持续、真诚地与利害关系人交流意见	0.814 ***	0.045	15.019			

构面		问卷内容	因子负荷量	标准误	t 值	配适度	组合信度	平均方差提取值
环保意识	政治性理论	a12 公司诚实地揭露其价值与营运	0.906 ***	0.046	17.563	CFI＝0.995 GFI＝0.988 AGFI＝0.965 RMSEA＝0.044	0.838	0.519
		a13 公司宣誓可持续经营的承诺	0.695 ***	0.048	12.130			
	道德性理论	a14 公司市场销售计划包含了环保计划与愿景	0.768 ***	0.056	14.121	CFI＝0.993 GFI＝0.981 AGFI＝0.956 RMSEA＝0.051	0.907	0.621
		a15 公司预算规划包含了环境保护的投资与绿色采购	0.822 ***	0.057	15.592			
		a16 公司员工都明了公司的环境保护政策与规定	0.834 ***	0.061	15.945			
		a17 公司环境控制系统的制定考虑了道德与法治流程，以供员工遵循	0.786 ***	0.056	14.603			
		a18 公司提供了安全及可靠的绿色产品及服务给消费者	0.745 ***	0.059	13.501			
		a19 公司对环境保护的贡献已远远超过法治、道德及公众的期望	0.749 ***	0.071	13.623			
环境绩效	管理绩效	f1 公司切实遵循环保法规	0.660 ***	0.044	11.536	CFI＝1.000 GFI＝0.994 AGFI＝0.981 RMSEA＝0.000	0.904	0.614
		f2 公司提升绿色产品及服务的竞争力	0.737 ***	0.063	13.384			
		f3 公司提升资源回收水平	0.905 ***	0.051	18.923			
		f4 公司环境目标的达成与否	0.790 ***	0.050	14.788			
		f5 公司减少附近居民对环保影响的抱怨与索赔	0.774 ***	0.053	14.350			
		f6 公司缩短处理环保意外时间的回应时间	0.813 ***	0.043	15.437			

构面		问卷内容	因子负荷量	标准误	t 值	配适度	组合信度	平均方差提取值
环境绩效	作业绩效	f7 公司改善大污染防治	0.827 ***	0.049	15.734	CFI = 1.000 GFI = 0.991 AGFI = 0.978 RMSEA = 0.000	0.896	0.634
		f8 公司改善氧化物作业流程	0.868 ***	0.050	16.972			
		f9 公司改善噪声污染的影响	0.862 ***	0.048	16.788			
		f10 公司提升原材料利用水平	0.714 ***	0.054	12.740			
		f11 公司增强节约用水意识	0.692 ***	0.049	12.218			
环境竞争力		c1 公司在绿色创新的重要领域是创始者，占有一席之地	0.801 ***	0.073	15.265	CFI = 0.995 GFI = 0.983 AGFI = 0.949 RMSEA = 0.067	0.936	0.745
		c2 公司具有崭新的绿色创新环保研发能力	0.920 ***	0.063	19.079			
		c3 公司的绿色创新概念不易被模仿	0.891 ***	0.064	18.043			
		c4 公司提供绿色产品及服务所创造的获利能力较同业高	0.849 ***	0.063	16.678			
		c5 公司提供绿色产品及服务的"质量"较同业优良	0.849 ***	0.065	16.686			

注：因子负荷量为标准化值；*** 表示 1% 的显著性水平。

第三节　实证结果分析与讨论

一、描述性统计分析

各构面的均值、方差、相关系数等描述性统计量如表 7-2 所示。由表可以初步断定，在 Garriga 和 Melé（2004）提出的四大社会责任理论中，中国企业环保意识的形成以政治性理论的解释力最强，其次是整合性理论和道德性理论，最后是工具性理论。这一方面表明中国企业环保行为的政治意识较强，善尽企业公民的角色，这一特点与中国地方政府与官员的行为颇为类似；另一方面表明中国企业为保障利益相关者的利益，能够落实环境保护的道德义务，以满足社会需求为己任。各构面的平均方差提取值（AVE）的平方根大于各构面的相关系数，表示量表具有区别效度。

表7-2　各构面的描述性统计、相关系数及平均方差提取值（AVE）的平方根

项目	均值	标准差	相关系数						
			1	2	3	4	5	6	7
1. 工具性理论	2.062	1.171	**0.844**						
2. 整合性理论	5.983	0.820	-0.576**	**0.773**					
3. 政治性理论	6.015	0.726	-0.531**	0.690**	**0.720**				
4. 道德性理论	5.679	0.917	-0.432**	0.596**	0.684**	**0.788**			
5. 管理绩效	5.985	0.781	-0.457**	0.581**	0.640**	0.790**	**0.784**		
6. 作业绩效	6.029	0.785	-0.327**	0.454**	0.466**	0.624**	0.763**	**0.796**	
7. 环境竞争力	4.548	1.161	-0.256**	0.375**	0.360**	0.609**	0.582**	0.438**	**0.863**

注：粗体字为平均方差提取值（AVE）的平方根；**表示5%的显著性水平。

二、路径分析

1. 环保意识、环境绩效与环境竞争力的路径分析

本章采用 Amos 22.0 软件进行整体模型分析，使用最大似然法进行估计。首先考察企业的环保意识能否有效提高其环境绩效，并分析环保意识及环境绩效是否有助于提升企业竞争优势。路径分析结果见图7-2。

将各路径分析结果汇整于表7-3。由表可知，模型卡方检验值的 p 值为 0.140>0.05，表示观测数据与假设模型可以匹配。此外，RMSEA = 0.046<0.05、GFI = 0.988>0.90、AGFI = 0.948>0.90，均表明模型适配良好。

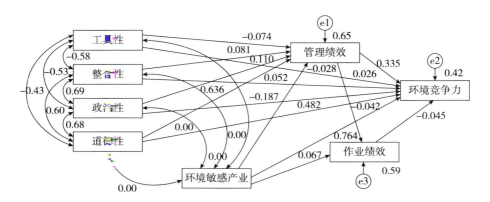

图 7-2　环保意识、环境绩效与企业竞争优势路径图

表 7-3　整体模型分析结果

路径	路径系数	标准误	t 值	p 值
工具性理论→管理绩效	−0.074	0.031	−1.598	0.110
政治性理论→管理绩效	0.110 *	0.063	1.876	0.061
整合性理论→管理绩效	0.081	0.053	1.446	0.148
道德性理论→管理绩效	0.636 ***	0.045	12.142	<0.01
工具性理论→环境竞争力	0.026	0.060	0.431	0.666
政治性理论→环境竞争力	−0.187 **	0.123	−2.444	0.015
整合性理论→环境竞争力	0.052	0.103	0.717	0.473
道德性理论→环境竞争力	0.482 ***	0.108	5.644	<0.01
管理绩效→作业绩效	0.764 ***	0.040	19.001	<0.01
管理绩效→环境竞争力	0.335 ***	0.146	3.424	<0.01
作业绩效→环境竞争力	−0.045	0.110	−0.600	0.548
环境敏感产业→管理绩效	−0.028	0.066	−0.742	0.458
环境敏感产业→作业绩效	0.067 *	0.071	1.663	0.096
环境敏感产业→环境竞争力	−0.042	0.129	−0.869	0.385

模型适配度指标：卡方值=12.250，p 值 = 0.140；GFI=0.988、AGFI=0.948、RMSEA=0.046

注：路径系数为标准化值；*、**、*** 分别表示10%、5%、1%的显著性水平。

各因素的直接效果、间接效果以及总体效果如表 7-4 所示。为了检验各变量之间的间接效果，本章进一步使用自助法（Bootstrap）进行估计。其

95%的置信区间使用修正误差百分比法（Bias-corrected Percentile Method）估计。若置信区间不包含 0，表示间接效果显著；反之，置信区间若包括 0，则间接效果不显著。由表 7-4 可以看出，以政治性和道德性理论为基础的环保意识对环境管理、环境竞争力有直接影响效果，并通过管理绩效对作业绩效的中介作用而对环境竞争力有间接影响效果，但是以工具性理论和整合性理论为基础的环保意识对环境管理绩效、环境竞争力的影响，既无显著的直接效果，也无显著的间接效果。这表明，中国企业既不是工具性理论所宣称的企业为了盈利会漠视环境责任，也不是整合性理论所断言的为平衡利益相关者的利益而进行环境管理（尽职社会责任），而是如政治性理论和道德性理论所涵指的企业在尽可能进行环境管理或尽职社会责任的前提下实现盈利。笔者认为，这似乎可以解释为中国企业奉行的是儒家的中庸哲学——执两用中，然此中不是"正"中，而是"偏"中——若盈利、尽职社会责任分属企业两端的活动，企业的整体活动表现的则是以盈利为主，尽职社会责任为辅。

表 7-4　研究模型路径系数的总效果、直接效果与间接效果

路径	直接效果		间接效果		总效果
	系数	p 值	系数	p 值	
工具性理论→管理绩效	-0.074	0.110	—	—	-0.074
政治性理论→管理绩效	0.110*	0.061	—	—	0.110*
整合性理论→管理绩效	0.081	0.148	—	—	0.081
道德性理论→管理绩效	0.636***	<0.01	—	—	0.636***
工具性理论→作业绩效	—	—	-0.057	0.165	-0.057
政治性理论→作业绩效	—	—	0.084	0.111	0.084
整合性理论→作业绩效	—	—	0.062	0.149	0.062
道德性理论→作业绩效	—	—	0.486***	<0.01	0.486***
工具性理论→环境竞争力	0.026	0.666	-0.022	0.123	0.004
政治性理论→环境竞争力	-0.187**	0.015	0.033*	0.100	-0.154**
整合性理论→环境竞争力	0.052	0.473	0.024	0.101	0.076
道德性理论→环境竞争力	0.482***	<0.01	0.191***	<0.01	0.673***
管理绩效→作业绩效	0.764***	<0.01	—	—	0.764***

续表

路径	直接效果		间接效果		总效果
	系数	p 值	系数	p 值	
管理绩效→环境竞争力	0.335 ***	<0.01	−0.034	0.602	0.301 ***
作业绩效→环境竞争力	−0.045	0.548	—	—	−0.045
环境敏感产业→管理绩效	−0.028	0.458	—	—	−0.028
环境敏感产业→作业绩效	0.067 *	0.096	−0.021	0.523	0.046 *
环境敏感产业→环境竞争力	−0.042	0.385	−0.011	0.459	−0.053

注：* 、** 、*** 分别表示 10%、5%、1%的显著性水平；"—"表示不存在该路径。

此外，环境管理绩效不仅显著直接影响作业绩效，而且也显著影响环境竞争力。本章的控制变量即环境敏感产业，仅对作业绩效的影响具有显著差异，对企业管理绩效和环境竞争力的影响则没有显著差异。根据表7-4对各路径加以分析。

（1）环保意识与管理绩效。以政治性与道德性理论为基础的环保意识对环境管理绩效具有显著的正向效果，直接效果分别为 0.110（p = 0.061）、0.636（p<0.01）。其中，以道德性环保意识的影响最大。以工具性理论为基础的环保意识对管理绩效的直接影响效果为−0.074，但并不显著（p=0.11）。以整合性理论为基础的环保意识与管理绩效呈正相关，但同样不显著（直接效果为 0.081，p=0.148）。

基于政治性理论的环保意识认为企业除了盈利外，更应通过核心营运活动向社会承诺应承担的环境责任，同时积极参与社会环境保护活动，故企业较有意愿把资源配置于环境管理活动。例如，提升内部环境管理与环境信息沟通，遵循环保机构的法规规定。道德性环保意识认为企业责任并非仅限于股东利益，且不论环境投资结果是否对财务绩效产生负面影响，均应以社会伦理道德规范来回应利益相关者。因此，基于道德原则，企业应将资源分配于环境投资活动，并将环境保护纳入企业文化及活动，以履行公司环境道德责任。

（2）环保意识与环境竞争力。由表7-4可见，基于政治性与道德性理论的环保意识分别显著负向和正向影响环境竞争力，其直接效果分别为 −0.187（p=0.005）和 0.482（p<0.01），它们通过环境管理绩效、作业绩效而影响环境竞争力的间接效果分别为 0.033（p=0.10）和 0.191（p=

0.015）。基于政治性与道德性理论的环保意识对环境竞争力的整体效果分别为-0.154和0.673。

政治性环保意识对环境竞争力的效果为负值原因可能在于：企业公民的角色赋予企业必须履行环境保护的责任与承诺，因此政治性环保意识促使企业较为愿意将资源配置于环境管理活动，以竭力保护环境。然而，各种潜在的绿色投资计划并非均能给企业带来较高的财务绩效。例如，终告失败的绿色研发投入、未能获得市场青睐的高价格绿色产品与服务，以及同业竞相模仿其绿色创新理念等。

道德性环保意识对环境竞争力的直接效果小于整体效果（0.482<0.673）。其原因可能在于，以道德性理论为基础的企业，在企业文化、市场营销、预算规划以及企业章程等方面均纳入环境保护的使命，将道德价值的观点付诸于企业愿景、政策与计划，贯彻环境道德责任，不但可以直接提高环境竞争力，而且可以通过环境管理活动投入，增强环境竞争力的提高效果。

基于工具性理论的环保意识对环境竞争力的直接、间接和整体影响效果分别为0.026、-0.022和0.004，但统计上均不显著。其原因可能在于，在绿色环保潮流下，尽管企业为了维持和提高盈利水平而愿意将资源分配于产品与服务的绿色研发活动中以提升企业价值，但这一意愿并不十分强烈。此外，我们注意到其间接效果为负，表明为执行环境管理活动而进行的投入，降低了环境竞争力，不过这一效果统计上并不显著。

（3）环境绩效与环境竞争力。由表7-4可以发现，环境管理绩效对作业绩效具有正向直接效果（系数为0.764，$p<0.01$）。笔者认为，一个注重环保责任的企业，会积极地建构一套完善的环境管理机制，有效地将环境保护活动付诸研发设计、生产、销售配送等环节，能够详细评估、检查作业流程对自然环境产生的现有或潜在风险，因此必将能够有效督促、改善以及降低对环境的负面影响，如提高污染防治投资、加强污染防治作业、降低环境污染等。

道德性环保意识也可以通过环境管理绩效对作业绩效产生显著的间接效果（系数为0.486，$p<0.01$）。这表示道德性环保意识对作业绩效的影响是通过管理绩效而发生作用的。这是因为企业须在有效地执行环境管理程序与制度后，才能进行作业活动的执行与落实。换言之，若无一套标准的环境管理制度，以道德性理论为基础的环保意识并无法直接提升作业活

动的绩效，故企业必须建构一套完善的管理流程后，才能促使自己对环保作业更加重视而有效。

环境管理绩效对环境竞争力也具有显著的整体效果（系数为 0.301，p<0.01），其中直接效果为 0.335（p<0.01）。这似乎可以解释为健全的环境管理机制能够帮助企业沟通及传递环境保护理念，唤起企业的保护环境的共识，激发其独特的绿色创新理念。企业通过实施员工环保教育训练、增加绿色产品与服务的设计与生产，同时减少对社区居民的影响以及环保事件的发生等，将有助于企业在绿色环保潮流的竞争中创造差异化领先战略，获取竞争优势。另外，环境管理绩效也通过作业绩效，对环境竞争力产生负向效果（系数为 -0.034，p=0.602），但效果微弱且统计上不显著。

（4）环境敏感产业对环境绩效、环境竞争力的影响。由表 7-4 可以看出，产业的环境特性，对作业绩效有显著直接正向影响效果（系数为 0.067，p=0.095）和正向总体效果（系数为 0.046，p=0.096），但效果较小。此外，产业的环境敏感性对管理绩效的影响为负向效果，但不显著。这似乎可以解释为，在经营中，环境敏感度较高的产业比环境敏感性较低的产业更有意愿降低对环境的损害，对环境作业绩效的投入更高，但这一效果仍有待提高；而且相对于环境敏感性较低的产业，环境敏感度较高的产业在环境管理绩效方面的投入与贡献反而较低，不如前者。最后，产业环境敏感性对环境竞争力的影响为负，但并不显著。笔者对此的解释是，消费者对产品的选择仍然以价格为主，而非相对高价的高质绿色产品。因此，对环境敏感性产业而言，其竞争力仅会受到轻微的影响，其效果不但在经济上不显著（系数较小，为 -0.053），且在统计上也不显著。

2. 利益相关者压力、环保意识与环境绩效路径分析

根据访谈结果，本书考察最重要的四种利益相关者力量的影响。按照重要性排序，分别为政府法规、消费者、媒体与社区居民（见表 7-5）。四种利益相关者压力影响企业环保意识、环境绩效和竞争力的研究模型见图 7-3，分析结果见表 7-6。由模型的各种适配度指标可知（卡方值、p值均大于 0.05，GFI、AGFI 均大于 0.90、RMSEA 均小于 0.05），四个模型的适配效果均为良好。

表 7-5　各利益相关者压力的描述性统计量

	前4名中出现的次数	压力排序	观测值	均值	标准差	最小值	最大值
政府法规	241	1	257	5.70428	1.33394	1	7
消费者	136	2	257	5.163424	1.345037	1	7
媒体	125	3	257	5.120623	1.445981	1	7
社区居民	106	4	257	5.054475	1.499007	1	7
环保团体	95	5	257	5.050584	1.44474	1	7
同业竞争	94	6	257	4.968872	1.340113	1	7
国际环保	87	7	257	5.054475	1.437822	1	7
投资者	83	8	257	4.964981	1.431625	1	7
供应商	58	9	257	4.700389	1.499909	1	7

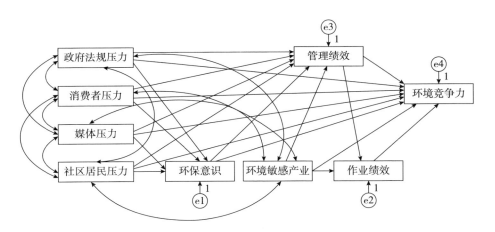

图 7-3　利益相关者压力、环保意识、环境绩效及环境竞争力

（1）四大利益相关者压力与环保意识。由表 7-6 可知，政府法规压力、社区居民压力、媒体压力对环保意识的影响均为负，且均不显著。消费者压力对政治性、整合性及道德性环保意识均具有正向显著影响，并对整合性环保意识的经济效果最强。媒体压力、社区居民压力对企业环保意识的影响有负有正，但统计上均不显著。

表7-6 利益相关者压力、环境绩效与竞争力研究模型的总效果、直接效果与间接效果

路径方向	工具性理论			政治性理论			整合性理论			道德性理论		
	直接效果	间接效果	总效果	直接效果	间接效果	总效果	直接效果	间接效果	总效果	直接效果	间接效果	总效果
政府法规环保意识	-0.033	—	-0.033	-0.008	—	-0.008	-0.073	—	-0.073	-0.056	—	-0.056
消费者环保意识	-0.087	—	-0.087	0.156*	—	0.156*	0.219***	—	0.219***	0.189**	—	0.189**
媒体环保意识	0.058	—	0.058	0.012	—	0.012	0.041	—	0.041	-0.026	—	-0.026
社区居民环保意识	-0.11	—	-0.11	0.043	—	0.043	0.053	—	0.053	0.107	—	0.107
政府法规管理绩效	0.053	0.014	0.067	0.074	-0.005	0.069	0.108*	-0.042	0.067	0.116**	-0.044	0.072
消费者管理绩效	0.12	0.038	0.158**	0.06	0.097*	0.157**	0.033	0.125***	0.158**	0.006	0.148***	0.154**
媒体管理绩效	-0.01	-0.025	-0.035	-0.049	0.008	-0.041	-0.056	0.023	-0.033	-0.03	-0.02	-0.051

续表

路径方向	工具性理论			政治性理论			整合性理论			道德性理论		
	直接效果	间接效果	总效果	直接效果	间接效果	总效果	直接效果	间接效果	总效果	直接效果	间接效果	总效果
社区居民管理绩效	0.026	0.048*	0.074	0.055	0.027	0.081	0.041	0.03	0.071	0.01	0.084	0.094
政府法规作业绩效	—	0.051	0.051	—	0.053	0.053	—	0.051	0.051	—	0.055	0.055
消费者作业绩效	—	0.120**	0.120**	—	0.120**	0.120**	—	0.120**	0.120**	—	0.118**	0.118**
媒体作业绩效	—	-0.027	-0.027	—	-0.031	-0.031	—	-0.025	-0.025	—	-0.039	-0.039
社区居民作业绩效	—	0.056	0.056	—	0.062	0.062	—	0.054	0.054	—	0.072	0.072
政府法规环境竞争力	-0.186***	0.04	-0.146**	-0.188**	0.043	-0.144*	-0.182**	0.036	-0.146	-0.144***	0.001	-0.143*
消费者环境竞争力	0.088	0.094**	0.182***	0.09	0.092*	0.182***	0.084	0.099**	0.183***	0.062	0.118**	0.180***

续表

路径方向	工具性理论			政治性理论			整合性理论			道德性理论		
	直接效果	间接效果	总效果	直接效果	间接效果	总效果	直接效果	间接效果	总效果	直接效果	间接效果	总效果
媒体 环境竞争力	0.119*	-0.021	0.098	0.121*	-0.026	0.095	0.118*	-0.018	0.100	0.114*	-0.025	0.089
社区居民 环境竞争力	-0.121**	0.044	-0.077	-0.121**	0.049	-0.072	-0.122**	0.043	-0.079	-0.132**	0.069	-0.063
环保意识 管理绩效	-0.434***	—	-0.434***	0.621***	—	0.621*	0.570***	—	0.570***	0.784***	—	0.784***
环保意识 作业绩效	—	-0.331***	-0.331***	—	0.474***	0.474***	—	0.434***	0.434***	—	0.600***	0.600***
环保意识 环境竞争力	0.002	-0.260***	-0.258***	-0.037	0.386**	0.349**	0.036	0.330***	0.366***	0.379***	0.236***	0.615**
管理绩效 作业绩效	0.762***	—	0.762***	0.763***	—	0.763***	0.762***	—	0.762***	0.765***	—	0.765***
管理绩效 环境竞争力	0.628***	-0.028	0.600***	0.652***	-0.030*	0.622**	0.608***	-0.03	0.579***	0.339***	-0.038	0.301***

续表

路径方向	工具性理论			政治性理论			整合性理论			道德性理论		
	直接效果	间接效果	总效果	直接效果	间接效果	总效果	直接效果	间接效果	总效果	直接效果	间接效果	总效果
作业绩效环境竞争力	-0.037	—	-0.037	-0.039	—	-0.039	-0.039	—	-0.039	-0.05	—	-0.05
环境敏感产业管理绩效	0.021	—	0.021	-0.012	—	-0.012	0.032	—	0.032	-0.065*	—	-0.065*
环境敏感产业作业绩效	0.067	0.016	0.083*	0.067*	-0.009	0.058	0.067	0.025	0.091	0.067	-0.050*	0.017
环境敏感产业环境竞争力	0.018	0.01	0.028	0.018	-0.01	0.008	0.022	0.016	0.038	-0.006	-0.023*	-0.029
模型适配度指标	卡方值=9.105, p=0.168, GFI=0.992, AGFI=0.942, RMSEA=0.045			卡方值=5.864, p=0.439, GFI=0.995, AGFI=0.962, RMSEA=0.000			卡方值=8.727, p=0.190, GFI=0.993, AGFI=0.944, RMSEA=0.042			卡方值=5.739, p=0.453, GFI=0.995, AGFI=0.963, RMSEA=0.000		

注：*、**、***分别表示10%、5%、1%的显著性水平。

据此可以推断，有些企业会以消极、被动的态度应对政府法规制度。政府机构的法律法规本应是最具有法律效力的环境治理机制，然而若过度依赖有关法规治理环境，则企业在有限资源的约束下，可能会舍弃利益相关者的利益。消费者压力的正向影响似乎可以做如下解释：消费者对环保产品与服务的诉求，甚至以消费方式的改变支持企业落实环境保护活动，会促进企业环保意识的觉醒——因为绿色产品的研发设计等活动，可以降低对自然环境的伤害，还可以提高消费者的忠诚度，更可以实现关系营销策略的执行。因此，消费者压力有助于企业培养正确的环境意识，落实环境保护活动。

（2）四大利益相关者压力与管理绩效。由表 7-6 可以看出，政府法规压力有助于提升环境管理绩效。在有限的资源约束下，企业将会尽可能地实现环境目标、提升企业环保形象、减少利益关系人对环保影响的抱怨。此举可以有效规避违反法规规定而产生的高额罚款，也可以增加利益相关者对企业的支持。其中，整合性法规压力对企业环境管理绩效的直接效果为 0.108，道德性法规压力对企业环境管理绩效的直接效果为 0.116。不过，政府法规虽然可以督促企业落实环境管理活动，但是企业活动不仅涉及环境层面，而且涉及经济等层面，故企业有可能为了相关者的利益多方面权衡。据此可以解释，政府法规通过环保意识可能对环境管理绩效产生负面的效果，虽然这一效果在统计上并不显著。

消费者压力不但有助于政治性、整合性、道德性三种环保意识的培养，也将分别通过三种环保意识间接显著提升环境管理绩效，其间接效果分别为 0.097、0.125、0.148。由此可推断，消费者压力能促使具有上述三种环保意识的企业积极落实环境管理活动。例如，降低环保工人的安全风险、实施员工环保教育培训等。此外，消费者压力亦可以分别通过工具性、政治性、整合性及道德性环保意识提升作业绩效。由此可断定，消费者压力也有助于企业改善作业环境活动，包含绿色原料投入、环境友善产品与服务提供等。媒体压力、社区居民压力对企业管理绩效、作业绩效的影响在统计上则不显著。

（3）四大利益相关者压力与企业环境竞争力。由表 7-6 可以看出，法规压力和社区居民压力均削弱了企业环境竞争力，而消费者压力、媒体压力则提升了企业环境竞争力。笔者的解释是，尽管企业会遵循政府法规，并且会竭力维护与社区居民的环保关系，但可能仍无法有效拓展市场或取得市场竞争优势。在消费者的行为转向绿色潮流的趋势下，企业不能仅仅满足法治要求或迎合周边居民的环境要求，更有必要不断寻求与塑造企业差异化特性。

另外，媒体压力更能有效大幅提升企业环境竞争力。其原因可能在于，大众媒介具备观察、监督与传播社会现象的功能与责任，其强大的角色与功能有助于替各利益相关者了解和把关企业的环保活动。若企业有危害环境的行为，一旦经媒体广泛传播，将危及企业的生存与发展；反之，若企业具备绿色创新及研发能力，通过媒体的传播，更能引起人们广泛的讨论与关注，有助于提升企业的知名度和竞争力。

（4）环保意识、环境绩效与环境竞争力的关系。工具性环保意识负向显著影响环境管理绩效（系数为-0.434，且达 1%的显著性水平），而政治性、整合性与道德性环保意识对环境管理绩效均有显著的正向影响，其路径系数分别为 0.621、0.570、0.784，且均达 1%的显著性水平。此外，工具性环保意识间接地负向影响作业绩效，效果值为-0.331，且达 1%的显著性水平；而政治性、整合性、道德性环保意识则间接正向影响环境作业绩效，其效果值分别达 0.474、0.434、0.600，且均达 1%的显著性水平。

仅有道德性环保意识对环境竞争力有显著的直接正向影响，其路径系数为 0.379，并达 1%的显著性水平。间接效果部分，仅有工具性环保意识对环境竞争力的影响效果显著为负，效果值为-0.260，达 1%的显著性水平。而政治性、整合性、道德性环保意识均能间接正向影响环境竞争力，其效果值分别为 0.386、0.330、0.236，且均达 1%的显著性水平。

第四节　本章小结

与以往环境管理文献一般仅关注单一理论与环境管理的关系不同，本章尝试以工具性、政治性、整合性及道德性四个方面的企业社会责任理论为基础探讨环保意识、环保绩效与企业竞争优势之间的关系，以全面考察企业环保意识对环境管理和竞争力的影响，以及环保意识是否通过环境管理影响企业竞争优势；并分析四种利益相关者压力（政府法规、消费者、媒体与社区居民）对企业环境管理的影响，以及企业环保意识与环境管理的关系是否会受到利益相关者压力的影响。在环保绩效部分，笔者区分了环境管理绩效（如企业重视环境目标的达成，提升资源回收等）和环境作业绩效（如企业改善水污染防治、减轻噪声污染等）两种类型，以具体而微地考察环保意识对企业不同环保活动绩效的影响。笔者经研究发现以下结论：

第一，除工具性环保意识负向影响环境管理绩效与作业绩效外，政治性、整合性与道德性环保意识均能提升企业环境管理绩效与作业绩效。

第二，消费者压力有助于培养企业政治性、整合性与道德性环保意识，其他压力如政府法规压力、媒体压力、社区居民压力对企业环保意识的提升并无显著作用。

第三，政府法规在整合性和道德性环保意识下，能够直接提升企业管理绩效，但未能改善作业绩效，消费者压力则有助于直接或间接提升企业管理绩效和作业绩效。

第四，工具性环保意识会降低企业的环境竞争力，而政治性、整合性以及道德性三种类型环保意识的路径效应图表明，若企业将环保责任积极融入企业的营运活动，借助有效的环境管理活动，则能够获得竞争优势。

下篇
一

中国工业绿色发展的障碍及
提升路径

第八章　中国若干战略性新兴产业的
发展障碍问题

第一节　风能产业

为应对能源冲击与温室气体排放减量的要求，全球多数国家主要采取的措施包括：提高能效、发展绿色科技、进行碳捕获和封存以及发展再生能源和核能等。其中，发展再生能源是一种被广泛认可的解决途径。在再生能源中，风能（Wind Energy）具有较高的技术可行性和经济有效性的特点，不论是从短期还是从中长期的角度看，风能在应对能源短缺和促进温室气体减排方面均具有较大的发展潜力。

近年来，在多种优惠政策的激励下，中国风能发展速度非常快，2015年累计装机容量占全球33.6%，成为第一风电大国。在国内，风能发电成为仅次于火力发电、水力发电的第三大电力来源。这些似乎表明，风能在中国整个能源供给系统中处于起飞阶段。但中国风能占一次性能源的比重比较低，发展水平与欧美风电大国仍存在较大差距。中国风能进一步发展仍然要克服社会、技术等方面的诸多障碍。有关研究指出，尽管中国境内拥有丰富的风能资源，但风能的成功发展在很大程度上取决于中央与地方政府的有力支持，包括电网等基础设施的完善、研发（Research & Design, R&D）能力的提升以及合适的奖励和激励措施。此外，产业创新能力的不足、政策规划滞后等也是风能未来发展可预见的挑战。

促进风能的普遍推广和应用，需要进一步降低风电（投资）成本。但风电投资成本的降低，仍然面临诸多不利因素。这些因素既可能来自经济领域，也可能来自政策、社会、技术及环境等其他领域。在大多数情况下，不同领域之间的障碍因素往往存在相互交织的复杂因果关系，很难通过直接观察来厘清它们之间的关联性。尽管有关研究已经辨识了个别因素对风能产业发展的不利影响，但系统地、多角度地探讨这些影响因素的研究仍然缺乏。那么，不同领域、不同层面之间的因素究竟对风能的投资成本造成怎样的影响？这些因素之间又是如何相互作用、相互制约的？本章尝试运用结构方程模型（Structural Equation Model，SEM）回答这些问题，并在此基础上提出促进中国风能可持续发展的政策建议。鉴于中国已经成为全球第一风能大国，本章的分析对其他国家特别是发展中国家发展风能也具有借鉴意义。

近年来，一些文献已经注意到中国（及发展中国家）风能发展面临的不利因素。笔者经过梳理，将这些文献分为如下几个方面：一是考察风能发展的历程（过去、现在与未来）；二是分析风能市场的发展现状与潜力，探讨促进再生能源发展的措施；三是探讨电网扩建与并网的限制与应对措施；四是分析阻碍风能技术推广的因素与应对措施。

然而，现阶段对风能发展及其影响因素的研究文献虽然较多，但多侧重风能发展的定性描述或者侧重某些方面如基础设施、技术应用等遇到的限制，较少深入分析阻碍风能发展的各种不同因素之间的相互关系；而深入探讨这些阻碍因素之间的关联关系，不仅有助于提高中国公众对发展风能的认知度与参与度，也有助于中国政府制定相应的风能发展战略。

鉴于此，基于数据的可获得性，本章以清洁发展机制（Clean Development Mechanism，CDM）中国风能项目为研究对象，使用结构方程模型（SEM），以更为客观的方式，深入系统探讨不同层面因素如何对中国风能的发展造成影响，以及这些因素之间存在的相互作用，并在此基础上提出促进中国风能发展的政策建议。

一、研究假说和理论模型

厘清阻碍风能（再生能源）产业发展的因素，需要从多方面、多角度加以系统考察。由文献回顾，本章将阻碍中国风能发展的因素归纳为五个层面：第一，政策层面，包括国家政策的缺乏、适当电力购买协议的缺乏（Power Purchase Agreement，PPA）；第二，经济层面，包括较高的风能投资成本、财政奖励措施的缺乏；第三，社会层面，包括社会沟通政策的缺乏、地方基础设施的供给不足；第四，技术层面，包括 R&D 研发能力不足、缺乏项目与技术信息、缺乏风能开发所需要的设备；第五，环境层面，包括场址的可利用限制、风能的间歇性等。以上五方面因素共计 11 个变量。

（一）研究假说

1. 政策层面

（1）国家政策的缺乏（P1）。良好的政策环境，不仅是一国达成可持续发展的先决条件，同时也可使再生能源与非再生能源之间的发展冲突最小化（Mirza et al.，2009；Liu and Kokko，2010）。首先，若缺乏明确的国家政策规划或者不同政策规划不能很好协调，将可能阻碍风能的开发（Zhao et al.，2016）。同时，国家政策的缺乏也可能导致开发者无法获得合理的电力购买协议（如上网价格定价不合理），阻碍其参与风能开发及技术渗透（Liao et al.，2011）。其次，在有关政策缺乏时，可能因为缺乏主管机构负责对风能的开发进行详细的评估与信息的传递，进而导致社会大众不了解风能开发所带来的经济、社会与生态利益，阻碍决策者与利益相关者的意见交流与沟通（Liao，2016）。由此，笔者提出如下假说：

假说 1：国家政策的缺乏可能导致相关财政奖励措施、社会沟通措施的缺乏及不适当的电力购买协议。

（2）缺乏适当的电力购买协议（Power Purchasing Agreement，PPA）（P2）。首先，合理的电力售卖价格，是确保风能成功开发的重要条件。因此，若决策者未考虑风能发展的特性（如较长的投资回收期），则可能无法提供足够的补偿给当地农民，进而引致土地的可利用性限制问题（Mirza et al.，2007；Han et al.，2009）。其次，风能价格政策变化无常，也会降低潜在开发者的投资意愿，进而限制涡轮机以及其他相关技术的研发（Wang et al.，2012）。最后，需要指出，合理的价格政策不仅可以提高风能开发的潜能，而且可以促进风电的消纳与并网。由此，笔者提出如下假说：

假说 2：缺乏适当的电力购买协议，可能导致场址的可利用性限制问题和产业 R&D 能力不足问题的发生。

2. 经济层面

财政奖励措施的不完善（C1）。首先，对地方基础设施的建设而言，营运资本融资的财政支持如优惠利率等措施，不仅有助于风能开发初期，道路、变电站以及电网等基础设施的建设，而且可以带动消费者参与风能（再生能源）市场的发展，提高市场对风能的需求（Nguyen et al.，2007；Al-Badi et al.，2009）。其次，由于火力发电的价格不包括环境损害成本，风电价格仍然高于传统化石能源的发电价格。如果缺乏适当的财政奖励措施（如设备进口补助或者进口减免税等），或者虽有奖励措施，但未能有效落实，也会使中国风电产业发展停滞不前（Kumar et al.，2010；Ming et al.，2013）。反之，若有适当财政奖励措施（投资抵减、免税等），不仅可以作为一种经济激励，减缓"搭便车"行为，鼓励潜在投资者对风能的投资（Tang and Popp，2016），而且可以促进产业 R&D 能力的提升（Ling and Cai，2012；Wang et al.，2012；Tang and Popp，2016）。由此，提出以下假说：

假说3：财政奖励措施的缺乏，可能导致风能开发面临基础设施的不足以及产业 R&D 能力不足等问题。

3. 社会层面

（1）社会沟通措施的缺乏（S1）。公众对再生能源发展的认知，是再生能源得以成功开发的重要条件。因此，通过教育与培训提高公众的认知、建立政府与利益相关者之间的沟通机制，已成为社会沟通政策执行的主要目的（Nguyen et al.，2007；Al-Badi et al.，2011；Wang et al.，2012）。因此，若缺乏对潜在开发者的信息传递，则可能由于对新技术以及应用信息的不了解而导致风能发电效率的降低。同样，若缺乏对用户端的认知改善与教育训练，则容易产生公众对风能开发的错误认知，产生"邻避效应"（Not in My Backyard，NIMBY），进而导致场址的选择坐落于偏远地区（Ghobadian et al.，2009）。由于偏远地区基础设施建设不足，进而导致潜在开发者须在风能开发初期，投入额外的资金进行基础设施建设（Mirza et al.，2007；Han et al.，2009；Liao et al.，2010；Wang and Chen，2010；Xu et al.，2010；Ling and Cai，2012），影响风能开发。由此，提出如下假说：

假说4：社会沟通措施的缺乏，可能导致项目与技术信息传递不足以及场址可利用性限制等问题的发生。

（2）地方基础设施的缺乏（S2）。对风能的未来发展而言，市场消纳能力是影响风能发展的重要因素（赵振宇等，2014）。完善的电网传输与分配等网络基础设施的建立，不仅有助于风能与国家电网之间的整合（Xu et al.，2010；Ming et al.，2013），而且可以有效降低风能开发的建造与营运成本（Ghobadian et al.，2009；Wang et al.，2012）。相反，若缺乏适当的基础设施如输配线路，则潜在的开发者必须投入额外的资金，进行电网等基础设施的建造或者改善，影响风能开发（Zhao et al.，2016）。据此，提出如下假说：

假说 5：地方基础设施的缺乏，可能导致高投资成本问题的发生。

4. 技术层面

（1）缺乏 R&D 能力（T1）。对风能发展而言，政府给予的 R&D 支持以及产业创新能力的提升，均将有助于风能技术的扩散（Wang et al.，2012；Ming et al.，2013）。因此，若国内产业缺乏 R&D 能力，则可能导致风能开发所需要的设备或者主要零件必须进口，进而间接增加成本支出。反之，增加本土化设备与技术的应用，可显著降低风能开发的投资成本，同时减少不合理的电力购买协议（Mirza et al.，2009；Liao et al.，2010；孙光政，2014）。据此，提出如下假说：

假说 6：产业 R&D 能力的缺乏，可能导致风能的开发面临设备短缺和减少不合理电力购买协议的发生。

（2）项目与技术信息的缺乏（T2）。信息共享系统的建立，不仅可以提高风能的经济潜能，而且有助于风能的长期发展（Liao et al.，2010；Xu et al.，2010）。因此，若潜在开发者没有适当风能资源的信息（如风能设备的运营与维护信息）可以进行评估时，可能导致风能开发所使用的设备，不适合选定的场址，或与既有系统不兼容，最终降低风能的发电效率（Zhao et al.，2012）。对涡轮机产业而言，项目与技术信息缺乏（如设备的可靠性与耐久性、新技术的开发信息），不仅会限制产业的 R&D 投入，也会阻碍技术的推广（Mirza et al.，2009；Tang and Popp，2016）。据此，提出如下假说：

假说 7：项目与技术信息的缺乏，会导致风电的高投资成本以及产业 R&D 能力不足问题的发生。

（3）缺乏风能开发所需的设备及维护经验（T3）。研究表明，本土化设备的制造与应用，对降低投资成本与成功推动风能投资而言，是非常重要的因素。因此，若国内缺乏设备的制造与维护能力，可能导致涡轮机与主要的零部件须进口。值得注意的是，涡轮机等设备占风能发电总成本比例非常高（Mirza et al.，2009；Liao et al.，2010）。国内涡轮机质量尚不能达到国际一流水平，所以整机及零组件等风能设备的缺乏会大幅提高风能的投资成本，同时专业维修公司的缺乏也会提高企业的运营成本（Bhutto et al.，2013；Zhao et al.，2016）。据此，提出如下假说：

假说 8：国内缺乏风能开发所需要的设备和维修经验，可能导致高投资成本问题的发生。

5. 环境层面

（1）场址限制（E1）。适当的风能场址，不仅有助于项目的长期发展，而且有助于提升风能的经济与技术绩效。但是，若缺乏社会沟通措施，则不仅可能导致场址的选择为了避免"邻避效应"（NIMBY）而坐落于偏远地区，且往往会面临基础设施不足等问题（Mirza et al.，2007；Ling and Cai，2012）而导致开发成本较高。由此，提出如下假说：

假说 9：场址限制可能导致地方基础设施的缺乏与高投资成本问题的发生。

（2）风能的间歇性特征（E2）。受季节影响，风能发电与电力需求之间存在周期性差异。首先，为应对风能发电量的波动，确保电网的稳定性，需要额外的电力储存技术与设备的应用，进行更多电网的连接设置与维护，而这些措施会额外增加初期的投资成本。其次，对场址可利用性来说，若缺乏对风能资源的详细评估，如可用场址的规模、经济性及地图信息等因素，则可能导致具有良好风能发展潜力的场址未能有效发现，进而导致场址选择问题（赵振宇等，2014）。由此，提出如下假说：

假说 10：风能的间歇性特征，可能导致高投资成本与场址的可利用限制问题的发生。

（二）理论模型

图8-1是根据上述假说建构的理论模型。首先，"投资成本"是主要因变量，而"国家政策的缺乏"与"风能的间歇性特征"两个因素是主要自变量，即国家政策的缺乏与风能的间歇性特征两项是导致其他因素发生的原因，而高投资成本是所有影响因素发生后最终导致的结果。其次，国家政策的缺乏会对 R&D 能力造成直接影响，且通过财政奖励措施（C1）以及 S1 和 T1 的中介作用，对产业 R&D 的能力造成间接影响（即 P1→P2→T1 或 P1→S1→T2→T1）。因此，可将 P2（PPA）、S1 及 T2 视作 P1 对

T1 的中介变量。同理，在理论模型中，还有 R&D 能力、项目场址及基础设施三个中介变量。

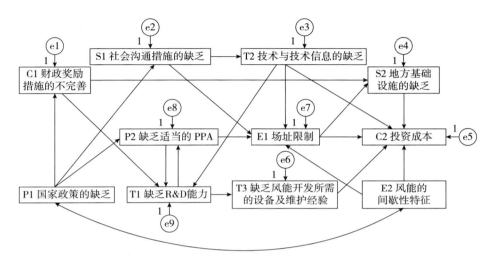

图 8-1　理论模型示意图

二、研究设计

1. 研究方法

本章使用结构方程模型（SEM）分析各因子之间的复杂关联。SEM 整合了路径分析、因子分析两种统计方法，可同时检测模型中观测变量、潜在变量、误差变量之间的关系，还可以获得自变量对因变量的直接效果、间接效果与总效果。本章使用 AMOS 22.0 进行路径分析。

2. 数据来源

本章所需样本来自清洁发展机制（CDM）中能源产业的中国风能项目。在中国，尽管有些风能项目不属于 CDM，但这类项目装机容量占比较小，少于 15%（Tang and Popp，2016）；且 CDM 项目中的数据经由独立的第三方审计和监管。因此，使用 CDM 风能项目不仅具有较强的代表性，数据准确性也较高。

依据该项目在项目设计报告书中对"额外性"（Additionality）的说明，以是否有障碍（技术障碍或者投资障碍）作为样本选择的依据，若有障碍，则选为样本。所谓的障碍，是指项目所应用的技术，若无 CDM 机制的支持，将存在显著的发展障碍，即该项目所应用的技术，在东道国尚属于未本土化或者商业化的技术。因此，在无 CDM 支持的情况下，会面临因技术与投资风险所带来的技术或投资障碍。截至 2015 年底，共有 137 个存在发展障碍的风能项目。数据的测量方法，是将传统的李克特 5 点量表修改为模糊语意量表进行计分，即利用模糊理论中的模糊数学特性来描述不同的语意措辞变量，如非常同意（$\tilde{5}$）、同意（$\tilde{4}$）、普通（$\tilde{3}$）、不同意（$\tilde{2}$）、非常不同意（$\tilde{1}$）。之后，在语意措辞百分比总和为 100% 的条件下，依据各样本对影响因子的描述，并参照既有文献对影响因子的说明，对各语意措辞赋予相应的百分比得分。最后，使用模糊隶属度函数加权计算模糊计分值，并以此作为模型分析用的数据。

3. 描述性统计分析

表 8-1 和表 8-2 为变量的描述性统计和相关性分析。笔者首先对自变量进行了多重共线性诊断，分析结果通过了共线性检验。然后对数据进行描述性统计和相关分析，参见表 8-2。由表 8-2 的分析结果可知，所有其他变量和 C2（投资成本）均有显著相关关系。

表 8-1　主要变量的描述性统计

变量	含义	观测值	均值	方差	最小值	最大值
P1	国家政策缺乏	137	1.112054	1.017665	0	3.15
P2	电力购买协议缺乏	137	1.036161	1.016357	0	3.15
C1	财政措施缺乏	137	1.279018	1.183533	0	3.55
C2	投资成本	137	1.191378	0.8908921	0	3.35
S1	社会沟通措施缺乏	137	0.6857143	0.8718942	0	2.7
S2	地方基础设施缺乏	137	0.7112500	0.7599053	0	3.05
T1	R&D 能力不足	137	0.8388393	1.131723	0	3.8
T2	技术信息不足	137	0.5004464	0.9530061	0	3.9
T3	项目设备不足	137	1.041071	0.9221551	0	3.15
E1	场址限制	137	0.6531250	0.9195887	0	3.85
E2	风能间歇	137	1.790179	0.9933753	0	3.9

表 8-2　变量之间的相关性分析

	P1	P2	C1	C2	S1	S2	T1	T2	T3	E1	E2
P1	1.0000										
P2	0.6187*	1.0000									
C1	0.3588*	0.3692*	1.0000								
C2	0.0716	-0.0016	0.2428*	1.0000							
S1	0.3237*	0.2376*	0.2978*	0.2847*	1.0000						
S2	0.0335	0.0963	0.3717*	0.4062*	0.3104*	1.0000					
T1	0.2608*	0.4442*	0.4625*	0.2728*	0.3754*	0.1357	1.0000				
T2	0.2416*	0.2689*	0.3064*	0.3718*	0.5613*	0.2268*	0.5956*	1.0000			
T3	0.0628	0.1035	0.1153	0.5074*	0.2120*	-0.0144	0.3711*	0.2726*	1.0000		
E1	0.1619	0.0235	0.0137	0.2463*	0.4056*	0.3104*	0.1187	0.1039	0.1969*	1.0000	
E2	0.2985*	0.2379*	0.0770	0.2752*	0.2637*	0.1772	0.2036*	0.2203*	0.2404*	0.5347*	1.0000

注：* 表示 5% 的显著性水平。

三、实证结果与分析

1. SEM 路径分析结果

表 8-3 至表 8-6 及图 8-2 为理论模型的分析结果。表 8-3 的分析结果表明，除有 5 条路径（P2→E1、P2→T1、E1→C2、E2→C2、T2→C2）未达到 5% 的显著性水平外（其中 P2→E1、T2→C2 达 10% 的显著性水平），其他路径均达到 5% 显著性水平。

在模型适配度方面（见图 8-2），卡方值 = 42.53，p = 0.150 > 0.05、GFI = 0.939 > 0.90、CFI = 0.977 > 0.90、RMSEA = 0.048 < 0.05。这些指标表明理论模型与样本数据适配良好（吴明隆，2014）。整体模型对内生变量的解释能力分别为：社会措施（$R^2 = 0.105$）、技术信息（$R^2 = 0.313$）、财政措施（$R^2 = 0.129$）、RD 能力（$R^2 = 0.417$）、PPA（$R^2 = 0.460$）、项目场址（$R^2 = 0.393$）、地方设施（$R^2 = 0.239$）、项目设备（$R^2 = 0.126$）、投资成本（$R^2 = 0.438$）。

表 8-3　结构方程模型路径系数回归结果

结构模型路径		标准化路径系数	标准误	临界值	p 值
P1 国家政策	S1 社会措施	0.325	0.090	3.599	***
S1 社会措施	T2 技术信息	0.560	0.079	7.087	***
P1 国家政策	C1 财政措施	0.359	0.089	4.032	***
C1 财政措施	T1 RD 能力	0.303	0.084	3.628	***
P1 国家政策	P2 PPA	0.552	0.074	7.427	***
T2 技术信息	T1 RD 能力	0.509	0.079	6.468	***
E2 风能间歇性	E1 项目场址	0.510	0.078	6.503	***
S1 社会措施	E1 项目场址	0.428	0.091	4.684	***
T2 技术信息	E1 项目场址	-0.21	0.091	-2.303	0.021
P2 PPA	E1 项目场址	-0.142	0.078	-1.813	0.070
T1 RD 能力	T3 项目设备	0.355	0.086	4.132	***
E1 项目场址	S2 地方设施	0.304	0.082	3.719	***
C1 财政措施	S2 地方设施	0.368	0.083	4.425	***
T3 项目设备	C2 投资成本	0.455	0.076	5.972	***
T2 技术信息	C2 投资成本	0.148	0.078	1.907	0.056
E1 项目场址	C2 投资成本	-0.021	0.089	-0.237	0.813
E2 风能间歇性	C2 投资成本	0.077	0.087	0.885	0.376
S2 地方设施	C2 投资成本	0.386	0.078	4.954	***
P2 PPA	T1 RD 能力	0.059	0.107	0.553	0.580
T1 RD 能力	P2 PPA	0.264	0.091	2.89	0.004

注：*** 表示 p<0.001。

表 8-4　各外因变量对内因变量的标准化总效应

	E2	P1	S1	T2	C1	P2	T1	E1	S2	T3
S1 社会措施	0.000	0.325	0.000	0.000	0.000	0.000	0.000	0.000	0.000	0.000
T2 技术信息	0.000	0.182	0.560	0.000	0.000	0.000	0.000	0.000	0.000	0.000
C1 财政措施	0.000	0.359	0.000	0.000	0.000	0.000	0.000	0.000	0.000	0.000
P2 PPA	0.000	0.614	0.076	0.136	0.081	0.016	0.268	0.000	0.000	0.000
T1 RD 能力	0.000	0.237	0.289	0.517	0.308	0.059	0.016	0.000	0.000	0.000
E1 项目场址	0.510	0.014	0.299	-0.229	-0.012	-0.144	-0.038	0.000	0.000	0.000

续表

	E2	P1	S1	T2	C1	P2	T1	E1	S2	T3
S2 地方设施	0.155	0.136	0.091	-0.070	0.365	-0.044	-0.012	0.304	0.000	0.000
T3 项目设备	0.000	0.084	0.103	0.183	0.109	0.021	0.360	0.000	0.000	0.000
C2 投资成本	0.126	0.117	0.158	0.209	0.191	-0.004	0.160	0.097	0.386	0.455

注：列为外因变量，行为内因变量，下同。

表 8-5　各外因变量对内因变量的标准化直接效应

	E2	P1	S1	T2	C1	P2	T1	E1	S2	T3
S1 社会措施	0.000	0.325	0.000	0.000	0.000	0.000	0.000	0.000	0.000	0.000
T2 技术信息	0.000	0.000	0.560	0.000	0.000	0.000	0.000	0.000	0.000	0.000
C1 财政措施	0.000	0.359	0.000	0.000	0.000	0.000	0.000	0.000	0.000	0.000
P2 PPA	0.000	0.552	0.000	0.000	0.000	0.000	0.264	0.000	0.000	0.000
T1 RD 能力	0.000	0.000	0.000	0.509	0.303	0.059	0.000	0.000	0.000	0.000
E1 项目场址	0.510	0.000	0.428	-0.210	0.000	-0.142	0.000	0.000	0.000	0.000
S2 地方设施	0.000	0.000	0.000	0.000	0.368	0.000	0.304	0.000	0.000	0.000
T3 项目设备	0.000	0.000	0.000	0.000	0.000	0.000	0.355	0.000	0.000	0.000
C2 投资成本	0.077	0.000	0.000	0.148	0.000	0.000	0.000	-0.021	0.386	0.455

表 8-6　各外因变量对内因变量的标准化间接效应

	E2	P1	S1	T2	C1	P2	T1	E1	S2	T3
S1 社会措施	0.000	0.000	0.000	0.000	0.000	0.000	0.000	0.000	0.000	0.000
T2 技术信息	0.000	0.182	0.000	0.000	0.000	0.000	0.000	0.000	0.000	0.000
C1 财政措施	0.000	0.000	0.000	0.000	0.000	0.000	0.000	0.000	0.000	0.000
P2 PPA	0.000	0.063	0.076	0.136	0.081	0.016	0.004	0.000	0.000	0.000
T1RD 能力	0.000	0.237	0.289	0.008	0.005	0.001	0.016	0.000	0.000	0.000
E1 项目场址	0.000	0.014	-0.128	-0.019	-0.012	-0.002	-0.038	0.000	0.000	0.000
S2 地方设施	0.155	0.136	0.091	-0.070	-0.004	-0.044	-0.012	0.000	0.000	0.000
T3 项目设备	0.000	0.084	0.103	0.183	0.109	0.021	0.006	0.000	0.000	0.000
C2 投资成本	0.049	0.117	0.158	0.061	0.191	-0.004	0.160	0.118	0.000	0.000

2. 影响因子之间的因果关系分析

先分析未达到10%显著性水平的路径，参见表 8-3、图 8-2。首先，

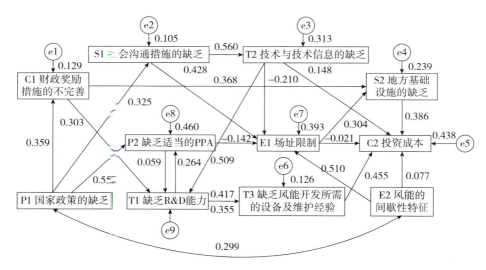

图 8-2　理论模型的路径分析结果

之前的研究认为风能场址（E1）会显著影响风能投资成本（C2）。有文献指出，场址偏远会提高电力传输价格，提高风能的投资成本。但本书实证结果表明，场址偏远并不会对投资成本造成显著直接影响（ p = 0.813），而是仅通过基础设施（S2）对投资成本造成间接影响（路径为 E1→S2→C2，路径系数等于 0.304×0.386 = 0.117），即只是因为场址偏远导致基础设施不足问题，才会间接提高投资成本。其次，就风能的间歇性特征（E2）与投资成本（C2）之间的关系而言，E2 并不会显著影响 C2（ p = 0.376），与以往许多文献不一致（Kumar et al.，2010；Wang and Chen，2010；Xu et al.，2010）。退一步讲，即使 E2 能够影响 C2，但就路径系数而论，技术信息（T2）、项目设备（T3）、基础设施（S2）对投资成本的影响程度均高于风能的间歇性。所以，就效率与效能而言，加强本土化风机设备与零组件的应用开发以及完善地方基础设施，更可以在短期内显著降低风能的投资成本。至于风能的间歇性特征对风能发展的影响，主要来自其对场址可利用性的影响。所以，通过对影响因素之间相互关联的分析，可以厘清风能的间歇性特征并非是阻碍中国风能发展的主要因素。此外，缺乏适当的电力购买协议 P2（PPA）并不是导致产业 R&D 能力不足的原因，与以往文献的结论不一致；相反地，产业 R&D 能力不足是导致 P2 产生的原因。对此的解释是，风能企业获得的电力销售收入并未大量投入产业 R&D（魏咏梅等，2015），相反，正是由于产业 R&D 能力不足（刘雪凤和高兴，2015），才导致了风能企业较高（不当）的电力销售价格。

　　就达到 10% 的显著性水平的路径而言，这些路径代表影响中国风能发展的因子间的因果关系。首先，国家政策（P1）是导致财政奖励措施（C1）、社会沟通措施（S1）及 PPA（P2）三个问题发生的直接原因，同时是导致其他问题发生的间接原因。但 P1 对 PPA 的直接影响程度较高（路径系数 = 0.552），表示当国家政策 P1 获得一个标准差单位的改善时，可以使 PPA 获得 0.552 个标准差单位的改善。这一影响高于 P1 对 S1（路径系数 = 0.325）与 P1 对 C1（路径系数 = 0.359）的影响。其次，就 R&D 能力（T1）而言，实证结果表明导致产业缺乏 R&D 能力的因素包括财政奖励措施（C1）、技术信息（T2）等。但 T2 对产业 R&D 能力的影响程度更高（路径系数 = 0.509）。技术信息的不足导致产业对相关信息不了解，而降低产业 R&D 能力的现象，相对于 C1 对产业 R&D 的影响（路径系数 = 0.303）会更明显地存在于中国风能的发展上。由此可知，若要提高中国风能产业的 R&D 能力，加强信息的传递与沟通，应被视为需优先改进的因素。另外，值得注意的是，T1 是导致项目设备（T3）问题发生的唯一原因。技术信息（T2）1 个标准差的改善，会间接使项目设备获得 0.509×0.355 = 0.184 个标准差的改善（T2→T1→T3）。再次，就场址可利用性（E1）而言，研究表明，尽管风能的间歇性特征（E2）、社会沟通措施的缺乏（S1）、缺乏适当的电力购买协议（P2）以及技术信息不足（T2）都是导致场址可利用性（E1）问题发生的直接原因，但 E2 的影响程度最高，即风能的间歇性特征是影响中国风能场址选择的最重要因素。这样的结果多少超出笔者的预期。许多文献指出，公众对再生能源发展的错误认知（由此而来的"邻避效应"），是限制场址可利用性的主要因素。但笔者的研究结果与之不同，对此，笔者认为，风能资源相关评估信息（如场址规模经济特性、地理信息等）的缺乏将会限制决策者的场址选择，其影响效果甚至会高于公众错误认知。因此，相关风能资源潜力的评估及有关信息的搜集，可作为中国改善场址可利用性的优先因素。最后，就基础设施（S2）的分析结果来看，笔者发现，在风能的发展上，影响基础设施缺乏的主要因素是财政奖励措施的缺乏（C1）而不是以往文献认为的场址位置（E1）偏远。前者的路径系数为 0.368（C1→S2），高于后者的 0.304（E1→S2）。对此的解释是，有关部门资金支持的缺乏可能会使地方政府因为没有足够的经费而导致可能出现基础设施提供不足，且这种效果会高于地理位置不便造成的影响。因此，出台有关财政支持措施（如优惠贷款、财政补贴等）可以作为中国政府完善地方基础设施问题的首选。

3. 因子之间相互影响的路径分析

除了探讨影响因子之间路径系数及显著性以外，尚需分析因子之间的作用路径。这将有助于决策者规划未来风能发展的短期及中长期发展蓝图。

首先，在以降低风能投资成本为主要目标的考虑下，可以发现，项目设备缺乏（T3）是投资成本高昂的主要的直接原因。就理论而言，每增加1个标准差单位的本土化设备的应用，可以降低投资成本0.455个标准差单位。因此，就短期目标而言，决策者可将重点放在强化本土化设备与零组件的制造、生产上。

其次，项目设备短缺的唯一重要的直接因子是产业 R&D 能力不足。因此，就理论而言，可将提高产业 R&D 能力视为发展风能的中期发展目标。此外，地方基础设施（S2）的改善也同样值得注意。因为 1 个标准差单位基础设施的改善可使投资成本下降 0.386 个标准差单位，甚至高于产业 R&D 能力对投资成本的改善成效 0.158（T1→T3→T2 = 0.162；T1→P2→E2→S2→C2 = -0.004；0.162 - 0.004 = 0.158）。因此，就风能发展的中期规划而言，决策者可同时着重产业 R&D 能力的提升与地方基础设施的改善。

最后，就风能的长期发展而言，国家政策缺乏（P1）确实会导致其他问题的发生，并通过其他因素间接影响投资成本。通过计算，1 单位标准差国家政策的改善可使投资成本获得 0.099 个标准差单位的改善（分别是：P1→C1→S2→C2 = 0.051；P1→C1→T1→T3→C2 = 0.019；P1→S1→T2→C2 = 0.027；P1→S1→E1→S2→C2 = 0.016；P1→P2→E1→S2→C2 = -0.009；P1→S1→T2→E1→S2→C2 = -0.004；P1→C1→T1→P2→E1→S2→C2 = -0.0005）。此外，以往文献也指出，风能的间歇性特征（E2）在发展中国家发挥的作用，主要是对场址的可利用性（E1）及投资成本（C2）的影响；而在本章的结果中，无论是 E2→C2 路径还是 E2→E1→C2 路径，均不显著，因此上述路径的影响统计上为零。但需要指出的是，从长远的角度看，每一标准差单位 E2 的改善，即降低风能的间歇性特征 1 个标准差单位，可使投资成本 C2 下降 0.060 个标准差单位（E2→E1→

S2→C2)，这一效果相当于国家政策影响效果的 60%。因此，就风能的长远发展规划而言，决策者既要重视国家政策的制定与适当框架制度的建立，同时要妥善应对风能的间歇性特征对风能发展的不利影响。

四、结论与建议

1. 研究结论

促进中国风能的大规模开发利用，需要对风能发展的阻碍因素有清晰量化的认识。为深入剖析阻碍风能发展的因素以及各因素之间的相互关系，笔者基于 CDM 项目中存在发展障碍的风能项目样本，使用结构方程模型对阻碍风能发展的因素从政策层面、经济层面、社会层面、技术层面及环境层面进行了分析。得出以下几点主要结论：第一，政策不完善是影响风能发展的主要因素，也是影响其他因素的主要原因。第二，导致产业 R&D 能力不足的因素包括财政奖励措施缺乏、风电技术信息缺乏。特别是技术信息的不足，会导致开发者对相关信息不了解，进而降低产业 R&D 能力的效果，比财政措施缺乏对产业 R&D 能力的影响要大。若要提高中国风电产业的 R&D 能力，应当优先改进风电技术信息的传递与沟通。第三，风能的间歇性特征对风能发展的影响，主要来自其对场址可利用性的影响，其间歇性特征本身并不会直接影响风能发展。第四，投资成本高昂导致的风电上网电价不具有优势，会阻碍风电的进一步发展。有效降低风电的投资成本将有助于推动风电的进一步发展。

2. 政策建议

本章的研究结论对促进风能的可持续发展具有重要政策含义。近年来，中国风能产业得到较大发展，产业已经逐步步出孕育期，政府扮演的角色应当从早期风能产业的参与者逐步转型为管理者和规范者。考虑风能投资成本仍然较高、风电价格仍然高于煤电、水电价格的事实，政府应在提高国产风电设备生产能力和质量、提升产业研发能力、完善地方基础设施建设、健全政策框架体系、推动能源科技创新等方面着力，以推动风能产业的可持续发展。具体言之，可从以下方面着手：

就风能短期发展而言，决策者可将重点放在强化本土化设备的制造和生产上。整机和关键零组件的国产化有助于降低风能的开发成本。为此，首先应通过扩大投资等方式，提高风电整机设备及零组件的国内生产能力；其次应严格掌控产品质量，提高风电整机设备和关键零组件的可靠性和稳定性。

就风能发展的中期规划而论，决策者应当同时着重产业 R&D 能力的提升与地方基础设施的改善。风电高端技术设备和很多国产设备的设计几乎被国外厂商垄断，具有自主知识产权的核心技术缺乏。为此，应当建立政府引导、市场主导、企业为主体、政产学研用密切合作的风电产业创新体系。在促进风能技术示范和规范技术标准以及提供研发资金支持等方面，政府还应继续发挥作用。另外，由于并网难等问题，很多风能企业出现"弃风"现象，并未形成真正的绿色能源。可通过建立特高压电网等方式解决，政府可在电网融资等方面提供资助。

就风能发展的长远规划而言，决策者既要重视国家政策的制定与适当框架体系的建立，也要妥善应对风能的间歇性特征对风能发展的不利影响。为此，首先要进一步完善支持风能产业的法律法规体系和管理体制建设。完善风能发展规划、财税支持机制、融资支持体系、管理体制及市场激励和竞争机制；通过妥善安排设备制造商、风电投资商、电网、地方政府、中央政府主管部门等市场主体在风电产业链中的权责关系，促进风电产业链各个环节的有效衔接，努力消除影响风电发展的体制性、机制性障碍。其次，在政策制定中，注意提高产业发展规划愿景和风电产业实际发展之间的互动性。最后，为应对风能的间接性特征，应积极推动能源科技发展。比如，积极开发能源储存技术，开展各种蓄能方式研发和应用，建设智能电网，减少风能的间歇性特征对电网稳定性造成的冲击，提高风能资源利用水平。

第二节　中国新能源汽车产业

新能源汽车产业是关乎中国能源安全、节能减排乃至新兴产业发展与传统产业升级的战略交汇点，是国务院确定的七大战略性新兴产业之一。近年来，在相关政策的推动下，中国新能源汽车产业获得迅速发展，生产能力和市场规模迅速扩大，并业已成为世界最大的新能源汽车生产与销售国。与此同时，由于动力源及驱动装置的改变，全球新能源汽车产业的技术与产业链面临重新洗牌，为中国汽车产业赶超国外先进技术提供了"弯道超车"的"百年良机"。

　　然而，在新能源汽车产业所需的相关技术中，锂电池等关键性技术的突破虽有可能实现颠覆性创新或者创造性破坏，从而为后发国家（企业）提供了后来居上的契机，但对于相关技术以及市场需求缺乏的中国而言，即便政府实施了多种鼓励性政策工具，但如何协助国内企业成功实现技术追赶和技术超越，对中国政府而言仍然是极具挑战性的难题。一方面，个别企业在个别技术的研发方面确实有了较大提高，如比亚迪汽车有限公司的电池技术。另一方面，整个产业特别是整车产业处于低水平数量扩张阶段，产业发展质量和创新能力仍需大力提高。实际上，相比高铁和太阳能光伏等其他战略性新兴产业，中国新能源汽车产业的竞争力并未获得实质性突破，距美、德、日、韩等发达国家仍有不少差距。那么，中国新能源汽车产业的创新发展现状如何，在发展过程中遇到了哪些障碍因素，如何打造动力，破除阻力？对这些问题的回答，有助于推动中国新能源汽车产业的创新发展和纵深培育，有助于提高其发展质量和效益，实现技术追赶与跨越，增强其在国际市场上的竞争力。

一、相关研究回顾

　　过去研究新能源汽车产业发展的有关文献，一般均聚焦于单个或者若干个因素对产业发展的影响，其中尤以体制方面的因素最受学者们关注。例如，政府在推动产业发展中的作用（Ahman，2006；Calef and Globle，2007）、法规与方案的出台实施（Schot et al.，1994；Dyerson and Pilkington，2000）及可能面临锁定效应及障碍（Cowan and Hulten，1996；Farla et al.，2010；Unruh，2000）。此外，也有不少文献比较了不同类型的新能源汽车（纯电动汽车、混合动力车或燃料电池车）的未来发展（Ahman，2006；Chen et al.，2008；Wang and Duan，2011）。这些研究取得了两点重要共识：一是政府对推动新能源汽车产业的发展具有重要作用；二是纯电动汽车虽有极大的发展前景，但受限于电池技术的不成熟，混合动力车（Hybrid Electric Vehicle，HEV）仍是目前市场的主流。因此，有些学者进一步探讨不同电动车电池技术的比较（Kempton and Letendre，1997）、车用电池技术的未来（Catenacci et al.，2013），或者通过专利检索与分析探讨电动车车用核心技术的结构以及关键专利为何（Wang and Duan，

2011）。此外，也有学者对中国新能源汽车产业的若干技术加以探讨，如技术演化、新能源汽车消费者的购车动机、新能源汽车的产业模式以及商业模式。上述研究文献虽然对若干影响新能源汽车产业发展的因素进行了比较，也考察了该产业的发展历程，但未能以一个系统性的理论分析框架，全面观察新能源汽车产业的创新系统如何演化，也未能深入探讨该产业创新系统在演进过程中所面临的系统失灵及其解决方法。

在过去创新系统的有关文献中，产业创新系统（Sectoral Systems of Innovation，SSI）理论一直被视为探讨特定技术发展与演化的有效分析框架，且被用于许多特定产业的创新研究，如汽车产业（Oltra and Saint Jean，2009；Malerba and Nelson，2011）、软件产业（Malerba and Nelson，2011；Miyazaki and Kjacewicz，2007）、半导体和医药产业（Hu and Hung，2014）、通信行业以及农业（Malerba and Nelson，2011）。许多学者如 Schot 等（1994）曾指出，汽车不仅是个工件（Artifact），而且是涉及道路、加油站等的极为复杂的技术系统；而新能源汽车产业所涉及的相关技术，包括了电池、马达以及控制器等，更是一个跨产业、跨国界以及注重行动者互动关系的创新系统。

中国新能源汽车产业无论在基础研发、核心能力创新、产业组织制度以及整个产业链、配套环境方面存在一系列限制和不足，需要以产业创新系统的理论框架审视新能源汽车产业的发展。

此外，SSI 理论虽然以特定产业的技术分析为主，但不局限于某个区域或者某个国家，具有跨区域创新系统的特质，相对于国家（或区域）创新系统理论，SSI 理论可以对不同国家或不同地区的技术进行横向比较，更容易发现一国或一地区产业创新系统的优势与不足。是故，笔者使用产业创新系统的理论分析框架，系统观察中国新能源汽车产业创新系统的发展演化，并以系统失灵的观点深入探讨该产业发展中遭遇的障碍及相应解决之策。

二、理论分析框架和研究方法

（一）理论分析框架

新兴产业的创新系统在构建过程中，通常并非顺遂，也会遇到一些系统障碍或者难题，这些障碍或者难题被创新学派称为"系统失灵"（System Failure）（Carlsson and Jacobsson，1997；Smith，2000；Woolthuis et al.，2005），也可称为"系统问题"（System Problems）（Chaminade and Edquist，2010）或"系统不完美"（System Imperfection）（Edquist，1998）。Woolthuis 等（2005）将产业创新系统失灵归为六项：基础设施失灵、转换失灵、锁定失灵、制度失灵、网络失灵以及能力失灵。本书依据产业创新系统理论（SSI）的分析框架，将系统失灵分为三类，包括知识与技术、行动者与网络、体制三个构面。

1. 知识与技术失灵

（1）能力失灵（Capacity Failure）。指创新系统内的行动者没有足够的能力从既有技术"蛙跳"（Leap）至新的技术典范（Negro et al.，2012；Woolthuis et al.，2005）。例如，政策决策者缺乏足够的专业知识、企业经营者缺乏清晰的前景规划说服政府创造市场需求以及缺乏拥有专业知识的员工。Malerba（1997）将此现象称为学习失灵，即部分产业或者公司尤其是小公司，因为无法快速且有效地学习，受限于既有技术而无法开发新技术，陷入技术路径依赖锁定。例如，原本生产消费性电子产品的小电流、小功率的马达企业，面对新能源汽车所需要的大电流、大功率马达，除缺乏所需的高资本外，也无法在短期内提升其技术能力。而 Smith（2000）将此称为转换失灵（Transition Failure），即厂商因为路径依赖以及技术能力不足等，未能即时掌握以及运用所处环境中的知识及机会，导致厂商错失研发或产能转换的机会。因此，为解决厂商面临的能力失灵，政府需要采取必要的措施去协助他们（Foxon and Pearson，2008）。

（2）商业模式失灵（Business Model Failure）。依据 Osterwalder 和 Pigneur（2010）的定义，商业模式是"描述一个组织如何创造、传递以及获取价值的手段与方法"。近年来，商业模式被视为企业或新产业如电动车产业能否顺利成长的关键因素之一（刘颖琦，2016；谢青和田志龙，2015）。例如，Tesla 的碳交易以及 Gogoro 电池租用的商业模式都被认为是成功的案例。笔者将行动者未能选取适当的目标客户，并掌握使企业可以持续获利的经营方法而导致的企业或者产业无法持续经营，称为商业模式失灵。

（3）锁定失灵（Lock-in Failure）。锁定是指技术或技术系统会遵循特定的路径而不易或无法跳脱。这种锁定效果使即使效率或功能明显优于既有产品的新技术新产品未必有成功的机会，如 QWERTY 键盘、VHS 录像带。此外，新技术会因为既有技术不断改进而阻碍新技术向既有市场渗透导致锁定效应。例如，新能源汽车的发展会因为传统汽车技术如油耗率以及引擎效率的不断改进而受阻，导致无法提升其市场占有率。Perkins 把导致锁定效应的原因归结为两类：一是技术增进的本质与方向通常与特定行动者的认知框架有关，某一特定技术进步一般是建立在以往的知识、技术或观念上，即所谓的路径依赖；二是规模报酬递增，导致赢家通吃，后进厂商无法通过不断的技术进步与既有厂商竞争。Tamm（2010）认为能力失灵与锁定失灵的区别在于：能力失灵的原因多半涉及的是厂商层次，而锁定失灵则属于国家层面，因为技术不但与厂商技术能力有关，也与特定国家的社会文化环境有关。例如，部分国家可能会因为无法快速应变或者辨识新技术典范的转变，而被锁定在某一个特定的发展阶段（Tamm，2010）。

2. 行动者与网络失灵

（1）行动者失灵（Actor Failure）。一个新的系统或产业要能够成长，需要有创新的个体即行动者（Actors）。行动者不仅包括企业，也包括非企业组织或者个人，如政府、研究机构等。新的产业代表新的市场机会，除了既有的行动者之外，新进入者更是刺激新产业发展的动力源。因此，若缺乏一群具有创新精神的行动者（Group of Actors）以及足够规模或技术能量的行动者（Strong Actor），即会阻碍创新系统的形成与发展（Jacobsson and Johnson，2000）。例如，新能源汽车产业缺乏提供实验平台的厂商或关键零部件，均可能阻碍产业的成长。

（2）网络失灵（Network Failure）。网络是行动者之间交换信息、技术或知识的连结关系，是促进技术扩散的重要因素。因此，行动者之间过强或过弱的连结关系或缺乏关键网络连结，均会影响创新系统的发展。网络失灵在过去文献中主要分为强连结失灵（Strong Tie Failure）和弱连结失灵。其中，强连结失灵是指行动者之间互动关系过于紧密，可能被其合作伙伴误导而得不到所需的外界资源，影响创新系统的发展。例如，整车生产企业长期与生产感应马达的厂商密切合作，以至于忽略或低估了永磁马达的技术价值。弱连结失灵则是创新系统内行动者之间因缺乏足够的互动，导致互补性资产或互动学习不足，而无法产生新的创意。

3. 体制失灵

在新兴产业发展过程中，如果所需的相关法律法规、标准、社会文化规范及电动车充电站等基础设施不完备，将可能导致创新系统失灵。笔者将此导致的市场失灵称为体制失灵（制度失灵），并分为基础设施失灵、硬体制失灵及软体制失灵三类。

（1）基础设施失灵（Infrastructure Failure）。为了实现产业的顺利发展，一个完善可信足以支持其长期发展的基础设施是不可或缺的。基础设施由于投入资金庞大，投资报酬率低，回收期长，难以吸引足够的私人投资。因此，为确保产业或活动的顺利进行，政府有责任去投入该项基础设施建设，以免阻碍创新系统的发展（Woolthius et al.，2005）。对新能源汽车产业而言，充电站、充电桩以及车载信息通信服务等，均是可以促进新能源汽车普及的重要基础设施。

（2）硬体制失灵（Hard Institution Failure）。相关法规、标准等正式体制，如技术标准、劳工法规、环保法规以及知识产权保护等正式法规、规章或条例等，均可能阻碍创新系统的开展，称为硬体制失灵。对于创新系统而言，特别强调对知识产权保护的重要性，但过强或过弱的保护，均会对创新活动产生不利的影响。例如在电动车领域，Quebec 的磷酸锂铁正极材料及 Toyota 的混合动力车（HEV）的专利均可被视为硬体制失灵的情形。此外，若政府无法提供足够的强制性或激励性政策工具，或政策激励方向有误，造成资源误置而错失商机，也可视作硬体制失灵。

（3）软体制失灵（Soft Institution Failure）。社会文化、社会规范、价值观念等非正式体制，若阻碍创新系统的发展，则称为软体制失灵。例如，若民众缺乏环保意识，则不愿意花较多的钱去购买电动车。

（二）研究方法

本章使用两种方法研究新能源汽车创新系统的失灵。一是专利检索与分析，考察其中的知识与技术失灵、行动者与网络失灵；二是通过收集文献等二手资料、深度访谈及电话采访的方式研究体制失灵。

1. 专利检索与分析

笔者使用专利检索与分析的方法，探讨中国新能源汽车技术的发展趋势，主要使用资料来源为中国专利数据库，并辅以美国 USPTO 专利数据库。以中国专利数据库为主，主要是因为中国绝大部分新能源汽车专利主要在国内申请，少数专利在国外申请，特别是在美国申请。因此，主要使用中国专利数据库分析中国新能源汽车产业专利的研发信息与发展趋势；并使用美国 USPTO 专利数据库进行跨国比较分析，考察中国新能源汽车产业的创新技术在国际上的地位。检索时间范围为 2001 年 1 月 1 日至 2015 年 12 月 31 日，并通过 WIPS 专利检索分析软件进行检索分析。

通过专利进行检索与分析电动车相关技术或者产业创新活动，通常通过关键词进行，如王静宇和刘颖琦（2016）、谢志明等（2015）、于晓勇等（2011）。近年来，部分文献采用国际专利分类代码（IPC）进行检索与分析（Pilkington et al.，2002；Yang et al.，2013），主要是因为 IPC 每年更新且每 3 年改版，因此可以更有效率地掌握新能源汽车技术的变动趋势。因此，笔者参考 Yang 等（2013）的专利分类，针对新能源汽车次系统技术包括电池技术、电池管理系统、马达技术、马达控制技术以及电池电动车控制系统五类技术进行专利检索（见表 8-7）。

表 8-7　中国新能源汽车五大技术系统 IPC 授权专利数

	IPC 分类号	授权专利数（件）
电池	H01M－002、H01M－004、H01M－004/13、H01M－008、H01M－010、H01M－010/05、H01M－006/14、H01M－006/16、H01M－004/14、H01M－004/50、H01M－004/58、H01M－004/82、H01M－010/48	5543
马达	H02K－017、H02K－019、H02K－021、H02K－023、H02K－025、H02K－027、H02K－029、H02K－041	724
马达控制器	H02P－001、H02P－003、H02P－005、H02P－006、H02P－007、H02P－009、H02P－021、H02P－023、H02P－025、H02P－027、H02P－029、H02P－031	1029
电池管理系统	H02J、B60L－003、G01R－019、G01R－031/02、G01R－031/04、G01R－031/06、G01R－031/07、G01R－031/36	7233
车辆控制系统	B60L－015、B60L－007、B60T－008/17、B60W－010/18、B60W－010/24、B60W－010/26、H02J－007、H01M－010/44、H01M－010/46、B60L－011、B60W－020、B60K－006	132
合计		14661

2. 文献分析与访谈

对体制失灵部分，无法通过专利检索与分析进行解读，因此笔者通过搜集相关文献以及采用面访或者电话采访的方式加以分析。访谈对象包括政府部门、高等学校、法人研究机构、汽车生产企业代表等。文献分析与访谈的主要目的聚集在了解中国新能源汽车产业主要行动者推动产业创新系统成功与失败的因素为何，以及政府在其中应当发挥的作用。

三、研究结果与分析

根据获准的有效专利资料进行技术层次、行动者与网络两个方面的分析。技术层次部分，主要观察三个方面：第一，各项专利数排名前5名的IPC，以观察国内机构最重视何种技术；第二，观察何种分项技术增长最为显著；第三，探讨各项技术被引证次数在前10名的专利重要性。行动者部分，考察两个方面：第一，各项技术前10名的专利权人及其历年获取专利数；第二，各项专利技术前10名的专利权人在前5名IPC技术的专利分布情况。网络分析部分，以专利共有和专利引证分析为主。

（一）知识与技术层次分析

1. 电池技术

IPC大组（4位码）主分类号中，前5名专利仅有3类：H01M002、H01M004、H01M006，其他IPC大组分类的专利发明为0。其中，专利授权数量最多的是H01M004"电极"（含铅蓄电池、锂蓄电池、磷酸电池），合计4243件，占76.55%；其次是H01M002"非活性部件的结构零部件或制造方法"，合计1289件，占23.25%。而H01M006仅有11件，占0.2%。H01M004、H01M002增长较快，主要是因为锂电池近年来替代铅酸电池及镍氢电池成为电子产品及电动车动力来源的需求增加，其正极材料包括磷酸锂铁等相关制造方法的研发投入增加。

表8-8呈现了电池技术近15年来被引证数最多的前10件授权专利。本书首先以被引证次数（Forward Citation）排序该专利的重要性或者影响力，当被引证次数相同时，再以总引证次数进行排序；而引证他人（Backward Citation）则显示了专利之间的路径依赖关系。总引证数量最高的为北京理工大学2009年获得授权的专利"通用电池箱"（专利号：100546071），

被引 9 次，引证他人 8 次；总引证次数排名第 2 位的是清华大学 2008 年获授权专利"富锂磷酸锂粉末的制备方法"（专利号：100418255）；中国科学院物理研究所专利"二次锂电池用磷酸氮负极材料及其用途"（专利号：001328808）是获电池授权专利最早的单位（2007 年）；中国电动汽车本土制造商比亚迪股份有限公司的授权电池专利"质子交换膜电极制备燃料电池膜"（专利号：100405641）被引 9 次。

表 8-8 2001—2015 年电池技术被引次数前 10 名专利

排名	专利号	授权日期	专利权人	总引证数（次）	引证他人数（次）	被引证数（次）
1	100546071	2009 年 9 月 30 日	北京理工大学	17	8	9
2	100418255	2008 年 9 月 10 日	清华大学	16	7	9
3	101388447	2011 年 8 月 24 日	清华大学、鸿富锦精密工业（深圳）有限公司	14	5	9
3	101630730	2011 年 3 月 30 日	深圳市德方纳米科技有限公司	14	5	9
3	101226994	2010 年 6 月 30 日	成都中科来方能源科技有限公司	14	5	9
3	001328808	2007 年 7 月 25 日	中国科学院物理研究所	14	5	9
7	102306800	2015 年 11 月 25 日	清华大学、鸿富锦精密工业（深圳）有限公司	13	4	9
7	102544502	2015 年 7 月 1 日	中国科学院宁波材料技术与工程研究所	13	4	9
7	101764207	2012 年 1 月 18 日	合肥工业大学	13	4	9
7	100405641	2008 年 7 月 23 日	比亚迪股份有限公司	13	4	9

2. 马达（电机）技术

马达技术前 5 名 IPC 分类号包括：H02K-017、H02K-019、H02K-021、H02K-025、H02K-041。其中，H02K-021"永磁同步马达"获取的专利数量最多，达 205 件，占前 5 名专利总数的 28.35%；其次是 H02K-

041 "沿一路径推动刚体系统"授权专利累计为 174 件，占前 5 名专利总数的 24.07%。排名第 3~5 位的分别是 H02K-029（有非机械换向装置马达）、H02K-017（异步交流感应马达）、H02K-019（非永磁同步马达），专利累计数量分别为 164 件、111 件、69 件，占比分别为 22.68%、15.35%、9.54%。

表 8-9 呈现了 2001—2015 年马达技术被引次数前 10 名的授权专利。东南大学获授权专利"非对称交错混合励磁同步马达"（专利号：101056027）排名第 1。此外，东南大学另一项专利"双向混合励磁无刷电动机"（专利号：100454729）总引证次数 13 次，排名第 10。排名第 2、第 3 位的分别是国家磁浮交通工程技术研究中心"永磁—电磁复合励磁长定子直线同步电动机"（专利号：001317811）、清华大学"采用谐波励磁的混合励磁电机"（专利号：101651394）。此外，还有个人作为专利权人的"单相磁阻发电机"（专利号：101562383）排名第 8 位。

表 8-9　2001—2015 年马达技术被引次数前 10 名专利

排名	专利号	授权日期	专利权人	总引证数（次）	引证他人数（次）	被引证数（次）
1	101056027	2010 年 9 月 15 日	东南大学	12	3	9
2	001317811	2007 年 5 月 23 日	国家磁浮交通工程技术研究中心	11	2	9
3	101651394	2011 年 6 月 8 日	清华大学	8	0	8
3	100429860	2008 年 10 月 29 日	中国北车集团永济电机厂	16	9	7
5	101001036	2010 年 5 月 26 日	天津市新源电气科技有限公司	12	5	7
6	102111051	2012 年 11 月 21 日	华北电力大学	11	4	7
7	101174783	2010 年 11 月 17 日	中国科学院国家天文台南京天文光学技术研究所	10	3	7
8	101562383	2011 年 6 月 22 日	张世清	8	1	7
9	101552534	2011 年 5 月 11 日	哈尔滨工业大学	7	0	7
10	100454729	2009 年 1 月 21 日	东南大学	13	7	6

3. 马达控制器

马达控制器技术专利数量最多的前 5 名 IPC 大组分类：H02P-001、H02P-006、H02P-007、H02P-027、H02P-029。其中，H02P-006（同步马达控制）专利数量最多，累计 449 件，占前 5 名 IPC 专利数的 43.85%；其次是 H02P-001（马达启动控制），累计专利数 204 件，占比 19.92%；专利数量排名第 3~5 位的分别是：H02P-027（交流马达启动控制）累计 185 件、H02P-007（直流马达控制）累计 158 件、H02P-029（两个不同电源电压控制）累计 28 件，占前 5 名 IPC 专利数量的比例分别为 18.07%、15.43%、2.73%。

表 8-10 呈现了 2001—2015 年马达控制器技术被引次数前 10 名的授权专利。排名第 1 位的是"采用脉宽调制同步开关的电压型变频控制系统"（专利号：100454754）。排名第 2 位的是"无轴承广义逆永磁同步电机解耦控制器结构方法"（专利号：100536311）。此外，哈尔滨工业大学有 2 件专利入选前 10 名，分别是"交流异步电动机离散变频启动系统及启动方法"（专利号：001258867）和"无刷直流电机的磁链控制直接转矩控制方法"（专利号：101783637）。

表 8-10　2001—2015 年马达控制器技术被引次数前 10 名专利

排名	专利号	授权日期	专利权人	总引证数（次）	引证他人数（次）	被引证数（次）
1	100454754	2009 年 1 月 21 日	冶金自动化研究设计院、北京金自天正智能控制股份有限公司	13	4	9
2	100536311	2009 年 9 月 2 日	江苏大学	11	2	9
3	101394146	2012 年 1 月 25 日	江苏科技大学	9	0	9
3	101499753	2011 年 8 月 10 日	常州合泰微特电机有限公司	9	0	9
3	101442289	2010 年 8 月 18 日	南京航空航天大学	9	0	9
3	001284295	2006 年 11 月 8 日	华东理工大学	9	0	9
3	001270438	2006 年 8 月 16 日	清华大学	9	0	9

排名	专利号	授权日期	专利权人	总引证数（次）	引证他人数（次）	被引证数（次）
3	001258867	2006 年 6 月 7 日	哈尔滨工业大学	9	0	9
9	101207352	2012 年 7 月 4 日	华北电力大学	12	4	8
10	101783637	2012 年 1 月 4 日	哈尔滨工业大学	10	2	8

4. 电池管理系统

电池管理系统技术专利数量最多的前 5 名 IPC 大组分类：H02J-003、H02J-007、H02J-009、H02J-013、H02J-017。其中，H02J-003（配电网络电路装置）专利数量最多，累计 3217 件，占前 5 名 IPC 专利数的 47.04%；其次是 H02J-007（交流/直流功率输入输出相互转化系统）累计专利 1978 件，占比 28.92%。专利数量排名第 3~5 位的分别是：H02J-013（对网络情况提供远距离指示的电路装置）累计 910 件、H02J-009（用于紧急或备用电源的回路装置）累计 504 件、H02J-017（用电磁波供电或配电的系统）累计 230 件，占前 5 名 IPC 专利数量的比例分别为 13.31%、7.40%、3.36%。

表 8-11 呈现了 2001—2015 年电池管理系统技术被引次数前 10 名的授权专利。排名第 1 位的是华为技术有限公司的"电源装置的方法和系统"（专利号：100388588），该公司另一项专利"单层电源备份方法及备份系统"（专利号：100377469）则排名第 3 位。被引次数排名第 2 位的是浙江大学的专利"采用滤波中频电流反馈的逆变器并联电流控制方法"（专利号：100359779）。科研机构专利入选前 10 名的有第 4 位的"电动汽车顺序充电控制系统"（专利号：102208824）、第 10 位的"基于小波滤波的兆瓦级风/太阳能/电池发电系统输出平滑控制方法"（专利号：102208818）。

表 8-11　2001—2015 年电池管理系统技术被引次数前 10 名专利

排名	专利号	授权日期	专利权人	总引证数（次）	引证他人数（次）	被引证数（次）
1	100388588	2008 年 5 月 14 日	华为技术有限公司	16	7	9
2	100359779	2008 年 1 月 2 日	浙江大学	16	7	9

续表

排名	专利号	授权日期	专利权人	总引证数（次）	引证他人数（次）	被引证数（次）
3	100377469	2008 年 3 月 26 日	华为技术有限公司	15	6	9
4	102208824	2013 年 12 月 11 日	中国科学院电工研究所	14	5	9
4	102255307	2013 年 4 月 17 日	重庆大学	14	5	9
4	101719694	2012 年 2 月 22 日	北京四方继保自动化股份有限公司、广东电网公司电力科学研究院	14	5	9
4	101697418	2011 年 11 月 30 日	湖南大学	14	5	9
4	101697430	2011 年 9 月 28 日	上海交通大学	14	5	9
4	001881738	2011 年 6 月 22 日	鸿富锦精密工业（深圳）有限公司、鸿海精密工业股份有限公司	14	5	9
10	102208818	2014 年 2 月 12 日	中国电力科学研究院、国家电网公司	13	4	9

5. 电动车控制系统

电动车控制系统有发明授权专利的只有 IPC 分类号为 B60L007 即"一般用于车辆的电力制动系统"的专利，且直到 2006 年才有授权专利，10 年间累计专利共 132 件。

表 8-12 呈现了 2001—2015 年电动车控制系统技术被引次数前 10 名的授权专利。第 1 位的是清华大学的授权专利"混合动力汽车串联式制动系统"（专利号：001298562），同时，该大学还有另外 2 件专利入选前 10 名，分别是排名第 7 的专利"汽车复合制动系统"（专利号：101734164）和并列第 9 名的专利"电动汽车复合制动系统"（专利号：100491153）。此外，北汽福田汽车股份有限公司有 2 件专利入选前 10 名，分别是排名第 2 的"电动车制动能量回收控制方法及其装置"（专利号：102343824）、排名第 9 的"汽车再生制动能量回收系统及其方法"（专利号：101823438）。此外，比亚迪股份有限公司的授权专利"电动汽车制动系统"（专利号：101327746）引证次数排名第 8 位。个人为专利权人的前 10 名专利则有

"电动汽车的能量回收控制电路及其汽车底盘"（专利号：100548736），排名第 6 位。

表 8-12　2001—2015 年电动车控制系统技术被引次数前 10 名专利

排名	专利号	授权日期	专利权人	总引证数（次）	引证他人数（次）	被引证数（次）
1	001298562	2007 年 2 月 7 日	清华大学	14	5	9
2	102343824	2013 年 7 月 10 日	北汽福田汽车股份有限公司	13	5	8
3	101332774	2010 年 7 月 28 日	山东理工大学	12	4	8
4	101049804	2011 年 3 月 30 日	江苏大学	8	0	8
4	101376344	2010 年 8 月 11 日	东南大学	8	0	8
6	100548736	2009 年 10 月 14 日	王怀成	10	3	7
7	101734164	2011 年 9 月 14 日	清华大学	7	0	7
8	101327746	2011 年 5 月 25 日	比亚迪股份有限公司	13	7	6
9	101823438	2011 年 12 月 21 日	北汽福田汽车股份有限公司	6	0	6
9	100491153	2009 年 5 月 27 日	清华大学	6	0	6

综合上述五方面的分析，国内新能源汽车创新系统的各项技术，在专利数量方面均有了大幅增长，且各项技术均逐渐与电动车应用相关并逐渐靠近或成为世界主流技术，如电池为锂电池，马达及马达控制器也由直流马达转为交流永磁同步马达等。因此，从专利数量或技术内涵上考察，似均无明显技术或者知识失灵现象。

不过，以上是纵向比较的结果。为更全面观察与分析中国新能源汽车五类技术的专利世界布局及其国际地位，即从横向比较审视自身的差距，笔者以美国 USPTO 数据库进行了专利检索、分析与比较，以专利件数计算的各项技术排名如表 8-13 所示。由表可知，各项专利数量的前 2 名为美国、日本所轮流占据。其中，日本在电池、马达、马达控制器三类技术中均排名世界第 1 位；而美国在电池管理系统技术、电动车控制系统技术方面占据世界第 1 位。各项技术的第 3~4 名为德国、韩国、中国台湾地区所轮流占据。在五大技术系统中，中国大陆仅在电池技术方面进入前 5 名（主要是清华大学、比亚迪股份有限公司和深圳富泰宏精密工业公司近年来获得较多电池技术专利的缘故，三者合计 141 件），并且没有产生具有重要影响性的重要专利或者技术。在其余四大类技术方面，中国大陆专利数量均未进入世界前 5 名，而且在马达技术方面，甚至未能进入前 10 名，控制系统的技术专利几乎为 0。

表 8-13　电动车技术排名前 10 的国家（地区）

排名	电池		马达		马达控制器		电池管理系统		电动车控制系统	
	国家（地区）	专利数（件）	国家（地区）	专利数（件）	国家（地区）	专利数（件）	国家（地区）	专利数（件）	国家（地区）	专利数（件）
1	日本	3524	日本	794	日本	1439	美国	4208	美国	52
2	美国	2586	美国	466	美国	1199	日本	2260	日本	35
3	韩国	2564	德国	174	德国	383	中国台湾	585	德国	29
4	德国	335	中国台湾	96	中国台湾	231	韩国	545	中国台湾	4
5	中国大陆	229	韩国	90	韩国	176	德国	406	瑞典	4
6	中国台湾	156	瑞士	37	法国	103	中国大陆	208	法国	4
7	加拿大	129	英国	31	英国	71	加拿大	172	韩国	3
8	法国	122	法国	28	意大利	67	法国	157	英国	2
9	英国	71	荷兰	18	中国大陆	59	瑞士	122	芬兰	2
10	瑞士	34	瑞典	17	瑞士	40	英国	75	中国大陆*	1
	其他	340	其他	209	其他	373	其他	1032	其他	10
合计		10000**	合计	1960	合计	4155	合计	9770	合计	146

注：*表示中国大陆、意大利、澳大利亚等均有 1 件专利，并列第 10；**表示 WIPS 系统有 10000 件的限制，实际结果为 10995 件。

资料来源：根据美国 USPTO 数据库检索。

（二）行动者与网络分析及其失灵

1. 行动者

（1）电池技术。2001—2015 年，中国授权电池技术专利共有 5543 件，专利权人（机构或个人）共有 1835 个（以第一专利权人或申请人计算，下同）。2001—2004 年，无论专利权人还是专利数均相当低，均未超过 50 件，随后二者逐年增长。至 2007 年，二者双双过百；至 2015 年，当年专利件达到 1561 件，专利权人数则达到 676 个。表 8-14 第 Ⅰ 列显示了 2001—2015 年电池技术前 10 名的专利权人情况：含 3 家企业、1 家研究机构和 6 所大学。其中，比亚迪股份有限公司以 290 件专利高居第 1 位；第 2~3 位分别是清华大学和浙江大学，专利数量均过百。唯一的一家研究机构——中科院大连化学物理研究所以 84 件专利排名第 8 位，专利内容主要涉及电极技术。

（2）马达技术。2001—2015 年，中国马达技术专利共有 724 件，专利权人（机构或个人）共有 386 个。2001—2005 年，无论专利权人还是专利数均相当低，均未超过 10 件。随后，二者同时逐年增长到 2012 年，该年专利数量达到最高值 127 件，而专利人数直到次年即 2013 年才达到峰值，为 93 人。2014 年，专利人数和专利数量比 2013 年出现大幅下降，2015 年后又重拾上升势头。表 8-14 第 Ⅱ 列显示了 2001—2015 年马达技术前 10 名的专利权人情况：含 2 家企业和 8 所大学。其中，哈尔滨工业大学以 76 件专利名列榜首，其他大学的专利数量在 10~25 件。两家企业即 LG 电子（天津）和泰豪科技股份有限公司分别以 13 件和 11 件专利居排行榜第 5 名和第 7 名。

（3）马达控制器技术。2001—2015 年，中国马达技术专利共有 1029 件，专利权人（机构或个人）共有 600 个。2005 年之前，无论专利权人还是专利数均相当低，均未超过 10 件。二者自 2006 年开始逐年稳定增长至 2012 年，分别达到专利人数 145 个，专利数量 191 件。接下来是连续两年的跌落，到 2015 年，开始逆势上升，专利人数和数量均创出新高，分别达到 157 个和 204 件。表 8-14 第 Ⅲ 列显示了 2001—2015 年马达控制器技术前 10 名的专利权人情况：含 2 家企业和 8 所大学。其中，南京航空航天大学以 37 件专利数量排名第 1 位；两家企业即 LG 电子（天津）和常熟市天银机电公司分别以 25 件、12 件专利数排名第 2 位和第 8 位。

（4）电池管理系统技术。2001—2015 年，中国该项技术专利共有 7233 件，属于 5 大专利技术中数量最多的一类；专利权人（单位或个人）共有 2784 个（以第一申请人计算），属于专利人数最多的一类技术。2007 年之前，电池管理系统技术没有显著变化，2007 年以及之后，无论是专利人数还是专利数量，均呈现不断增长的态势。2013 年当年的专利数量超过 1000 件，达到 1107 件，2015 年，专利数量又跃升一个台阶，达 2410 件，同年，专利人数 983 个。表 8-14 第 IV 列显示了 2001—2015 年电池管理系统技术前 10 名的专利权人，含 1 家研究机构、3 家企业和 6 所大学。其中，国家电网公司以 363 件专利数高居排行榜第 1 名；唯一一家入选前 10 名的研究机构——中国电力科学研究院以 271 件的数量排名第 2 位。

（5）电动车控制系统技术。2001—2015 年，中国电动车控制技术专利共有 132 件，属于 5 大专利技术中数量最少的一类；专利权人（单位或个人）共有 80 个（以第一申请人计算），属于专利人数最少的一类技术。2006 年之前，该项技术无论是专利数还是专利人数均为零。自 2006 年起，二者开始缓慢上升，至 2015 年，专利人数和专利数量分别达到 31 人和 38 件。表 8-14 第 V 列显示了 2001—2015 年电动车控制系统技术前 10 名的专利权人，含 4 家企业和 6 所大学。其中，江苏大学 13 件专利数位居排行榜第 1 名；其次是第 2 位的清华大学（12 件）。排名第 3~4 位的是 2 家企业：奇瑞汽车股份有限公司（5 件）和比亚迪股份有限公司（4 件）。

表 8-14 第 VI 列显示了 2001—2015 年新能源汽车五大类技术整体前 10 名的专利权人（以第 1 专利权人计算专利归属）情况：含 1 家研究机构、2 家企业和 7 所大学。其中，国家电网公司以 389 件专利数位居排行榜第 1 名；紧随其后的是清华大学（375 件）；排名第 3~4 位的则是两家企业：比亚迪股份有限公司（354 件）和中国电力科学研究院（279 件）。

不过，若以美国 USPTO 专利数据库进行检索，在五大技术系统中，仅有清华大学、比亚迪在电池领域进入世界前 30 名，其生产企业仅有比亚迪一家，专利数为 47 件。反观世界几大车厂，如日本 Toyota、Honda 及 Nissan，美国 Ford、GM 等，在各个技术领域均有专利布局，且专利数量排名靠前。韩国的两家电池制造商，Samsung 和 LG 不仅专利数量占据世界第 1 位（专利数 1135 件）和第 3 位（444 件），前者的专利数不仅是世界排名第 2 位的日本 Panasonic 公司（专利数 516 件）的 2 倍以上，而且在电池的产量上也非常引人注目。可见，无论在专利数量还是生产能力上，与发达国家或地区相比，中国新能源汽车产业创新系统存在着不少差距。

表 8-14　2001—2015 年各项专利技术前 10 名专利权人与专利数

排名	I 电池		II 马达		III 马达控制器		IV 电池管理系统		V 电动车控制系统		VI 整体专利排名	
	专利权人	专利数（件）	专利权人	专利数（件）	专利权人	专利数（件）	专利权人	专利数（件）	专利权人	专利数（件）	专利权人	专利数（件）
1	比亚迪股份有限公司	290	哈尔滨工业大学	76	南京航空航天大学	37	国家电网公司	381	江苏大学	13	国家电网公司	389
2	清华大学	159	东南大学	25	LG 电子（天津）	25	中国电力科学研究院	270	清华大学	12	清华大学	375
3	浙江大学	113	南京航空航天大学	19	东南大学	23	清华大学	177	奇瑞汽车股份有限公司	5	比亚迪股份有限公司	354
4	中南大学	94	华中科技大学	16	哈尔滨工业大学	16	华北电力大学	153	比亚迪股份有限公司	4	中国电力科学研究院	279
5	上海交通大学	88	LG 电子（天津）	13	浙江大学	15	浙江大学	103	北汽福田汽车股份有限公司	4	浙江大学	245
6	深圳富泰宏精密工业公司	86	清华大学	12	清华大学	14	国电南瑞科技股份有限公司	99	山东理工大学	3	哈尔滨工业大学	236
7	深圳市比克电池有限公司	84	泰豪科技股份有限公司	11	北京航空航天大学	13	上海交通大学	87	浙江大学	3	上海交通大学	187

续表

排名	I 电池		II 马达		III 马达控制器		IV 电池管理系统		V 电动车控制系统		VI 整体专利排名	
	专利权人	专利数（件）	专利权人	专利数（件）	专利权人	专利数（件）	专利权人	专利数（件）	专利权人	专利数（件）	专利权人	专利数（件）
8	中科院大连化学物理研究所	84	浙江大学	11	常熟市天银机电公司	12	重庆大学	79	上海三一重机有限公司	3	华北电力大学	162
9	哈尔滨工业大学	78	江苏大学	10	江苏大学	12	西安交通大学	78	浙江师范大学	2	东南大学	133
10	武汉理工大学	67	沈阳工业大学	10	中国矿业大学	12	华为技术有限公司	75	山东交通职业学院	2	天津大学	113
合计	1143 (20.62%)		203 (28.04%)		179 (17.40%)		1502 (20.77%)		51 (38.64%)		2473 (16.87%)	

2. 行动者之间的网络关系及失灵

（1）专利共有情况。在五大技术的专利共有方面，数量上以电池管理系统最多。在 7233 件专利中，共有 1990 件专利为合作申请，共有比例为 27.51%，也是五大技术中共有比例最高的。其次是电池技术的 5543 件专利中，507 件为共有专利，共有比例为 9.15%；共有专利数排在第 3 位的是马达控制器，共有专利 105 件（共有比例 10.20%）。马达以及电动车控制系统的共有专利数为 39 件及 9 件，共有比例均低于 10%（见表 8-15）。

表 8-15　电动车五大类技术专利共有情况

技术类别	电池	马达	马达控制器	电池管理系统	电动车控制系统
合作申请件数及占总体比例	507（9.15%）	39（5.39%）	105（10.20%）	1990（27.51%）	9（6.82%）
单独申请件数及占总体比例	5036（90.85%）	685（94.61%）	924（89.80%）	5243（72.49%）	123（93.18%）
合计专利件数	5543	724	1029	7233	132

笔者以电池技术和电池管理系统技术为例（两类技术的专利件数最多）深入分析专利共有单位及排名（见表 8-16）。在电池技术中，以第 1 申请人统计，专利共有数量最多的单位是清华大学，共有专利 56 件，与之合作最为紧密的是鸿富锦精密工业（深圳）有限公司；专利共有数量排名第 2 的是海洋王照明科技股份有限公司，共有专利 32 件，其合作对象一般是深圳市海洋王照明技术有限公司；排名第 3 位的是鸿富锦精密工业（深圳）有限公司，共有专利 30 件，与之密切合作的是鸿海精密工业股份有限公司。在电池管理系统技术中，国家电网公司与中国电力科学研究院之间、清华大学与各大电网公司之间、鸿富锦精密工业（深圳）有限公司与鸿海精密工业股份有限公司有密切的专利共同研发关系。

表 8-16　电池和电池管理系统技术专利共有情况（前 5 名）

排名	电池技术共有机构（专利数）	电池管理系统技术共有机构（专利数）
1	清华大学（56）	国家电网公司（370）
2	海洋王照明科技股份有限公司（32）	中国电力科学研究院（233）
3	鸿富锦精密工业（深圳）有限公司（30）	清华大学（47）

排名	电池技术共有机构（专利数）	电池管理系统技术共有机构（专利数）
4	东莞新能源科技有限公司（16）	国电南瑞科技股份有限公司（40）
5	浙江南都电源动力股份有限公司（15）	鸿富锦精密工业（深圳）有限公司（40）

（2）专利引证网络关系。为突出重点，笔者仅对电池和电池管理系统的引证关系进行网络分析。图8-3、图8-4显示了电池技术前10名专利权人之间的相互后向引证关系（均排除了自我引证关系。线条粗细表示单位之间引证次数，越粗表示引证次数越多，反之则反是，下同）。在后向引证（引证他人）（见图8-3）关系中，比亚迪股份有限公司引证其他单位次数最多，达到20次，其次是上海交通大学（15次）、清华大学（13次）和中南大学（13次），均高于10次，其余单位之间的网络强度不高，均低于10次。在前向引证（被他人引证）（见图8-4）关系中，清华大学的专利数量虽不及比亚迪股份有限公司，但被引证次数最高，达20次，其次是比亚迪股份有限公司（17次）、中南大学（17次）。前向引证次数超过10次的还有中科院大连化学物理研究所（12次）和上海交通大学（11次）两家单位。

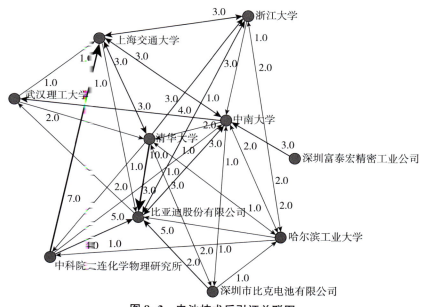

图8-3　电池技术后引证关联图

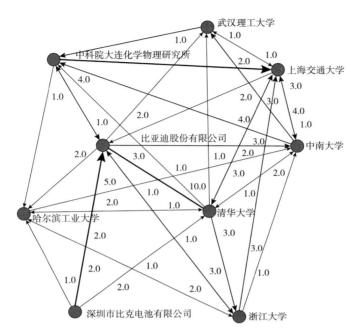

图 8-4　电池技术前引证关联图

　　图 8-5 显示了电池管理系统技术前 10 名专利权人之间的后向引证关系。其中，国家电网公司和中国电力科学研究院是引证其他单位专利次数最高的单位，分别是 84 次和 61 次；后引证次数超过 30 次的还有国电南瑞科技股份有限公司（36 次）和华北电力大学（32 次）；其余单位则不超过 20 次。在前向引证关系中（见图 8-6），被引证次数排在前三位的分别是中国电力科学研究院（78 次）、清华大学（66 次）和国电南瑞科技股份有限公司（30 次）；其余单位一般被引次数不超过 20 次，华为技术有限公司的专利被其他公司的引证仅 1 次。

　　综上所述，以专利共有的情况来看，在各项技术拥有专利件数前 10 名的单位中，除了清华大学、国家电网公司、中国电力科学研究院等外，其他机构的专利共有数量均比较少，尤其是比亚迪、奇瑞等车商，共有专利的数量更是屈指可数。从专利引证关系看，不仅国内发展较晚的电池管理系统在引证方面并不存在较为密切的合作关系，即使发展较早、较先进的电池等专利技术，在专利引证方面也无突出表现。不过，由于专利引证资料无法辨识行动者之间的网络关系与彼此实际合作网络有无直接关系，因

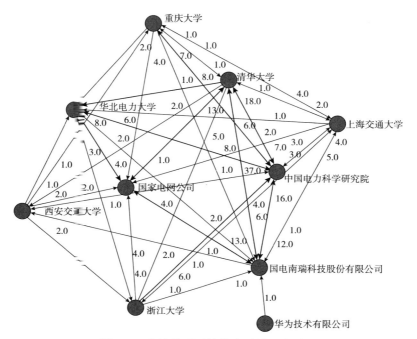

图 8-5　电池管理系统技术后引证关联图

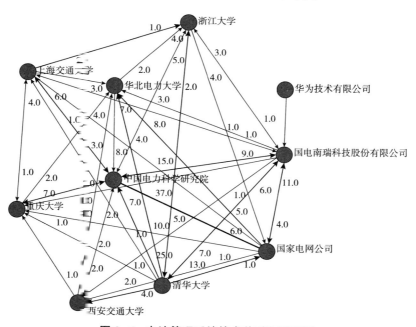

图 8-6　电池管理系统技术前引证关联图

此，无法由专利引证网络推论是否有网络失灵问题存在。

（三）制度或体制失灵

探讨完毕前两个维度（知识与技术、行动者与网络）的系统失灵后，接着以访谈法和文献研究法分析中国（大陆）新能源汽车创新系统在体制面所存在的问题。同时，为弥补专利分析的不足，笔者也以此方法兼及分析前两个维度上（即知识与技术、行动者与网络）所遭遇的系统失灵。访谈以面谈、电话或者邮件形式进行。受访人士包括产学研等的单位的人员；文献分析则主要通过知网（CNKI）学术期刊库进行资料搜集与分析。经过访谈和查询资料，制度失灵主要是基础设施提供不足、政府政策错位、越位或缺位等导致的硬制度失灵、软制度失灵等造成。

1. 基础设施提供不足

为了实现产业的顺利发展，一个完善可信足以支持其长期发展的基础设施不可或缺，若由此造成创新系统发展受阻，则称为基础设施失灵。部分受访者以及文献资料均认为，充电站、充电桩等设施的不足是阻碍中国新能源汽车创新系统发展的重要因素。目前，电动车的电池技术不成熟，除了 Tesla Model S 等纯电动汽车可以配备大量锂电池，可一次充电行驶600 公里（甚至更高）外，配备国产充电电池的国内电动车，其续航里程一般在 300 公里以下。如同传统燃油汽车的加油站设施，充电站或电池交换设备等基础设施建设对新能源汽车的发展非常关键，而目前有关基础设施的不足则是导致新能源汽车产业创新系统失灵的重要因素之一。

2. 政策错位、越位或缺位导致的硬制度失灵

相关法规、标准等正式体制，如技术标准、劳工法规、环保法规以及知识产权保护等正式法规、规章或条例等，缺乏或不健全，均可能阻碍创新系统的开展，即为硬制度失灵。有文献认为，中国政府的补贴政策显著提高了新能源汽车销量；但有文献指出，补贴政策虽可以促使新能源汽车销量增加，但只有短期效果或者会减少传统汽车销量。至于技术创新效果，一般认为，补贴政策没有促进技术创新。例如，信息的不对称可能导致企业策略性获取研发补贴，或者政府补贴没有促进新能源汽车企业的科研投入，导致政策低效甚至无效。至于政策缺位方面，受访者认为，补贴政策缺乏事后监管，导致政策低效。另外，标准的缺乏，如零部件以及充电设备缺乏统一标准、产品安全标准尚属空白等导致的硬制度失灵，也在

一定程度上阻碍了产业创新系统的发展。

3. 认知与文化等导致的软制度失灵

社会文化、社会规范、价值观念等非正式制度的存在、缺乏或者不完善，若阻碍创新系统的发展，则称为软制度失灵。主要是消费者理性认知不足和环保意识缺乏。文献分析和受访人士均认为，消费者对电动车生命周期成本缺乏理性认知是导致创新系统失灵的重要原因；整个社会尚未形成一股重视环境保护的社会风潮，从而对新能源汽车接受度不足，或者用户习惯没有培育，均将造成新能源汽车难以推广和普及。

4. 其他系统失灵

知识与技术失灵。中国新能源汽车研发能力不足导致的知识与技术失灵是阻碍电动车发展的重要因素。经由访谈发现，除电池技术之外，马达技术以及马达控制器技术等是水平差距较大的技术类型。关于技术失灵的原因，许多受访者认为，厂商短视的获利心态，以及研发耐心不足是主要原因。

行动者及网络失灵。在实务上，参与电动车产业创新活动的行动者数量不足；多数零部件厂商缺乏整车验证平台也会导致创新系统发展受阻。中国新能源汽车发展较晚，并不存在研发机构连结过于紧密造成的强连结失灵，但存在网络连结不够紧密导致的弱连结失灵。国内整车厂商之间、零部件厂商之间虽然成立了不少产业或研发联盟，但机构之间的研发合作与技术交流并不密切，存在弱连结失灵；同时，存在零部件厂商缺乏整车厂商的验证平台导致的关键连结失灵。以 LG 和 GM 为例，LG 是以生产消费性电子产品为主的电池制造商，在成为 GM 的供应商之后，主动适应GM 的要求，而 GM 则投桃报李，将 LG 培养成为合格的电动车电池供应商，国内厂商之间的合作尚有待提高。

四、结论与建议

（一）研究结论

本章运用产业创新系统的理论分析框架，从技术与知识、行动者与网络、制度三个维度分析了中国新能源汽车产业创新系统的发展，并着重探讨了其遭遇的发展障碍或难题即系统失灵。结合专利检索与分析、文献分析与专家访谈的研究结果，中国新能源汽车产业创新系统在上述三个维度均取得了重要发展，但同时也存在程度不等的系统失灵。笔者认为，制度失灵是首要因素，知识与技术失灵居其次，最后是行动者与网络失灵。

制度失灵。在新能源汽车产业发展过程中，如果充电站、充电桩等基础设施不健全、所需的相关法律法规、技术标准、社会文化规范缺乏或不完善，将可能导致创新系统受阻，称为制度失灵。主要是政府政策缺位或错位、基础实施提供不足、消费者环保意识缺乏所致。主要表现在以下方面：在电动汽车技术路线的选择上缺乏弹性，没有重视混合动力电动车的发展；零部件以及充电设备的技术、接口等缺乏统一标准，安全标准尚处于空白；补贴政策不够完善，缺乏有效监管机制；充电站、充电桩等基础设施供给不足；消费者环保意识的缺乏以及对新能源汽车生命周期成本的理性认知不足，导致新能源汽车难以推广和普及。

知识与技术失灵。该项失灵是指创新系统内的行动者没有足够的能力从既有技术"蛙跳"至新的技术范式。例如，原本生产消费性电子产品的小电流、小功率的马达企业，面对新能源汽车所需要的大电流、大功率马达，除缺乏所需的雄厚资本外，也无法在短期内提升其技术能力则会导致知识与技术失灵。主要表现在以下方面：专利数量虽多，但专利质量不高，后向引证次数较少，特别是关键技术缺乏；专利布局不够优化，主要在国内申请专利，国际专利布局范围较窄。在新能源汽车的五大技术系统中，除电池技术一项有较好的表现而跻身世界前5名外，其余四项技术，国内研发单位与美、日、德等新能源汽车技术先进的国家均有不小差距，特别是马达以及马达控制器技术的研发国内较为落后。国内厂商普遍存在急于通过扩大销量来迅速获利的心态，由此导致的研发资源投入不足是技术与知识失灵的主要原因之一。

行动者与网络失灵。若新能源汽车产业缺乏提供实验平台的厂商、主导厂商、关键零部件、关键技术提供厂商或者企业数量不足，或者行动者之间过强或过弱的连结关系或缺乏关键网络连结，均会影响创新系统的发展，称之为行动者与网络失灵。行动者失灵主要表现为行动者数量少或者生产规模不足。国内电动车技术研发单位，以国家电网公司、比亚迪、奇瑞等厂商，清华大学、浙江大学、上海交通大学、华北电力大学等高等学校，中国电力科学研究院等研发机构为创新系统的主力军。其中，比亚迪和奇瑞是为数不多的推动电动车产业技术发展的本土厂商，并且比亚迪在锂电池技术上有较好的研发表现，但其专利布局面较窄，生产规模不大，与国际电池技术和生产大厂如松下、三星、LG 在产能上差距较大，未能在国际电池市场竞争中占据有利地位。清华大学、浙江大学的专利布局较为完整，虽拥有大量的专利，但由于与企业的弱连结，将其技术产业化仍需一段时间，其他研发机构仍较多专注于消费性电子产品。网络失灵表现在以下方面：新能源汽车产业创新系统涉及诸多技术领域，需要协同创新才能更好促进创新系统发展，而在现实中，不少行动者如中国电力科学研究院、西安交通大学、哈尔滨工业大学等非厂商研发机构，与产业的合作程度并不高。比亚迪等车企的研发合作对象主要为清华大学、中科院大连化学物理研究所等学研机构，与国内其他车商的合作并不密切。此外，整车企业与零部件厂商之间，因过去未建立长期信赖的关系，不愿意交流彼此专门的技术知识以及产品规格、标准等方面的认知差距，形成网络失灵。

（二）政策建议

本章的研究结论具有重要的政策含义。首先，针对硬制度失灵，应提高政府政策规划质量，完善相关法规和标准建设。政府相关机构在推出新兴产业政策时，应以提高产业系统创新能力为导向，制定弹性灵活的技术发展路线；强化技术标准建设，及早填补安全标准空白。其次，针对基础设施失灵，应提高基础设施及场域的设置。建议政府强制规定未来建设新的加油站需增设充电站或者电池交换站，以及运用车联网技术及基础设施设置，形成更完善、更便利的智能电动车运行环境。此外，政府应增加纯电动车示范区域的数量或者强制规定某些区域仅能通行电动车。再次，针对知识与技术失灵、行动者与网络失灵，应协助企业建立具有规模经济的电池厂，并加强企业之间、企业与非企业组织之间的合作研发，提高技术水平，增强国际竞争力。过去几年，国内已经投入相当多的经费进行锂电池研发，但因未能在工艺或者生产能力上获得国际大车商认可，而无法成功进入电动车主流供应链。因此，政府应重点补助电池技术并用于扶持国内 2~3 家电池厂商。此外，应积极支持企业进行其他方面技术的研发，支持企业之间的联合研发或者组成研发联盟，共同进行技术攻关。最后，厂商应积极创新商业模式、提供技术加值服务。除通过销售电动车本身获取盈利的传统方式外，也需要考察其他盈利模式，比如 Tesla 销售碳足迹的方式获利。特别是，未来智能车辆技术主要朝向自动驾驶以及先进辅助驾驶系统（Advanced Driving Assistance System，ADAS）发展，电动车将不仅是运载人的工具，更是传递信息、数据及能量的重要媒介，而后者才是真正的附加值所在。因此，除了产业制造技术和生产能力的提升外，如何充分利用新一代信息技术提升产品竞争力并加强商业模式创新，将成为中国新能源汽车产业未来发展的重要方向。

第九章　主要发达国家推动绿色发展的镜鉴

第一节　发达国家工业发展战略与技术潮流

一、德国：工业 4.0

2013 年，在汉诺威工业博览会上，德国正式推出将虚拟网络及软件与智能生产设备耦合成信息物理系统（Cyber Physical Systems）的工业 4.0，重新强调人机协同合作，将人纳入智能系统的设计。因此，人在未来智能工厂中并未被边缘化，而是升级为生产过程的设计者、决策者与流程的管理者。德国制造业凭借工业领域的技术优势，将网络技术与智能制造技术相结合，建构与智能工厂接轨的弹性物流，发展让使用者可全程参与生产的模式。其策略主轴为网络化生产与数字化制造（智能工厂），使产品与服务借助互联网、软件、电子及智能机械的结合，产生全新样貌，并据此创造新生产组织与商业型态。其本质是为了提高德国工业的竞争力，在新一轮工业革命中抢占先机。预计于 2025 年时，物联网、数字智能、机器人及云端智能等产业将成为支撑德国的重点产业。

二、美国：国家创新战略

2015 年，美国国家经济委员会与白宫科技政策办公室发布新版《美国创新战略》，聚焦先进制造、先进汽车、清洁能源和节能技术等九大领域。在先进制造业领域，推出国家制造业创新网络（National Network for Manufacturing Innovation，NNMI）来恢复美国在高科技制造业创新中的领先地位，重新投资供应链创新，支持与扩大技术密集型制造业公司等。在先进汽车领域，突破在传感器、计算机和数据科学方面的发展，把车对车通信和尖端自主技术投入商用，加速先进汽车技术开发和部署应用。在清洁能源和技术领域，过去几年，美国风能和太阳能的电力生产增加了20多倍，联邦政府决定通过部署和开发清洁能源技术等方案，进一步提高能源利用率，在保证提升美国能源安全的前提下，继续保持新能源生产量与增加投资规模。

三、法国：未来工业计划

2015年，法国经济、工业与就业部发布"未来工业"计划，明确提出通过数字技术改造，实现工业生产的转型升级，从而带动经济增长模式的变革，建立更具竞争力的法国工业。该计划包括九大"工业解决方案"：数据经济、智能物联网、数字安全、智能饮食、新型能源、可持续发展城市、生态出行、未来交通、未来医药。此外，计划中提出五大支柱：一是大力提供技术支撑，促进企业结构化项目实施，为增材制造（3D打印）、物联网、增强现实等重点新技术新兴企业提供协助，在3~5年打造欧洲乃至世界的领军企业；二是开展企业跟踪服务，通过提供税收优惠和贷款等财政资助，帮助中小企业实现信息化转型升级；三是加强工业从业者尤其是年青一代的技能培训，一方面设立未来工业领域的跨学科研究项目，培育研究人员，另一方面开展有针对性的在职教育和继续教育；四是加强欧洲和国际合作，在欧洲和国际层面建立战略伙伴关系，以德国为重点，全面对接法国"未来工业"计划与德国"工业4.0"，通过欧洲投资计划框架下的共同项目实现目标；五是宣传推广法国"未来工业"，动员所有利益关系人来宣传相关项目。

四、日本：工业智能化

日本经济不景气由来已久，特别是高龄化社会为其沉重负担，是故在第三次工业革命中，日本信息产业跳过投入高昂的基础研究，直接吸收美国信息技术再加以创新，使信息产业仅次于美国。因此，无人工厂等人工智能产业及网络信息技术成为日本工业智能化的主要策略。侧重发展无人工厂，大幅提升生产效率与节省人力。事实上日本政府并未提出发展工业4.0的整体性方案，但在经济产业省、厚生劳动省、文部科学省共同编撰的"日本制造业白皮书"中，不断强调工业4.0的重要性。并于2014年开始建议企业善用机器人、信息通信与环保节能等工业4.0概念，加速发展创新制造模式。

五、韩国：制造业创新3.0

韩国在产业面临获利衰退与成长缓慢的情况下，积极推动国家转型，重点为实施"新成长动能"政策，希望加强传统制造业与信息产业间的交流合作，提高现有产业的附加价值。故韩国于2014年提出"制造业创新3.0"战略，包括发展创新产业及加强主力产业核心能量的两个产业主轴策略。韩国政府提出13个适合其发展的创新动能产业（可再生能源、LED应用、绿色交通、绿色城市、IT融合、广电产业、软件产业、节能减碳、生物制药、机器人应用、医疗器械、水处理产业以及食品产业），并协助主力产业维持材料与关键零组件主导权与成长。

第二节　主要国家（地区）推动循环经济的概况

循环经济是以资源回收与再利用的循环方式为发展基础，代替已经过时的线性经济，通过"摇篮到摇篮"的设计理念实现生物循环和工业循环的目标，让废弃物资源化，从源头上重新设计产品、工艺与商业模式，以降低资源消耗与废弃物的产生，达到环境友善的目标。循环经济是从根本上着手解决经济发展与环境冲突造成的矛盾，是新的经济发展观念与思维，更是追求经济发展与友善环境取得双赢的经济发展模式。根据欧盟研究，循环经济到2030年可创造欧洲1.8万亿欧元的净收益，同时解决经济不断增长与资源衰竭带来的问题，创造新就业机会，刺激产业创新，创造实质性的经济与环境效益，进而达到经济增长与物质消费脱钩。

各国推动循环经济的动机及主导者不尽相同。英国注意到当前资源利用方式以传统的线性、制造、利用、弃置为主，然而地球的资源是有限的，为避免资源不足的问题应推动循环经济发展，主要由民间机构策划，政府出资，企业及个人配合共同执行；荷兰产业的发展仍依靠高比例的进口原物料，因此特别关注物质使用的效率及全球资源的公平分配，政府主导多于民间主动；日本则是为解决资源短缺和废弃物处置等难题，政府主导多于民间主动。

一、英国

英国推动循环经济的单位从政府、企业到民间团体都有，中央政府部门主要为环境、食物及乡村事务部（Department for Environment，Food & Rural Affairs，Defra）及地方政府，如苏格兰政府推行减少废弃物及增进回收的政策。民间团体有艾伦·麦克阿瑟基金会，在英国提倡循环经济的概念，并提供循环经济相关做法及集合各单位共同合作。WRAP（Waste & Resources Action Programme）亦为一非营利的民间组织，接受 Defra 的补助，执行减少废弃物及增进资源使用效率的工作。

Green Alliance 是为环境尽一分力的独立组织，推动 Circular Economy Task Force，帮助企业以永续的方式使用资源，并指出当前英国政府在促进循环经济方面可以改进之处。

英国的商业、创新及技术部门发表促进英国生物经济发展的报告（BIS，2015），生物经济为利用生物资源或生物过程制造产品所创造的经济，内文提出至 2030 年的愿景，包括发展再生料制成肥料的规模经济；开发企业专注于发展科学及经济的潜能，以面对环境及永续的挑战，包括减少温室气体排放、减少化学制程及能源部门对化石燃料的依赖、减少有限资源的使用。这将有助于达成经济增长与使用有限资源脱钩的长期目标。

给英国商业带来收益也是促进循环经济的目标，Defra 估计英国企业每年可因资源利用效率更高而减少成本，使获益增多至 230 亿英镑。各单位为了达成迈向循环经济的目标，对于循环经济提出各项策略建议，包括从产品的生产端开始，更有效率地使用原物料、水、能源等资源，以减少全新物质的耗用，降低废弃物产量；设立法规及经济诱因机制，以营造适合发展的环境，将促使企业及个人自发地循环；改变商业模式，由既有的销售商品转型为提供服务，促使生产者更重视商品的质量及耐久性，延长商品在经济体循环的时间长度；加强各单位的交流，促进国内外产官学研社之间的相互合作，如技术、信息、资金及商品的交换；加强推广循环经济，鼓励消费者选择资源效率使用较佳之商品及服务，进而促使生产者从生产源头即开始循环。

二、荷兰

荷兰虽有83%的高回收率（2015年），但仍有近1000万吨的物质进入焚化炉或掩埋场，因此认为有推动循环经济的必要性，其推动原则为源头减量优先于掩埋焚化，以创造市场的概念，领导产学研界合作。荷兰还设定了在2022年进入焚化或掩埋场的物质数量低于500万吨的政策目标，推动包括减少离开循环的物质、增加家户及商业用废弃物的分类、增加商业的机会等解决策略。

为实现提升物质使用效率的目标，荷兰"基础建设及环境部"（Ministry of Infrastructure and the Environment）于2014年提出"废弃物到资源"（Waste to Resource）计划，计划内容包括提升生产上游永续性、使消费模式更永续、加强废弃物的分类收集与再利用、检讨现有的循环经济政策、发展财政及市场的奖励。

荷兰应用科学研究机构（The Netherlands Organization for Applied Scientific Research，TNO）于2013年在《循环经济在荷兰的机会》研究报告中指出，循环经济将可为其增加5.4万个就业机会，产生730亿欧元的市场价值，除了经济效益，荷兰也对循环经济可减少环境冲击的效益做出如下估计，以作为其推动的依据（EC，2014）：一是减少17.15百万吨二氧化碳排放量；二是减少全球2180平方千米的土地资源开发破坏；三是减少水资源的需求共7亿立方米；四是减少原料进口或开采，共100.4百万吨。

虽然循环经济所提高的资源效率会减少环境冲击，但也会产生反弹效应，其原因在于，资源效率提升会导致商品与服务的价格的下降，而低价会助长消费者更多的消费需求，增加的消费需求会抵消一部分循环经济所贡献的环境效益。根据麦肯锡公司的估计，会使整体环境效益打折5%~20%，政府推动循环经济时须将此效应纳入考虑。

三、日本

日本比任何国家都更早地发展循环经济。循环、永续生产消费的概念早已深植于日本社会文化，包括环保、废弃物处理、工业管理、商业/消费行为等相关面向的法规制度，均逐渐融入循环型社会的概念。日本于1994年通过《环境基本法》，2000年提出了"健全的物质再生社会"（Sound Material-Cycle Society）的政策，公布"循环型社会形成促进基本法"。在管理的思维上，也由20世纪70年代的"废弃物管理"思维，逐步转变为"污染者付费"、迈向"循环型社会"。

日本于2003年提出了第一期的"循环型社会基本计划"，以每5年进行滚动式修正的模式建立循环型社会的法律体系。第二期（2008年）计划获得显著成效，包括金属整体回收率达98%，工业废弃物仅5%需进入掩埋场，进入回收体系电子产品中74%～89%的物质被再生为原料。第三期（2013年）计划的重点推动策略可分为技术升级及国际合作两方面，前者着重于回收质量的提升，以强化回收产品的质量，后者则是持续以推动亚洲区域循环为目标，通过在海外设置废弃物及资源回收处理产业，除协助提升区域资源循环外，同时建构不同经济体间区域资源循环体系。

日本成功的关键在于循环经济相关的措施完整细致，并且政府与产业间有良好配合。政府在其中发挥了很大的功能，分类制度完善让可循环资源尽量从废弃物质中分离出来。制度中也要求产业负责回收费用，甚至让产业负起自行回收循环的责任。

当前，日本使用回收物质做原料的制造业仍持续增加，全国使用量也有明显增长，动脉产业（制造业）拥有许多资源回收设施与技术，变成日本循环经济的特色，可以减少动脉及静脉产业（回收再生产业）串联整合的成本，并且企业有动机生产方便拆解与回收、再使用与再制造的产品。

除了生产体系的改变，第三期循环型社会推广新的消费文化，强调减量与再使用优先于回收，鼓励消费者使用持久耐用的产品，让产品更容易维修升级，也容易回收。当生产体系与消费体系一同改变，循环经济的价值与成长就会实现。

四、欧盟

欧盟近年来积极推动循环经济，目标为建构封闭式循环的经济运作模式，超越过去废弃物管理概念，将传统视为废弃物的物资，经由重复使用、维修、翻新及回收变成可使用的资源。

2014 年公布的通信文件 *Towards a circular economy：A zero waste program for Europe* 提到，欧盟为迈向循环经济，提出新的绿色公共采购指令，并监督会员国达到绿色公共采购 50% 的目标。为了促进经济社会环境的效益，推出更好的废弃物管理政策，提出下列目标：2030 年以前，提升都市废弃物的重复再用率及回收率至少至 70%，提升包装废弃物的回收率至 80%；2025 年前，达到禁止掩埋可回收的废弃物，包括塑料、金属、玻璃、纸张及纸板与可生物降解的物质。至 2030 年，欧盟会员国需要在实质上消除掩埋场。

2015 年推出新版的"Circular Economy Package 2.0"，提出推动循环经济更需要专注在方向，包括专注于商品的耐久性及可回收性；由需求端的改变促进维修、再使用、回收；改善产品的设计；废弃物管理的升级，创造更能够预防废弃物、重复再用、高质量回收的环境。

2015 年 12 月欧盟执委会再推出一个全新、更有企图心的循环经济策略，有效符合就业市场及经济增长目标。新的策略将包括达成废弃物处理目标的新法案、纳入先前的策略，并依不同国家为其设计在地性，其中的 Closing the Loop 行动计划于 2030 年设定的目标如下：①一般都市废弃物回收率达 65%；②包装材料回收率达 75%；③进去掩埋场的废弃物减量 10%；④禁止应分类回收的废弃物资进入掩埋场；⑤推动运用经济策略工具减少掩埋；⑥简化并改进回收率的计算方式；⑦建立具体措施推动再利用并发展工业共生；⑧提高经济诱因让产业的绿色产品能进入市场，并支持回收体系。

过去欧盟因为回收产业已增加了 50 万个就业机会，EMF（2015）在 *Growth Within：A Circular Economy Vision for a Competitive Europe* 中提到，有潜力每年增加欧洲 3% 的资源生产力，相当于在 2030 年前初级资源需求每年节省 6000 亿欧元，并创造 1.2 万亿欧元的非资源性利益与环境外部效益。

五、印度

印度 2014—2018 年平均年经济成长为 7.4%，为世界第五大经济体（按 2019 年 GDP 排名）。印度正面临快速都市化、资源短缺和高度贫困的问题。国家在发展的十字路口上选择循环经济，跨越线性成长模式。EMF（2016）报告显示，印度若成功发展循环经济，至 2050 年的年收益将达到 40 万卢比（约 6240 亿美元），相当于 2015 年印度 GDP 的 30%。印度循环经济发展着重于都市和建筑、食物和农业，以及机动车辆制造。除了为企业和家庭创造直接经济利益外，循环经济发展将减少负面的外部性影响。例如，2050 年温室气体排放将较 2015 年水平下降 44%，原生物质使用较 2015 年水平下降 38%，营建业用水量较 2015 年水平下降 24%，以及化学肥料使用较 2015 年水平下降 71%。其他塞车和污染亦显著下降，提供印度居民健康且具经济效益的社会发展模式。为实现这些效益和目标印度企业需在过渡阶段带头发展，同时政府将确认发展方向和建立正确的扶植条件。其他组织如大学、非营利组织和国际组织可扮演重要的支持角色，包括促进和参与地区性合作行动。印度预期可透过发展循环经济建立更具资源效率的体系，为企业、环境和印度居民创造价值。

印度政府表示印度都市推动循环经济的时机已成熟，政府提倡智能城市任务、发展工业廊道、Swachh Bharat 任务和都市更新计划在 500 个城市，加速都市基础建设的营建投资。麦肯锡指出，至 2030 年需要投资 77 亿卢比（约 1.2 万亿美元）在都市基础建设。若可以依照循环经济原则开发则可避免长期陷入资源无效的系统。随着新建筑技术和商业模式的出现和规模化，都市计划应参照循环经济原则，提供印度居民高生活、工作和娱乐质量的环境。在都市和建筑方面可采取优化土地利用和交通系统都市计划、能源和水效率建筑、选择和循环建筑材料、营建模块化、基础建设物质的有效循环以及共享多用途空间。食物和农业部分的措施为发展数字化共享解决方案、更多技术可实践资源效率、再生农业、营养盐回馈农业系统、都市和都市近郊农业和数字化食品供应链。机动车辆部分的措施为推动电动车辆、电网可供应再生能源给电动车辆充电、提高机动车辆使用寿命、机动车辆零组件和材料循环再制造、将车辆视为提供服务的产品、便捷地转运连接"最后一里路"、运输规划和车辆技术创新。

第三节　主要国家再生能源政策及其转变

一、德国

德国再生能源法自 2000 年 4 月推动实施，主要特色集中于再生能源收购制度，提出由供电及配电公司保证价格收购 20 年，平均每度电为 0.5～5 元。其收购标的包含水力发电、沼气、太阳能、风力发电、地热发电、生物能以及废弃物发电等，依照不同种类订出不同收购价格。2008 年，将再生能源发电量百分比由 2011 年的 20.3% 提升至 2020 年的 35% 以上。长期目标则希望至 2050 年再生能源发电百分比将达 80%。

2012 年单独调整太阳能莅购价格，针对家用屋顶小太阳能系统，在 10kW 以下者，每度 0.195 欧元（约 0.25 美元），10～40kW 的屋顶系统为每度 0.185 欧元。10MW 及 1MW 的屋顶系统的 FIT 分别为 0.135 欧元（约 0.174 美元）及 0.165 欧元（约 0.212 美元）。超过 10MW 所有的太阳能电池系统取消补贴，并从 2013 年 1 月 1 日起实施"部分买回"措施。

由于德国给予再生能源的补贴太过优惠，造成其严重的财务负担及电价飙涨，亦造成德国产业因电价成本过高，从而削弱了德国产品国际竞争力。基于此，2014 年德国联邦内阁批准了由联邦副总理兼经济和能源部长加布里埃尔提出的"德国再生能源法"修正案。该计划将对德国的再生能源政策进行彻底改革，控制其规模和补贴成长的趋势，打破现有的过度支持状态。作为世界再生能源发展的榜样，德国这一备受关注的改革措施将直接影响世界再生能源的发展前景。德国政府将调低对于新建再生能源设施的补贴，但仍维持 2050 年再生能源发电比例达到 80% 的目标。该法案的主要内容如下：

1. 风能与太阳能补贴上限与费率削减

法案订出给予 FIT 补贴的装置容量上限：陆上风力为每年 2.5GW；太阳光电为每年 2.5GW；离岸风力为每年 6.5GW；生物能为每年 1GW；适用期间直到 2020 年。政府将通过这一举措控管再生能源的增长。此外，陆上风力的费率则计划将以每季 0.4% 的方式减少。

2. 豁免能源密集产业的再生能源附加费

此法案免除一些主要工业电力使用者所应征收的再生能源附加费。尽管欧盟执行委员会基于违反欧洲竞争法规而阻止德国免于课征主要用电工业大户附加税，但经过德国政府与欧盟执行委员会密集协商，最后还是同意德国维持此制度。

3. 强制性直接销售（Compulsory Direct Marketing）

原有的再生能源法以提供固定电价收购 20 年以保障投资安全，在新的法律中将实施强制性直接销售。实施强制性直接销售的电厂首先适用于容量超过 500kW 的再生能源电厂。从 2016 年起，将适用于超过 250kW 的电厂，2017 年起适用于 100kW 的电厂。

4. 向太阳光电自用消费者课税

以往德国对于自用太阳能光电发电且直接消费的用户并未课征附加费，因而使得能源合作社及区域能源供货商兴起。在新的修正法案中，所有大于 10kW 的发电用户须支付再生能源附加费。至于能源密集的产业自己生产电力仅需支付附加费用的 15%。

5. 配额与竞标制度

政府预计在 2017 年由 FIT 制度转变成配额制度或标售制度。以往执行 FIT 的成功要素——购买义务——将因此改变，以往制度提供再生能源可以连接电网的保证转换成新制的第一步是将竞标制度引进太阳光电厂商的电力出售，此后再适用于所有再生能源厂商。

二、美国

1. 太阳能发展政策

（1）太阳计划。美国能源部的"太阳计划"（SunShot Initiative），为一项国家合作型计划。"太阳计划"的目的是推动太阳能发电技术的发展和应用，确保在没有补贴的情形下，太阳能技术能够与其他能源技术竞争。在此次获得支持的项目中，2 个项目面向插入即用式（Plug-and-play）太阳能发电系统研发，目标在设计和开发能够在 1 天内实现从采购到安装，再到发电的插入即用式太阳能发电系统。另外 2 个项目侧重高可靠性太阳能预测技术的研发，通过向电网提供关于太阳能电站在何时与何地能够发多少电能的准确预测，进而促进太阳能发电技术的应用。

（2）太阳能发电的再生能源凭证。太阳能发电的再生能源凭证（Solar Renewable Energy Certificates，SRECS）是以太阳能发电，且在电力市场上已经成为交易的一种电力商品，设计每一单位凭证为每百万度（Megawatt-hour）的太阳能发电电力。这种凭证已在美国九个州和华盛顿特区等地进行交易，并以此支持再生能源配额制度（Renewable Portfolio Standards，RPS）。以马萨诸塞州（以下简称麻州）为例，2003年起，麻州法令规定在所有的电力配送业者零售予消费者的电力中，须有1%来自再生能源，此最低百分比即为RPS，此后每年增加0.5%，直到2009年的4%。

2. 风力发电政策

美国联邦政府提供三项主要税额奖励措施以鼓励住宅及商业发展风力发电计划，这些奖励措施主要由美国国内税务局（Internal Revenue Service，IRS）负责管理。主要推出住宅再生能源税额抵减（Residential Renewable Energy Tax Credit）、商务能源投资税额抵减（Business Energy Investment Tax Credit，ITC）以及再生电力生产税额抵减（Renewable Electricity Production Tax Credit，PTC）来推动小型风力发电机发展。2013年美国国会并未做出风电产业激励机制的延长与可再生能源或清节能源组合标准做出新规范，对风电产业而言缺乏长期激励诱因。再加上PTC已到期，且未必能再更新，更加深了未来风电产业的不确定性。

3. 生物能发展政策

（1）生物能作物援助计划。"生物能作物援助计划"（Biomass Crop Assistance Program，BCAP），2008年由农业法案授权设立，目的在于鼓励大面积种植非粮食、非饲料作物，以满足未来再生能源生产需求。该计划将通过两种方式进行资助：在特定的区域内，以签订合约方式，对种植有关生物能源原料作物的农场给予不超过其生产成本75%的补助，以及对将生物能源原料作物运输到合法加工厂的运输成本给予补贴。

（2）再生燃料标准。2005年美国能源政策法，规定强制"再生燃料标准"（Renewable Fuel Standard，RFS）的再生燃料使用量授权给美国环保署（U.S. Environmental Protection Agency，EPA）为主管机关。2007年提出能源独立与安全法，将RFS修正后建立RFS2标准化，并首次建立生命周期温室气体排放基准量（Baseline Lifecycle Greenhouse Gas Emissions）。而RFS2针对生物燃料分为四个项目：一是完全再生燃料，指生物燃料必须降低 20% 生命周期温室气体排放量；二是先进生物燃料，须降低 50% 的生命周期温室气体排放量；三是纤维素及农业废弃物产生的生物燃料，须降低 60% 生命周期温室气体排放量；四是以生物能为主的生物燃料，须降低 50% 的生命周期温室气体排放量。针对不同的生物燃料设定排放标准，以达到有效利用生物燃料达到减碳之目标。

（3）量式酒精货物税免税额奖励措施。美国联邦政府为推动燃料酒精的使用，在 2004 年的 *American Jobs Creation Act* 法案下导入了"量式酒精货物税免税额奖励措施"（Volumetric Ethanol Excise Tax Credit，VEETC），给予酒精汽油掺配销售业者每加仑生物酒精 0.45 美元租税补贴，以提高酒精汽油在市场上的竞争力，由于该措施并未规范酒精来源，美国同步修正燃料酒精进口关税额度，以确保本土酒精产业发展，本关税保护措施，持续实施至 2011 年止。

4. CCS 政策

为了能够有效降低工厂的 CO_2 排放量，美国能源部分配复苏与再投资法案基金，成立工业碳捕捉及封存的相关计划。工业碳捕捉及封存计划分两个方向进行：一是进行三项大规模计划，主要是进行碳捕捉及封存，并将捕捉的碳运送到快枯竭的油田，提高油田产油率；二是进行七项创新概念计划，主要是将捕捉的 CO_2 寻找方法进行再利用并生产产品。例如，转换废弃 CO_2 转换为塑料产品或从工厂烧煤产生的碳排放，捕捉 60% 的 CO_2，以生产生物燃料及其他高价值的联合制品。借由这些计划，美国不仅有效改善了工业对环境所产生的污染，而且为相关企业配合政策积极发展碳捕捉及封存技术提供了动力。

三、丹麦

丹麦预计于 2050 年前以再生能源供应其国内 100% 能源需求，借此可创造更多工作岗位并减少对能源的依赖。一般认为，丹麦可以成为欧洲（包括德国）能源政策的典范。例如，禁止使用化石能源供应暖气，以及强化热电融合。

1. 能源技术发展与示范计划

为了保持能源领域的竞争力，丹麦政府不断增加对能源研发的资助，从 2007 年起建立能源技术发展与示范计划，2008 年主要研究项目为第二代生物酒精生产、风能、生物能与太阳能等再生能源。同时，丹麦极为重视燃料电池、潮汐能、生物燃料与氢能研发。2003 年成立第一个联网潮汐能示范电站；自 1989 年以来便投入燃料电池研究；此外，生物酒精与生物瓦斯的技术也接近成熟，临近工业推广阶段。

2. 风力发电政策

丹麦为全世界风力发电比重最高的国家，其西部地区为岸上风力资源最丰富的区域，且具有不因季节不同而有太大风速变化的特色。在离岸风力发电方面，丹麦亦具备丰富的离岸风力资源，5～10 米的广大浅水地带为离岸风力电厂的最佳选址处。由于近来离岸风力逐渐饱和，丹麦试图扩展陆上风力发电。过去，地方居民的反对阻止了陆上风力发电的应用，但在 2008 年，丹麦政府设定新的要求与补偿，使居民较能接受，陆上风力发电得以推广。丹麦与其他欧洲国家之间有电力联网，因此不需要设置额外的尖峰负载电厂来平衡风电供应，而是视需要向邻国购买额外电力，未来预计丹麦仍将增加风力发电的比重。

3. 生物能发展政策

1980—200□ 年，丹麦的生物能生产增长近 4 倍，大多是麦秆、木材与再生废料等。随着政府政策的推广，生物能逐渐成为丹麦区域供热厂的能源供给来源之一。此外，丹麦还有相当工业化的沼气使用，能有效促进农业资源综合利用、地区发展与环境保护，于 2025 年前，丹麦预计还会新建 50 个中心沼气厂。

丹麦在再生能源酵素与生物酒精方面也有杰出表现。Danish Danisco、Danish Novozymes 是全球最大的两家再生能源酵素生产商，这种酵素是将玉米、小麦及其他农产品变为生物燃料中最重要的成分。此外，丹麦 Elsam 公司受欧盟资助，建立了全球最大的生物酒精处理示范单位，该单位以麦梗和有机废料为原料，借由处理与发酵技术获取生物酒精。

4. 推动再生能源和电动车的结合

2009 年 2 月底开始的欧盟"爱迪生计划：在多元及开放市场的再生能源电动车应用"（Electric Vehicles in a Distributed and Integrated Market using Sustainable Energy and Open Networks，EDISON），目标就是构建一套智慧框架，提供再生能源取代目前电动车的供电系统，该计划的执行地点是丹麦，丹麦正在大规模推出电动车以及兴建相关的电动车基础建设，在不久的未来，丹麦□□10 的车辆将会是纯电动车或者是油电混合车。

第四节　能源效率政策

一、美国

1. 美国振兴经济法案——运用 ICT 改善能源效率

在 2009 年美国振兴经济法案中，与 ICT 相关的计划有能源、宽带与医疗三大项。在能源部分，运用 ICT 改善能源效率为主要目标，进行的工作包括三项：一是智能型电网的研究、开发与先导计划；二是提升建筑物能源使用的效率；三是建置包括公众交通系统、公共建筑物等现代化公众基础设施。

2. 运输节能

2011 年，时任美国总统奥巴马表示，将在"2015 年前部署 100 万辆电动车"，以借此降低对石油的依赖及强化电动车相关技术的发展。因此，该计划制订加强工业生产与强化投资，以及建立购买电动车的抵税额（视电池容量而定）等奖励措施。

3. 智慧电网

（1）智慧电网投资补助计划。美国为促进智慧电网研发及推动计划，由 2007 年能源独立与安全法授权美国能源部执行，经 2009 年推动"智慧电网投资补助计划"，目的在于加速输配电系统的现代化与提升智能电网的效率。该计划始于 2010 年初，执行项目分为输电系统、配电系统、先进读表基础建设以及消费者系统四项领域。

（2）智慧电网示范计划。智能电网区域示范项目主要集中在发展电力系统遥控感测、通信、分析和功率流量控制使用上的先进技术。这些计划评估现有的电力系统，包括涉及再生能源和分布式能源系统和需量反应计划等先进技术的结合。

4. LED 照明

（1）固态照明。美国以 2005 年能源政策法及 2007 年能源独立与安全法为基础，支持固态照明（Solid State Lighting）计划的发展。依据能源部能源效率与再生能源办公室 2013 年固态照明多年计划报告，能源部资助的计划总共有 17 项，主要着重在 LED 及 OLED 核心技术、产品发展及制造等，由政府及企业共同赞助研发经费约为 4720 万美元。

（2）能源之星。美国能源之星计划的目的，是对不同种类产品，针对产品性能与能源消耗的平衡，设计不同的产品规格。因此，通过美国能源之星计划验证的产品，在能源消耗与产品性能特性上都具有指标性的意义。在选择产品规格标准时，LED 照明产品的标准一直备受关注。LED 照明产品技术近年来最大的变革就是导入固态照明技术。因此，美国能源之星计划规划将固态照明灯具产品规格标准与居家照明灯具产品规格标准，合并为一份能源之星产品规格标准（Energy Star Luminaries Specification）。

二、日本

1. 积极推广新能源汽车

由于能源短缺，日本政府一贯坚持确保能源安全、提高产业竞争力的双重战略。其新能源汽车推广政策主要包括制定汽车发展战略、补贴政策和减税政策。2010 年，日本经济产业省发布《新一代汽车战略 2010》，对新能源汽车普及、车载电池研发、体系建设和国际标准制定做了说明。2014 年，对《新一代汽车战略 2010》进行了修正。补贴方面，主要包括充电设施、加氢设施补贴以及整车补贴，上述政策一般出自经济产业省。而新能源汽车税的减免以及汽车购置税优惠等主要来自国土交通省。其政策目标是力求将新能源汽车渗透率至 2020 年提高至 35%～50%、2030 年提高至 50%～70%。

2. 积极推动氢能/燃料电池车产业发展

2013 年 6 月，日本政府发表的《日本再兴战略》把氢能源发展提升为国策，提出从 2015 年开始大力推广燃料电池车并实现全球最快普及。2014 年发布《能源基本计划》，将氢定位为与电力和热并列的核心二次源，提出建设氢能社会即氢能在日常生活和产业活动中得到普遍利用的社会。同年发布了《氢能/燃料电池战略发展路线图》，明确了氢能应用三步走的战略步骤及目标。2019 年，修订《氢能/燃料电池战略发展路线图》，提出到2025 年，将有二万辆燃料电池汽车上路行驶，到 2030 年，计划达到 80 万辆。

3. 智慧电网

（1）智能电表。2011 年 311 福岛核事故后，为安定能源供需，日本政府积极推动智能型电表建置，规划在 2015 年前完成全国高压用户与 80% 低压用户智能电表建置。经产省在高压用户部分规划 5 年内完成全面导入，住宅用户低压部分则是 5 年内导入 80%，约 6000 万具智能电表，并规划 2020 年全面导入，期望通过智能电表全面导入，促使高压用户参与需量反应契约普及化，以及在低压用户推动时间电价机制，以落实电力需求面管理。

（2）智慧小区实证计划。日本相当重视智慧电网实际验证的推动，由经产省于 2010 年选定 4 个城市，进行大规模"智慧小区实证计划"，分别是福冈县"北九州市智慧社区（Smart Community）实证计划"；京都府"Keihanna 新一代能源社会系统实证计划"；丰田市"建立家庭与小区型低碳都市实证计划"以及横滨市"横滨智慧都市计划"。经产省对 4 个计划的补助总预算约 1399.3 亿日元，且实证计划之执行者为当地政府协同企业界进行，实证期间为 2015—2020 年。

（3）LED 照明。日本 LED 照明快速发展，主要因为日本政府在提倡 LED 工业的发展上扮演了相当重要的角色。日本政府长期提供对于住宅设备节能的补助。此外，日本于 2009 年 5 月开始执行节能设备补助计划"EcoPoint"，国家负担 LED 照明产品 50% 的成本以回馈给消费者，而消费者可就购买产品所获取的分数以交换其他产品。

三、芬兰

芬兰依照欧盟的 EED 规定，积极寻求有效率能源的运用，芬兰 2013 年的气候与能源策略包含许多关于能源效率的新规定，主要是促进国际能源效率企业的建立与成长，并制定相关的能源效率法案与执行计划。除此之外，芬兰还制定了促进中央政府建筑物能源效率与节能计划。同样，地方政府规划能源效率计划，并评估一项寻求企业节能承诺的计划。

1. 长期气候与能源策略（2013）

芬兰在长期气候与能源策略重要文件中，设定了本身的节能目标。文件界定未来几十年芬兰气候与能源政策的目标与手段；同时设立未来能源消费的目标，目的在于抑制进一步能源消费增长，在 2013 年的修正中，它限制 2020 年最终能源消费量为 310TWh，并规定 2050 年能源最终消费必须较 2020 年至少减少 1/3。本策略同时作为制定政府国内政策或国际合作措施的基础，提出 2020 年前的指导原则。

2. 政府能源效率措施命令

2010 年，芬兰政府发布一项政府能源效率措施命令，提出一系列重要措施激励实现芬兰能源效率目标所需从事的基本改变，并提供更多细部活动规范。这些措施涉及小区结构、教育、研发与沟通。它同时在每一个部门设定不同的措施。在这些措施中，对 2020 年前节能贡献最大的有以下几点：一是引进新的私有汽车技术及加速更新目前的汽车存量。二是设立新建筑及更新建筑的标准。三是对碳交易机制外的能源效率合约提出限制措施。四是提出新设备的能源效率要求。上述四个项目所达到的节能效果在 2020 年将可达到 1.6Mtoe，相当于节能目标的一半。另一半的目标将在 EU-ETS 所涵盖的部门内推动节能措施，以及其他一系列的措施。这些措施将来可能正式成为芬兰能源效率法的一部分。

3. 第二个国家能源效率行动计划

根据 EU ESD 第 14（2）款，EU 成员国必须在 2016 年前达到 9% 的节能目标。ESD 将于 2014 年 7 月废止而另公布新的节能目标代替。在芬兰，此目标是在 2016 年节能 1.5Mtoe。

芬兰的第一个国家能源效率行动计划在 2007 年实施；共提出 90 个行动方案，计划在公共部门、企业部门、居家部门与运输部门进行节能计划，以达到 2020 年前节能 9% 的目标。在 2010 年，芬兰达到节能 1.0Mtoe 的目标。芬兰现有的 NEEAP-2 计划于 2011 年提出，计划建立 36 个主要节能措施及 50 个其他的辅助措施，推算在 2020 年前，36 项措施将可达到 2.1 Mtoe 的节能效果，大约可节能 12.5%。假如所有措施于 2025 年前发挥其所有潜能，那所有节能效率可增进 17%，总计 2.9Mote。

4. 汽电共生政策

根据国家能源与气候策略，芬兰未来将通过良好的汽电共生系统提高能源使用效率；并通过与教育部、交通与通信部以及农林部合作，研讨相关的措施，以提高整体的能源使用效率，通过审查制度加以执行；提高建筑物的能源效率，特别是在公共采购领域的提升。

芬兰气候严寒、人口分布分散，造纸、机械、金属加工等行业对能源需求大，同时自身能源贫乏，因此多年来芬兰持续大量投入从能源生产到最终使用等各个环节的能效提高。当前，芬兰在汽电共生、区域供热制冷和智慧电网等方面均研发出世界一流的技术和服务。国际能源总署（International Energy Agency，IEA）将芬兰推动汽电共生技术与区域供热系统评量为世界的楷模。

第五节　新能源汽车政策

一、欧盟

1. **绿色振兴计划**

欧盟的绿色振兴计划以鼓励汽车制造商生产和销售新能源汽车为主，具体措施包括以下四点：第一，考虑免征零排放汽车的增值税；第二，可能推动 200 亿欧元的电动车采购计划；第三，400 亿~600 亿欧元的零排放动力总成投资支持；第四，2025 年前建设 200 万个充电站。

2. **主要国家均加大新能源汽车补贴支持力度**

在欧盟各国持续加码的补贴政策中，德国补贴政策延续至 2025 年底，并且大幅提升 2019 年 11 月后单车补贴，同时降低公司车用税率；法国将 2020 年电动汽车补贴预算从 2.6 亿欧元提升至 4 亿欧元，并降低公司车用税率；荷兰自 2020 年 7 月起，售价低于 4.5 万欧元的 EV 车型将获得单车最高 0.4 万欧元补贴（此前无补贴）。

3. **欧洲主要国家均调降或取消新能源汽车增值税**

当前，欧盟国家中新能源汽车渗透率较高的有德国、法国、荷兰、瑞典、意大利、西班牙等国，其汽车增值税率分别为 19%、20%、21%、25%、22%、21%。若取消增值税，同时保留补贴，则新能源汽车在价格上将具有较强竞争力。以新能源汽车销量相对较高的德国为例，e-Golf（高尔夫）若免除增值税，在考虑补贴的情况下，价格较竞品有一定优势。法国 e-Golf 在免除增值税后，低于燃油版竞品价格约 25%。

4. 电动化长期趋势不改，最严格的排放标准

出于智能化对电动化的需要，欧洲政府和大车企在电动化领域的战略级投入没有变化，高品质供给仍将是新一轮增长驱动的主力军。按照欧洲议会和理事会通过的法规（EU）2019/631，欧洲2021年乘用车二氧化碳排放量为95g/km，2025年为81g/km以及2030年为59g/km的目标是全球主要国家最严格的二氧化碳排放目标。这将推动主流企业的电动化进程。

二、挪威

1. 电动化汽车份额欧洲最高

挪威是非欧盟国家，其电动汽车市场份额在欧洲乃至全球都是最高的，对电气化的接受程度最高。挪威于2017—2019年的电动汽车渗透率分别达28.9%、37.6%、41.9%，而同期欧洲电动汽车渗透率排名第2位的是荷兰，其渗透率分别是2.0%、5.7%、14.9%。因此，挪威的电动汽车普及率不仅最高，而且远高于欧洲乃至世界其他国家。

2. 新能源汽车激励政策较为特殊，力度大

在欧洲，德、法两国的新能源汽车激励政策主要是定额补贴；英国是比例补贴但设定上限；挪威则对新能源汽车实行增值税免除，并对公司税减免50%。这样的力度在欧洲国家中算是比较大的。以大众Golf的纯电动版和燃油版为例（燃油版定价在1.6万~2.3万欧元，纯电动版在2.6万~3.1万欧元），经测算，与燃油车相比，挪威纯电动车优势突出，实际购车价格较燃油车便宜近20%，而法国和德国的这一车型分别仅比燃油车贵11%、29%，也具备较高性价比。

3. 计划进军电池市场

挪威并不满足于电动车渗透率最高的国家，随着欧洲对电动车需求的不断增长，挪威王雄心勃勃计划进军电池市场，建立电池工厂，希望在欧洲动力电池市场分一杯羹。当前，欧洲已经建立了一家本土超级电池工厂瑞典Northvolt，并预期在2030年占领欧洲市场的25%。不过，挪威建立动力电池厂也将遇到来自中、韩以及欧洲其他国家的激烈竞争，并非一帆风顺。

第十章　APEC主要经济体能源节约
因素比较与借鉴

第一节　研究背景

亚太经济合作组织（Asia-Pacific Economic Cooperation，APEC）是亚太地区重要的官方多边经济合作论坛，其成员经济体总人口约26亿，GDP占全球55%、贸易总额占44%及温室气体排放量占70%，足见APEC经济体对全球各方面均有影响。提升能源效率与达成永续发展一直是APEC经济体重视的主要课题，近年来亚太地区的经济快速发展，经济增长须依赖充足且稳定的能源供给，能源使用的增加伴随着温室气体排放的增加，故如何节约能源并兼顾经济发展与环境永续成为重要议题。

在节约能源议题方面，APEC经济体持续推动节能措施以提高能源效率，并于2011年11月提出以2005年为基准年，使APEC经济体2035年能源密集度至少降低45%。此外，成立能源韧性专家小组（Energy Resilient Experts Group，EREG），强调能源韧性对促进能源安全及永续发展的重要性，且能源工作小组（Energy Working Group）着重于能源管理系统（ISO50001）对工业能源效率的贡献与相关建构、能源效率同行分析（Peer Review on Energy Efficiency，PREE）与低碳示范城镇（Low Carbon Modern Town，LC-MT），以及如何达成能源密集度目标与实际执行之落差等。

身为APEC成员，中国积极推动相关节约能源方针。2014年6月国务院印发的《能源发展战略行动计划》，2016年12月国家发改委和能源局发布的《能源发展"十三五"规划》，均将清洁、安全、高效作为中国能源发展的主要发展战略。在供给面政策分为优化能源结构，在需求面政策则分为分期总量管理及提升能源效率（能源双控行动，即控制消费总量和控制能效），并设定 2020 年节能目标为：能源消费总量控制在 50 亿吨标准煤以内，煤炭消费总量控制在 41 亿吨以内，全社会用电量预期为 6.8 万亿~7.2 万亿千瓦时；单位国内生产总值能耗比 2015 年下降 15%，煤电平均供电煤耗下降到每千瓦时 310 克标准煤以下，电网线损率控制在 6.5% 以内。

综上可知，节约能源为中国及 APEC 其他经济体共同关注的主要议题。但若要探讨节能战略，须掌握各项关键驱动力对能源消费量的影响，方能得以具体落实。据此，笔者应用双层 KLEM（即资本（K）、劳动（L）、能源（E）与其他原材料（M）投入产出结构分解法（two-tier KLEM Input-Output Structural Decomposition Analysis，two-tier KLEMI-OSDA）模型，并结合世界投入产出数据库（World Input-Output Database；WIOD），分析影响 APEC 经济体能源消费的主要因素。世界投入产出数据库涵盖范畴为欧洲、北美洲、拉丁美洲及亚太地区等共 40 个国家（地区），其中包含 10 个 APEC 经济体：澳大利亚、加拿大、墨西哥、美国、俄罗斯、中国、印度、日本、韩国及中国台湾。上述这 10 个经济体的 GDP、初级能源消费量及二氧化碳排放量均占 APEC 经济体的 94% 以上，故相当具有代表性。因此，笔者以上述 10 个 APEC 主要经济体探讨能源消费影响因素，并在不同经济体间进行比较，以作为 APEC 能源工作小组研议节约能源倡议的参考。

以往在分析影响能源消费影响因素时，大多数使用因素分析法（Index Decomposition Analysis，IDA），但此方法可拆解的因素有限，仅能呈现较总体效果。而投入产出结构分解法（Input-Output Structural Decomposition Analysis，I-OSDA）能够考虑最终需求、贸易形态、产业结构、要素替代、生产技术等影响因素，可有效厘清能源消费变化背后的机制。据此，笔者采用 Rose 和 Chen（1991）所提出的双层 KLEM 投入产出结构分解法加以分析。该方法主要特性为一般均衡分解方法，能从生产函数的观点进一步探讨生产要素（即资本（K）、劳动（L）、能源（E）与其他原材料（M））间的替代、技术进步、最终需求、产业结构及进出口等因素的影响，故能深入厘清能源消费变化的复杂关系与机制。简言之，笔者主要意在探讨 APEC 主要经济体经济发展概况；分析影响 APEC 主要经济体各类能源消费变动量与主要耗用部门；探讨 APEC 主要经济体能源消费变动的主要因素；针对APEC主要经济体分析结果进行不同经济体比较，归纳政策意涵并提出政策建议。

投入产出结构分解法之所以广受学界青睐主要是以衡量经济变量背后的变动因素见长，包括经济增长、产业结构、能源消费、劳动需求等，均可经由投入产出结构分解法的拆解，厘清导致其变动背后的驱动因素。一般而言，投入产出结构分解法可定义为利用产业关联表的关键参数分析，以探究经济体系变动因素的比较静态分析工具；此外，由于结合产业关联表，此方法可同时考虑最终需求的直接效果与间接效果（亦称为产业关联效果）。笔者汇整2000年后应用投入产出结构分解法于能源与环境领域的国内外文献，以了解此方法的最新应用情况，汇整情况如表10-1所示。由表可见，以往投入产出结构分解法的文献最常针对影响二氧化碳排放背后的因素进行探讨，由于可将经济体系（整个国家或各部门）所排放的二氧化碳变化拆解为国内最终需求、要素替代、技术变化、进出口贸易等各类因素变动，故拆解因素的个数至少都在4个以上、少数文献甚至可拆解超过10个因素。

表10-1 2000年后投入产出结构分解法的主要文献

文献	研究对象	研究期间	拆解标的	拆解因素个数
Jacobsen（2000）	丹麦	1966—1992年	能源	6
Chungand Rhee（2001）	韩国	1990—1995年	二氧化碳	4
Hoenand Mulder（2003）	荷兰	1995—2000年	二氧化碳	4
Yabe（2004）	日本	1985—1995年	二氧化碳	6
Hasegawa（2006）	日本	1995年	二氧化碳	7
Peters等（2007）	中国	1992—2002年	二氧化碳	4
Chang等（2008）	中国台湾	1989—2004年	二氧化碳	9
Guan等（2008）	中国	1981—2002年	二氧化碳	5
Lim等（2009）	韩国	1990—2003年	二氧化碳	8
Wachsmann等（2009）	巴西	1970—1996年	能源	8
Weber（2009）	美国	1997—2002年	能源	4
Zhang（2009）	中国	1992—2006年	碳密集度	7
Baiocchiand Minx（2010）	英国	1992—2004年	二氧化碳	4

续表

文献	研究对象	研究期间	拆解标的	拆解因素个数
Wang 等（2013）	中国北京	1997—2010 年	二氧化碳	9
Xie（2014）	中国	1992—2010 年	能源	8
Supasa 等（2016）	泰国	1995—2010 年	能源	5

上述文献显示，应用 WIOD 于能源消费变动议题时，主要以指数分解法探讨不同经济体能源变动因素，但此研究方法仅能呈现较整体的指标结果，无法以产业经济活动的角度进行分析，故笔者采用双层 KLEM 投入产出结构分解法并结合世界投入产出数据库，对 APEC 经济体能源消费的关键影响因素进行分析，并进行不同经济体间的比较。

第二节　APEC 主要经济体的经济发展与能源消费状况

一、APEC 主要经济体人均 GDP 及经济结构概况

1999—2009 年，APEC 主要经济体的人均 GDP 皆呈现成长趋势，1999 年人均 GDP 由高至低依序为日本（36.6 千美元）、美国（34.5 千美元）、加拿大（22.3 千美元）、澳大利亚（20.5 千美元）、中国台湾（13.8 千美元）、韩国（10.7 千美元）、墨西哥（6.2 千美元）、俄罗斯（1.3 千美元）、中国（0.9 千美元）及印度（0.4 千美元）。2009 年人均 GDP 由高至低依序为美国（47.1 千美元）、澳大利亚（42.8 千美元）、日本（41.3 千美元）、加拿大（40.9 千美元）、韩国（19.1 千美元）、中国台湾（16.9 千美元）、俄罗斯（8.6 千美元）、墨西哥（8.0 千美元）、中国（3.8 千美元）及印度（1.1 千美元）。汇整如表 10-2 所示。

表 10-2 1999 年与 2009 年 APEC 主要经济体人均 GDP 及经济结构概况

经济体	1999 年		2009 年	
	人均 GDP (千美元)	第二产业 结构比 (%)	人均 GDP (千美元)	第二产业 结构比 (%)
澳大利亚	20.5	26.8	42.8	28.9
加拿大	22.3	31.1	40.9	27.2
中国	0.9	45.4	3.8	45.9
印度	0.4	43.4	1.1	47.7
日本	36.6	32.9	41.3	27.3
韩国	10.7	37.8	19.1	36.7
墨西哥	6.2	34.1	8.0	34.3
俄罗斯	1.3	37.2	8.6	33.6
中国台湾	13.8	31.3	16.9	31.5
美国	34.5	23.3	47.1	20.2

数据来源：世界银行。

以经济结构比例而言，由于工业为主要能源消费来源，笔者选择呈现第二级产业经济结构比例（工业占比），同样汇整如表 10-2 所示。1999 年第二级产业经济结构比例由大至小依序为中国（45.4%）、印度（43.4%）、韩国（37.8%）、俄罗斯（37.2%）、日本（32.9%）、中国台湾（31.3%）、加拿大（31.1%）、澳大利亚（26.8）及美国（23.3%）。相较于 1999 年，2009 年有五个国家（地区）的第二级产业经济结构比例呈现增加趋势，由大至小依序为印度（47.7%）、中国（45.9%）、墨西哥（34.3%）、中国台湾（31.5%）及澳大利亚（28.9%），而第二级产业经济结构比例减少的国家（地区）分别为韩国（36.7%）、俄罗斯（33.6%）、日本（27.3%）、加拿大（27.2%）及美国（20.2%）。

二、APEC 主要经济体各类能源消费概况

笔者将 APEC 主要经济体分为 34 个产业部门及 4 大类能源（煤炭、石油、天然气及电力），以了解 APEC 主要经济体在 1999—2009 年，各类能源消费量的变化情形，以及各主要能源耗用部门，故以下分为煤炭、石油、天然气与电力等能源类别加以探讨：

表 10-3 显示了 1999—2009 年 APEC 主要经济体各产业部门的煤炭消费变动量，就煤炭消费增加而言，中国主要来自电力、天然气及水供应业，矿及砂石业，金属制品制造业及非金属矿物制品业；印度主要来自电力、天然气及水供应业，矿及砂石业，金属制品制造业及纺织及其制品业；中国台湾主要来自电力、天然气及水供应业与矿及砂石业。就煤炭消费减少而言，澳大利亚为金属制品制造业与矿及砂石业；加拿大为电力、天然气及水供应业；日本为金属制品制造业与非金属矿物制品业；俄罗斯为电力、天然气及水供应业与矿及砂石业；美国为电力、天然气及水供应业与矿及砂石业。上述分析显示，电力、天然气及水供应业为主要用煤的产业部门，主要的煤炭消费增加或减少皆来自此部门。

表 10-3　APEC 主要经济体各产业部门煤炭消费变动量（1999—2009 年）

产业部门	中国	印度	墨西哥	韩国	澳大利亚	加拿大	中国台湾	日本	俄罗斯	美国
矿及砂石业	226	64	-1	21	-5	1	36	9	-64	-57
橡胶及塑料业	8	0	0	0	0	0	0	0	0	3
机器设备租赁业	16	0	0	0	0	0	0	0	0	0
机械设备制造业	13	0	0	0	0	0	0	0	-1	0
电信及邮政服务业	0	0	0	0	0	0	0	0	0	0
电子电机制造业	5	1	0	0	0	0	0	0	0	0
电力、天然气及水供应业	3122	53	28	278	89	-68	81	152	-60	-272
运输设备制造业	10	0	0	0	0	0	0	1	0	-8
农林畜渔业	-20	0	0	0	0	0	0	0	-2	0
煤、石油炼制与核燃料业	10	0	0	0	0	0	0	0	0	0
陆地运输业	-30	0	0	0	0	0	0	0	0	0
造纸及出版印刷业	57	6	0	0	0	0	0	1	0	13
教育业	3	0	0	0	0	0	0	0	0	0
健康与社会工作业	38	0	0	0	0	0	0	0	1	0
纺织及其制品业	32	14	0	0	0	0	0	0	0	-3
食品加工及烟酒业	17	9	0	0	-1	0	0	2	-1	14

续表

产业部门	中国	印度	墨西哥	韩国	澳大利亚	加拿大	中国台湾	日本	俄罗斯	美国
建筑营造业	5	0	0	0	0	0	0	3	0	0
非金属矿品制造业	636	−9	1	2	2	−6	−1	−12	2	−31
金属制品制造业	651	13	0	−11	−9	5	1	−47	67	−28
金融及保险业	−1	0	0	0	0	0	0	0	1	0
空运业	0	0	0	0	0	0	0	0	0	0
其他制造业	−4	0	0	0	0	0	0	0	0	0
其他运输业	4	0	0	0	0	0	0	0	1	0
其他社会服务业	18	0	0	0	0	0	0	0	2	0
汽机车销售修配业	0	0	0	0	0	0	0	0	0	0
汽机车经销贸易业	1	0	0	0	0	0	0	0	1	0
汽机车以外的经销零售业	0	0	0	0	0	0	0	0	1	0
住宿及餐饮业	0	0	0	0	0	0	0	−1	1	0
皮革及其制品业	−1	0	0	0	0	0	0	0	0	0
水运业	0	0	0	0	0	0	0	0	0	0
木材及木制品业	9	0	0	0	0	0	0	0	0	−1
化学材料制品业	106	6	0	0	1	0	18	2	0	−24
公共行政业	26	0	0	0	0	0	0	0	3	8
不动产业	−7	0	0	0	0	0	0	0	4	0

注：能源消耗单位为万亿卡，余表同。

表 10-4 则显示了 1999—2009 年 APEC 主要经济体各产业部门的石油消费变动量，就石油消费增加而言，中国主要来自陆地运输业，水运业，空运业与建筑营造业；印度主要来自陆地运输业，电力、天然气及水供应业与农林畜牧业；墨西哥主要来自电力、天然气及水供应业；澳大利亚为矿及砂石业与空运业。就石油消费减少方面，韩国为经销零售业，经销贸易业，公共行政业与纺织及其制品业；加拿大为造纸及出版印刷业，农林畜牧业及电力、天然气及水供应业；中国台湾为电力、天然气及水供应业与空运业；日本为电力、天然气及水供应业，空运业，经销贸易业，经销零售业，化学材料制品业，农林渔牧业，建筑营造业；俄罗斯为电力、天

221

然气及水供应业；美国为电力、天然气及水供应业，煤石油炼制与核燃料业，空运业，水运业，公共行政业，经销零售业，机器设备租赁业。

表 10-4　APEC 主要经济体各产业部门石油消费变动量（1999—2009 年）

产业部门	中国	印度	墨西哥	韩国	澳大利亚	加拿大	中国台湾	日本	俄罗斯	美国
矿及砂石业	41	1	0	0	12	8	0	1	6	−1
橡胶及塑料业	0	0	0	−2	0	−3	0	−9	1	−12
机器设备租赁业	22	0	8	5	5	2	1	−9	2	−128
机械设备制造业	12	0	0	−1	0	−1	−1	−7	−1	−20
电信及邮政服务业	12	1	0	−3	−4	6	0	−3	1	8
电子电机制造业	10	1	−1	−1	0	−2	0	−14	0	−37
电力、天然气及水供应业	−94	43	−109	9	3	−6	−47	−106	−146	−129
运输设备制造业	9	0	0	−7	0	−4	0	−11	1	−30
农林畜渔业	40	19	9	−10	7	−12	−5	−38	−18	−15
煤、石油炼制与核燃料业	55	−15	6	5	−8	17	3	−26	20	−77
陆地运输业	155	17	7	12	1	2	5	−18	19	103
造纸及出版印刷业	6	0	−1	−8	0	−13	−2	−19	1	−15
教育业	14	1	6	−2	3	1	0	−12	2	−6
健康与社会工作业	4	0	2	2	5	1	0	−15	2	−50
纺织及其制品业	3	1	−1	−12	0	−2	−9	−12	0	−28
食品加工及烟酒业	9	−1	−4	−5	0	−3	−2	−22	−7	−9
建筑营造业	155	2	12	8	−1	1	−2	−35	2	−63
非金属矿品制造业	25	−4	7	−2	1	−3	−2	−11	−2	10
金属制品制造业	8	−7	−4	−9	3	−5	−5	−16	−25	−31
金融及保险业	4	0	1	−4	1	1	0	−10	1	−44
空运业	183	−23	−6	−1	15	7	−12	−47	62	−209
其他制造业	0	1	0	−1	0	−2	0	−10	0	−15
其他运输业	76	0	1	−3	−1	1	1	−1	2	65
其他社会服务业	26	3	1	−3	3	11	0	−18	2	−51
汽机车销售修配业	0	0	2	−2	1	0	1	−3	1	−10

续表

产业部门	中国	印度	墨西哥	韩国	澳大利亚	加拿大	中国台湾	日本	俄罗斯	美国
汽机车经销贸易业	-31	2	2	-13	1	1	-1	-44	5	-51
汽机车以外的经销零售业	4	2	7	-14	4	-3	0	-45	4	-129
住宿及餐饮业	8	6	4	-11	1	-3	0	-19	1	-52
皮革及其制品业	2	0	0	-1	0	0	-1	-1	0	-2
水运业	192	1	-5	15	-1	2	83	45	-1	15
木材及木制品业	6	0	-1	0	0	-2	0	-8	-4	-7
化学材料制品业	4	-4	-9	-7	1	3	-5	-42	94	35
公共行政业	13	0	4	-12	2	5	-1	-10	2	-166
不动产业	7	1	1	0	1	0	0	-6	1	-15

　　表10-5显示了1999—2009年APEC主要经济体各产业部门的天然气消费变动量。就天然气消费增加而言，中国主要来自电力、天然气及水供应业与金属制品制造业；印度主要来自电力、天然气及水供应业，非金属矿物制品业，纺织及其制品业及电子电机制造业；墨西哥主要来自电力、天然气及水供应业与矿及砂石业；韩国主要来自电力、天然气及水供应业与金属制品制造业；澳大利亚主要来自电力、天然气及水供应业与矿及砂石业；加拿大主要来自电力、天然气及水供应业，矿及砂石业与公共行政业；中国台湾主要来自电力、天然气及水供应业；日本主要来自电力、天然气及水供应业，公共行政业，经销零售业及化学材料业；俄罗斯主要来自电力、天然气及水供应业，非金属矿物制品业。就天然气消费减少而言，美国为公共行政业及矿及砂石业。上述分析显示，电力、天然气及水供应业为主要使用天然气的产业部门，主要的天然气消费增加皆来自此部门。

表10-5　APEC主要经济体各产业部门天然气消费变动量（1999—2009年）

产业部门	中国	印度	墨西哥	韩国	澳大利亚	加拿大	中国台湾	日本	俄罗斯	美国
矿及砂石业	38	0	49	0	19	106	0	0	10	-106
橡胶及塑料业	0	3	1	2	0	0	0	-2	0	0

续表

产业部门	中国	印度	墨西哥	韩国	澳大利亚	加拿大	中国台湾	日本	俄罗斯	美国
机器设备租赁业	10	0	0	0	0	-1	0	10	0	21
机械设备制造业	5	2	1	0	0	1	0	1	-1	9
电信及邮政服务业	0	0	0	1	0	0	0	1	0	-40
电子电机制造业	5	11	3	3	0	-1	0	2	-1	2
电力、天然气及水供应业	137	18	147	69	45	23	53	65	199	778
运输设备制造业	9	8	0	0	0	-1	1	-2	3	13
农林畜渔业	0	0	0	0	0	0	0	0	2	0
煤、石油炼制与核燃料业	55	1	7	-10	-1	0	-1	1	20	-25
陆地运输业	2	0	17	9	2	-26	0	0	-31	-6
造纸及出版印刷业	1	7	1	2	-1	-16	0	1	0	-13
教育业	0	0	0	3	0	2	0	1	0	1
健康与社会工作业	4	0	0	2	0	4	0	5	0	5
纺织及其制品业	0	12	1	2	0	-2	0	-1	0	-4
食品加工及烟酒业	4	8	0	3	2	6	0	6	0	27
建筑营造业	0	0	2	0	0	0	0	-1	5	3
非金属矿品制造业	41	13	2	3	2	-2	-1	4	59	23
金属制品制造业	163	-2	-7	22	1	-9	0	13	15	-86
金融及保险业	0	0	0	1	0	4	0	1	0	6
空运业	0	0	0	0	0	0	0	0	0	0
其他制造业	0	5	4	0	0	0	0	0	-1	0
其他运输业	0	0	0	1	0	1	0	2	-1	-2
其他社会服务业	9	0	0	2	0	2	0	7	-2	-14
汽机车销售修配业	0	0	0	0	0	-1	0	1	0	0
汽机车经销贸易业	-1	0	0	0	0	2	0	3	0	-2
汽机车以外的经销零售业	0	0	0	2	0	-3	0	14	0	-1
住宿及餐饮业	59	0	0	1	0	-1	-1	10	-1	20
皮革及其制品业	1	1	0	0	0	0	0	0	0	0

续表

产业部门	中国	印度	墨西哥	韩国	澳大利亚	加拿大	中国台湾	日本	俄罗斯	美国
水运业	0	0	0	0	0	0	0	0	0	0
木材及木制品业	1	6	0	1	0	-2	0	-1	1	-1
化学材料制品业	33	5	-15	9	4	-6	1	14	7	35
公共行政业	6	0	0	1	0	7	0	15	-2	-520
不动产业	0	0	0	2	0	0	0	3	0	0

表10-6显示了1999—2009年APEC主要经济体各产业部门的电力消费变动量。以电力消费增加而言,中国主要来自电力、天然气及水供应业与金属制品制造业;韩国同样主要来自电力、天然气及水供应业与金属制品制造业;澳大利亚主要来自电力、天然气及水供应业,金属制品制造业与矿及砂石业;中国台湾主要来自电子电机制造业与化学材料制品业;俄罗斯主要来自矿及砂石业及陆地运输业。就电力消费减少而言,加拿大为造纸及出版印刷业与化学材料制品业;日本为运输设备制造业与橡胶及塑料业;美国为塑料及橡胶业,建筑营造业及电子电机制造业。

表10-6　APEC主要经济体各产业部门电力消费变动量（1999—2009年）

产业部门	中国	印度	墨西哥	韩国	澳大利亚	加拿大	中国台湾	日本	俄罗斯	美国
矿及砂石业	74	0	4	0	5	0	0	0	44	-16
橡胶及塑料业	43	1	0	0	0	0	0	-18	0	-61
机器设备租赁业	15	1	1	1	3	0	1	12	6	10
机械设备制造业	50	0	0	2	0	0	-1	0	-4	-3
电信及邮政服务业	13	1	1	0	0	0	0	-1	2	24
电子电机制造业	60	2	2	10	0	0	17	-8	-3	-44
电力、天然气及水供应业	277	4	0	16	5	-1	6	-1	-1	-7
运输设备制造业	34	1	1	8	-2	0	0	-19	6	-1
农林畜渔业	23	0	1	4	-1	0	0	-1	-17	24

续表

产业部门	中国	印度	墨西哥	韩国	澳大利亚	加拿大	中国台湾	日本	俄罗斯	美国
煤、石油炼制与核燃料业	23	0	2	8	0	0	0	1	10	-4
陆地运输业	17	0	0	0	0	-1	1	1	19	3
造纸及出版印刷业	30	1	0	1	0	-19	0	-4	13	-29
教育业	18	0	1	9	3	3	0	-6	1	50
健康与社会工作业	12	0	1	7	1	3	0	0	3	44
纺织及其制品业	81	0	-1	-2	-1	0	-3	-6	-1	-11
食品加工及烟酒业	33	2	5	2	2	1	0	2	4	0
建筑营造业	24	0	2	0	0	0	0	-1	1	-62
非金属矿品制造业	126	2	0	3	1	0	0	-1	4	-2
金属制品制造业	500	0	3	31	14	-3	3	-1	-19	-2
金融及保险业	7	0	0	3	0	1	1	1	4	24
空运业	0	0	0	0	0	0	0	0	0	0
其他制造业	5	2	0	0	0	0	0	-2	-2	-19
其他运输业	-1	0	0	2	1	0	0	1	6	3
其他社会服务业	8	2	1	8	1	3	1	4	9	17
汽机车销售修配业	0	0	0	0	1	0	0	1	1	4
汽机车经销贸易业	20	2	2	1	1	1	-1	0	11	-14
汽机车以外的经销零售业	4	2	2	9	-1	-3	5	15	4	-22
住宿及餐饮业	21	3	1	4	1	0	0	9	4	57
皮革及其制品业	4	0	0	0	0	0	0	0	0	-1
水运业	0	0	0	0	0	0	0	0	0	0
木材及木制品业	16	1	0	1	0	0	0	-4	-13	-5
化学材料制品业	178	1	0	9	0	-6	10	-8	2	-16
公共行政业	13	1	2	4	1	8	-1	15	9	124
不动产业	2	2	1	8	1	3	2	2	16	-29

第三节　研究方法

笔者应用双层KLEM投入产出结构分解法，结合世界投入产出数据库的国家（地区）投入产出表（National Input-output Tables，NIOT）、CO_2排放的能源使用表（Energy Expencliture，EE）及社会经济账户（Socio Economic Accounts，SEA），探讨APEC主要经济体1999—2009年能源消费变动因素并比较APEC主要经济体间影响因素之主要差异。下面说明各项效果的拆解方式。

产业部门跨期能源消费变动量可表示为式（10-1）：

$$\Delta TE = TE_t - TE_{t-1} = B_t \left[I-(I-M_t) A_t^C \right]^{-1} \left[(I-M_t) Y_t^{Ad} + Ex_t \right] -$$
$$B_{t-1} \left[I-(I-M_{t-1}) A_{t-1}^C \right]^{-1} \left[(I-M_{t-1}) Y_{t-1}^{Ad} + Ex_{t-1} \right] \tag{10-1}$$

其中，TE为能源消费总量，B是部门别直接能源消耗系数，A^C为技术系数矩阵，M为各产业中间投入的进口系数矩阵，Y^{Ad}为最终需求矩阵，Ex为出口矩阵，t、t-1分别表示不同的时期。

同时，笔者将家庭部门需求依据简单的凯恩斯模型进行拆解，区分为自发性需求与诱发性需求，分别置于诱发性需求系数矩阵和自发性国内最终需求系数矩阵中。由于笔者是基于KLEM生产函数进行拆解，将资本K与劳动L等生产要素视为中间投入，故诱发性消费系数矩阵可表示为式（10-2）：

$$A^c = \begin{bmatrix} A & 0 & b \\ d & 0 & 0 \\ w & 0 & 0 \end{bmatrix} \tag{10-2}$$

其中，A为传统开放型技术系数矩阵，d、w分别为各部门单位产出所需资本和劳动数量，b为家庭部门诱发性消费函数。其中，资本投入量对应的列为0，故笔者假设折旧非属于当年度的实际支出，未对经济造成关联效果。故各部门的KLEM生产函数表示如式（10-3）所示：

$$A^P = \begin{bmatrix} A \\ d \\ w \end{bmatrix} \tag{10-3}$$

为使符号更加简洁，另外假设：R=I-M，且 $A^c = [A^c|b]$，其中 $A^c = [A^P|b]$ 表示 A 的变化由两个矩阵影响，而不涉及任何矩阵运算。置换后，两期间的能源消费变动可以表示为下列三种效果：

$$\Delta TE = \underbrace{B_{t-1}(I-R_{t-1}A_{t-1}^C)^{-1}[R_{t-1}(Y_t^A-Y_{t-1}^A)+Ex_t-Ex_{t-1}]}_{\text{国内自发性最终需求变动结果}} +$$

$$\underbrace{[B_t(I-R_{t-1}A_t^C)^{-1}-B_{t-1}(I-R_{t-1}A_{t-1}^C)^{-1}][R_{t-1}Y_t^{Ad}+Ex_t]}_{\text{诱发性需求变动结果}} +$$

$$\underbrace{[B_t(I-R_tA_t^C)^{-1}-(I-R_{t-1}A_t^C)^{-1}][(R_t-R_{t-1})Y_t^{Ad}+Ex_t]}_{\text{进口系数变动效果}}$$

$$(10-4)$$

其中，计算诱发性需求变化效果时，需考虑资本与劳动变动的效果，因此将资本与劳动视为中间投入的一部分，而相应的家庭消费与固定资本形成也并入中间投入，即以"封闭性投入产出模型"计算此效果，如式（10-4）第二行所示。而自发性最终需求变动效果为考虑完整的经济增长，故将家庭消费与固定资本形成视为外生变量，即以"开放性投入产出模型"计算，见式（10-4）第一行，该效果可以进一步分解为国内自发性最终需求增长效应、国内自发性最终需求结果效应、出口增长效应及出口结构效应，如式（10-5）所示：

$$B_{t-1}(I-R_{t-1}A_{t-1}^C)^{-1}[R_{t-1}(Y_t^A-Y_{t-1}^A)+Ex_t-Ex_{t-1}]$$

$$=\underbrace{B_{t-1}(I-R_{t-1}A_{t-1}^C)^{-1}R_{t-1}(Y_{t(t-1)}^{Ad}-Y_{t-1}^{Ad})}_{\text{国内最终自发性需求增长效果}}+\underbrace{B_{t-1}(I-R_{t-1}A_{t-1}^C)^{-1}R_{t-1}(Y_t^{Ad}-Y_{t(t-1)}^{Ad})}_{\text{国内最终自发性需求结构效果}}+$$

$$\underbrace{B_{t-1}(I-R_{t-1}A_{t-1}^C)^{-1}(Ex_{t(t-1)}-Ex_{t-1})}_{\text{出口增长效果}}+\underbrace{B_{t-1}(I-R_{t-1}A_{t-1}^C)^{-1}(Ex_t-Ex_{t(t-1)})}_{\text{出口结果效果}}$$

$$(10-5)$$

其中，$Y_{t(t-1)}^{Ad}$ 定义为：以 t 年的国内最终需求总值为控制变量，但最终需求比例则为 t-1 年的比例，如式（10-6）所示：

$$Y_{t(t-1)}^{Ad} = Y_{t-1}^{Ad}\frac{\sum_{i=1}^{n+2}Y_t^{Ad}}{\sum_{i=1}^{n+2}Y_{t-1}^{Ad}}, \quad \forall j$$

$$(10-6)$$

同理，$Ex_{t(t-1)}$ 定义为：以 t 年的出口总值为控制变量，但出口比例则为 t-1 年的比例，如式（10-7）所示：

$$Ex_{t(t-1)} = Ex_{t-1} \frac{\sum_{i=1}^{n+2} Ex_t}{\sum_{i=1}^{n+2} Ex_{t-1}}, \quad \forall j \tag{10-7}$$

此外，诱发性需求变动效果也可以分解为产业生产函数变动效果及家庭诱发性消费函数变动效果，如式（10-8）所示：

$$\begin{aligned}
&\left[B_t \left(I-R_{t-1}A_t^C \right)^{-1} - B_{t-1}\left(I-R_{t-1}A_{t-1}^C \right)^{-1} \right]\left[R_{t-1}Y_t^{Ad}+Ex_t \right] \\
&= \underbrace{\left\{ B_t \left[I-R_{t-1}(A_t^P \mid b_t) \right]^{-1} - B_{t-1}\left[I-R_{t-1}(A_{t-1}^P \mid b_t) \right]^{-1} \right\}\left[R_{t-1}Y_t^{Ad}+Ex_t \right]}_{\text{产业部门生产函数变动效果}} + \\
&\quad \underbrace{B_{t-1}\left\{ \left[I-R_{t-1}(A_{t-1}^P \mid b_t) \right]^{-1} - \left[I-R_{t-1}(A_{t-1}^P \mid b_t) \right]^{-1} \right\}\left[R_{t-1}Y_t^{Ad}+Ex_t \right]}_{\text{诱发性家庭消费函数变动效果}}
\end{aligned} \tag{10-8}$$

从上式产业部门生产函数变动效果可以进一步分解为要素替代效果及技术变化效果，如式（10-9）所示：

$$\begin{aligned}
&\left\{ B_t \left[I-R_{t-1}(A_t^P \mid b_t) \right]^{-1} - B_{t-1}\left[I-R_{t-1}(A_{t-1}^P \mid b_t) \right]^{-1} \right\}\left[R_{t-1}Y_t^{Ad}+Ex_t \right] \\
&= \underbrace{\left\{ B_{t(t-1)} \left[I-R_{t-1}(A_t^P \mid b_t) \right]^{-1} - B_{t-1}\left[I-R_{t-1}(A_{t-1}^P \mid b_t) \right]^{-1} \right\}\left[R_{t-1}Y_t^{Ad}+Ex_t \right]}_{\text{技术变化效果}} + \\
&\quad \underbrace{\left\{ B_t \left[I-R_{t-1}(A_{t(t-1)}^P \mid b_t) \right]^{-1} - B_{t(t-1)}\left[I-R_{t-1}(A_{t(t-1)}^P \mid b_t) \right]^{-1} \right\}\left[R_{t-1}Y_t^{Ad}+Ex_t \right]}_{\text{要素替代效果}}
\end{aligned} \tag{10-9}$$

其中，$A_{t(t-1)}^P$ 定义为：以 $t-1$ 年的总投入系数为控制变量，但投入系数比例则以 t 年进行计算，如式（10-10）所示：

$$A_{t(t-1)}^P = A_{t-1}^P \frac{\sum_{i=1}^{n+2} A_t^P}{\sum_{i=1}^{n+2} A_{t-1}^P} \tag{10-10}$$

技术变化效果可以进一步分解为能源、其他投入要素与劳动的技术变化效果，如式（10-11）所示：

$$\begin{aligned}
&\left\{ B_{t(t-1)}\left[I-R_{t-1}(A_{t(t-1)}^P \mid b_t) \right]^{-1} - B_{t-1}\left[I-R_{t-1}(A_{t-1}^P \mid b_t) \right]^{-1} \right\}\left[R_{t-1}Y_t^{Ad}+Ex_t \right] \\
&= \underbrace{\left\{ B_{t(t-1)}\left[I-R_{t-1}(A_{t-1}^P \mid b_t) \right]^{-1} - B_{t-1}\left[I-R_{t-1}(A_{t-1}^P \mid b_t) \right]^{-1} \right\}\left[R_{t-1}Y_t^{Ad}+Ex_t \right]}_{\text{能源投入技术变化直接效果}} + \\
&\quad \underbrace{\left\{ B_{t(t-1)}\left[I-R_{t-1}(A_{t-1E_{t(t-1)}}^P \mid b_t) \right]^{-1} - B_{t(t-1)}\left[I-R_{t-1}(A_{t-1}^P \mid b_t) \right]^{-1} \right\}\left[R_{t-1}Y_t^{Ad}+Ex_t \right]}_{\text{能源投入技术变化关联效果}} + \\
&\quad \underbrace{\left\{ B_{t(t-1)}\left[I-R_{t-1}(A_{t(t-1)}^P \mid b_t) \right]^{-1} - B_{t(t-1)}\left[I-R_{t-1}(A_{t-1EM(t-1)}^P \mid b_t) \right]^{-1} \right\}\left[R_{t-1}Y_t^{Ad}+Ex_t \right]}_{\text{其他要素投入技术变化效果}} +
\end{aligned}$$

$$\left\{ B_{t(t-1)}\left[I-L_{t-1}\left(A_{t-1EM_{(t-1)}}^{P}\mid b_{t}\right)\right]^{-1}-B_{t(t-1)}\left[I-R_{t-1}\left(A_{t-1E_{t(t-1)}}^{P}\mid b_{t}\right)\right]^{-1}\right\}\left[R_{t-1}Y_{t}^{Ad}+Ex_{t}\right]$$

$$\underbrace{}_{\text{劳动投入技术变化效果}}$$

$$(10-11)$$

其中，$A_{t-1E_{(t-1)}}^{P}$ 表示 A_{t-1}^{P} 的投入系数矩阵中，各种能源投入量以 $A_{t(t-1)}^{P}$ 矩阵的投入量取代；$A_{t-1EM_{(t-1)}}^{P}$ 则表示 $A_{t-1E_{t(t-1)}}^{P}$ 的投入系数矩阵中，其他要素投入量以 $A_{t(t-1)}^{P}$ 矩阵的投入量取代。

再次，要素替代效果可以分解为：能源间的替代效果、发电替代效果、其他投入要素间替代效果及能源、劳动、其他投入要素间的替代效果，如式（10-12）所示：

$$\left\{B_{t}\left[I-R_{t-1}\left(A_{t}^{P}\mid b_{t}\right)\right]^{-1}-B_{t(t-1)}\left[I-R_{t-1}\left(A_{t(t-1)}^{P}\mid b_{t}\right)\right]^{-1}\right\}\left[R_{t-1}Y_{t}^{Ad}+Ex_{t}\right]$$

$$=\underbrace{\left\{B_{t}\left[I-R_{t-1}\left(A_{t(t-1)}^{P}\mid b_{t}\right)\right]^{-1}-B_{t(t-1)}\left[I-R_{t-1}\left(A_{t(t-1)}^{P}\mid b_{t}\right)\right]^{-1}\right\}\left[R_{t-1}Y_{t}^{Ad}+Ex_{t}\right]}_{\text{能源替代直接效果}}+$$

$$\underbrace{\left\{B_{t}\left[I-R_{t-1}\left(A_{t(t-1)}^{P}\mid b_{t}\right)\right]^{-1}-B_{t}\left[I-R_{t-1}\left(A_{t(t-1)}^{P}\mid b_{t}\right)\right]^{-1}\right\}\left[R_{t-1}Y_{t}^{Ad}+Ex_{t}\right]}_{\text{发电结构效果}}+$$

$$\underbrace{\left\{B_{t}\left[I-R_{t-1}\left(A_{t(t-1)E_{t}}^{P}\mid b_{t}\right)\right]^{-1}-B_{t}\left[I-R_{t-1}\left(A_{t(t-1)}^{P}\mid b_{t}\right)\right]^{-1}\right\}\left[R_{t-1}Y_{t}^{Ad}+Ex_{t}\right]}_{\text{能源替代间接效果}}+$$

$$\underbrace{\left\{B_{t}\left[I-R_{t-1}\left(A_{t(t-1)EM_{t}}^{P}\mid b_{t}\right)\right]^{-1}-B_{t}\left[I-R_{t-1}\left(A_{t(t-1)E_{t}}^{P}\mid b_{t}\right)\right]^{-1}\right\}\left[R_{t-1}Y_{t}^{Ad}+Ex_{t}\right]}_{\text{其他投入要素替代效果}}+$$

$$\underbrace{\left\{B_{t}\left[I-R_{t-1}\left(A_{t}^{P}\mid b_{t}\right)\right]^{-1}-B_{t}\left[I-R_{t-1}\left(A_{t(t-1)EM_{t}}^{P}\mid b_{t}\right)\right]^{-1}\right\}\left[R_{t-1}Y_{t}^{Ad}+Ex_{t}\right]}_{\text{能源、劳动、其他要素之间的替代效果}}$$

$$(10-12)$$

其中，$A_{t(t-1)E_{t}}^{P}$ 表示 $A_{t(t-1)}^{P}$ 的投入系数矩阵中，各种能源间的投入比例以 A_{t}^{P} 矩阵的比例取代；$A_{t(t-1)EM_{t}}^{P}$ 表示 $A_{t(t-1)E_{t}}^{P}$ 的投入系数矩阵中，其他要素投入间的投入比例以 A_{t}^{P} 的比例取代。

最后，诱发性家庭支出变化效果可以分解为诱发性家庭支出增长效果即边际消费倾向效果与诱发性家庭支出结构效果。如式（10-13）所示：

$$B_{t-1}\left\{\left[I-L_{t-1}\left(A_{t-1}^{P}\mid b_{t}\right)\right]^{-1}-\left[I-R_{t-1}\left(A_{t-1}^{P}\mid b_{t-1}\right)\right]^{-1}\right\}\left[R_{t-1}Y_{t}^{Ad}+Ex_{t}\right]$$

$$=\underbrace{B_{t-1}\left\{\left[I-L_{t-1}\left(A_{t-1}^{P}\mid b_{t(t-1)}\right)\right]^{-1}-\left[I-R_{t-1}\left(A_{t-1}^{P}\mid b_{t-1}\right)\right]^{-1}\right\}\left[R_{t-1}Y_{t}^{Ad}+Ex_{t}\right]}_{\text{边际消费倾向效果}}+$$

$$\underbrace{B_{t-1}\left\{\left[I-L_{t-1}\left(A_{t-1}^{P}\mid b_{t}\right)\right]^{-1}-\left[I-R_{t-1}\left(A_{t-1}^{P}\mid b_{t(t-1)}\right)\right]^{-1}\right\}\left[R_{t-1}Y_{t}^{Ad}+Ex_{t}\right]}_{\text{诱发性家庭支出结构效果}}$$

$$(10-13)$$

其中，令 $b_{t(t-1)} = MPC_{t} * HIX_{t-1}$，MPC 为家庭部门的边际消费倾向，HIX 为家庭部门的消费结构矩阵，* 为矩阵内所有元素乘以单一值。上述投入产出结构分解法的各项效果中，其概念与固定权数的拉氏指数及迪式指数相似，即当某一变量变动时，其他变量固定于基期不变，但此做法会产生残差项且不易解释；而若采用变动权数进行分解，虽可以消除残差项产生，但却衍生路径相依问题，即选取不同路径会影响最终分解结果。在能源议题的应用上，有的学者提出数种处理方法以避免残差项问题，如Sun（1998）提出的共同产生平均分摊原则，用于处理固定权数的拉式指数或迪式指数残差项；Ang和Choi（1997）提出平均迪式指数分解法解决残差项问题；以及Albrecht（2002）提出夏普利分解法等。笔者参考Albrecht（2002）的方法求解KLEM投入产出的各项效果，以避免残差项的路径依赖问题。

第四节　实证结果

一、APEC主要经济体煤炭消费变动因素

表10-7显示了APEC主要经济体煤炭消费变动分解结果。

表10-7　APEC主要经济体煤炭消费变动分解结果　　　单位:%

经济体 分解效果	中国	印度	墨西哥	韩国	澳大利亚	加拿大	中国台湾	日本	俄罗斯	美国
经济体内自发性最终需求效果	136	66	15	20	19	25	-4	11	51	16
出口变动效果	70	8	20	49	21	20	47	16	-4	6
诱发性家庭支出效果	-4	-1	1	-1	0	2	-1	-1	3	1
要素替代效果	-57	81	-50	-51	-42	5	22	14	-38	-22
能源替代直接效果	-43	97	-43	-30	-44	1	29	2	-28	-17
发电结构效果	0	0	0	0	0	0	0	0	0	0
能源替代间接效果	0	0	0	0	0	0	0	1	0	1
其他投入要素替代效果	-23	-17	-8	-21	1	3	-7	6	-1	-5

续表

经济体 分解效果	中国	印度	墨西哥	韩国	澳大利亚	加拿大	中国台湾	日本	俄罗斯	美国
KLEM 替代效果	9	0	2	1	0	1	0	5	-8	-2
技术变化效果	-76	3	-4	-12	-18	-79	-9	-46	-35	-26
能源投入技术变化直接效果	-86	7	-2	-15	-19	-79	-7	-46	-37	-24
能源投入技术变化关联效果	0	0	0	0	0	0	0	0	0	0
劳动投入技术变化效果	0	-1	-1	0	0	0	-1	0	1	0
其他投入要素技术变化效果	11	-4	-2	3	1	1	-1	1	1	-2
进口替代效果	8	7	-4	3	-5	18	-5	-6	9	-1
总变动效果	78	164	-22	8	-24	-10	49	-12	-15	-27

中国煤炭消费总变动增加 78%。其变动来源为经济体内自发性最终需求效果增加 136%、出口增加 70%、诱发性家庭支出效果减少 4%、要素替代效果减少 57%、技术变动效果减少 76% 及进口替代效果增加 8%。其中，要素替代效果内包含能源替代直接效果减少 43%、其他要素替代效果减少 23% 及 KLEM 替代效果增加 9%；技术变化效果内包含能源投入技术变化直接效果减少 86% 及其他投入要素技术变化效果增加 11%。因此，虽然能源替代直接效果减少煤炭消费，但总体而言，经济体内自发性最终需求效果及出口变动效果为影响煤炭消费增加的主要因素。

印度煤炭消费总变动增加 164%。其变动来源为经济体内自发性最终需求效果增加 60%、出口变动增加 8%、诱发家庭支出效果减少 1%、要素替代效果增加 81%、技术变化效果增加 3% 及进口替代效果增加 7%。其中，要素替代效果内含能源替代直接效果增加 97% 及其他投入要素替代效果减少 17%；而技术变化效果内包含能源投入技术变化直接效果增加 7%、劳动投入技术变化效果减少 1% 及其他投入要素技术变化效果减少 4%。因此，经济体内自发性最终需求效果及要素替代效果为影响煤炭消费增加的主因。

墨西哥煤炭消费总变动减少 22%。其变动来源为经济体内自发性最终需求效果增加 15%、出口变动效果增加 20%、诱发家庭支出效果增加 1%、要素替代效果减少 50%、技术变化效果减少 4% 及进口替代效果减少 4%。其中，要素替代效果内包含能源替代直接效果减少 43%、其他投入要素替代效果减少 8% 及 KLEM 替代效果增加 2%；技术变化效果内包含能源投入技术变化直接效果减少 2%、劳动投入技术变化效果减少 1% 及其他投入要素技术变化效果减少 2%。因此，能源替代直接效果主要造成煤炭消费量减少。

韩国煤炭消费总变动增加 8%。其变动来源为经济体内自发性最终需求效果增加 20%、出口变动效果增加 49%、诱发家庭支出效果减少 1%、要素替代效果减少 51%、技术变化效果减少 12% 及进口替代效果增加 3%。其中，要素替代效果内包含能源替代直接效果减少 30%、其他投入要素替代效果减少 21% 及 KLEM 替代效果增加 1%；技术变化效果内包含能源投入技术变化直接效果减少 15% 及其他投入要素技术变化效果增加 3%。因此，虽然能源替代直接效果明显减少煤炭消费，但总体而言，经济体内自发性最终需求效果及出口变动效果主要影响煤炭消费增加。

澳大利亚煤炭消费总变动减少 24%。其变动来源为经济体内自发性最终需求效果增加 19%、出口变动效果增加 21%、诱发家庭支出效果 0%、要素替代效果减少 42%、技术变化效果减少 18% 及进口替代效果减少 5%。其中，要素替代效果内包含能源替代直接效果减少 44% 及其他投入要素替代效果增加 1%；技术变化效果内包含能源投入技术变化直接效果减少 19% 及其他投入要素技术变化效果增加 1%。因此，能源替代直接效果及能源投入技术变化直接效果主要影响煤炭消费减少。

加拿大煤炭消费总变动减少 10%。其变动来源为经济体内自发性最终需求效果增加 25%、出口变动效果增加 20%、诱发家庭支出效果增加 2%、要素替代效果增加 5%、技术变化效果减少 79% 及进口替代效果增加 18%。其中，要素替代效果内包含能源替代直接效果增加 1%、其他投入要素替代效果增加 3% 及 KLEM 替代效果增加 1%；技术变化效果内包含能源投入技术变化直接效果减少 79% 及其他投入要素技术变化效果增加 1%。因此，能源投入技术变化直接效果主要影响煤炭消费减少。

中国台湾煤炭消费总变动增加 49%。其变动来源为经济体内自发性最终需求效果减少 4%、出口变动效果增加 47%、诱发家庭支出效果减少 1%、要素替代效果增加 22%、技术变化效果减少 9% 及进口替代效果减少

5%。其中，要素替代效果内包含能源替代直接效果增加 29% 及其他投入要素替代效果减少 7%；技术变化效果内包含能源投入技术变化直接效果减少 7%、劳动投入技术变化效果减少 1% 及其他投入要素技术变化效果减少 1%。因此，出口变动效果及能源替代直接效果主要影响煤炭消费增加。

日本煤炭消费总变动减少 12%。其变动来源为经济体内自发性最终需求效果增加 11%、出口变动效果增加 16%、诱发家庭支出效果减少 1%、要素替代效果增加 14%、技术变化效果减少 46% 及进口替代效果减少 6%。其中，要素替代效果内包含能源替代直接效果增加 2%、能源替代间接效果增加 1%、其他投入要素替代效果增加 6% 及 KLEM 替代效果增加 5%；技术变化效果内包含能源投入技术变化直接效果减少 46% 及其他投入要素技术变化效果增加 1%。因此，能源投入技术变化直接效果为影响煤炭消费减少之主因。

俄罗斯煤炭消费总变动减少 15%。其变动来源为经济体内自发性最终需求效果增加 51%、出口变动效果减少 4%、诱发家庭支出效果增加 3%、要素替代效果减少 38%、技术变化效果减少 35% 及进口替代效果增加 9%。其中，要素替代效果内包含能源替代直接效果减少 28%、其他投入要素替代效果减少 1% 及 KLEM 替代效果减少 8%；技术变化效果内包含能源投入技术变化直接效果减少 37%、劳动投入技术变化效果增加 1% 及其他投入要素技术变化效果增加 1%，因此能源替代直接效果及能源投入技术变化直接效果为影响煤炭消费减少的主因。

美国煤炭消费总变动减少 27%。其变动来源为经济体内自发性最终需求效果增加 16%、出口变动效果增加 6%、诱发家庭支出效果增加 1%、要素替代效果减少 22%、技术变化效果减少 26% 及进口替代效果减少 1%。其中，要素替代效果内包含能源替代直接效果减少 17%、能源替代间接效果增加 1%、其他投入要素替代效果减少 5% 及 KLEM 替代效果减少 2%；技术变化效果内包含能源投入技术变化直接效果减少 24% 及其他投入要素技术变化效果减少 2%。因此，能源替代直接效果及能源投入技术变化直接效果主要造成煤炭消费减少。

二、APEC 主要经济体石油消费变动因素

表 10-8 显示了 APEC 主要经济体石油消费变动分解结果。

表 10-8　APEC 主要经济体石油消费变动分解结果　　　　单位:%

分解效果 ＼ 经济体	中国	印度	墨西哥	韩国	澳大利亚	加拿大	中国台湾	日本	俄罗斯	美国
经济体内自发性最终需求效果	118	36	23	14	22	44	2	17	34	17
出口变动效果	72	3	2	36	15	11	16	13	7	2
诱发性家庭支出效果	−7	−1	0	−3	−1	−2	−1	−1	0	−2
要素替代效果	−47	−34	−17	−34	6	−6	−16	−14	−13	−10
能源替代直接效果	−24	−23	−15	−33	10	−6	−17	−17	−8	−8
发电结构效果	0	0	0	0	0	0	0	0	0	0
能源替代间接效果	0	0	0	0	0	0	0	0	0	0
其他投入要素替代效果	−21	−4	0	−1	−2	0	3	2	1	−1
KLEM 替代效果	−1	−7	−2	−1	−2	0	−1	0	−6	−1
技术变化效果	−59	5	2	−11	−4	−53	−26	−43	−25	−22
能源投入技术变化直接效果	−67	8	5	−9	−4	−53	−24	−43	−27	−20
能源投入技术变化关联效果	0	0	0	0	0	0	0	0	0	0
劳动投入技术变化效果	0	−2	−1	−1	0	0	−1	0	1	−1
其他投入要素技术变化效果	8	−1	−1	0	0	0	−1	0	1	−2
进口替代效果	3	2	−3	−10	−7	4	0	−2	10	−2
总变动效果	80	10	7	−8	32	−2	−25	−30	12	−17

中国石油消费总变动增加 80%。其变动来源为经济体内自发性最终需求效果增加 118%、出口变动效果增加 72%、诱发家庭支出效果减少 7%、要素替代效果减少 47%、技术变化效果减少 59% 及进口替代效果增加 3%。其中，要素替代效果内包含能源替代直接效果减少 24%、其他投入要素替代效果减少 21% 及 KLEM 替代效果减少 1%；技术变化效果内包含能源投入技术变化直接效果减少 67% 及其他投入要素技术变化效果增加 8%。因此，虽然能源替代直接效果及能源投入技术变化直接效果明显减少石油消费，但总体而言，经济体内自发性最终需求效果及出口变动效果主要影响

石油消费增加。

印度石油消费总变动增加 10%。其变动来源为经济体内自发性最终需求效果增加 36%、出口变动效果增加 3%、诱发家庭支出效果减少 1%、要素替代效果减少 34%、技术变化效果增加 5% 及进口替代效果增加 2%。其中，要素替代效果内包含能源替代直接效果减少 23%、其他投入要素替代效果减少 4% 及 KLEM 替代效果减少 7%；技术变化效果内包含能源投入技术变化直接效果增加 8%、劳动投入技术变化效果减少 2% 及其他投入要素技术变化效果减少 1%。因此，经济体内自发性最终需求效果主要影响石油消费增加。

墨西哥石油消费总变动增加 7%。其变动来源为经济体内自发性最终需求效果增加 23%、出口变动效果增加 2%、诱发家庭支出效果 0%、要素替代效果减少 17%、技术变化效果增加 2% 及进口替代效果减少 3%。其中，要素替代效果内包含能源替代直接效果减少 15% 及 KLEM 替代效果减少 2%；技术变化效果内包含能源投入技术变化直接效果增加 5%、劳动投入技术变化效果减少 1% 及其他投入要素技术变化效果减少 1%。因此，经济体内自发性最终需求效果主要影响石油消费增加。

韩国石油消费总变动减少 8%。其变动来源为经济体内自发性最终需求效果增加 14%、出口变动效果增加 36%、诱发家庭支出效果减少 3%、要素替代效果减少 34%、技术变化效果减少 11% 及进口替代效果减少 10%。其中，要素替代效果内包含能源替代直接效果减少 33%、其他投入要素替代效果减少 1% 及 KLEM 替代效果减少 1%；技术变化效果内包含能源投入技术变化直接效果减少 9% 及劳动投入技术变化效果减少 1%。因此，能源替代直接效果及能源投入技术变化直接效果主要造成石油消费减少。

澳大利亚石油消费总变动增加 32%。其变动来源为经济体内自发性最终需求效果增加 22%、出口变动效果增加 15%、诱发家庭支出效果减少 1%、要素替代效果增加 6%、技术变化效果减少 4% 及进口替代效果减少 7%。其中，要素替代效果内包含能源替代直接效果增加 10%、其他投入要素替代效果减少 2% 及 KLEM 替代效果减少 2%；技术变化效果内包含能源投入技术变化直接效果减少 4%。因此，虽然能源投入技术变化直接效果减少石油消费，但总体而言，经济体内自发性最终需求效果及出口变动效果造成石油消费增加。

　　加拿大石油消费总变动减少2%。其变动来源为经济体内自发性最终需求效果增加44%、出口变动效果增加11%、诱发家庭支出效果减少2%、要素替代效果减少6%、技术变化效果减少53%及进口替代效果增加4%。其中，要素替代效果内包含能源替代直接效果减少6%；技术变化效果内包含能源投入技术变化直接效果减少53%。因此，能源投入技术变化直接效果主要影响石油消费减少。

　　中国台湾石油消费总变动减少25%。其变动来源为经济体内自发性最终需求效果增加2%、出口变动效果增加16%、诱发家庭支出效果减少1%、要素替代效果减少16%、技术变化效果减少26%及进口替代效果0%。其中，要素替代效果内包含能源替代直接效果减少17%、其他投入要素替代效果增加3%及KLEM替代效果减少1%；技术变化效果内包含能源投入技术变化直接效果减少24%、劳动投入技术变化效果减少1%及其他投入要素技术变化效果减少1%。因此，能源替代直接效果及能源投入技术变化直接效果主要造成石油消费减少。

　　日本石油消费总变动减少30%。其变动来源为经济体内自发性最终需求效果增加17%、出口变动效果增加13%、诱发家庭支出效果减少1%、要素替代效果减少14%、技术变化效果减少43%及进口替代效果减少2%。其中，要素替代效果内包含能源替代直接效果减少17%及其他投入要素替代效果增加2%；技术变化效果内包含能源投入技术变化直接效果减少43%。因此，能源替代直接效果与能源投入技术变化直接效果主要造成石油消费减少。

　　俄罗斯石油消费总变动增加12%。其变动来源为经济体内自发性最终需求效果增加34%、出口变动效果增加7%、诱发家庭支出效果0%、要素替代效果减少13%、技术变化效果减少25%及进口替代效果增加10%。其中，要素替代效果内包含能源替代直接效果减少8%、其他投入要素替代效果增加1%及KLEM替代效果减少6%；技术变化效果内包含能源投入技术变化直接效果减少27%、劳动投入技术变化效果增加1%及其他投入要素技术变化效果增加1%，因此，虽然能源替代直接效果及能源投入技术变化直接效果明显减少石油消费，但总体而言，经济体内自发性最终需求效果主要造成石油消费增加。

　　美国石油消费总变动减少17%。其变动来源为经济体内自发性最终需求效果增加17%、出口变动效果增加2%、诱发家庭支出效果减少2%、要素替代效果减少 10%、技术变化效果减少 22% 及进口替代效果减少 2%。其中，要素替代效果内包含能源替代直接效果减少 8%、其他投入要素替代效果减少 1% 及 KLEM 替代效果减少 1%；技术变化效果内包含能源投入技术变化直接效果减少 20%、劳动投入技术变化效果减少 1% 及其他投入要素技术变化效果减少 2%，因此，能源替代直接效果及能源投入技术变化直接效果主要造成石油消费减少。

三、APEC 主要经济体天然气消费变动因素

表 10-9 显示了 APEC 主要经济体天然气消费变动分解结果。

表 10-9　APEC 主要经济体天然气消费变动分解结果　　　　单位:%

分解效果 ＼ 经济体	中国	印度	墨西哥	韩国	澳大利亚	加拿大	中国台湾	日本	俄罗斯	美国
经济体内自发性最终需求效果	167	36	16	32	23	33	-1	32	48	22
出口变动效果	95	4	25	67	32	27	46	12	-5	4
诱发性家庭支出效果	-3	1	1	-2	0	0	-1	-3	3	1
要素替代效果	101	2	7	108	4	8	17	95	-3	-13
能源替代直接效果	120	10	10	117	0	7	21	88	4	-11
发电结构效果	0	0	0	0	0	0	0	0	0	0
能源替代间接效果	-1	0	1	0	0	0	0	0	0	1
其他投入要素替代效果	-26	-5	-5	-11	4	1	-1	5	2	-1
KLEM 替代效果	8	-3	2	1	0	0	-3	2	-8	-1
技术变化效果	-94	43	-2	-19	-32	-63	1	-54	-47	-31
能源投入技术变化直接效果	-110	45	1	-16	-32	-63	4	-54	-50	-29
能源投入技术变化关联效果	0	0	0	0	0	0	-1	0	0	0
劳动投入技术变化效果	0	-1	-1	-2	0	0	-2	0	1	0
其他投入要素技术变化效果	16	-1	-2	1	1	0	0	0	1	-2

续表

分解效果＼经济体	中国	印度	墨西哥	韩国	澳大利亚	加拿大	中国台湾	日本	俄罗斯	美国
进口替代效果	7	9	−8	−2	−3	9	−5	−5	13	−1
总变动效果	273	96	39	184	25	14	58	77	10	−18

中国天然气消费总变动增加 273%。其变动来源为经济体内自发性最终需求效果增加 167%、出口变动效果增加 95%、诱发家庭支出效果减少 3%、要素替代效果增加 101%、技术变化效果减少 94% 及进口替代效果增加 7%。其中，要素替代效果内包含能源替代直接效果增加 120%、能源替代间接效果减少 1%、其他投入要素替代效果减少 26% 及 KLEM 替代效果增加 8%；技术变化效果内包含能源投入技术变化直接效果减少 110% 及其他投入要素技术变化效果增加 16%。因此，虽然能源投入技术变化直接效果明显减少天然气消费，但总体而言，经济体内自发性最终需求效果、出口变动效果及能源替代直接效果主要造成天然气消费增加。

印度天然气消费总变动增加 96%。其变动来源为经济体内自发性最终需求效果增加 36%、出口变动效果增加 4%、诱发家庭支出效果增加 1%、要素替代效果增加 2%、技术变化效果增加 43% 及进口替代效果增加 9%。其中，要素替代效果内包含能源替代直接效果增加 10%、其他投入要素替代效果减少 5% 及 KLEM 替代效果减少 3%；技术变化效果内包含能源投入技术变化直接效果增加 45%、劳动投入技术变化效果减少 1% 及其他投入要素技术变化效果减少 1%。因此，经济体内自发性最终需求效果及能源投入技术变化直接效果主要造成天然气消费增加。

墨西哥天然气消费总变动增加 39%。其变动来源为经济体内自发性最终需求效果增加 16%、出口变动效果增加 25%、诱发家庭支出效果增加 1%、要素替代效果增加 7%、技术变化效果减少 2% 及进口替代效果减少 8%。其中，要素替代效果内包含能源替代直接效果增加 10%、能源替代间接效果增加 1%、其他投入要素替代效果减少 5% 及 KLEM 替代效果增加 2%；技术变化效果内包含能源投入技术变化直接效果增加 1%、劳动投入技术变化效果减少 1% 及其他投入要素技术变化效果减少 2%。因此，经济体内自发性最终需求效果及出口变动效果主要造成天然气消费增加。

韩国天然气消费总变动增加 184%。其变动来源为经济体内自发性最终需求效果增加 32%、出口变动效果增加 67%、诱发家庭支出效果减少 2%、要素替代效果增加 108%、技术变化效果减少 19% 及进口替代效果减少 2%。其中，要素替代效果内包含能源替代直接效果增加 117%、其他投入要素替代效果减少 11% 及 KLEM 替代效果增加 1%；技术变化效果内包含能源投入技术变化直接效果减少 16%、劳动投入技术变化效果减少 2% 及其他投入要素技术变化效果增加 1%。因此，能源替代直接效果主要造成天然气消费增加。

澳大利亚天然气消费总变动增加 25%。其变动来源为经济体内自发性最终需求效果增加 23%、出口变动效果增加 32%、诱发家庭支出效果 0%、要素替代效果增加 4%、技术变化效果减少 32% 及进口替代效果减少 3%。其中，要素替代效果内包含其他投入要素替代效果增加 4%；技术变化效果内包含能源投入技术变化直接效果减少 32% 及其他要素投入技术变化效果增加 1%。因此，虽然能源投入技术变化直接效果明显减少天然气消费，但总体而言，经济体内自发性最终需求效果及出口变动效果主要造成天然气消费增加。

加拿大天然气消费总变动增加 14%。其变动来源为经济体内自发性最终需求效果增加 33%、出口变动效果增加 27%、诱发家庭支出效果 0%、要素替代效果增加 8%、技术变化效果减少 63% 及进口替代效果增加 9%。其中，要素替代效果内包含能源替代直接效果增加 7%、能源替代间接效果增加 1% 及其他投入要素替代效果增加 1%；技术变化效果内包含能源投入技术变化直接效果减少 63%。因此，虽然能源投入技术变化直接效果明显减少天然气消费，但总体而言，经济体内自发性最终需求效果及出口变动效果主要造成天然气消费增加。

中国台湾天然气消费总变动增加 58%。其变动来源为经济体内自发性最终需求效果减少 1%、出口变动效果增加 46%、诱发家庭支出效果减少 1%、要素替代效果增加 17%、技术变化效果增加 1% 及进口替代效果减少 5%。其中，要素替代效果内包含能源替代直接效果增加 21%、其他投入要素替代效果减少 1% 及 KLEM 替代效果减少 3%；技术变化效果内包含能源投入技术变化直接效果增加 4%、能源投入技术变化间接效果减少 1% 及劳动投入技术变化效果减少 2%。因此，出口变动效果及能源替代直接效果主要造成天然气消费增加。

日本天然气消费总变动增加 77%。其变动来源为经济体内自发性最终需求效果增加 32%、出口变动效果增加 12%、诱发家庭支出效果减少 3%、要素替代效果增加95%、技术变化效果减少54%及进口替代效果减少5%。其中，要素替代效果内包含能源替代直接效果增加88%、其他投入要素替代效果增加5%及KLEM替代效果增加2%；技术变化效果内包含能源投入技术变化直接效果减少54%。因此，经济体内自发性最终需求效果与能源替代直接效果主要造成天然气消费增加。

俄罗斯天然气消费总变动增加10%。其变动来源为经济体内自发性最终需求效果增加48%、出口变动效果减少5%、诱发家庭支出效果增加3%、要素替代效果减少3%、技术变化效果减少47%及进口替代效果增加13%。其中，要素替代效果内包含能源替代直接效果增加4%、其他投入要素替代效果增加2%及KLEM替代效果减少8%；技术变化效果内包含能源投入技术变化直接效果减少50%、劳动投入技术变化效果增加1%及其他投入要素技术变化效果增加1%。因此，虽然能源投入技术变化直接效果明显减少天然气消费，但总体而言，经济体内自发性最终需求效果主要造成天然气消费增加。

美国天然气消费总变动减少18%。其变动来源为经济体内自发性最终需求效果增加22%、出口变动效果增加4%、诱发家庭支出效果增加1%、要素替代效果减少13%、技术变化效果减少31%及进口替代效果减少1%。其中，要素替代效果内包含能源替代直接效果减少11%、能源替代间接效果增加1%、其他投入要素替代效果减少1%及KLEM替代效果减少1%；技术变化效果内包含能源投入技术变化直接效果减少29%及其他投入要素技术变化效果减少2%。因此，能源投入技术变化直接效果主要造成天然气消费减少。

四、APEC主要经济体电力消费变动分解结果

表10-10显示了APEC主要经济体电力消费变动分解结果。

表10-10　APEC主要经济体电力消费变动分解结果　　单位:%

分解效果 ＼ 经济体	中国	印度	墨西哥	韩国	澳大利亚	加拿大	中国台湾	日本	俄罗斯	美国
经济体内自发性最终需求效果	167	51	20	26	26	35	2	22	48	19

续表

分解效果 \ 经济体	中国	印度	墨西哥	韩国	澳大利亚	加拿大	中国台湾	日本	俄罗斯	美国
出口变动效果	98	−6	10	54	19	16	35	10	−2	4
诱发性家庭支出效果	−3	2	0	−1	0	−1	−1	−2	1	0
要素替代效果	37	−26	11	17	2	1	9	8	−3	12
能源替代直接效果	45	−12	12	28	1	0	9	5	3	12
发电结构效果	0	0	0	0	0	0	0	0	0	0
能源替代间接效果	8	2	−1	2	−1	0	0	0	0	−1
其他投入要素替代效果	−20	−8	−2	−11	3	2	1	2	1	1
KLEM 替代效果	5	−7	1	−1	−2	0	−2	1	−7	−1
技术变化效果	−63	77	0	−4	−14	−63	15	−34	−41	−26
能源投入技术变化直接效果	−79	79	3	−2	−14	−63	18	−34	−43	−23
能源投入技术变化关联效果	1	0	0	0	0	0	0	0	0	0
劳动投入技术变化效果	0	−2	−1	−2	0	0	−2	0	1	−1
其他投入要素技术变化效果	16	−1	−2	1	1	0	−1	0	1	−2
进口替代效果	14	7	−7	−1	−4	9	−7	−5	12	−4
总变动效果	250	105	35	92	28	−2	53	−1	15	4

中国电力消费总变动增加 250%。其变动来源为经济体内自发性最终需求效果增加 157%、出口变动效果增加 98%、诱发家庭支出效果减少 3%、要素替代效果增加 37%、技术变化效果减少 63% 及进口替代效果增加 14%。其中，要素替代效果内包含能源替代直接效果增加 45%、能源替代间接效果增加 8%、其他投入要素替代效果减少 20% 及 KLEM 替代效果增加 5%；技术变化效果内包含能源投入技术变化直接效果减少 79%、能源投入技术变化关联效果增加 1% 及其他投入要素技术变化效果增加 16%。因此，虽然能源投入技术变化直接效果明显减少电力消费，但总体而言，经济体内自发性最终需求效果及出口变动效果主要造成电力消费增加。

印度电力消费总变动增加 105%。其变动来源为经济体内自发性最终需求效果增加 51%、出口变动效果减少 6%、诱发家庭支出效果增加 2%、要素替代效果减少26%、技术变化效果增加77%及进口替代效果增加7%。其中，要素替代效果内包含能源替代直接效果减少12%、能源替代间接效果增加2%、其他投入要素替代效果减少8%及KLEM替代效果减少7%；技术变化效果内包含能源投入技术变化直接效果增加79%、劳动投入技术变化效果减少2%及其他投入要素技术变化效果减少1%。因此，经济体内自发性最终需求效果及能源投入技术变化直接效果主要造成电力消费增加。

墨西哥电力消费总变动增加35%。其变动来源为经济体内自发性最终需求效果增加20%、出口变动效果增加10%、诱发家庭支出效果0%、要素替代效果增加11%、技术变化效果0%及进口替代效果减少7%。其中，要素替代效果内包含能源替代直接效果增加12%、能源替代间接效果减少1%、其他投入要素替代效果减少2%及KLEM替代效果增加1%；技术变化效果内包含能源投入技术变化直接效果增加3%、劳动投入技术变化效果减少1%及其他投入要素技术变化效果减少2%。因此，经济体内自发性最终需求效果及出口变动效果主要造成电力消费增加。

韩国电力消费总变动增加92%。其变动来源为经济体内自发性最终需求效果增加26%、出口变动效果增加54%、诱发家庭支出效果减少1%、要素替代效果增加17%、技术变化效果减少4%及进口替代效果减少1%。其中，要素替代效果内包含能源替代直接效果增加28%、其他投入要素替代效果减少11%及KLEM替代效果减少1%；技术变化效果内包含能源投入技术变化直接效果减少2%、劳动投入技术变化效果减少2%及其他投入要素技术变化效果增加1%。因此，经济体内自发性最终需求效果及出口变动效果主要造成电力消费增加。

澳大利亚电力消费总变动增加28%。其变动来源为经济体内自发性最终需求效果增加26%、出口变动效果增加19%、诱发家庭支出效果0%、要素替代效果增加2%、技术变化效果减少14%及进口替代效果减少4%。其中，要素替代效果内包含能源替代直接效果增加1%、能源替代间接效果减少1%、其他投入要素替代效果增加3%及KLEM替代效果减少2%；技术变化效果内包含能源投入技术变化直接效果减少14%及其他要素投入技术变化效果增加1%。因此，虽然能源投入技术变化直接效果明显减少电力消费，但总体而言，经济体内自发性最终需求效果及出口变动效果主要造成电力消费增加。

加拿大电力消费总变动减少2%。其变动来源为经济体内自发性最终需求效果增加25%、出口变动效果增加16%、诱发家庭支出效果减少1%、要素替代效果增加1%、技术变化效果减少63%及进口替代效果增加9%。其中，要素替代效果内包含其他投入要素替代效果增加2%；技术变化效果内包含能源投入技术变化直接效果增加63%。因此，能源投入技术变化直接效果主要造成电力消费减少。

中国台湾电力消费总变动增加53%。其变动来源为经济体内自发性最终需求效果增加12%、出口变动效果增加35%、诱发家庭支出效果减少1%、要素替代效果增加9%、技术变化效果增加15%及进口替代效果减少7%。其中，要素替代效果内包含能源替代直接效果增加9%、其他投入要素替代效果增加1%及KLEM替代效果减少2%；技术变化效果内包含能源投入技术变化直接效果增加18%、劳动投入技术变化效果减少2%及其他要素投入技术变化效果减少1%。因此，出口变动效果及能源投入技术变化直接效果主要造成电力消费增加。

日本电力消费总变动减少1%。其变动来源为经济体内自发性最终需求效果增加22%、出口变动效果增加10%、诱发家庭支出效果减少2%、要素替代效果增加8%、技术变化效果减少34%及进口替代效果减少5%。其中，要素替代效果内包含能源替代直接效果增加5%、其他投入要素替代效果增加2%及KLEM替代效果增加1%；技术变化效果内包含能源投入技术变化直接效果减少34%。因此，能源投入技术变化直接效果主要造成电力消费减少。

俄罗斯电力消费总变动增加15%。其变动来源为经济体内自发性最终需求效果增加43%、出口变动效果减少2%、诱发家庭支出效果增加1%、要素替代效果减少3%、技术变化效果减少41%及进口替代效果增加12%。其中，要素替代效果内包含能源替代直接效果增加3%、其他投入要素替代效果增加1%及KLEM替代效果减少7%；技术变化效果内包含能源投入技术变化直接效果减少43%、劳动投入技术变化效果增加1%及其他投入要素技术变化效果增加1%。因此，虽然能源投入技术变化直接效果明显减少电力消费，但总体而言，经济体内自发性最终需求效果主要造成电力消费增加。

美国电力消费总变动增加4%。其变动来源为经济体内自发性最终需求效果增加19%、出口变动效果增加4%、诱发家庭支出效果0%、要素替代效果增加12%、技术变化效果减少26%及进口替代效果减少4%。其中，要素替代效果内包含能源替代直接效果增加12%、能源替代间接效果减少

1%、其他投入要素替代效果增加 1% 及 KLEM 替代效果减少 1%；技术变化效果内包含能源投入技术变化直接效果减少 23%、劳动投入技术变动效果减少 1% 及其他投入要素技术变化效果减少 2%。因此，能源投入技术变化直接效果主要造成电力消费减少。

五、不同经济体比较分析与讨论

1. 煤炭消费变动的不同经济体比较

在煤炭消费方面，共有 4 个经济体（中国、韩国、印度和中国台湾）在 1999—2009 年煤炭消费增加，另 6 个经济体则减少了煤炭使用。其中，中国主要来自于经济体内自发性最终需求效果及出口变动效果，使得电力、天然气及水供应业，矿及砂石业，金属制品制造业及非金属矿物制品业增加煤炭消费；韩国同样由于经济体内自发性最终需求效果及出口变动效果，使得电力、天然气及水供应业与矿及砂石业增加煤炭消费。印度则是由于经济体内自发性最终需求效果及要素替代效果使得电力、天然气及水供应业，矿及砂石业，金属制品制造业及纺织及其制品业增加煤炭消费。进出口导向的中国台湾，则是由于出口变动效果及能源替代直接效果，使得电力、天然气及水供应业与矿及砂石业增加煤炭消费。通过分析显示，经济体内自发性最终需求效果及出口变动效果为造成煤炭增加的主因。

在减少使用煤炭的经济体方面，墨西哥由于能源替代直接效果使煤炭消费减少；澳大利亚由于能源替代直接效果及能源投入技术变化直接效果，使得金属制品制造业与矿及砂石业减少煤炭消费；加拿大则由于能源投入技术变化直接效果，使得电力、天然气及水供应业减少煤炭消费。与加拿大相同，日本也由于能源投入技术变化直接效果，使得金属制品制造业与非金属矿物制品业减少煤炭消费；俄罗斯由于能源替代直接效果及能源投入技术变化直接效果，使电力、天然气及水供应业与矿及砂石业减少煤炭消费；美国由于能源替代直接效果及能源投入技术变化直接效果，使得电力、天然气及水供应业与矿及砂石业减少煤炭消费。显示能源替代直接效果及能源投入技术变化直接效果为造成煤炭减少的主因。

2. 石油消费变动的不同经济体比较

以石油消费而言，共有 4 个经济体在 1999—2009 年增加石油消费（中国、澳大利亚、印度和墨西哥），另 6 个经济体则减少石油使用。其中，中国由于经济体内自发性最终需求效果及出口变动效果，使得陆地运输业，水运业，空运业与建筑营造业增加石油消费；与此相同，澳大利亚也由于经济体内自发性最终需求效果及出口变动效果，使得矿及砂石业与空运业增加石油消费。此外，印度由于经济体内自发性最终需求效果，使得陆地运输业、电力、天然气及水供应业与农林畜牧业增加石油消费；与此相同，墨西哥也由于经济体内自发性最终需求效果，使得电力、天然气及水供应业增加石油消费。通过分析显示，经济体内自发性最终需求效果及出口变动效果为造成石油增加的主因。

在减少使用石油的经济体方面，加拿大由于能源投入技术变化直接效果，使得造纸及出版印刷业，农林畜牧业及电力、天然气及水供应业减少石油消费。与加拿大相同，俄罗斯也由于能源投入技术变化直接效果，使得电力、天然气及水供应业减少石油消费。而韩国由于能源替代直接效果及能源投入技术变化直接效果，使得经销零售业，经销贸易业，公共行政业与纺织及其制品业减少石油消费；与韩国相同，中国台湾也由于能源替代直接效果及能源投入技术变化直接效果，使得电力、天然气及水供应业与空运业减少石油消费；日本同样由于能源替代直接效果与能源投入技术变化直接效果，使得电力、天然气及水供应业，空运业，经销贸易业，经销零售业，化学材料制品业，农林渔牧业，建筑营造业减少石油消费；美国亦由于能源替代直接效果及能源投入技术变化直接效果，使得电力、天然气及水供应业，煤石油炼制与核燃料业，空运业，水运业，公共行政业，经销零售业，机器设备租赁业减少石油消费。通过分析显示，能源替代直接效果及能源投入技术变化直接效果为造成石油减少的主因。

3. 天然气消费变动的不同经济体比较

天然气消费方面，仅有美国在1999—2009年减少天然气消费，其余经济体皆增加天然气使用。其中，中国由于经济体内自发性最终需求效果、出口变动效果及能源替代直接效果，使得电力、天然气及水供应业与金属制品制造业增加天然气消费；印度则是由于经济体内自发性最终需求效果及能源投入技术变化直接效果，使得电力、天然气及水供应业，非金属矿物制品业，纺织及其制品业及电子电机制造业增加天然气消费。此外，墨西哥系由于经济体内自发性最终需求效果及出口变动效果，使得电力、天然气及水供应业与矿及砂石业增加天然气消费；与此相同，澳大利亚由于经济体内自发性最终需求效果及出口变动效果，使得电力、天然气及水供应业与矿及砂石业增加天然气消费；加拿大亦由于经济体内自发性最终需求效果及出口变动效果，使得电力、天然气及水供应业，矿及砂石业与公共行政业增加天然气消费。韩国由于能源替代直接效果，使得电力、天然气及水供应业与金属制品制造业增加天然气消费；中国台湾则是由于出口变动效果及能源替代直接效果，使得电力、天然气及水供应业增加天然气消费；韩国由于经济体内自发性最终需求效果及出口变动效果，使得电力、天然气及水供应业与金属制品制造业增加天然气消费；日本由于经济体内自发性最终需求效果与能源替代直接效果，使得电力、天然气及水供应业，公共行政业，经销零售业及化学材料业增加天然气消费；俄罗斯由于经济体内自发性最终需求效果，使得电力、天然气及水供应业，非金属矿物制品业增加天然气消费。通过分析显示，经济体内自发性最终需求效果为所有国家天然气增加的共同原因，但有些经济体则会受到出口变动效果、能源投入技术变化直接效果或能源替代直接效果的影响，亦会造成天然气消费增加。

在减少使用天然气的美国方面，由于能源投入技术变化直接效果，使得公共行政业及矿及砂石业减少天然气消费。

4. 电力消费变动的不同经济体比较

在电力消费方面，仅有加拿大与日本在1999—2009年小幅度减少电力消费，其余经济体均增加电力使用。其中，中国由于经济体内自发性最终需求效果及出口变动效果，使得电力、天然气及水供应业，金属制品制造业与化学材料制品业增加电力消费；与此相同，墨西哥也由于经济体内自发性最终需求效果及出口变动效果，使得部分产业电力消费微幅增加，但并无电力消费明显增加之产业；韩国也由于经济体内自发性最终需求效果及出口变动效果，使得电力、天然气及水供应业，金属制品制造业及电子电机制造业增加电力消费；澳大利亚亦由于经济体内自发性最终需求效果及出口变动效果，使得电力、天然气及水供应业，金属制品制造业及矿及砂石业增加电力消费；而中国台湾则是由于出口变动效果及能源投入技术变化直接效果，使得电力、天然气及水供应业，电子电机制造业与化学材料制品业增加电力消费。通过分析显示，经济体内自发性最终需求效果及出口变动效果为造成电力增加的主因。

在减少使用电力的经济体方面，加拿大由于能源投入技术变化直接效果，使得造纸及出版印刷业与化学材料业减少电力消费；与此相同，日本也由于能源投入技术变化直接效果，使得运输设备制造业与橡胶及塑料业减少电力消费。通过分析显示，能源投入技术变化直接效果为造成电力减少的主因。

5. 政策启示

由上述不同经济体比较与综合讨论显示，能源投入技术变化直接效果为造成各类能源消费减少的最主要因素；而经济体内自发性最终需求与出口变动效果则是造成各类能源消费增加的主要因素；能源要素替代效果在大部分经济体中造成各类能源消费减少，但在少部分经济体造成能源消费增加。在产业方面，电力、天然气及水供应业为主要受影响的产业。因此，各国因技术进步使能源效率提升造成能源消费减少，未来可进一步加强此效果，以达成 APEC 经济体订定 2035 年能源密集度至少降低 45%（以 2005 年为基准年）的目标。故笔者建议，可持续加强各经济体节能技术研发并进行示范应用，通过产学合作提升能源效率、以租税减免及奖励补助企业购买高效率设备，以提升设备之能源效率等。亦可经由可盘点 APEC 主要经济体主要耗能产业之设备耗能标准，特别可针对金属制品制造业、非金属矿物制品业、电子电机制造业与化学材料制品业以及运输产业，评估订定产业单位耗能管制标准的可行性。

在需求面方面，由于经济体内自发性最终需求效果皆造成 APEC 主要经济体的各类能源消费增加，显示经济增长会造成能源消费增加，而 APEC 主要经济体如欲达成所订定的能源密集度目标，仅可能使经济呈现趋缓（或衰退）才可望减少能源消费，但目前各经济体皆以追求经济增长为目标，特别是中国与印度等发展中国家。但可参考先进国家的发展经验，借由产业结构的调整，减少高耗能的工业占比，增加高附加价值的服务业占比，以持续维持经济增长，同时降低能源消费，笔者建议 APEC 主要经济体持续朝向高附加价值、低耗能的产业结构发展（见表10-11）。

表 10-11　APEC 主要经济体能源消费变动及其主要影响因素

消费趋势 能源种类	消费下降趋势		消费上升趋势	
	经济体	影响因素	经济体	影响因素
煤炭	墨西哥、澳大利亚、加拿大、日本、俄罗斯、美国（6个）	能源替代直接效果及能源投入技术变化直接效果	中国、韩国、印度和中国台湾（4个）	经济体内自发性最终需求效果及出口变动效果

续表

能源种类＼消费趋势	消费下降趋势		消费上升趋势	
	经济体	影响因素	经济体	影响因素
石油	韩国、澳大利亚、加拿大、中国台湾、日本、俄罗斯、美国（7个）	能源替代直接效果及能源投入技术变化直接效果	中国、澳大利亚、印度和墨西哥（4个）	经济体内自发性最终需求效果及出口变动效果
天然气	美国	能源投入技术变化直接效果	其余9个经济体	经济体内自发性最终需求效果
电力	加拿大、日本	能源投入技术变化直接效果	其余8个经济体	经济体内自发性最终需求效果及出口变动效果

第五节　政策建议

依据实证结果得知，影响APEC 10个经济体能源消费的主要因素为技术变化效果与经济体内自发性最终需求效果，故以下针对此二项效果对APEC 10个经济体提出建议：

（1）实证结果显示各经济体因技术进步使能源效率提升造成能源消费减少，未来可进一步加强此效果，以达成APEC经济体的能源密集度目标。故建议可持续加强各经济体节能技术研发并进行示范应用，通过产学合作提升能源效率、以租税减免及奖励补助企业购买高效率设备，以提升设备之能源效率等。亦可经由可盘点APEC 10个经济体主要耗能产业之设备耗能标准，特别针对金属制品制造业、非金属矿物制品业、电子电机制造业与化学材料制品业以及运输产业，评估制定产业单位耗能管制标准之可行性。

（2）由于经济体内自发性最终需求效果均造成APEC主要经济体的各类能源消费增加，显示经济增长会造成能源消费增加，而APEC主要经济体如欲达成能源密集度目标，仅可能使经济呈现趋缓（或衰退）才可望减少能源消费，在目前各经济体皆以追求经济增长为目标，特别是中国与印度等发展中国家。但可参考发达国家发展经验，通过产业结构调整，减少高耗能的工业占比，增加高附加价值的服务业占比，以持续维持经济增长，同时降低能源消费，故建议各主要经济体持续朝向高附加价值、低耗能的产业结构发展。

第十一章　中国工业绿色发展提升路径

第一节　推动循环经济

一、循环经济的概念和理论基础

（一）循环经济的概念

循环经济（Circular Economy）是通过可再生、再利用以及颠覆性商业模式和技术，让经济稳定增长与稀缺资源耗用脱钩；企业无须再以短周期低成本的营运模式来进行商业活动，而是重新思考产品和服务的供应，如何带来更稳定长期的获利模式（Ellen MacArthur Foundation，2014）[①]。由于经济与科技发展迅速，人类对资源的关注与需求升高，导致原物料价格波动剧升，因此循环经济越来越受到重视，欧洲地区甚至将其视为国家发展的重要转型策略。循环经济概念并非近年来才被提出，循环经济的概念肇始于20世纪60年代美国学者鲍丁提出的"宇宙飞船理论"。鲍丁的理论将地球比喻为行驶宇宙的飞船，船内资源有限而人口或经济增长却无限，飞行中船内产出的废弃物将毒害乘客，最后只能坠落。地球应以飞船为警惕，珍惜地球有限资源，并使产出的废弃物能被回收、处理及再利用，此理论为循环经济最早的代表。也有文献基于与线性经济的比较来理解循环经济。1989年，Pearce 和 Turner 在鲍丁的基础上再提出循环经济的概

---

① 埃伦麦克阿瑟基金会（Ellen MacArthur Foundation，EMF）。

念，强调了从传统线型经济转向循环经济。所谓线性经济是着眼于产品"生产—使用—废弃"的基本过程，将丢弃视为资源或产品的最终处置，导致大量废弃物的产生，进而出现环境污染与资源耗损问题；而循环经济主张产品通过源头改变，在材料、产品、工艺及商业模式上重新设计，以规避资源浪费，最终消除废弃物的存在，达到资源循环再生与永续使用。循环经济是一种"摇篮到摇篮"的设计理念（Cradle to Cradle，C2C）。当所有原料不断循环再生，则废弃物的概念将消失，"摇篮到摇篮"的理念或超级循环理论是从源头设计进行改变，以实现循环经济永续经营为最终目标。

循环经济原则的主要目标是增加对社会、环境和经济方面的价值，减少对原材料的需求，并利用可再生能源，创造可持续循环的经济活动（EMF，2015）。在循环经济原则的概念下，通过系统思考（Think in "Systems"）重新定义城市生态系统中的废弃物，通过模块化、易翻新、拆解设计与重复的使用达到质量损失最小，而无毒的生物营养素通过堆肥回归自然。EMF 在报告中提出对循环经济的解释，垂直中心轴于线性生产过程中产生非必要的损失，而循环显示联级到不同应用之后重建获得自然资本；整体而言，圆圈越小，就越节省材料、劳动力、能源、资本和温室气体等排放成本。因此，为了发展循环经济，需要管理和交换资源相关信息，包含材料信息交换与产品报废系统网络，整体系统设计将涉及物料流的整合管理，搭上物联网的应用浪潮，循环经济模型将变得可实现。循环生态系统的 ReSOLVE 的观念为产业着手循环经济商业模式转型提供了可供依循的方针。

不同国际组织、国家政府、产业或者专业背景的学者对循环经济都有着不同的概念和界定。通过梳理分析，笔者认为，循环经济包括三大核心元素：天然资源、循环及经济，三者缺一不可。

天然资源包括原物料、能源、水资源、土地（含土壤）、生物多样性、自然界的吸收净化功能（环境介质，如水、土壤、空气）。资源的使用将造成环境的变动，良好的资源管理可降低危害环境的风险。

循环，是指在资源有限的情况下，同时满足需求变化及减少资源的浪费，将资源使用由线性模式改变成循环模式。

所谓经济，即需考虑符合市场经济的运作，如何在市场机制中维持及提升竞争力、反映各种环境与资源成本，以及运用各种既有及创新的商业模式，来扩大经济效益及资源价值。

为便于分析，笔者将"循环经济"定义如下：

循环经济是以资源回收与再利用的循环方式为发展基础，代替已经过时的线性经济，通过"摇篮到摇篮"的设计理念实现生物循环和工业循环的目标，让废弃物资源化，从源头上重新设计产品、工艺与商业模式，以降低资源消耗与废弃物的产生，达到环境友善的目标。循环经济能从根本上着手解决经济发展与环境冲突造成的矛盾，是新的经济发展观念与思维，更是追求经济发展与友善环境双赢的经济发展模式。

（二）循环经济理论基础

1. 系统理论

Bertanlaffy 分别于 1950 年和 1968 年提出系统理论，从生物科学的角度出发建立数学理论，后来经济学家鲍丁提出了太空舱理论，运用系统理论讨论经济系统。系统理论的核心思想是系统的整体观念，探讨个体与环境之间的复杂性与相互依赖关系，说明任何系统都是一个有机的整体，不是各个部分的组合或简单相加，其中的个体不是孤立存在的，每个元素在系统中都处于一定的位置，起着特定的作用。个体之间相互关联，构成了一个不可分割的整体。

循环经济强调资源再利用，以提升循环度与排除废弃物以降低环境影响的原则，跨足社会、经济、环境生态系统之间的关联，所以循环经济的科学基础是系统理论。循环经济系统是一个具有多层次、多形式而复杂的系统，透过调节系统内部各个子系统之间的物质、能量与信息的输入输出，最大限度地循环利用资源，让各子系统自循环以及系统整体和谐，以维持生态系统的平衡。系统理论强调整体论（Holism）、系统思考、复杂性以及组织学习，这些是循环经济发展的前提。

2. 工业生态经济理论

循环经济理论意在解决经济与环境之间的矛盾，它是资源节约、经济发展与环境保护相协调的发展战略。在传统的经济发展模式中，大多是从资源生产产品再到排放污染物为终结，这种传统的发展模式没有对排放物进行整合处理与回收，所以产生了环境污染问题。在循环经济思想指导下，企业的经济发展模式不再以排放污染物为终结，而是对污染物进行处理整合，尽最大努力减少对环境的污染。循环经济的发展有它自己的发展原则："3R"原则，即减量化（Reduse）、再使用（Reuse）与再生化

（Recycle）。其中，减量化是指减少资源投入，本着减少污染物排放的目的，从源头对资源投入进行控制，做到高效利用资源；再利用是指多次利用资源，在产品生产过程中，无论是源头资源还是中间资源都要多次利用，大力开发其潜在利用价值，尽可能减少污染物的排放；再生化是指对废弃物进行整合实现它的再生，尽可能减少对环境的污染。

循环经济的基础在于产业生态学。产业生态学的概念最早在《科学美国人》杂志上出现。该理论把整个产业系统作为一个生态系统来看，认为生态系统中的物质、能力和信息的流动与储存可以像在自然生态系统中那样循环运行，它们之间相互依赖、相互作用，形成复杂的、相互连接的网络系统。可见，产业生态学不是孤立地把产业生态系统从生物圈中分离出来，而是把它们视作整个系统的一个特殊组成部分——既然自然生态系统可以没有废弃物而构成生态循环，工业系统也应该如同自然系统那样可以永续发展。

3. 生态经济学理论

循环经济理论也以生态经济学理论为基础，一切经济活动都应以生态规律为主导，生态经济学强调在人的社会生产实践活动与生态环境的相互作用中实现人与自然的和谐发展，循环经济旨在减少资源投放，高效利用一切资源，尽大减少废弃物，实现资源的循环利用与经济的可持续发展。而这一切活动也在于遵循生态发展规律的结果。总之，循环经济在生态经济基础之上，二者的共同目的是维持经济与环境的可持续发展。

生态经济学主要了解在不同时间和空间下，人类经济与自然生态间的共同演化和互相依存的关系。生态经济学把经济视作生态系统下的子系统，并强调保存天然资本，研究社会的新陈代谢，亦即对能源和资源进入及离开经济体系的流动进行研究。来自不同学科的学者都对经济和环境的关系作出研究，关注点包括能源和资源的流动及可持续发展、环境质素，以及经济发展。生态经济学建立于 Kenneth E. Boulding、Nicholas Georgescu-Roegen、Herman Daly、Robert Costanza 及其他学者的研究之上。而后来提出的绿色经济，是生态经济学在实务上更实在的应用。《生态经济学》期刊在1989 年正式发行，确立了生态经济学的学术地位，后来的工业生态学的发展也被视为生态经济学的延伸应用领域。

此外，在实务的层次和领域，循环经济并非新的概念，而是一个由许多已经发展且测试过的策略及方法的组合，而且已经存在于许多系统中（EMF，2015）。研究发展除了建立于上述的理论基础外，也汇集了不同领域的研究主题及科学方法，包含可再生设计（Regenerative Design）、"摇篮到摇篮"（Cradle to Cradle Design）、仿生学（Biomimicry）、绩效经济（Performance Economy）、蓝色经济（The Blue Economy）、共享经济（Sharing Economy）。

笔者以"摇篮到摇篮"为例加以说明。自第一次工业革命以来，人类以追求经济增长为首要目标，产品设计及制造皆以线性经济及大量开采自然资源的思维来进行，所以资源一经开采后就自然走向从"摇篮到坟墓"之路：加工、制造、使用、抛弃及污染。为了弥补资源的耗竭，过去的发展遵循"3R"原则，但没有从源头设计改变，有毒物质依然排放；且现有节能及回收的战略只能使产品的生命周期延长或降级使用，减少能资源消耗，但能资源终究会走向"坟墓"的结局。所以，美国建筑师麦克唐纳和化学家布朗嘉教授在其专著 *Cradle to Cradle：Remaking the Way We Make Things* 中，开始推广"摇篮到摇篮"的概念，提出设计和科学的整合，认为所有事物的设计都要依循"从摇篮到摇篮"概念，而不是一生产出来就走向"坟墓"。

二、国家层面的循环经济推动措施

2004 年起，中国在循环经济领域发展迅速，2005 年及 2007 年分别提出了第一及第二批的循环经济试点计划；2008 年通过《循环经济促进法》，并于 2009 年 1 月 1 日施行（2019 年 8 月进行了修订），落实"减量化、再利用、资源化"的原则，实现资源产出率提高 15% 的目标及资源循环利用产业总产值达到 1.8 万亿元等目标；2020 年 4 月，全国人大常委会通过了《中华人民共和国固体废物污染环境防治法》。

2013 年编制《循环经济发展战略及近期行动计划》，对发展循环经济做出战略规划，整合发改委、商务部、财政部、工信部及建设部等单位，将资源综合利用、废旧商品回收体系、城市矿产示范基地、再制造产业化、餐厨废弃物资源化、产业园区循环改造及资源循环利用技术列为主轴。

2016 年 3 月推出《中华人民共和国国民经济和社会发展第十三个五年规划纲要》，第十篇"加快改善生态环境"是绿色发展中最重要的一篇，其中的第四十三章"推进资源节约集约利用"当中即以一小节"大力发展循环经济"来简要点出"十三五"时期的循环经济发展要点：实施循环发展引领计划，推进生产和生活系统循环链接，加快废弃物资源化利用。按照物质流和关联度统筹产业布局，推进园区循环化改造，建设工农复合型循环经济示范区，促进企业间、园区内、产业间耦合共生。推进城市矿山开发利用，做好工业固废等大宗废弃物资源化利用，加快建设城市餐厨废弃物、建筑垃圾和废旧纺织品等资源化利用和无害化处理系统，规范发展再制造。实行生产者责任延伸制度。健全再生资源回收利用网络，加强生活垃圾分类回收与再生资源回收的衔接。

2016 年 8 月 9 日国家发改委公告循环发展引领计划，设定出 14 项指标，将在 2020 年，让主要资源产出率比 2015 年提高 15%；工业固体废弃物综合利用率达到 73%，农作物秸秆综合利用率达到 85%；主要再生资源回收率提高 4%（达到 82%）；资源循环利用产业产值达到 3 万亿元等；并建构循环型产业体系、完善城市循环发展体系、壮大资源循环利用产业、强化制度供给、激发循环发展新动能、实施重大专项行动以及完善保障措施。

新一届政府在加强推动循环经济、废弃物资源化上不遗余力，陆续通过或修订重要法规和政策，如 2018 年 10 月通过《循环经济促进法》（修订案）、2019 年 1 月国务院常务会议通过《固体废物污染环境防治法（修订草案）》，同时，全国人大常委会对修订草案进行了分组审议。根据国家发展和改革委员会发布的《循环发展引领行动（2017）》，中国循环经济发展的近期目标是：

2020 年主要资源生产力较 2015 年提高 15%，主要废弃物循环利用率较 2015 年提高 7%，一般工业固体废弃物综合利用率达 73%，农作物秸秆综合利用率达 85%，资源循环利用产业产值达 3 万亿元。改造 75% 的国家级园区和 50% 的省级园区为循环型模式。

三、企业层面的循环经济发展战略——以 A 企业为例

（一）循环经济下的企业商业模式研究

当前评价循环经济效果的方法较少，一般均以案例分析为主。一般而言，评价循环经济程度和效果的量化指标的参考依据，以麦克阿瑟基金会建立的 ReSOLVE 循环商业模式、Osterwalder 和 Pigneur 提出的九宫格商业模式，以及知名专业顾问机构 Carbon Trust 提出的循环商业模式为主。

1. ReSOLVE 循环商业模式

EMF 和 McKinsey（2015）提出了该模式，并应用该模式分析欧盟三大民生部门——食、住、行的潜在商机，并预估了线性模式与循环模式的经济效益的差异。ReSOLVE 循环商业模式包括六种类型：革新（Regenerate）、共享（Share）、效能提升（Optimise）、封闭循环（Loop）、虚拟/电子化（Virtualise）及以旧换新（Exchange）（见表 11-1）。ReSOLVE 循环商业模式以不同模式延长产品使用寿命，延长使用或转换成至可循环资源中，提供产业进行循环经济商业模式规划的遵循方针。

表 11-1　ReSOLVE 循环商业模式要素与简介

ReSOLVE 循环商业模式	概要
革新（Regenerate）	使用再生能源/资源 将价值回收、保留于生态系统中 将生物资源回归至生物圈中
共享（Share）	分享资产（如车子、房间、器具） 再利用或二手商品 以维修、耐久性设计、升级等方式延长产品寿命
效能提升（Optimise）	增加产品效率与性能 在生产与供应链中防止废弃物产生 通过大数据、自动化传达与指导
封闭循环（Loop）	产品零件再制造 材料回收 厌氧消化用 从有机废弃物中提取生化资源
虚拟/电子化（Virtualise）	书籍、音乐、在线购物、旅游、自动驾驶等
以旧换新（Exchange）	以经技术处理之非再生材料替代旧材料 使用新型技术（如 3D 打印） 使用新型产品及技术（如复合运输）

2. 九宫格商业模式

Osterwalder 和 Pigneur 于 2010 出版了《商业模式世代》（*Business Model Generation*）一书，书中将商业模式简单划分为九个要素，并描述建立、评估企业商业模式的方法（见表11-2）。九个要素分别为：

（1）目标客户：企业所瞄准的客户群体，而这些群体通常有某些共通性，让企业能够以其共通性创造价值。

（2）价值主张：企业所提供的产品或是服务对特定目标顾客群所能提供的价值，即满足客户的需求。

（3）渠道：企业如何与客户沟通、接触以传达企业的价值主张，是为接触目标客户的各种途径。

（4）顾客关系：企业与顾客之间的关系类型（如何与目标客户族群建立起联系）。

（5）关键活动：企业要让商业模式运作成为最主要的活动。

（6）关键合作伙伴：企业与其他企业间有效提供价值并实现商业化而形成的关系。

（7）关键资源：维持企业的商业模式运作所需要的资源，如实体、智能、人力及财务等，并可以此作为进入障碍。

（8）成本结构：企业维持商业模式运作所产生的所有必需费用。

（9）收益流：成功将企业的价值主张提供给客户后所获得的收入。

表11-2　九宫格分析要素

（6）关键合作伙伴（Key Partners，KP）：有些活动要通过供货商或合作伙伴取得	（5）关键活动（Key Activities，KA）：运用关键资源所执行的活动	（2）价值主张（Value Propositions，VP）：解决顾客的问题，满足顾客的需要	（4）顾客关系（Customer Relationships，CR）：跟每个目标客层都要建立并维系不同的顾客关系	（1）目标客户（Customer Segments，CS）：企业或组织所要服务的一个或几个客群
	（7）关键资源（Key Resources，KR）：所需要的资产就是关键资源		（3）渠道（Channels，C）：成功地将价值主张提供给客户后，就会取得收益流	
（8）成本结构（Cost Structure，CS）：各个商业模式的元素都会形塑你的成本结构			（9）收益流（Revenue Streams，RS）：成功地将价值主张提供给客户后，就会取得收益流	

3. Carbon Trust 循环经济商业模式

Carbon Trust意为碳信托（基金），它是指通过投资开放低碳技术，鼓励支持企业开展节能环保方面的合作以推动低碳经济发展的信托基金。碳信托循环经济商业模式分为内环与外环，"内环"是以"设计时间"为循环经济核心概念，将"使用阶段""制造阶段"及"废弃阶段"进行串接形成一个"封闭循环"（Close Loop）。"外环"是在内环的基础上，依据过往产业界发展循环经济的实务经验，共区分为七种商业模式，分别是：产品共享（Product Sharing）、产品服务化（Product Service）、修复及翻新（Restoration and Refurbishment）、再制造（Re-make）、副产品及产业共生（Symbiosis of By-products and Industries）、再生料替代原生料（Replacement of Raw Meal with Recycled Material）、资源再生与回复（Resource Recovery）。

基于 Carbon Trust 循环经济商业模式，Urbinati 等提出了如表11-3所示的评价企业循环经济发展程度的分析模型——商业模式画布（Business Model Canvas，BMC）。该模式可以对企业的循环经济程度打分，进而得出企业的循环经济模式。

表 11-3 商业模式画布分析

商业模式画布	概述
水平坐标轴（X轴）： 顾客价值主张和顾客界面 （Customer Value Proposition & Customer Interface）	（1）为顾客提供价值，细分客户群：企业顾客关系、配销渠道和价值主张，以决定企业在市场与竞争对手之定位 （2）维度坐标之变数：定价和促销 （3）标价：通过不同方式向顾客提供价位，基于使用权而非拥有权；基于功能而非基于产品 （4）促销：公司如何依营销活动来推销循环度之内容
垂直坐标轴（Y轴）： 价值网络（Value Network）	（1）为企业与供货商之互动方式，以重新组织内部活动（关键性资源、组织活动、上游合作伙伴） （2）维度坐标之变数：再循环设计、再利用和再制造设计、拆解设计、环境设计 （3）选择关键性供货商，提供正确资源和原物料，作为组织内部生产系统的输入端，具有中高度或高度的循环度

根据表11-3的内容，对企业的循环经济程度打分，可以得出企业的循环经济模式：

（1）全循环模式：指公司涉及内外部的循环模式。此类企业不仅遵照循环经济原则管理生产系统，而且使供货商有效参与循环生产系统，并向顾客清楚传达组织内部主动积极落实循环经济模式。

（2）上游循环模式：指公司在产品设计时间采用循环经济原则，并在终端与新合作供货商建立有效关系，但这并未使终端顾客看到公司是采用循环经济的（无论是价格上还是营销活动上）。因此，上游循环模式的企业聚焦在成本结构和成本效益方面的优势。

（3）线性经济模式：线性消费经济模式，原料被开采、制造加工、成品并在使用后变成废弃物，资源仅使用过一次，即流失其效用与价值。

（4）下游循环模式：指公司采用基于使用和重复使用产品端的价格方案或营销活动，但是组织内部落实和设计时间似乎未能反映出循环经济的特色，下游循环模式的企业应聚焦在收益流和市场渗透策略方面的优势。

一般社会科学研究方法分为量化研究法和定性研究法。量化研究法以实证主义为核心，以数据统计计算方式来进行变量设计及验证假说。定性研究方法，是用来观察人类社会互动行为的重要研究方法之一，主要用来弥补过去在管理领域中，以理论、假设验证为目的的量化研究方法的局限，而改以理论建构的探索式方式。本书采用定性研究和定量研究相结合的分析方法探讨 A 公司的循环经济发展战略，具体如下：

1. 五力分析模型

美国经济学家和战略研究家波特（Porter）于 1979 年提出的五力分析模型，是目前企业在制定战略规划以及学术界个案研究时，最常使用的产业分析架构。波特认为，分析来自产业内、外部的五种力量的来源，能有效地了解企业本身的竞争环境、产业结构、竞争力的强弱以及制定未来发展规划等相关应对竞争战略。

笔者将采用波特提出的产业五力战略分析框架，对影响企业竞争发展与获利程度多寡的五种力量，即产业内同业竞争者、潜在竞争者威胁、替代品威胁、供货商议价能力，以及购买者议价能力进行分析，借此掌握产业周围的竞争力来源及影响获利多寡的重要因素。利用竞争力的强弱分析结果，协助定位产业竞争结构，以期提供产业与 A 公司解决困境或建立应对战略的参考与建议。

2. SWOT 分析

SWOT 分析是由企业本身的优势和劣势，以及外部市场的机会和威胁四个面向构成的强弱危机分析法，可对企业进行全面的分析以及竞争优势的定位。因此，通过 SWOT 分析，对外可以用于制定企业战略和分析竞争对手，对内能让公司达到自我检查的目的。笔者运用 SWOT 分析从优势、劣势、机会及威胁四方面分析 A 公司的战略经营情况。

3. 关键成功因素法

关键成功因素（Key Success Factors，KSF）是在探讨产业特性与企业战略之间关系时，常使用的分析工具。许多专家学者对 KSF 进行研究并加以定义，但一直都没有确切的一致性说法。有文献认为，关键成功因素是企业获得成功或高绩效必须特别且持续留意的重要因素；也有学者认为，关键成功因素是企业在产业竞争中所必须具备的基本能力。可见，关键成功因素仅是企业成功的必要条件。笔者将在五力分析和 SWOT 分析的基础上，从 SO、ST、WO、WT 四个方面进行关键因素分析。

4. 商业模式画布（BMC）分析

在定量分析个案公司的循环经济度时采用该分析模式。商业模式画布是一种以图形的方式描述商业模式、说明企业运行机制的重要方式。笔者使用 BMC 方法对 A 公司的循环经济发展模式进行整体研判，主要关注 A 公司的垂直坐标轴 Y 轴即价值网络部分，主要包括 A 公司的再循环设计/再利用/再制造设计、关键物料来源质量、企业与供货商的伙伴情况、物流和反向物流的保障情况等。

5. 层次分析法

层次分析法（Analytic Hierarchy Process，AHP）是指将一个复杂的多目标决策问题作为一个系统，将目标分解为多个目标或准则，进而分解为多指标（或准则、约束）的若干层次，通过定性指标模糊量化方法算出层次单排序（权数）和总排序，以作为目标（多指标）、多方案优化决策的系统方法。笔者运用该方法从备选方案中选择 A 公司推行战略的最优方案或者经营战略重点。

（二）A 公司管理模式与发展目标

1. 公司管理模式

为了提升营运效率并降低资源浪费，A 公司近年来积极改进并修正公司内部组织管理制度，通过改善厂区工作环境、营运器具维修管理与增进员工专业技术与知识，由细微的地方着手，节省公司资源浪费与支出赚取管理财，降低大环境不景气对公司营运的冲击。

（1）内部管理。建立并有效落实内部员工考勤、考核、奖惩与升迁制度，希望有别于大部分的传统家族式管理方式的资源回收厂商，借以强化内部组织，改正并提升员工向心力并降低员工离职率。

（2）员工安全与教育训练。积极落实公共安全管理与检查制度，防范杜绝意外事故及职业灾害发生，为员工创造安全的作业环境；为提升员工技术能力与工作效能，除了提供员工基本训练，定期加强环境卫生倡导及相关环保信息，亦协助员工参与政府相关环保课程，满足员工对知识的需求，强化公司专业人才数量与质量、优化公司组织结构。

（3）设备与器材管理。初步建立数据管理方式，将车辆、零件器材的维修与耗损等，加以记录与管控，通过定期数据，进一步分析营运机具的损坏原因。汇整并统计为人员操作问题或机械不良等因素，借此检查并加强修正设备与器材管理方式，进而有效规避浪费，提升机械设备运转效率。

（4）遵守法规。

1）公司应当装置卫星定位实时追踪系统的清运车辆已全部导入，配合环保部门卫星定位实时追踪系统，杜绝司机危害自然环境、损坏公司商誉与形象行为的发生。

2）通过环保局企业废弃物申报及管理信息系统，定期申报公司事业废弃物营运量信息，协助政府管理并监督废弃物产出情形、贮存情形及清理流向等数据，善尽企业责任。

2. 公司未来发展目标

A公司制定的未来发展目标如下：有效整合公司资源与发展能力，提高资源回收利用的产值，提升公司品牌知名度；同时也要打造良好的企业形象，致力于提升社会环保意识和资源回收再利用意识，承担社会责任。

（三）发展战略分析

1. 五力分析

五力分析的各个具体影响因素整理如表11-4所示。

表 11-4　五力分析的竞争因素归纳

序号	同业竞争者威胁	潜在竞争者威胁	替代品威胁	供应商议价能力	购买者议价能力
1	竞争对手的数量及规模	经济规模	价格优势	供应商数量	采购规模
2	资金需求	资金需求	新产品技术或功能优势	有无适当的替代品	产品差异化
3	顾客转换成本	品牌忠诚	顾客转换成本	是否为关键零组件供应商	顾客转换成本
4	差异化程度	专利或技术优势		转换成本	产品信息了解程度
5	产业增长速度	顾客转换成本			价格
6	通路优势	产业战略联盟			
7	价格	法规限制			
8		产品差异性			

　　根据上述归纳，笔者首先通过五力分析方法，找出影响资源回收产业发展与获利多寡的竞争力因素来源，并按照每种竞争因素对产业竞争发展的影响程度大小，区分为优势高、优势低、普通、威胁低、威胁高五种等级，以此结果定位产业竞争结构。研究结果如表 11-5 所示，资源回收产业在市场竞争中，将受到下列因素的影响。

表 11-5　A 公司五力分析

竞争力	同业竞争者 威胁⇄优势					潜在竞争者 威胁⇄优势					替代品 威胁⇄优势					供应商 威胁⇄优势					购买者 威胁⇄优势				
	威胁高	威胁低	普通	优势低	优势高	威胁高	威胁低	普通	优势低	优势高	威胁高	威胁低	普通	优势低	优势高	威胁高	威胁低	普通	优势低	优势高	威胁高	威胁低	普通	优势低	优势高
F1 资金需求					■	■																			
F2 采购规模																					■				
F3 顾客转换成本	■										■														

续表

竞争力	同业竞争者 威胁→优势					潜在竞争者 威胁→优势					替代品 威胁→优势					供应商 威胁→优势					购买者 威胁→优势				
	威胁高	实力弱	普通	优势低	优势高	威胁高	威胁低	普通	优势低	优势高	威胁高	威胁低	普通	优势低	优势高	威胁高	威胁低	普通	优势低	优势高	威胁高	威胁低	普通	优势低	优势高
F4 产品差异性	■					■											■				■				
F5 渠道优势							■																		
F6 产业成长速度	■																								
F7 价格			■										■								■				
F8 专利或技术优势												■													
F9 是否为关键原料供应者																■									
F10 新产品技术或功能优势																									
F11 战略联盟								■																	

（1）同业竞争者的威胁。

1）资金需求高（F1），具有竞争优势：对资源回收产业而言，其公司营运初期需投入相当可观的营运资金用于土地取得、厂房设置、购置营运器具和人力需求上，当产业内的竞争者拥有足够的资金与能力时，将提高本身的竞争力强度，取得同业内较优的竞争优势。

2）顾客转换成本低（F3），威胁程度高：产业的主要营业项目为资源回收批发交易于提供顾客服务。国内各类资源回收物的价格差异空间不大，客户随时可选择提供较佳服务的厂商或地缘位置邻近的厂家做交易，几乎没有转换产品或服务时的实质成本或心理负担问题。因此，当顾客的选择空间变大时，同业竞争的威胁程度也相对提高。

3）产品差异性低（F4），威胁程度高：资源回收产业的产品差异性主要来自提供客户服务，以及资源回收物的质量与数量。当回收物的质量提高、回收量增加时，厂商可提高本身的定价能力，获得市场优势。对多数的厂商而言，碍于场地大小限制，提高囤货压力、人力有限且无设置分类设备，因此不具优势。但对中游大盘厂商而言，凭借着进阶分类、拆解与压缩打包程序，可提高回收物的质量，具有较佳的市场优势。因此，当市场出现可提供稳定的回收量、回收质量（如洁净度）佳、服务效率稳定且快速的竞争者时，将赢得上游大厂的青睐，原本厂商的合作关系随时可被取代，市场竞争威胁程度也相对提高。

4）渠道优势高（F5），具有竞争优势：资源回收厂商的渠道分布以国内为主，分别为区域性成立回收门市、北中南设置各类资源回收物处理厂区、进驻各类大型量贩店、于特定区域放置自动资源回收机等；少部分为境外输出或输入废弃物。当资源回收物设置据点分布区域腹地愈大时，能大幅增加回收量、网罗更多顾客群，大幅提高本身的市场占有率与产业竞争优势。

5）产业成长速度持续成长（F6），威胁程度高：资源回收产业在政策加持、市场需求、技术或产品创新以及环保意识提升等因素相互作用下，吸引业外投资者的目光，直至2018年初，厂商家数维持小幅增加的情况，一旦具有更优势产品、服务、技术与成本优势的竞争者进入市场，则很容易被取而代之，威胁程度提高。

6）价格优势普通（F7）：国内各类资源回收物价格是依据上游处理大厂，根据市场供需和国际原物料行情公开议定后，决定终端贩卖价格，对中、下游厂商而言，调整其变卖金额的空间十分有限，优势普通。

（2）潜在竞争者的威胁。由表11-5可知，潜在竞争者进入市场的障碍高低或威胁程度大小，将受到下列竞争因素的强弱程度影响：

1）资金需求高（F1），威胁程度低：产业发展需要相当面积的厂区作为处置或闲置各类回收物、各类机器设备与营运用的清除车辆等，对中游大盘商及上游各类处理大厂来说尤其是这样。因初期资金需求高，多数资源能力不佳的竞争者却步，提升市场进入障碍、降低威胁。

2）采购规模须具规模经济（F2），威胁程度普通：企业通过大量收购各类资源回收物可以产生规模经济，其效益可为获得超额利润、提升顾客认同度、主导□、差异化优势等，更可以提高屏障，让多数资源能力不佳的竞争者却步 提升市场进入障碍、降低威胁。

3）顾客转换成本低（F3），威胁程度高：产业的主要营业项目为资源回收批发交易 提供顾客服务。国内各类资源回收物的价格差异空间不大，顾客随时 选择提供较佳服务的厂商或地缘位置邻近的厂家做交易，几乎没有转换产品或服务时的实质成本或心理负担的问题，有利于潜在竞争者进入市场。当市场进入障碍低时，威胁程度也提高。

4）产品差异性低（F4），威胁程度高：资源回收产业的产品差异性主要来自提供客户服务，以及资源回收物的质量与数量。当回收物的质量提高、回收量增加时，厂商可提高本身的定价能力，获得市场优势。因此，当市场出现可提供稳定的回收量、回收质量（如洁净度）佳、服务效率稳定且快速的竞争者时，将赢得上游大厂的青睐，原本厂商的合作关系随时可被取代，有利于竞争者的进入，威胁程度高。

5）专利或技术优势（F8），威胁程度普通：产业厂商基于本身能力与市场经验等利基点，于产业相关专利与技术发展方面具有优势。当企业握有相关专利保护与专业或新颖的技术优势时，除了能大幅提升本身的竞争能力，更可提高市场进入障碍、降低竞争者的威胁。

6）产业战略联盟（F11），威胁程度普通：产业内的厂商为了确保、维持或增进本身的竞争优势与地位，同时降低经营风险，建立竞争者的进入障碍，于研发、制造、销售或服务上以合作方式达到资源互补的成效。国内资源回收产业的战略联盟目的主要为销售与服务合作上，大致上分为北、中、南三大区域，以最终收货端的上游大厂（如纸厂、钢铁厂）为主，各自发展成区域型小型产业供应链，降低同业竞争与产业外竞争者的威胁。

（3）替代品的威胁。由表 11-5 可知，产业面对替代品的威胁程度，将受到下列竞争因素的强弱程度影响：

1）顾客转换成本低（F3），威胁程度高：产业的主要营业项目为资源回收批发交易 提供顾客服务。国内各类资源回收物的价格差异空间不大，顾客随时可选择提供较佳服务的厂商或地缘位置邻近的厂家做交易，几乎没有转换产品或服务时产生额外的实质成本或心理负担的问题。因此，一旦市场出现更便捷的服务方式或设备等，被替代的威胁程度高。

2）价格（F7），威胁程度普通：国内的各类资源回收物价格是依据上游处理大厂，根据市场供需和国际原物料行情公开议定后，决定终端的贩卖价格，以至于对中、下游厂商而言，调整其变卖金额空间有限，威胁程度普通。

3）新产品技术或功能优势（F10），威胁程度普通：为节省人力、扩张资源回收据点、提高各类资源回收量等，产业引进新技术及新功能等设备或机具进入市场（如 iTrash 智能城市垃圾回收整合系统、自动资源回收机等），在民众回收习惯、耗时与薄利等因素影响下，要替代传统资源回收模式的磨合期长，威胁程度普通。

（4）供应商的议价能力。资源回收产业为多数供应者的市场，由表 11-5 可知，产业内提供各类资源回收物的供货商，其议价能力，将受到下列竞争因素的强弱程度影响：

1）顾客转换成本低（F3），威胁程度低：产业的主要营业项目为资源回收批发交易并提供顾客服务。国内各类资源回收物的价格差异空间不大，顾客随时可选择提供较佳服务的厂商或地缘位置邻近的厂家做交易，几乎没有转换产品或服务时的实质成本或心理负担问题。因此，当顾客选择的空间变大时，供货商的议价能力被削弱，威胁程度低。

2）产品差异性低（F4），威胁程度低：资源回收产业的产品差异性主要来自提供客户服务，以及资源回收物的质量与数量。当回收物的质量提高、回收量增加时，厂商可提高本身的定价能力，获得市场优势。资源回收物的最终收货端为各类资源回收的上游大厂，重视的是可提供稳定回收量、回收质量（如洁净度）佳、服务效率稳定且快速的供应厂家。因此，市场产品或服务差异化程度越高，供应厂商的议价能力提升；反之则降低。

3）非关键原料供应者（F9），威胁程度低：产业内的供货商主要为买卖资源回收物赚取中间价差及提供顾客服务。因为，产业市场服务差异化程度不明显，上游大厂选择空间变大，削弱供货商的议价能力，威胁程度低。

（5）购买者的议价能力。由表 11-5 可知，产业内购买者的议价能力将受到下列竞争因素的强弱程度影响：

1）采购规模具有规模经济的优势（F2），威胁程度高：企业通过大量收购资源回收物产生采购规模，其效益可为获得超额利润、提升顾客认同度、主导权、差异化优势等；资源回收物的最终收货端为各类资源回收的上游大厂（如纸厂、钢铁厂），当上游大厂提高采购力时，相对于供货的供货商，议价优势高，威胁程度攀升。

2）顾客转换成本低具有优势（F3），威胁程度高：产业的主要营业项目为资源回收的买卖交易并提供顾客服务。国内各类资源回收物的价格差异空间不大，顾客随时可选择提供较佳服务的厂商或地缘位置邻近的厂家做交易，几乎没有转换产品或服务时的实质成本或心理负担问题，因此，购买者的选择空间变大，议价优势高，威胁程度攀升。

3）产品差异性低具有优势（F4），威胁程度高：资源回收产业的产品差异性主要来自提供客户服务，以及资源回收物的质量与数量。当回收物的质量提高、回收量增加时，卖方除了可以提高本身的售价优势，亦可提高购买者的购买意愿。资源回收物的最终收货端为各类资源回收的上游大厂，重视的是可提供稳定回收量、回收质量（如洁净度）佳、服务效率稳定且快速的供应厂家。因此，一旦市场出现可提供较佳的产品质量与服务的厂商时，供货关系很容易被取代，威胁程度攀升。

4）价格具有优势（F7），威胁程度高：国内各类资源回收物价格是依据上游处理大厂，根据市场供需和国际原物料行情公开议定后，决定终端价格，而上游大厂是各类资源回收物最终收货端，除了掌握决定价格的权力，并按照回收物的质量优劣分级收购，对价格具有高度优势。

综上所述，资源回收产业的竞争结构在资金需求（F1）、采购规模（F2）、渠道优势（F5）、专利或技术优势（F8）等因素上具有市场竞争优势；但是在顾客转换成本（F3）、产品差异性（F4）、产业成长速度（F6）等竞争因素上，优势程度薄弱，而威胁程度高。依据波特提出的五种市场压力来源分析，最终收货端的上游大厂（如纸厂、钢铁厂）对各类资源回收物价格及议价空间具有优势，在竞争上具有优势地位，威胁高；产业成长速度（F6）持续加快，同业市场竞争激烈，而产业内厂商的竞争优势亦增加竞争者进入市场的障碍；替代品威胁与供货商的议价能力对市场竞争威胁较低，如表11-6所示。

表11-6　资源回收产业竞争结构的优势/劣势整合分析

优势	威胁	威胁低或普通
F1 资金需求 F2 采购规模 F5 渠道优势 F8 专利或技术优势	F3 顾客转换成本 F4 产品差异性 F6 产业成长速度	F7 价格 F9 是否为关键原料供应者 F10 新产品技术或功能优势 F11 战略联盟

2. SWOT 分析

笔者采用 SWOT 分析方法，通过掌握产业外在大环境趋势与现况，找出产业发展的机会与面对的威胁等因素以及分析并汇整出 A 公司本身内部条件优势与劣势等因素，依此确立该公司的 SWOT 分析表（见表 11-7）。

表 11-7　A 公司 SWOT 分析

	正面因素	负面因素
	优势	劣势
内部条件	S1 业内经验丰富，顾客关系良好 S2 营运证照齐全 S3 具备设备专利及技术优势 S4 具备采购规模	W1 内部 IT 程度低 W2 通路限制 W3 员工流动率高 W4 公司知名度不足
	机会	威胁
外在环境	O1 国家实施"禁废令"的政策 O2 产品或服务差异性 O3 环保趋势，产业可持续成长 O4 产业经济活动与消费需求可持续发展 O5 符合国家未来经济发展目标	T1 顾客转移成本低 T2 缺工问题 T3 回收质量问题 T4 土地取得困难 T5 供货商供货不稳定 T6 政策限制 T7 科技与新创

通过波特五力分析方法确立的竞争结构论，结合层次分析法确定的结果，就其两者之相关性，分析推导出 A 公司的关键成功因素（见表 11-8、表 11-9）。进而，根据 SWOT 方法提供的分析思路，分别从 SO、WO、ST、WT 方面加以分析。

表 11-8　A 公司关键成功因素对应表

五力分析	关键成功因素（KSF）	SWOT 分析
F3 顾客转移成本 F4 产品差异性	K8 提升顾客服务质量	S1 业内经验丰富、顾客关系良好 T1 顾客转移成本低 T5 供货商合作不稳定

续表

五力分析	关键成功因素（KSF）	SWOT 分析
F2 采购规模 F3 顾客转移成本 F4 产品差异性 F9 是否为关键原料供货商	K9 创造产品或服务差异性	S3 专利及技术优势 S4 具备采购规模 T1 顾客转换成本低 T2 缺工问题 T3 回收质量不佳
F3 顾客转移成本 F5 渠道优势 F6 产业成长速度 F9 是否为关键原料供货商 F10 新产品技术或功能优势 F11 产业联盟	K11 提高 IT 应用程度	W1 内部 IT 程度低 W2 渠道限制 W4 公司知名度低 T1 顾客转移成本低 T2 缺工问题 T7 科技与创新
F3 产业成长速度	K12 提高员工认同感	W3 员工离职率高 T2 缺工问题
F5 渠道优势 F9 是否为关键原料供货商	K13 加强货源稳定性	W2 渠道限制 T1 顾客转移成本低 T5 供货商合作不稳定

表 11-9　A 公司关键成功因素关联表

SWOT 分析		五力分析	关键成功因素（KSF）
SO	S1 业界经验丰富、顾客关系良好 S2 营运牌照齐全 S3 专利及技术优势 S4 具采购规模 O1 实施"禁废令"政策 O2 产品或服务差异性 O3 产业持续成长 O4 产业经济活动与消费需求可持续 O5 符合国家未来经济发展目标	F1 资金需求 F2 采购规模 F5 渠道优势 F6 产业成长速度 F7 价格 F8 专利或技术优势 F10 新产品技术或功能优势	K1 维持产业经验优势 K2 维持资金充裕 K3 加强专利及技术优势 K4 提升价格优势 K5 产业可持续发展

续表

SWOT 分析		五力分析	关键成功因素（KSF）
WO	W1 内部 IT 程度低 W2 渠道限制 W3 员工离职率高 W4 公司知名度低 O1 国家实施"禁废令"政策 O2 产品或服务差异性 O3 产业持续成长 O4 产业经济活动与消费需求可持续 O5 符合国家未来经济发展目标	F5 渠道优势 F6 产业成长速度 F10 新产品技术或功能优势 F11 战略联盟	K6 加强渠道优势 K7 推展战略联盟
ST	S1 业内经验丰富、顾客关系良好 S2 营运证照齐全 S3 专利及技术优势 S4 采购规模 T1 顾客转移成本低 T2 缺工问题 T3 回收质量不佳 T4 土地取得困难 T5 供货商合作不稳定 T6 政策限制 T7 科技与创新	F2 采购规模 F3 顾客转换成本 F4 产品差异性 F6 产业成长速度 F7 价格 F9 是否为关键原料供货商	K8 提升顾客服务质量 K9 创造产品或服务差异性 K10 加强回收物质量管理机制
WT	W1 内部 IT 程度低 W2 渠道限制 W3 员工离职率高 W4 公司知名度不足 T1 顾客转移成本低 T2 缺工问题 T3 回收质量不佳 T4 土地取得困难 T5 供货商合作不稳定 T6 政策限制 T7 科技与创新	F3 顾客转换成本 F5 渠道优势 F6 产业成长速度 F7 价格 F9 是否为关键原料供货商 F10 新产品技术或功能优势 F11 产业联盟	K11 提高 IT 应用程度 K12 提升员工认同感 K13 加强货源稳定性

（1）SO 分析（优势—机会分析）。利用 A 公司本身内部的优势条件，掌握外在环境赋予的机会，推论该公司竞争优势的关键成功因素如下：

1）维持产业经验优势（K1）：A 公司长期深耕资源回收产业相关事务，具备丰富的产业经验优势，对大环境趋势与产业发展具有相当程度的敏感度与渠道选择权，当市场趋势转变或新政策施行时可立即反应并妥善因应，享有产业经验曲线效益，在操作各项作业时可降低单位成本。因此，维持产业经验优势为市场竞争的关键成功因素。

2）维持资金充裕（K2）：资金运作在资源回收批发事业里极为重要，有别于大部分门产业，对于中、下游的资源回收厂商资源回收物的交易买卖以现金交易实时处理，使用短期汇票或使用 L/C 交易的机率低，多为大盘商与上游厂商属之。另外，为达到采购及销售数量规模经济效益以及推动相关资源，常常需要不断增加资金需求，尤其在产业成长速度高的市场。因此，维持公司资金充裕为市场竞争的关键成功因素。

3）加强专利及技术优势（K3）：专利权与技术领先为企业获得市场竞争优势资产与能力的强项。当前国内资源回收批发商于厂区设有资源回收筛选设备者为数不多。A 公司通过自行组装配置的废纸筛选系统，获得新型专利，除了强化该公司废纸处理技术、提高技术保护门槛，更大幅提升厂区产能与作业程序的精准度，成功取得业界优势。因此，强化公司的专利及技术优势为市场竞争的关键成功因素。

4）提升价格优势（K4）：A 公司通过厂内建置废纸筛选设备、全自动废铁裁剪机械以及其他设备机具等，大幅提升厂区营运效能与回收质量，并经由大量采购废纸、废钢铁具规模经济且增加回收量，可提供上游大厂足够货源；大量采购可降低供货商（中、小型盘商）的议价能力，提升回收物的质量与数量可提高本身对上游大厂的议价能力。因此，提升公司的价格优势为该公司的重要关键成功因素。

5）产业可持续发展（K5）：迎向循环经济新商机，符合全球经济发展趋势以及国家未来经济发展目标；国内企业共同响应并积极发展企业绿色转型，共谋与环境保护双赢的绿色商机，许多新技术因应而生。资源回收产业是国家发展循环经济的源头与基础，提升产业重要性，强化产业可永续发展的必然性。

（2）WO 分析（劣势—机会分析）。克服 A 公司本身内部条件的劣势情况，利用外在环境赋予的机会，推论该公司竞争优势的关键成功因素如下：

1）加强渠道优势（K6）：国内各类资源回收物的批发买卖事业，经产业长期发展后，就地缘关系与运输成本考虑，大致可区分为北、中、南三大地区，发展为区域性小型供应链，提高了跨区域合作的屏障。A 公司可利用加强渠道优势，降低渠道限制。除了持续拓展国内服务据点或同业合作方式，可运用该公司的专业技术能力与事业废弃物输出与输入业务许可证等优势条件，因应各国环保政策趋势与需求，开发海外市场，提升渠道优势。

2）推展战略联盟（K7）：国内资源回收物的批发买卖事业，经产业长期发展后，就地缘关系与运输成本考虑，大致可区分为北、中、南三大地区，发展为区域性的小型产业供应链，虽可以提升产业外竞争对手进入市场的屏障，却也影响到产业内跨区域合作的难度。A 公司可通过策略联盟方式，于营销、销售、服务与信息方面达到经验交换、资源互补、拓展事业版图等综合成效。借此可以降低渠道限制、提高公司能见度，用以确保、维持或增进该公司的竞争优势与地位。

（3）ST 分析（优势—威胁分析）。运用 A 公司本身内部的优势条件，规避外在环境产生的威胁情况，推论该公司竞争优势关键成功因素如下：

1）提升顾客服务质量（K8）：公司的产品不只是有形的实体产品，无形的服务更是代表公司形象的重要资产，而服务质量更是与顾客满意度、顾客忠诚度显著正相关。A 公司运用本身丰富的产业经验与专业技术，为客户提供更优质的产品与服务，除了便捷服务，提高内部人员的服务质量，尤其是站在第一线的提供服务的员工，可与客户建立良好的互动与合作关系，降低顾客转换成本低的威胁。

2）创造产品或服务差异性（K9）：资源回收产业的产品差异性主要来自提供客户服务，以及资源回收物的质量与数量。A 公司利用厂区建置废纸筛选设备、全自动废铁裁剪机械以及其他设备机具等优势，创造产品或服务差异性。通过大量采购废纸、废钢铁产生规模经济效益，增加回收量，可提供上游大厂足够货源；建置专业筛选设备提高厂区回收质量与营运效能，提高客户的认同度与青睐。借此优势可以降低顾客转换成本低的威胁，设备提升可以减少人员需求，降低缺工问题的困扰。

3）加强回收质量管理机制（K10）：资源回收质量的好坏（如洁净度、废纸排渣率、完整度等）将直接影响交货质量、数量以及增加公司成本支出。A 公司加强厂区质量管理机制，阻止劣质回收物进入厂区，减少不必要的成本支出与浪费。对于供货商，应严格要求执行分类程序，降低回收质量不佳的威胁，并依质量等级予以收购，否则增加回收难度、耗时又耗工产生额外费用；对于厂区人员，应严谨检查进厂前货物状况，杜绝质量不佳的回收物进入回收系统。借此提升该公司交货质量，获得较佳的议价空间；亦可提高顾客满意度，降低顾客转移成本低的威胁。

（4）WT 分析（劣势—威胁分析）。降低 A 公司本身内部条件的劣势情况，规避外在环境的威胁情况，推论该公司竞争优势的关键成功因素如下：

1）提高 IT 应用程度（K11）：信息时代的来临，信息科技 IT 的运用与发展日益广泛，政府机关、企业与社会团体等领域上对它的需求将倍增，因此有效运用信息科技改善公司体制与提升竞争力刻不容缓。个案 A公司应积极规划与投入资源于信息科技运用上，促使内部作业流程达到升级与转型，借此提升公司营运效率、服务质量与公司能见度、降低成本与人力支出等综合效益，改善公司体制并建立相对优势与价值。

2）提升员工认同感（K12）：员工是一家公司最重要的资产，增进员工对公司的认同感是留住人才与保有公司生产力的关键。A 公司可通过提升公司员工认同感，凝聚向心力，降低员工离职率、解决市场缺工等问题，为产业成长速度快的发展时期留住人才，保有持续发展的竞争力。

3）加强货源稳定性（K13）：资源回收量的稳定性对产业极为重要，尤其对回收批发业者；特别是在大环境景气低迷时，民间投资与消费意愿随之降低，直接反映在资源回收物的数量上，将对产业经营造成沉重的压力。A 公司可通过加强回收物供货来源的稳定性，规避渠道限制、客户转移成本、供货商合作不稳定等外部环境的威胁，降低本身的劣势情势。

3. 采用 BMC 判断企业的循环经济发展阶段

判断企业的循环经济发展阶段，可以采用商业模式画布（BMC）进行定量分析，探讨其循环经济程度或模式。以下以资源回收 A 企业为例说明：

采用李克特五点量表打分：5（非常好）、4（好）、3（一般）、2（不好）、1（非常不好）。结果见表 11-10。其结果显示水平坐标（X 轴）——系统服务外部构面，以"店铺通过广告营销/个人推销等信息发布活动"（X_7）、"顾客自发性参与组织循环活动"（X_8）及"通过在线或线下全渠道传递组织循环活动"（X_9）。垂直坐标（Y 轴）——产品资源之内部构面，则以"能源管理/减排措施"（Y_1）、"产品环境足迹"（Y_3）及"循环物料"（Y_4）三项为企业循环认知程度最高且实践程度相符的项目（见表 11-10）。

表 11-10　企业循环经济发展绩效汇总

策略构面	变数代号	特性构面	理念认知程度	实际执行程度	企业循环度（权重）	实际得分＝实际执行程度×权重
系统服务 X 轴	X_1	单一产品定价	3	3	低度（1）	3
	X_2	附加服务（维修）	4	4	中低度（2）	8
	X_3	融资/资金优惠/退回方案	4	2	中低度（2）	4
	X_4	长期租赁/短期租赁	4	1	中高度（3）	3
	X_5	使用计费导向/服务结果导向	4	2	高度（4）	8
	X_6	公司官网	3	3	低度（1）	3
	X_7	营销活动	5	5	高度（4）	20
	X_8	自发性参与	5	5	中低度（2）	10
	X_9	通过在线或线下全渠道传递组织循环活动（升级回收）	5	5	高度（4）	20
	X_{10}	通过在线或线下全渠道传递组织循环活动（产业共生）	3	3	高度（4）	12
产品资源 Y 轴	Y_1	能源管理/减排措施	5	5	低度（1）	5
	Y_2	再生能源	4	1	低度（1）	1
	Y_3	产品环境足迹	5	5	低度（1）	5
	Y_4	循环物料	5	5	中低度（2）	10
	Y_5	再循环设计/再利用/再制造设计	3	3	中高度（3）	9
	Y_6	模块化/生活化	3	3	中高度（3）	9
	Y_7	产品生命周期再设计	2	1	中高度（3）	3
	Y_8	关键物料	3	1	高度（4）	4
	Y_9	逆物流	3	2	高度（4）	8
	Y_{10}	物质流	3	1	高度（4）	4

为判定企业采用的循环经济模式，将各特性构面进行加权，权重依据企业循环度，分别设定为高度（4）、中高度（3）、中低度（2）、低度（1），加权平均数得出 X＝3.3、Y＝2.2，应用坐标轴概念，判断本案例循环经济对应综观分布状况，A 企业属于"下游循环模式"企业。

4. 以 AHP 分析企业发展循环经济的影响因素

（1）构建指标评价体系。构建资源回收企业的可持续发展评价指标体系，应当使评价指标的设计满足全面性、代表性、可操作性以及科学性等性质。结合 A 企业的实际情况，笔者将影响资源回收企业发展循环经济的指标分为如下四个方面：经济指标、环境指标、社会指标和技术指标，即分为经济、环境、社会、技术 4 个准则层，进而分为人均产值、创新产出等 12 个指标层。以此指标体系考察影响 A 企业循环经济的重要因素（见图 11-1）。

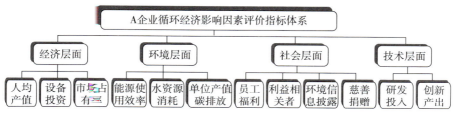

图 11-1 A 企业循环经济影响因素评价指标体系

经济层面指标包括 3 个二级指标，均为正向指标；环境层面指标包括 3 个二级指标，有正有负；社会层面指标包括 4 个二级指标，均为正向指标；技术层面指标包括 2 个二级指标，均为正向指标。笔者采用熵权法（EWM）、层次分析法 AHP 以及熵权 AHP 方法计算权重进行分析，结果如表 11-11 所示。

表 11-11 A 企业循环经济的指标体系及不同方法的权重

第 1 列	第 2 列	第 3 列		第 4 列	第 5 列	第 6 列
目标层	准则层	指标层		熵权权重	AHP 权重	综合权重
		代码	指标名称			
企业循环经济发展指标评价体系	经济层面	X_1	人均产值	0.154	0.146	0.154
		X_2	设备投资	0.182	0.147	0.150
		X_3	市场占有率	0.084	0.093	0.074
	环境层面	X_4	能源使用效率	0.038	0.072	0.056
		X_5	单位产值水消耗	0.073	0.059	0.064
		X_6	单位产值碳排放	0.071	0.056	0.07

第1列	第2列	第3列		第4列	第5列	第6列
目标层	准则层	指标层		熵权权重	AHP权重	综合权重
		代码	指标名称			
企业循环经济发展指标评价体系	社会层面	X_7	员工福利	0.052	0.044	0.056
		X_8	利益相关者	0.033	0.079	0.041
		X_9	环境信息披露	0.031	0.024	0.042
		X_{10}	慈善捐赠	0.037	0.047	0.033
	技术层面	X_{11}	研发投入	0.122	0.126	0.15
		X_{12}	创新产出	0.119	0.104	0.11

（2）计算结果与分析。如表11-12所示，由AHP法计算的结果可知，四个方面的指标重要性排序由高到低依次是经济指标、技术指标、社会指标以及环境指标，其权重值分别为0.386、0.230、0.194和0.187。由熵权法（EWM）的计算结果可知，四个方面的指标重要性排序由高到低依次是经济指标、技术指标、环境指标以及社会指标，其权重值分别为0.420、0.241、0.182、0.153。由熵权—层次分析法（EWM-AHP）的计算结果可知，四个方面的指标重要性排序由高到低依次是经济指标、技术指标、环境指标以及社会指标，其权重值分别为0.378、0.260、0.190和0.172。

表11-12 A企业不同计算权重方法下准则重要性排序

准则	不同权重计算方法准则层权重及排序					
	熵权计算法		AHP计算法		熵权-AHP计算法	
	排序	权重	排序	权重	排序	权重
经济层面	①	0.420	①	0.386	①	0.378
环境层面	③	0.182	④	0.187	③	0.190
社会层面	④	0.153	③	0.194	④	0.172
技术层面	②	0.241	②	0.230	②	0.260

EWM-AHP结合了AHP的主观权重计算和EWM的客观权重计算，故笔者认为EWM-AHP方法的权重计算更为全面，更具有说服力。

经由上述分析，可得如下结论（以熵权-AHP的计算结果为例进行说

277

明）：首先，经济方面是影响 A 企业可持续发展的最重要指标，这就要求循环经济企业，不仅要从资源源头控制资源投入，提高产出，还要积极遵循"3R"原则，变废为宝，加强高技术设备投资、加强营销，提高市场占有率，提高经济效益。其次，技术方面是影响 A 企业发展循环经济权重较大的指标。这一结果对企业的启示意义在于：企业可以加强研发投入和产出，强化技术支撑体系，比如与高校技术的合作；在融资方面，在自我积累的基础上，利用国家金融支持政策拓宽融资渠道。深入研究国家在能源、环保、生态等领域的融资政策和相关财税鼓励措施，通过降低融资成本来挖掘市场潜力。再次，环境方面是影响 A 企业发展的第三重要指标。对企业的启示意义在于：A 企业应尽量减少高耗能资源的使用，实施节水节能行动，注重提升经营过程能源效率、控制污染及温室气体排放，提高节能减排效果。最后，社会方面是影响 A 企业的循环经济发展绩效的权重最小的指标。该方面指标的启示作用在于：企业应当注重与员工、环保团体的沟通，强化自身的社会责任及其意识，加强环境信息披露，积极履行社会责任。

总之，企业发展循环经济涉及经济、环境、技术以及社会等方面。其启发意义在于：在推动资源的循环利用和废弃物回收等方面，一方面，企业要分清主次，强化优势，弥补短板，优化经营战略，突出重点；另一方面，国家和政府等相关部门需要采取包括经济手段、法律法规、创新激励等方面的政策措施和法律法规等措施为企业提供制度保障、税收优惠及政策支持，鼓励企业发展循环经济。

（四）基于分析结果的发展战略优化与发展规划

1. A 公司发展战略分析

基于前文分析结果可对 A 公司发展战略进行整合。结果如表 11-13 所示。

表 11-13 A 公司发展战略分析

关键成功因素	战略	战略执行方法简要说明
K1 维持在产业深耕多年的经验优势 K2 维持资金充裕	垂直整合	1. 扩大回收产品的范围，共享组织资源，降低总成本，提高经济效益与增强市场竞争力 2. 前向整合：增设国内、外资源回收据点及各类回收地点

关键成功因素	战略	战略执行方法简要说明
K5 产业可持续发展 K13 加强货源稳定性	垂直整合	3. 后向整合：参与或投入废旧资源回收、处理、再利用等绿色回收技术研发
K6 加强渠道优势 K7 推展战略联盟 K11 提高 IT 应用程度	拓展战略联盟	1. 优化资源回收产业供应链合作机制 2. 扩展跨区域合作服务据点 3. 开发海外资源回收合作伙伴 4. 通过联盟网络共同平台等方式，将产品与服务有效营销呈现在网络市场上 5. IT 投资预算金额高，通过联盟方式获取经验与学习，减少摸索过程中消耗的成本等
K4 提升价格优势 K9 创造产品或服务差异化 K10 加强回收质量管理机制	强化资源回收产品的质量控管	1. 强化价格优势：提升资源回收物的质量，提高收购价格及发展长期合作的优势 2. 提升专业验货人员能力 3. 配合资源回收相关政策与民间倡导的资源回收活动
K8 提升顾客服务质量	推广服务科技化，强化顾客关系	1. 架构 App 行动数字市场 2. 建立社群网站
K12 提高员工认同感	增强对资源回收产业的认同，提高员工参与度	提高员工的参与度可提升对企业文化与目标的认同度，留住人才亦可借内部举荐方式吸引人才

（1）垂直整合。垂直整合战略可以创造产业上、中、下游以及内部组织资源整合的效益。除了扩大经营规模，有效运用丰富的产业经验曲线、盘活资金投入与共享设备与资源等，并获取范围经济带来的竞争优势，如整合资金与人力、降低总成本、差异化与市场营销优势、技术创新与分散营运风险等。同时，有益于稳定回收物供给来源及数量，也是削弱供货商与买家议价能力的战略之一，用以维持市场优势与企业经营发展。

1）创造范围经济：创造规模经济的主要来源，其中之一就是其范围经济。个案公司可通过增加事业单位与回收物的种类，利用共享资源，降低公司研发、营销、生产等费用支出，扩大经营范围，追求范围经济带来的规模经济效益。

2）向后整合（供货端）：增设回收服务据点以及各类专业回收厂区，完善公司价值链，借资源整合的效益降低管理成本，开发海外合作据点，增加供货来源，提高供应端的稳定度，削弱供货商的威胁。

3）向前整合（终端买家）：参与或共同开发回收、处理、再利用等产业研发商机，如开发绿色产品。可提高组织技术能力并扩大资源整合综效，完善公司价值链，降低产品输出压力，削弱上游大厂的威胁。

（2）拓展战略联盟。战略联盟是企业确保、维持或增进本身竞争优势与产业影响力的最佳战略之一，除了降低经营风险，建立进入障碍，于研发、制造、销售或服务上可通过合作方式达到资源互补、降低渠道障碍，同时对掌握市场信息，活络商业管道与刺激组织创新等具有优势。笔者认为 A 公司可通过下列方式达成联盟功效：

1）强化产业供应链合作机制：通过资源互补、渠道合作等方式，强化上、中、下游厂商的合作关系，有效提升产业地位优势，达到营业版图扩张以及降低经营风险等目标。

下游（企业、机关团体等）：与政府、企业、村里、学校、民间团体等，于渠道发展或环保议题上携手合作。中游（大、中、小资源回收盘商）：推动营销、销售与服务联盟等。上游（纸厂、钢铁厂等）：获取市场技术与信息共享，并积极配合各项产业研究与发展计划。

2）拓展跨区域合作服务据点：积极拓展中部区域以外合作与配合的企业或中小型盘商，并提供优质服务项目与资源协助，扩大腹地有效增强供给货源，有益于资源回收物量的稳定性。

3）开发海外合作厂家：产业竞争者持续增长、市场获利受限，开发新市场势在必行。新市场的开发可借政府之力，配合国家经济发展战略降低海外市场法令限制门槛，成功进入新市场。同时可以通过联盟合作或与当地厂商合作方式，成功掌握新市场信息或渠道权，活络商业管道并掌握市场竞争优势。

4）网络营销共同平台：受限于规模大小的公司，相对于大型企业在人力资源上属于弱势，导致营销业务或能见度无法大量展开。但是，通过网络共同平台的建立，以联盟方式可以达到营销目的并提升曝光率，产生企业延伸的效益、提高企业知名度，甚至可以创造新范畴经济或新规模经济，如"摇篮到摇篮"平台战略联盟，或是电子市集（如各类产业同业公会信息服务网）以及最热门的搜寻平台的入口网站（如百度、腾讯、淘宝、京东）等。

5）经验交换与组织学习：受限于规模大小的公司，相对于大型企业于资金运用的自由度处于弱势，一般企业于 IT 应用上的投资金额偏高，通过联盟方式获取其他企业的经验并加以学习，可以降低不必要的资源支出及成本消耗等。

（3）加强服务科技化，强化顾客关系。5G 时代的来临将全球企业经营竞争推向信息网络战，善加运用科技技术提升企业本身经营效率与竞争优势已成为提升公司获利与成长的重要战略。因此，随着科技网络化时代、智能型装置普及化，对多数受限于资金与经营规模大小的中小型企业，可通过下列方式提高经营效率并可以强化顾客服务优势及顾客关系。

1）架构 App 移动数字市场：智能型手机的普及与无线上网的驱动下，行动 App 运用在市场竞争上已成普遍的营销战略方式，通过 24 小时提供顾客产品、服务相关信息等优势，已是企业市场战略首选。当前为产业应用的行动 App 如资源回收、垃圾车环境实时通、大丰环保公司推行的 Z 币环保集点服务等。

2）建立社群网站：通过社群网站提供服务是目前营销方式中最实时、便利以及最普及的网络工具选项之一，如 Line、Facebook、WeChat 等知名社群网络平台。企业可利用经营社群平台建构与消费端的实时沟通管道与产品推广营销的入口，同时借网络平台实时通信功能，大幅减少信息传递及其他营销管理费用等优势。

2. A 公司发展战略规划

根据上述战略分析结论，经与 A 公司研讨后获得良好反应，并依据该公司目前执行战略、短期、中期、长期阶段性等发展目标，列入其战略规划蓝图（见表 11-14），并分别进行说明。

表 11-14　A 公司战略发展规划

目前执行战略	短期目标	中期目标	长期目标
（1）向后垂直整合 （2）战略联盟 （3）强化质量管理 （4）推广服务科技化 （5）强化顾客关系 （6）提高员工参与度	（1）垂直整合，创造范围经济 （2）战略联盟：拓展跨区域合作服务数据 （3）拓展服务科技化：架构 App 行动数字市场	（1）向前整合（终端买家） （2）加强商业模式创新，开拓市场 （3）战略联盟：经验交换与组织学习	（1）施行名牌战略 （2）厚植质量文化 （3）战略联盟：开发海外合作厂家

（1）A 公司现行战略。

1）向后整合（供货端）：公司已在国内南部增设回收服务据点以及废铁、废纸的回收厂区，同时布局东南沿海省份等市场的合作据点，扩展营业版图，增加供货来源与提升回收量的稳定度，削弱大型供货商的威胁程度。

2）战略联盟——强化产业供应链合作机制：公司持续通过资源互补、营销与服务联盟与参与技术研发等方式，强化产业上、中、下游厂商的合作关系，提升业内地位优势，达到营业版图扩张以及降低经营风险的目标。

3）提高员工参与度：赋予员工参与公司决策或计划，共同参与公司决策或计划，将有利于员工更了解公司目标与愿景，留住与认同组织发展目标与愿景的好员工。使员工获得存在感以及感受到个人价值的实现，这种高参与度有利于强化公司与员工的关联性，可促使员工更全身心地投入工作，为企业创造价值，全力以赴创造极佳的工作成果。

4）强化质量控管机制——强化价格优势：公司持续严格并强化控管质量管控机制，维持回收物的质量，提高议价优势及维持与客户长期合作关系。

5）拓展服务科技化——建立社群网站：通过 QQ、新浪微博、WeChat 等社群网站协助公司内部行政及业务人员于信息传播上获得实时、便利沟通管道，并且提供客户群实时服务，大幅提升工作及服务效率，并减少相关费用支出。

（2）短期目标。

1）垂直整合——创造范畴经济：公司短期计划通过增加事业单位与回收物的种类，利用共享资源，降低研发、营销、生产等费用支出，扩大经营范围，追求范畴经济带来的规模经济效益，提高市场竞争力。

2）战略联盟——扩展跨区域合作服务据点：公司短期计划提升优质服务项目与资源协助等方式，提高并吸引中部区域以外的企业或中小型盘商合作与配合的意愿，扩大腹地及增强供给货源，提高资源回收物量的稳定性。

3）推展服务科技化——架构 App 行动数字市场：公司短期计划加入 App 行动数字市场，将公司动、静态等信息，通过 24 小时实时查询功能，于产品营销与服务内容等完整提供给搜寻者，也可支持并协助未来公司扩增事业单位及合作厂家需求。

（3）中期目标。

1）向前整合（终端买家）：公司长期推动参与或共同开发回收、处理、再利用等产业研发商机，借此提高技术能力并扩大资源整合综效，完善价值链，并降低产品输出压力，削弱上游大厂的威胁。

2）加强商业模式创新，增强专业认证：积极准备 ISO14001 环境质量认证，后续更积极完善其他资格认证如：蓝天使供货商认证及"摇篮到摇篮"战略联盟会员认证等。

3）战略联盟——经验交换与组织学习：公司持续积极通过联盟方式获取其他企业应用 IT 经验并加以学习或适当采用，降低不必要的资源支出及成本消耗。

（4）长远目标。

1）实施名牌战略：企业要在激烈的市场竞争中立于不败之地，就必须创造名牌产品。名牌就是质量，就是效益，就是竞争力，就是生命力。A 公司应努力提高产品的国际市场准入水平，积极推行 TQM，贯彻 ISO14000、ISO18000、GMP 等国际标准。特别是通过质量管理体系认证，提高产品的国际市场准入水平。

2）厚植公司质量文化：对国内企业的调查表明，坚持强化质量管理，走质量发展道路取得良好业绩的企业，除了讲究管理方法科学，更要执着追求和培育工匠精神、职业道德、经营理念等内在的质量文化。

3）战略联盟——开发海外合作厂家：公司积极配合政府南向政策开发新市场，利用政府之力降低海外市场进入门槛，并通过联盟方式或与当地厂商联盟合作，A 公司正积极接洽越南、菲律宾及泰国等国的厂家，通过台商互助合作及与当地厂商合作，希望可掌握市场竞争优势与商机。

第二节　发展绿色制造

一、概念及内涵

所谓绿色制造是指在不对经济造成损害的前体下，利用绿色制造方式，减少对环境的伤害、追求更好的绩效指标并降低外在因素对企业所产生的影响，进一步实现绿色制造的目标。一般而言，绿色制造包含如下部分：生态设计、工艺设计、能源管理、废弃物管理及供应链管理（Abdul-Rashid et al.，2017；Amrina et al.，2015；Gupta et al.，2015；Lin，2013；Russell et al.，2014；Zubir et al.，2012）。

生态设计又被称为永续设计、绿色设计或者生命周期设计，是指具备相当环境意识的产品或服务设计。系统性考虑环境风险、能源消耗、资源使用与废弃物管理等供应链相关设计，其目的在于减少资源浪费并最大限度地降低废弃物数量。

工艺设计是把原料转换成成品的过程，而工艺设计的目的在于整个制造过程中减少废弃物生成、降低能源耗损并有效分配资源，以优化制造流程的绩效。良好的工艺设计可以有效管理能源消耗、降低资源浪费、减少生产成本与有毒废弃物对环境产生的负面影响，以达到更好绩效，例如实行精实制造方法可以提高生产弹性、提高产品品质、缩短客户反应时间，从而强化公司竞争力。

能源管理是指通过降低能源消耗、使用低碳技术并减少对能源供应商的依赖，从而保护稀缺资源并改善环境绩效。例如再生能源的使用与开发。

废弃物管理是指通过再利用、再制造以及回收材料、零组件的方式，减少对资源的消耗，目的是保有或再次赋予商品与材料的价值。

供应链管理是指对供应链的上下游进行规划、整合、控制与改善的管理行为，目的在于降低生产成本、提高产品质量、与供应商信息交流和加速产品创新，借此提高竞争优势并增加顾客满意度。

二、绿色制造影响因素

1. 公司绩效

在今天，公司绩效指标已经逐渐由过去以经济为导向的指标转变为以永续性（环境、社会与经济）为导向的指标。梳理过往文献，可以把绩效指标分为四类：财务指标、环境指标、社会指标以及创新指标。

财务指标考虑了公司对股东的责任，并有最大化利润指标。例如，资产报酬率（ROA）、投资报酬率（ROI）、股东权益报酬率（ROE）、销售报酬率（ROS）等。

环境指标：是指企业能够在生产过程中减少废气、固体废弃物与其他有害物质，降低对环境产生的损害，如为此采取的废弃物管理、绿色产品设计、绿色供应链等措施。

社会指标：是指企业在不造成环境影响的情况下，改善和维护社会的生活品质，例如有关公司治理结构、劳工权利或社区文化等具有社会意义的问题。

创新指标：又称为生态创新绩效指标，是一种新颖的产品、服务、生产过程或组织结构的应用与开发，并且在整个生命周期中，能够减少环境风险、污染破坏与资源消耗。

2. 外部压力

主要包括政府法规压力和利益相关者压力。

法规压力：主要分为国际规范与国内法规。国际社会对环境议题不断关注，环保法规与环保意识的兴起对于各个产业产生重大影响。环境法规同时反映在国内政策与国际法令上。以汽车部门为例，除了要面对国内法规的限制，亦需要符合进口国的要求。Lin（2013）认为法规监管是促使企业从事绿色制造的关键指标之一，面对环境法规的高压，制造商倾向于实施回收或绿色采购，达成更佳的环境绩效。

利益关系人的压力：Yu等（2015）的实证研究证实，利害关系人压力会促使企业使用环境措施，进而对环境绩效产生正面影响。社会对环境议题的关注日益增加，碳交易与环境法规等对公司财务产生了重大影响，促使股东了解公司运营所面临的环境问题。有文献对英国、美国以及澳大利亚地区进行公司环境议题揭露研究，研究结果表明越来越多的股东要求企业披露环境目标，并要求企业管理者对公司所遭受的环境影响负责。

综上所述，可以看到外部压力是导致企业实现绿色制造，也是增进公司竞争力的重要因素。然而，很少有文献讨论关于外部压力和公司绩效的关系。笔者想探讨外部压力、绿色制造和公司绩效之间的关系。下面以 B公司为例加以实证分析。

三、B 企业案例分析

1. 研究方法

笔者采用决策实验室方法（Decision Making Trial and Evaluation Laboratory，DEMATEL）进行分析。该方法能够有效分析涉及复杂结构的社会议题，通过矩阵运算求得所有准则直接和间接的相互影响程度和因果关系，以协助制定或改善政策，时常被用于讨论贫穷、环保、能源等议题。其建立准则之间相互影响的过程如下：

步骤 1：定义属性或准则并建立测量尺度。列出并界定复杂系统的属性或准则的定义，再建立属性或准则间相互影响程度两两对比的测量尺度，如 0~4 表示属性或准则之间没有影响、低度影响、中度影响、高度影响以及非常高的影响。

步骤 2：建立初始化直接系数矩阵。假设属性或准则有 n 个，通过专家问卷请受访者比较 i 属性对 j 属性的直接影响程度，并以 a_{ij}^k 表示，其中 k 表示第几位受访者。由此可以得出受访者 n*n 阶的直接矩阵，通过求受访者直接矩阵的均值，可求出平均矩阵 A。

步骤 3：标准化直接关系矩阵。标准化是通过标准化因子将矩阵 A 进行标准化以求得矩阵 X=λA。其中，λ 由式（11-1）给出：

$$\lambda = \min\left[\frac{1}{\max_i \sum_{j=1}^{n} |a_{ij}|}, \frac{1}{\max_j \sum_{i=1}^{n} |a_{ij}|}\right] \tag{11-1}$$

步骤 4：建立完全关系矩阵（T）。完全关系矩阵由式（11-2）计算得出：

$$T = X(I-X)^{-1} \tag{11-2}$$

其中，I 是单位矩阵。

步骤 5：在完全矩阵 T 中，某一行的加总是属性 i 对其他属性的影响程度 d_i，某一列的加总是某一属性 i 被其他属性影响的程度 r_i。d_i+r_i 表示属性 i 的总影响程度，或者重要程度，称为中心度。d_i-r_i 表示属性 i 的性质以及贡献度，称为原因度。中心度和原因度的组合，可以判断属性 i 的资源分配次序（见表 11-15）。

表 11-15 属性之间的因果关系

		中心度 $d_i + r_i$	
		正值较小	正值较大
原因度 $d_i - r_i$	正值	表示该属性具有独立性，较少能够影响其他属性，资源分配次之	表示该属性为解决问题的首要驱动因子，应当视为首要处理项目，资源分配重要性第一位
	负值	表示该属性具有独立性，处于被动位置，资源分配第三位	表示核心问题，但并非直接针对该属性进行改善，可以通过管理象限一或象限二中的属性得到间接改善，资源分配比重最低

矩阵 T 的门槛值 α，通常以下列方法估算。一般是通过①专家决策，②T 矩阵平均值，③T 矩阵第三四分位数，④最大平均熵差法进行求得。若 T 矩阵中的数值小于门槛值 α，则以 0 表示。这样处理有助于删减属性间影响较小的关系，有助于获得一个较为简洁的属性因果关系图。笔者使用②T 矩阵平均值计算门槛值。

问卷采取匿名填写，以实际问卷方式进行，发放对象为制造业领域中担任中、高级的管理人员，并将测量尺度分为五个层级，依次是：无影响，0 分；低度影响，1 分；中度影响，2 分；高度影响，3 分；极高影响，4 分。问卷共发出 11 份，回收 11 份。受访者资料包括：受访者公司成立时间、公司资本额、公司员工数量、公司所在产业类别、受访者任职公司年限、受访者职务（见表 11-16）。

表 11-16 受访者及公司基本情况

编号	受访者公司成立时间	受访者公司资本额	受访者公司员工数量	受访者公司产业类别	受访者公司年龄	受访者的职务
1	10 年以上	500 万元以下	50 人以下	食品加工	10 年以上	经理
2	10 年以上	3000 万元以上	300 人以上	纺织	10 年以上	副经理
3	10 年以上	2000 万~2999 万元	50 人以下	纺织	10 年以上	董事长
4	2~5 年	500 万元以下	50 人以下	电子零组件	2 年以下	经理
5	10 年以上	500 万~999 万元	50 人以下	汽车零件	10 年以上	主任
6	10 年以上	3000 万元以上	200~299 人	化学材料	10 年以上	经理
7	2 年以下	500 万~999 万元	100~199 人	机械设备	2 年以下	经理

续表

编号	受访者公司成立时间	受访者公司资本额	受访者公司员工数量	受访者公司产业类别	受访者公司年龄	受访者的职务
8	10 年以上	3000 万元以上	300 人以上	机械设备	10 年以上	组长
9	10 年以上	1000 万~1999 万元	50 人以下	金属加工	10 年以上	总经理
10	10 年以上	500 万~999 万元	50 人以下	金属加工	10 年以上	经理
11	2~5 年	3000 万元以上	50 人以下	金属加工	2~5 年	厂长

受访者公司成立时间 2 年以下为 1 家，占比 9.09%；2~5 年为 2 家，占比 18.18%；成立 6~10 年为 0 家，10 年以上为 8 家，占比 72.37%。公司资本额 500 万元以下者有 2 家，占比 18.18%；500 万~999 万元者 3 家，占比 27.27%；000 万~1999 万元、2000 万~2999 万元各 1 家，均占比 9.09%；3000 万元及以上 4 家，占比 36.36%。受访公司员工人数 50 人以下 7 家，占比 63.64%，100~199 人、200~299 人各 1 家，均占比 9.09%；300 人及以上 1 家，占比 18.18%。食品加工、纺织及成衣、机械设备、汽车以及零件制造、电子零组件、金属加工、化学材料类公司分别为 1 家、2 家、2 家、1 家、1 家、3 家、1 家。受访者任职期限 5 年以下者 3 人，占比 27.27%；5 年以上者计 8 人，占比 72.73%（见表 11-17、表 11-18）。

2. 研究结果与分析

表 11-17　初始化直接关系矩阵

	S1	S2	S3	S4	S5	P1	P2	P3	P4	E1	E2
S1	0	2.727	2.091	3.000	1.909	2.364	2.727	2.636	2.091	2.727	1.636
S2	2.182	0	2.455	2.546	2.091	2.455	2.455	1.818	2.000	2.364	1.364
S3	2.000	2.546	0	2.273	1.727	2.182	2.364	2.182	1.909	2.636	1.546
S4	3.000	2.727	2.727	0	2.182	2.182	3	2.546	1.364	3.091	1.455
S5	1.636	2.091	1.364	1.818	0	2.273	1.818	1.727	1.182	1.455	1.364
P1	1.546	2.364	1.546	1.727	2.000	0	1.455	1.273	1.636	1.546	2.091
P2	2.364	2.182	1.818	2.727	1.455	1.455	0	1.455	1.091	2.546	1.273
P3	1.546	1.636	1.636	2.182	1.455	1.273	1.727	0	1.182	1.818	1.273
P4	2.091	2.182	1.727	1.546	1.546	1.909	1.636	1.364	0	1.364	2.000
E1	2.636	2.909	2.546	3.182	1.909	1.818	2.727	2.273	1.546	0	2.000
E2	1.636	2.455	2.182	1.818	2.273	2.727	1.909	1.546	2.091	2.182	0

表 11-18　完全关系矩阵（T）

	S1	S2	S3	S4	S5	P1	P2	P3	P4	E1	E2
S1	0.406	0.558	0.473	0.555	0.434	0.485	0.528	0.468	0.393	0.526	0.375
S2	0.452	0.420	0.451	0.501	0.409	0.454	0.481	0.408	0.363	0.477	0.340
S3	0.441	0.507	0.356	0.486	0.392	0.439	0.473	0.416	0.356	0.480	0.342
S4	0.522	0.567	0.502	0.457	0.450	0.486	0.546	0.473	0.374	0.547	0.375
S5	0.350	0.404	0.333	0.385	0.259	0.368	0.371	0.329	0.271	0.359	0.276
P1	0.355	0.423	0.348	0.391	0.342	0.294	0.369	0.321	0.295	0.370	0.308
P2	0.414	0.449	0.386	0.459	0.347	0.375	0.345	0.355	0.296	0.437	0.300
P3	0.336	0.375	0.332	0.385	0.303	0.321	0.358	0.254	0.261	0.360	0.263
P4	0.378	0.421	0.357	0.389	0.328	0.368	0.378	0.327	0.236	0.368	0.308
E1	0.501	0.562	0.487	0.560	0.433	0.465	0.527	0.455	0.373	0.426	0.386
E2	0.415	0.490	0.424	0.455	0.401	0.448	0.443	0.381	0.354	0.451	0.274

表 11-19　中心度与原因度分析

准则	列加总（d_i）	行加总（r_i）	中心度（d_i+r_i）	原因度（d_i-r_i）
生态设计（S1）	5.2008（2）	4.5706（5）	9.7714（4）	0.6303（2）
工业设计（S2）	4.7572（4）	5.1753（1）	9.9326（3）	-0.4181（8）
能源管理（S3）	4.6871（5）	4.4491（7）	9.1362（5）	0.2380（6）
废弃物管理（S4）	5.2989（1）	5.0228（2）	10.3220（1）	0.2761（5）
供应链管理（S5）	3.7037（10）	4.0963（9）	7.8000（9）	-0.3926（7）
财务绩效（P1）	3.8159（9）	4.5031（6）	8.3190（7）	-0.6872（11）
环境绩效（P2）	4.1637（7）	4.8190（3）	8.9828（6）	-0.6553（10）
社会绩效（P3）	3.5467（11）	4.1875（8）	7.7342（10）	-0.6408（9）
创新绩效（P4）	3.8585（8）	3.5722（10）	7.4307（11）	0.2862（4）
法规（E1）	5.1753（3）	4.8018（4）	9.9771（2）	0.3735（3）
利益关系人（E2）	4.5355（6）	3.5456（11）	8.0811（8）	0.9899（1）
平均值	—	—	8.8625	0.0000

　　由表 11-19 可见，废弃物管理 S4、法规 E1、工艺设计 S2 是最重要的三项准则（属性），与其他准则具有高度联结，其中心度分别为 10.3220、9.9771 及 9.9326；而供应链管理 S5、社会绩效 P3、创新绩效 P4 为非重要

的三项属性，和其他属性连接度不高，为独立因子。其中心度分别为 7.8000、7.7342、7.4307。根据原因度，可以发现利益关系人 E2、生态设计 S1、法规 E1、创新绩效 P4、废弃物管理 S4 与能源管理 S3 被视为净驱动者，可以全部或部分影响其他属性；而财务绩效 P1、环境绩效 P2、社会绩效 P3、工艺设计 S2、供应链管理 S5 被视作是净接受者，时常受到其他准则影响。

此外，为获得更为简洁的因果影响图，笔者以门槛值进行删减，以呈现更为显著的因果关系。门槛为矩阵的所有元素的平均值 0.4028。小于该值的数值以 0 代替。简化后完全矩阵如表 11-20 所示。

表 11-20　简洁完全关系矩阵（T）

	S1	S2	S3	S4	S5	P1	P2	P3	P4	E1	E2
S1	0.406	0.558	0.473	0.555	0.434	0.485	0.528	0.468	0	0.526	0
S2	0.452	0.420	0.451	0.501	0.409	0.454	0.481	0.408	0	0.477	0
S3	0.441	0.507	0	0.486	0	0.439	0.473	0.416	0	0.480	0
S4	0.522	0.567	0.502	0.457	0.450	0.486	0.546	0.473	0	0.547	0
S5	0	0.404	0	0	0	0	0	0	0	0	0
P1	0	0.423	0	0	0	0	0	0	0	0	0
P2	0.414	0.449	0	0.459	0	0	0	0	0	0.437	0
P3	0	0	0	0	0	0	0	0	0	0	0
P4	0	0.421	0	0	0	0	0	0	0	0	0
E1	0.501	0.562	0.487	0.560	0.433	0.465	0.527	0.455	0	0.426	0
E2	0.415	0.490	0.424	0.455	0	0.448	0.443	0	0	0.451	0

图 11-2 和图 11-3 呈现了所研究的 11 项准则之间的因果关系影响。由图可见，法规 E1、生态设计 S1 和废弃物管理 S4 是公司实现绿色制造的最关键的要素，应当作为公司首要处理问题。它们与其他属性或要素之间具有高度关联并且可以有效影响其他准则运作，为公司管理者提供了解实现绿色制造业的关键属性或要素。研究表明，公司应当更加关注法规等外部压力对企业产生的影响，并且应当更加注重生态设计和废弃物管理等因素以实现绿色制造。

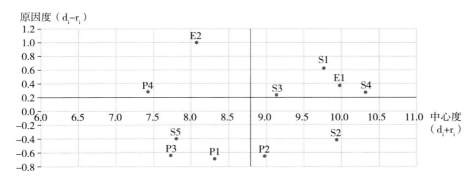

图 11-2 准则之间的因果影响关系（一）

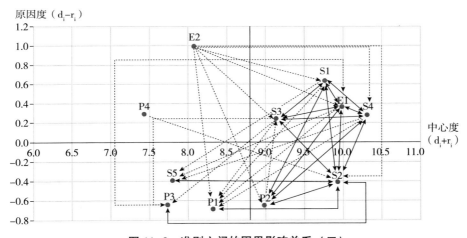

图 11-3 准则之间的因果影响关系（二）

生态设计 S1 是影响制造商实现绿色制造准则中相当重要的影响因子。生态设计的目的在于在整个生命周期中减少产品或服务对环境产生的不利影响，并同时考虑顾客需求，提高公司绩效。因此，制造商通过实施生态设计以期能够实现永续生产和消费。比如，可以通过使用简单的技术（减少资源浪费、优化配送系统）来实现生态设计，这些技术使组织能够利用其创造力来减少公司服务或商品对环境的影响，从而获得更具成本效益和创新力的解决方案。由此可见，生态设计被视为是绿色制造的优先项目，能够帮助公司对商品、工艺、组织与物流进行一系列改革，借此达到更佳的企业绩效。

另外，笔者发现，法规E1也是影响制造商绿色制造的重要属性，这与以往的研究也是一致的。消费者环保意识兴起和日益严格的环保法规是影响企业投入绿色制造的因素之一。来自外部的压力直接或间接造成制造商主动或被迫投资环保相关的活动，同时给企业带来全新的挑战，促使企业投入绿色创新，开发绿色产品，为公司取得更高的获利改善公司声誉。根据因果影响关系图，笔者发现废弃物管理S4与法规E1拥有几乎相同的重要性。废弃物管理被视为通过重复使用废弃产品、减少能源消耗与降低工业废物等填埋方式，最大限度降低对产品的负面冲击。基于再制造、再利用、回收以及重新设计等方式，有助于环境达成一个近乎永久的循环系统，能够促进能源、原材料与自然资源的有效利用，借此增加社会和经济效益，同时降低环境产生的负面影响。

通过研究结果可知，法规E1、生态设计S1和废物管理S4是制造商实现绿色制造的关键因素。另外，值得一提的是，工艺设计S2、环境绩效P2虽然也被视作公司实现绿色制造的核心要素，然而并不需要直接对它们进行改善。所谓工艺设计即是根据市场需要和企业需求来调整企业内部制造工艺，目的是减少废弃物生产和能源耗损并有效分配资源，通过与其他部门合作能够优化整体工艺流程。例如，与回收部门合作减少废弃物生成或者与能源部门合作加强能源使用效率，进而提高产品品质与生产弹性并符合顾客需求。根据因果影响关系图，此两项准则常被其他因素影响，通常而言，可以通过管理象限一或象限二中的影响因子对工艺设计和环境绩效进行（间接）改善，一样可以提高公司资源的配置效率。

此外，研究发现，财务绩效P1和社会绩效P3的中心度和原因度均低于均值，表明此两项准则均有独立性，处于被动位置而不是影响其他准则。当前产业绩效指标已经逐渐由以经济为导向转变为以永续为导向，制造商为实现绿色制造必须更加注重公司环境绩效与社会议题等方面的表现。可以预计，相较于经济绩效，环境绩效对公司而言更为重要，企业必须建立一整套绿色供应链管理系统，比如，能源管理与废弃物管理等有助于提升公司竞争力的措施，提升环境绩效，并借此改善公司整体绩效。

四、政策建议

根据上述分析结论，笔者提出如下促进企业实现绿色制造的政策建议。

第一，生态设计、政策法规和废弃物管理是影响制造商实现绿色制造的最关键因素。企业在进行决策分析时，应当将这三项列为公司的核心议题，作为优先考虑项目并投入更多资源进行改善，并在企业责任报告书中披露相关信息，提供投资人更完善的营运蓝图，为公司创造更多的潜在价值。

第二，遵守国内法规并纳入国际规范，取得产业领先地位。美国永续智库（Datamaran）所出版的全球洞察报告（Global Insight Report）显示，2013年以来，全球有关非财务法规的数量增加72%，并且有持续增加的趋势。这反映了国际社会日益关注环境与社会问题。这一趋势符合笔者的研究结论：法规为影响企业永续性的关键因素。因此，笔者建议制造企业应能够将政府法规以及国际规范实施于公司运营准则中，这将有助于公司取得产业界的领先地位，也会对公司未来经营产生重大影响。

第三，强化能源管理与废弃物管理，改善制造商绩效。废弃物减量与能源管理是当代社会刻不容缓的议题，也是企业显而易见的问题之一。为了达到能源有效利用与废弃物妥善处理并使企业迈向绿色制造，最有效率的方法就是减少废弃物的产生并建立一个循环经济系统。因此，笔者建议通过政府辅导企业从事原料减量、废弃物回收再利用并减少非再生能源使用量。此外，通过整合供应链上下游一同推动废弃物减量措施、开发新的回收技术，能有效帮助企业提升产能与生产弹性，达成一个永久的循环经济系统，降低对环境的损害。

第四，加强与利益相关人的沟通，建立生态设计基础。笔者建议制造商可以建立一个与利益相关人沟通的平台，通过与利益相关人对话以了解并回应利益相关人所关注的议题，如污染防治、人权议题，并将这些议题融入公司决策中并改善相关产品、服务或工艺设计，成为公司不断改善的原动力。

第三节　推进高耗能产业绿色转型

全球温室气体排放主要来自能源（化石燃料）使用。IEA（2019）指出，2017年全球工业部门最终能源消费占全球总能源消费的37%，居所有部门之冠。其中前五大耗能产业（钢铁业、石化业、水泥业、纸浆及造纸业、炼铝业）的能源消费总和占了工业部门消费的六成以上，故耗能产业在工业绿色转型方面上的意义重大。在国内，钢铁是工业里面第一大耗能产业，能耗占工业比重最高。2011—2017 年，中国钢铁产业耗能占全部工业的比重一般都在 14% 以上，个别年份甚至高达 17%（见图 11-4）。可见，以钢铁等为代表的高耗能产业的绿色发展具有重要意义。以下以钢铁和石化行业作为高耗能产业的代表研究绿色转型策略。

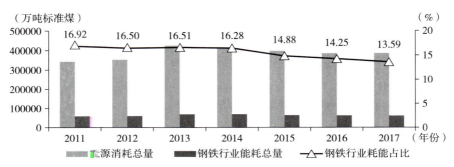

图 11-4　2011—2017 年中国钢铁产业能源消耗量及占全社会能源消耗量比例

一、三大绿色转型策略

IPCC（2014）、IEA（2017）以及国际知名研究智库气候行动追踪组织（Climate Action Tracker，CAT）（2017）曾就耗能产业转型提出相关建议，其中以提升"能源效率""排放效率""物质效率"为最重要的转型策略。

（1）能源效率。指一单位产品/服务需使用的能源比率。若从宏观层面看，企业导入能源管理系统（ISO50001）、厂房增设汽电共生与废热回收设备、更换高效率马达、采用最佳可行技术（Best Available Technology，BAT）以及工艺整合，均可以提升能源效率。

（2）排放效率。企业温室气体排放主要来自燃料燃烧与外购电力。因此，尽可能降低煤、油与天然气在工艺中的使用、工艺电气化及提高再生能源使用比例、碳捕获与封存或再利用技术（简称 CCS/CCU）均可以提高排放效率。

（3）物质效率。是指生产或提供一单位产品所使用的原材料比率。包括四个方面：第一，生产工艺的物质损失改善；第二，最终产品的回收率与再利用率上升；第三，最终产品或服务的物质密集度降低（如产品轻量化设计、产品零部件替代性高或易维修等）；第四，产业间物质综合效率提升，如钢铁产业的副产品，可以做水泥业的熟料替代品等。

张明志等（2017）测算了 2020—2025 年基准情景下制造业各细分行业为实现上述目标的碳排放图谱。与 2005 年相比，2020 年制造业单位增加值碳排放的下降幅度约为 44%，即可以完成国家规定的碳强度总体下降 40%~45% 的目标。从表 11-21 可以看出，钢铁、石化两大产业的碳排放占整个制造业碳排放的 61%。足见两行业的碳排放强度下降对中国制造业乃至整个工业的意义。

表 11-21　钢铁石化产业的二氧化碳排放量及占全部制造业碳排放比例

	2020 年	2021 年	2022 年	2023 年	2024 年	2025 年
钢铁业二氧化碳排放（亿吨）	22.845	23.077	23.314	23.560	23.692	23.669
石化工业二氧化碳排放（亿吨）	24.514	24.762	25.017	25.281	25.422	25.397
以上二者碳排放合计（亿吨）	47.359	47.839	48.331	48.841	49.114	49.066
制造业总碳排放（亿吨）	77.974	78.762	79.573	80.409	80.860	80.784
钢铁业、石化工业占制造业碳排放比例（%）	60.737	60.739	60.738	60.741	60.740	60.737

注：钢铁业即"黑色金属冶炼及压延加工业"；石化工业包括：石油加工及炼焦业、化学原料及化学品制造业。

资料来源：笔者修改自张明志等（2017）。

如欲达到《巴黎协定》中全球平均气温升幅控制在 1.5℃ 的积极目标，对石化产业而言，能源效率和排放效率提升策略最为关键，如发展再生能源、工艺辅助以 CCS/CCU。而钢铁业能耗与碳排放来源主要来自焦炉—高炉—转炉的粗钢生产（约占粗钢产量的 70%，其余 30% 来自以废钢为原料的电弧炉炼钢），故未来应以强化废钢的分拣回收工艺、以废钢为材料的再制造技术，以及与工艺相结合的 CCS/CCU 等创新技术尤为重要（IEA，2017）。

二、高耗能产业转型策略的机会与挑战

IEA（2017）强调高耗能产业早期行动的重要性。早期行动不仅能进

一步削减或提早实现 2050 年的目标排放量，也可以避免未来付出更昂贵的减碳成本，其中低碳技术与相关设施的投资行动有 34% 须在 2030 年前进行，以避免锁定效应。CAT（2016）更建议 2020 年之后，高耗能产业新安装的设施应符合最佳可行低碳技术标准（The Best Available Low Carbon Technology Standard，BAT），并且最大化物质效率策略。

石化业与钢铁均是高度依赖化石燃料作为燃料与原料的耗能产业，IEA（2017）以及 CAT（2017）均指出，虽然两产业以目前技术要达到完全脱碳尚不可行，但若企业综合运用 BAT 提升能效、持续投资研发低碳技术、整合 CCS、CCU 与生产工艺、使用去碳化电力，且中长期以跨业部门、跨地区的整合思维去规划物质效率提升策略，在 21 世纪中叶前，产业低碳化仍有相当可行性。然而，有效的策略拟定、评估以及公司治理，需要企业主动公开相关信息、提升统计数据的质量，而石化产业在此方面有相当大的改进空间。相比石化产业，世界钢铁产业协会在转型策略上的规划较为成功（如汇整国际主要钢厂的温室气体排放量、建立减量技术数据库、发布全球与地区性钢材生命周期盘查（Life Cycle Inventory，LCI）数据、开发汽车与建筑产业的产品生命周期评估模型等）。以下将石化业与钢铁产业转型策略面对的机会与挑战整理如表 11-22 所示。

表 11-22　石化业与钢铁业转型策略的机会与挑战

转型策略	挑战	机会
能源效率	（1）国际上已有组织联盟制定目标与中长期计划，推动低碳技术。例如：Low Carbon Technology Partnerships Initiative，LCTPi；Ultra-Low Carbon Dioxide Steelmaking，UL-COS （2）已有 BAT 迈入商业化阶段（如石化业产乙烯与衍生烃的轻油催化裂解，naphtha catalytic cracking；钢铁业的直接还原电弧炉炼钢，EAF-DRI） （3）汽电共生与废热回收技术成熟，具有经济效益	（1）需扩大低碳创新技术之研发投资、部署与应用 （2）最佳可行低碳技术与设备转换的初始成本高 （3）相关技术人员的训练与投入需要时间

续表

转型策略	挑战	机会
排放效率	（1）再生能源发电成本下降速度快 （2）低碳燃料与原料（天然气、电力、生质材料）技术研发量能高，部分技术已达商业化阶段 （3）CCS/CCU 应用潜力大（如石化业中，碳捕捉搭配氨与甲醇工艺以生产高纯度 CO_2 的技术已成熟；Carbon2Chem initiative 与德国 ThyssenKrupp 合作，于钢铁工艺中结合 CCU 技术，制造氨、甲醇等化学品）	（1）当该国法规或市场未反映煤、油的排碳成本，使用天然气与电力等低碳能源的成本可能相对高 （2）CCS/CCU 投资与政策支持相对不足 （3）CCS 的输送管线规划、封存地点找寻与社会接受度 （4）CCU 技术尚未达到大规模商业化阶段
物质效率	（1）全球对循环经济的重视 （2）副产品/废品回收再利用技术已达商业化阶段 （3）可同时降低原物料使用与废弃物处理、回收的成本 （4）跨产业的协调合作可提升整体综效，且有利于创新商机的发掘	（1）法规/市场未能有效反映原生材料的环境外部成本下，再生材料/低碳材料难以与之竞争 （2）初始投资成本高、技术与设备投资回收期较长 （3）企业需具备跨界治理经验与管理量能，方能最大化价值链上各方的合作效益 （4）关键物料/产品之生命周期需持续累积相关数据，方能建立长期计划、评估成效

第四节　能源转型与能效提升

一、能源结构调整

以煤炭等化石燃料为主的能源供给部门为温室气体、工业废气等排放的主要来源，是故如何改善能源供给结构，使得能源供给所产生的碳排放量、大气污染等能够有效降低，是重要途径。综观中外，各国政府均比较重视发展再生能源（如水电，风能，太阳能和地热能）、核能以及开发碳封存技术（CCS）等取代传统化石燃料发电方式，以达到减排控污目的。

中国目前的风能、太阳能发展迅速，2015 年其装机容量已经占据全球第 1 位。不过，相对于巨大的能源消耗，当前中国再生能源发电占比还比较低。2018 年，水电、核电、风电等再生能源占比仅有 18%，还有很大提升空间。再生能源由于存在成本较高、间歇性、波动性较强等问题，依然面临传统化石能源的激烈竞争。为促进再生能源的持续发展，改善能源结构，一方面，企业必须在技术创新、成本降低上有大的突破；另一方面，必要的政府政策，不可或缺。未来应在再生能源电价补贴与资本补贴关系权衡、提高再生能源占比、征收碳税以及发展绿色权证方面着力，争取取得更好的政策效果。

二、能源效率提升

除了产业的结构调整之外，提高工业产业能源运用效率，也是产业绿色转型的重要途径。依据工业所处的发展阶段，必须切实研发和引进先进的设备，提高能源资源的利用率，降低工业单位净产值的耗能，从而达到减排的目的。此外，政策工具也有可为：首先，可通过管制工具如提高能源效率标准来促使效率不高的产品或技术退出生活与生产；其次，针对高能效技术的开发与采用进行补贴，促使能源效率较高的产品或技术尽快被采用；最后，还可以通过能源税或碳税等税收政策工具，引导产业界进行能源效率投资。

第十二章　主要研究结论与政策建议

工业是中国经济增长的主要动力，也是中国能源消耗主力军和环境污染的主要来源。工业的绿色发展对中国经济实现绿色发展至为重要。目前，中国工业以煤炭为主的能源消费结构仍未得到根本改变，高能耗高投入的行业依然大量存在，中国工业要从整体上实现绿色发展仍然路途漫漫。在整个经济由高速增长转向高质量发展的攻关期，必须坚持以提高工业绿色生产率为主要原则，促使中国工业经济实现绿色转型，在这一过程中，中国工业必须克服自身的不足和前进道路上的障碍，寻找绿色转型之路。在这一背景下，本书对中国工业绿色发展的绩效、逻辑和路径进行了系统考察。

第一节　研究结论

1. 工业的绿色发展绩效与影响因素

就全国水平而言，只有北京、天津、上海、广东四个省份在2007—2017年均处在前沿包络面上，绿色发展绩效（生产率）为1；而辽宁（8个年份）、黑龙江（9个年份）、湖北和湖南（9个年份）、海南（8个年份）等省份有较多年份不处在前沿面上，绿色发展绩效有待提高。经济发展水平、市场开放程度、技术水平、产业结构等均对省际工业绿色发展绩效有较大影响。就工业经济占比较大的省份（以山东省为例）而言，青岛、烟台、东营、威海、日照、莱芜、菏泽等市在2007—2017年均处在前沿包络面上，绿色生产率水平为1；而潍坊、济宁、滨州三地市的工业绿色发展绩效有待提高。经济发展水平、工业内部结构、市场开放程度、外资规模、城镇化水平对山东省工业绿色生产率具有显著影响。

2. 经济—能源—环境（3E）关系

Granger 因果关系分析表明：经济增长与能源消费之间、经济增长与二氧化碳排放之间均存在双向因果关系，能源消费对二氧化碳排放具有单向因果关系。经济增长以及能源消费本身对能源消费有着显著的影响，而经济增长、能源消费对二氧化碳排放冲击都比较大。预测误差方差分解结果表明，对经济增长与能源消费波动贡献最大的都是其自身，而在对二氧化碳排放波动的贡献中，能源消费占据主导地位。

3. 工业 PM2.5 对人体健康的影响

空气污染通过 SO_2，NO_2 等 PM2.5 影响人类健康。这一效果取决于人口加权 PM2.5 暴露的水平范围，心脏病和呼吸系统死亡率 PM2.5 的临界水平分别为 $26.2\mu g/m^3$、$34.27\mu g/m^3$、$44.76\mu g/m^3$ 和 $37.95\mu g/m^3$、$38.06\mu g/m^3$、$43.53 \mu g/m^3$[①]。在中国，1% 的煤耗增加导致人口加权 PM2.5 暴露增加 0.23%。以两阶段估计方法得到煤炭消耗对空气污染的影响。具体而言，当年度 PM2.5 大于 $34.27\mu g/m^3$ 时，1% 的煤耗增加导致心脏病死亡率增加 0.125%。PM2.5 高于 $37.95\mu g/m^3$ 时，1% 的煤耗增加，将使呼吸系统死亡率增加 0.197%。此外，研究发现，中国在改善大气污染方面所做的努力使 PM2.5 浓度降低了大约 14.5%。

4. 清洁能源发展对 3E 关系的影响

再生能源发电占比高于 55% 的国家如冰岛、挪威、奥地利、新西兰及丹麦的碳排放量在 2006—2015 年的年均增长率为负值；除冰岛外，其他国家总能源消耗量的年均增长率均小于 1% 或者为负值。经济增长和碳排放量之间呈现无关共生即脱钩状态；除新西兰能源消耗增长助长碳排放量的增长之外，其他国家能源消耗和碳排放量也呈现无关共生状态；冰岛和丹麦的经济增长会助长能源消耗的增长，其他国家的经济增长和能源消耗量也呈现脱钩状态。核能占比高于 30% 的国家如法国、比利时、瑞典、瑞士和芬兰的碳排放量在 2006—2015 年呈现负增长；能源消耗量除瑞士外，其他国家为负增长；经济和碳排放量呈现无关共生（脱钩）或经济增长抑制碳排放量的偏害状态；能源消耗和碳排放也呈现降低能源消耗有助于降低碳排放的增长；经济增长和消耗量之间也呈现无关共生状态。整体而言，国家的清洁能源趋于成熟且占比高于 30% 时，环境、能源和经济三因子之

[①] 心脏病死亡率有 3 个门槛值，呼吸系统死亡率也有 3 个门槛值。

间交互作用会朝向无关共生或偏害共生方向调整，进而实现经济的低碳化发展。此外，从再生能源和资本存量的关系看，不论生产面还是消费面两者关系均不显著，说明如仅仅将其作为能源的一种来使用，并不会带动经济增长。因此，若在使用再生能源的同时提高再生能源资本投入，则再生能源的使用将可促进经济增长。

5. 环保意识对企业竞争力的影响

首先，企业应当避免短期环境行为，比如工具性的环保活动，这种短期"头疼医头，脚疼医脚"的片面环境管理活动，虽然看似节省了成本，但长期来看，终将损害企业的竞争力。其次，企业要提升其环保绩效，必须借助踏踏实实的环境管理活动，摒弃假绿色之名，夸大宣传而行牟利之实的"绿皮"而非"绿骨"的环保活动。为此，企业应当将环保意识课程纳入员工职业训练，帮助企业员工培养和提升正确的环保意识，提升员工对环境管理的重视程度和参与率。最后，（利益相关者）外在压力是企业将环境管理活动落地的不可或缺的重要因素，并对企业的环境绩效和环境竞争力产生重要影响。根据本书的实证研究结果，一味依赖监管和法规等政府力量提升企业环保意识进而提升环境绩效的效果并不明显，提升企业的环境绩效和环境竞争力更需要发挥媒体监督和消费者需求导向压力特别是后者的作用。

6. 战略性新兴产业的发展障碍

通过对以风能为代表的再生能源产业的考察，本书发现战略性新兴产业既获得了巨大发展，也存在不少薄弱之处。其中，阻碍中国战略性新兴产业发展的因素或者薄弱之处在于：第一，自主创新不足。例如，新能源汽车在创新系统上存在失灵，特别是在充电桩等基础设施、政策控制系统等方面存在若干不足。第二，政策失灵。例如，新能源汽车补贴政策导致的骗补事件说明车企并没有把资源投入新能源汽车创新技术的研发而是急功近利。再如，对风电补贴导致的沉重的政府负担，以及缺乏一体化的政策组合都会影响产业健康发展。第三，政府角色的定位不清。中国风能产业得到较大发展，已经逐步步出孕育期，政府扮演的角色应当从早期风能产业的参与者逐步转型为管理者和规范者。但是在实践中，政府角色没有进行实时转变。

7. 工业的绿色转型路径

本书主要从四个方面论述了中国工业的绿色转型路径：一是大力推动

循环经济；二是实现绿色制造，进行绿色设计和研发，建设绿色工厂；三是推进高耗能产业绿色转型，主要论述了工业耗能占比和碳排放占比较大的钢铁、石化、加工产业的绿色转型；四是能源转型与能效提升，包括调整到以再生能源为发展方向的能源转型路径、以提升能源资源利用率为主的能效提升之策。

第二节　政策建议

1. 能源政策

（1）优化能源结构，积极发展低碳绿色能源。近年来，中国再生能源建设取得积极进展。根据前文分析，进一步发展再生能源，应当做好如下方面工作：第一，增加对产品中的再生能源含量加以认证，以刺激更多消费者的环保意识，增加再生能源消费，促进再生能源市场扩大。第二，推动再生能源发展，不仅需要提高再生能源的使用量，而且需要增加再生能源设备投资。此外，应当出台政策鼓励厂商或政府投资或购买再生能源含量较高的资本设备和产品。第三，积极推动研究制定氢能、海洋能等新能源发展的标准规范和支持政策；建立健全煤炭清洁开发利用政策机制，发展煤制油、煤制气。

（2）推动工业节能，提升能源效率。第一，在节能管理推动策略部分，包括技术研发、示范应用、奖励补助、产业推动、能源查核辅导、教育倡导与训练、强制性规范与标准七大方面。各项策略可循序渐进形成强制性标准，亦可单独或搭配执行，促使节约能源市场转型。第二，在用电设备 MEPS、分级标示与节能标章推动部分，包括强制性最低容许耗用能源标准（MEPS）、强制性能源效率分级标示制度及自愿性节能标章制度。第三，在积极推动产业部门节能措施部分，包括鼓励淘汰 IE1 电机，使用IE3（International Energy Efficiency Class3）电机[①]、辅导建置能源管理系统（ISO 50001）、工业集团企业成立内部节约能源服务团、能源大用户能源查核、提升公用设备效率标准，如送风机、泵、空压机等策略。

---

① IE 表示国际能效标准。IE3 即优质高效，IE1 是标准能效。

（3）改善发展环境，深化能源体制改革。要充分发挥市场配置资源的决定性作用，鼓励多种经济成分进入能源领域，积极推动能源市场化改革，建立能够反映资源稀缺程度和环境成本的价格形成机制，完善再生能源一体化政策、法规与标准体系。

2. 环境政策

（1）完善环境规制政策，实行恰当的环境规制强度和工具。在考虑环境决策过程中，要考虑政策设计是否激励企业环境技术创新，如何组合环境规制工具以最有效提高环境效率。对中国政府而言，一方面应当根据产业特性和产业发展特点制定适当的环境规制水平；另一方面，推进环境规制从控制型向激励型政策转变，诱导企业进行绿色技术研发和管理创新，实现环境效益和经济效益的双赢发展。

（2）建构以环保标签、生产者责任为特色的自愿性环境规制政策，完善环境规制目标责任制考核体系。加强对企业的信息披露力度，及时向社会公布企业的 GDP 耗能、主要污染物排放量等指标。加强工业污染治理，按照稳定连贯、可控可达的原则制修订污染物排放标准，健全工业污染环境损害司法鉴定工作制度。构建科学合理的目标责任考核制度，激励地方企业、地方政府按照可持续发展的要求行事。

（3）建构环境保护区域补偿机制，合理分配区域环境保护成本。根据污染者付费和受益者补偿原则，通过碳税、能源税等课税、横向或纵向财政转移支付等补贴方式，将区域生态环境保护成本在企业主体进行再分配。通过环境保护区域补偿机制的设计能够有效激励区域环境公共产品的足额提供，解决好环境投资者的合理回报，并且有利于激励人们从事环境保护投资并使环境资本增值。

3. 产业政策

（1）调整产业结构，促进工业内部结构优化升级。高耗能行业的能源消耗量占到整个工业能源消耗量的 80% 以上，为此首先应当提高高耗能产业的能源利用效率，政府应当利用税收和各项补贴等政策措施，鼓励高耗能产业的企业增加能源技术的研发投入，引进节能技术，利用高新技术对落后的工艺、设备等进行改造，促使高耗能企业向低耗能产业转变。逐步淘汰对能源依赖度较高的落后产能的企业，降低高耗能产业在整个工业中所占的比重。制造业是发展数字经济的主要载体。积极引导数字经济和制造业深度融合，加强工业互联网、物联网、人工智能等新型基础设施在研发设计、生产制造、组织管理等领域的应用，提升制造业数字化、智能化、网络化水平。

（2）促进技术创新和科技进步。技术进步是降低能源消耗，提高能源效率和排放效率的关键因素。工业尤其是冶金、电力、煤炭、石油、化学等高耗能产业的能源使用效率对整个工业的效率提升具有决定性作用。与发达国家相比，中国的技术水平仍然偏低，技术进步对提高能源效率和排放效率还有很大潜力。政府应当充分认识到技术进步对节能减排的重要作用，加强引导，制定有利于技术创新的政策，增加工业部门尤其是高耗能产业的能源技术的研发投入，鼓励提高能源利用效率的技术创新，加强节能技术、节能设备、节能材料以及新能源的研发和利用。

（3）合理规划，加强区域经济合作。中国各省份工业经济绿色发展水平存在较大差异，整体上呈现东、中、西逐步下降的发展格局。应当提高中西部地区尤其是西部地区的工业绿色发展水平，缩小区域差距。区域之间在技术开发、政策制定等方面应当加强能源技术创新、新能源风险投资、高校科研以及能源政策等领域的合作，这将有利于提高中国工业的绿色绩效，实现中国经济的低碳发展和绿色发展。

4. 金融政策

推动工业绿色发展，需要建设绿色金融体系，为此必须实施相关政策。概括而言，包括授信、投资、资本市场筹资、人才培育、促进发展绿色金融商品或服务深化发展、信息揭露及推广绿色发展理念七大方面。

授信面措施包含协助绿能产业取得融资、协调银行积极配合办理绿能产业授信等；投资面措施包含提供有关投资绿能产业单一窗口咨询协调服务，定期发布各类绿能产业参与案件之商机、鼓励保险业投资我国绿能产业以及绿色债券等绿色金融商品等；资本市场筹资面措施包含发展绿色债券等；人才培育面措施包含持续更新延聘具绿能产业或绿色金融实作经验之师资，办理相关课程或研讨会等；促进发展绿色金融商品或服务深化发展面措施包含鼓励银行发展推广信用卡等；信息揭露面措施包含推动跨部门信息链接，供外界查询等；推广绿色理念面措施包含对投资大众倡导绿色永续理念及绿能发展等。

参考文献

［1］Abolhosseini S, Heshmati A. The main support mechanisms to finance renewable energy development ［J］. Renewable and Sustainable Energy Reviews, 2014, 40: 876-885.

［2］Acaravci A, Ozturk I. On the relationship between energy consumption, CO_2 emissions and economic growth in Europe ［J］. Energy, 2010, 35 (12): 5412-5420.

［3］Al-Badi A H, Malik A, Gastli A. Sustainable energy usage in Oman——Opportunities and barriers ［J］. Renewable and Sustainable Energy Reviews, 2011, 15 (8): 3780-3788.

［4］Al-Mulali U, Sab CNBC. The impact of energy consumption and CO_2 emission on the economic growth and financial development in the Sub Saharan African countries ［J］. Energy, 2012, 39 (1): 180-186.

［5］Al-Mulali U. Oil consumption, CO_2 emission and economic growth in MENA countries ［J］. Energy, 2011, 36 (10): 6165-6171.

［6］Alshehry A S, Belloumi M. Energy consumption, carbon dioxide emissions and economic growth: The case of Saudi Arabia ［J］. Renewable and Sustainable Energy Reviews, 2015, 41: 237-247.

［7］Anenberg S C, Horowitz L W, Tong D Q, et al. An estimate of the global burden of anthropogenic ozone and fine particulate matter on premature human mortality using atmospheric modeling ［J］. Environmental Health Perspectives, 2010, 118 (9): 1189-1195.

［8］Ang J B. CO_2 emissions, energy consumption, and output in France ［J］. Energy Policy, 2009, 37 (8): 3282-3286.

［9］Apergis N, Payne J E. Another look at the electricity consumption-Growth nexus in South America ［J］. Energy Sources, 2013, 8 (2): 171-178.

305

［10］Apergis N, Payne J E. The electricity consumption－growth nexus：Renewable versus non－renewable electricity in Central America ［J］. Energy Sources Part B－Economics Planning and Policy, 2012c, 7（4）：423－431.

［11］Apergis N, Payne J E. CO_2 emissions, energy usage, and output in Central America ［J］. Energy Policy, 2009, 37（8）：3282－3286.

［12］Apergis N, Payne J E. Renewable and non－renewable electricity consumption－growth nexus：Evidence from emerging market economies ［J］. Applied Energy, 2011, 88（12）：5226－5230.

［13］Apergis N, Payne J E. Renewable and non－renewable energy consumption－growth nexus：Evidence from a panel error correction model ［J］. Energy Economics 2012b, 34（3）：733－738.

［14］Arouri M E H, Ben Youssef A, M'Henni H, et al. Energy consumption, economic growth and CO_2 emissions in Middle East and North African Countries ［J］. Energy Policy, 2012, 45（6）：342－349.

［15］Assareh E, Behrang M A, Ghanbarzadeh A. The integration of artificial neural networks and particle swarm optimization to forecast world green energy consumption ［J］. Energy Sources Part B － Economics Planning and Policy, 2012, 7（4）：398－410.

［16］Azlina A A, Law S H, Nik Mustapha N H. Dynamic linkages among transport energy consumption, income and CO_2 emission in Malaysia ［J］. Energy Policy, 2014, 73：598－606.

［17］Bao J, Yang X, Zhao Z, et al. The spatial－temporal characteristics of air pollution in China from 2001－2014 ［J］. Int J Environ Res Public Health, 2015, 12（12）15875－15887.

［18］Barradale M J. Impact of public policy uncertainty on renewable energy investment：Wind power credit ［J］. Energy Policy, 2010, 38（12）：7698－7709.

［19］Barrett S. Strategic environmental policy and international trade ［J］. Journal of Public Economics, 1994, 54（3）：325－338.

［20］Bartks B R, Morris S A. Look who's talking：Corporate philanthropy and firm disclosure ［J］. International Journal of Business & Social Research, 2014, 5（1）：1－14.

［21］ Bastola U, Sapkota P. Relationships among energy consumption, pollution emission, and economic growth in Nepal ［J］. Energy, 2015, 80: 254-262.

［22］ Beelen R, Hoek G, van den Brandt P A, et al. Long-term effects of traffic-related air pollution on mortality in a Dutch cohort (NLCS-AIR study) ［J］. Environmental Health Perspectives, 2008, 116 (2): 196-202.

［23］ Begum R A, Sahag K, Abdullah S M S, Jaafar M. CO_2 emissions, energy consumption, economic and population growth in Malaysia ［J］. Renewable and Sustainable Energy Reviews, 2015, 41: 594-601.

［24］ Bernhofen D M. Strategic trade policy in a vertically related industry ［J］. Review of International Economics, 1997, 5: 429-433.

［25］ Berry M A, Rondinelli D A. Proactive corporate environmental management: A new industrial revolution ［J］. The Academy of Management Executive (1993-2005), 1998, 12 (2): 38-50.

［26］ Bhattarai M, Hammig M. Institutions and the environmental kuznets curve for deforestation: A crosscountry analysis for Latin America, Africa and Asia ［J］. World Development, 2001, 29 (6): 995-1010.

［27］ Bhutto A W, Bazmi A A, Zahedi G. Greener energy: Issues and challenges for Pakistan-wind power prospective ［J］. Renewable and Sustainable Energy Reviews, 2013, 20: 519-538.

［28］ Bildirici M E, Bakirtas T. The relationship among oil, natural gas and coal consumption and economic growth in BRICTS (Brazil, Russian, India, China, Turkey and South Africa) countries ［J］. Energy, 2014, 65 (1): 134-144.

［29］ Boontome P, Therdyothin A, Chontanawat J. Investigating the causal relationship between non-renewable and renewable energy consumption, CO_2 emissions and economic growth in Thailand ［J］. Energy Procedia, 2017, 138: 925-930.

［30］ Boyd G A, Tolley G, Pang J. Plant level productivity, efficiency, and environmental performance of the container glass industry ［J］. Environmental and Resource Economics, 2002, 23 (1): 29-43.

［31］ Brander J, Spencer B. Export subsidies and market share rivalry

［J］．Journal of International Economics，1985，18（1-2）：83-100.

［32］Brauer M，Freedman G，Frostad J，et al. Ambient air pollution exposure estimation for the global burden of disease 2013［J］．Environmental Science & Technology，2015，50（1）：79.

［33］Burnett J W，Bergstrom J C，Wetzstein M E. Carbon dioxide emissions and economic growth in the U. S.［J］．Journal of Policy Modeling，2013，35（6）：1014-1028.

［34］Butler L，Neuhoff K. Comparison of feed-in tariff，quota and auction mechanisms to support wind power development［J］．Renew Energy，2008，33（8）：1854-1867.

［35］Cai Y，Sam C Y，Chang T. Nexus between clean energy consumption，economic growth and CO_2 emissions［J］．Journal of Cleaner Production，2018，182：1001-1011.

［36］Carmona M J C，Collado R R. LMDI decomposition analysis of energy consumption in Andalusia（Spain）during 2003-2012：The energy efficiency policy implications［J］．Energy Efficiency，2016，9（3）：807-823.

［37］Chang C H. The influence of corporate environmental ethics on competitive advantage：The mediation role of green innovation［J］．Journal of Business Ethics，2011，104（3）：361-370.

［38］Chen Y S，Lai S B，Wen C T. The influence of green innovation performance on corporate advantage in Taiwan［J］．Journal of Business Ethics，2006，67（4）：331-339.

［39］Chen Y S. The positive effect of green intellectual capital on competitive advantages of firms［J］．Journal of Business Ethics，2008，77（3）：271-286.

［40］Chiang S Y. An application of Lotka-Volterra model to Taiwan's transition from 200 mm to 300 mm silicon wafers［J］．Technological Forecasting and Social Change，2012，79（2）：383-392.

［41］Conrad K. Taxes and Subsides for Pollution-Industries as Trade Policy［J］．Journal of Environmental Economics and Management，1993，25（2）：121-135.

［42］Copeland B R. International trade and the environment：Policy reform in a polluted small open economy [J]. Journal of Environmental Economics and Management, 1994, 26 (1): 44-65.

[43] Couture T, Gagnon Y. An analysis of feed-in tariff remuneration models: Implications for renewable energy investment [J]. Energy Policy, 2010, 38 (2): 955-965.

[44] Crouse D L, Peters P A, Donkelaar A V, et al. Risk of non-accidental and cardiovascular mortality in relation to long-term exposure to low concentrations of fine particulate matter: A canadian national-level cohort study [J]. Environ Health Perspectives, 2012, 120 (5): 708-714.

[45] Daniels M J, Dominici F, Samet J M, et al. Estimating particulate matter-mortality dose-response curves and threshold levels: An analysis of daily time-series for the 20 largest US cities [J]. American Journal of Epidemiology, 2000, 152 (5): 397.

[46] Davenport K. Corporate citizenship: A stakeholder approach for defining corporate social performance and identifying measures for assessing it [J]. Business & Society, 2000, 39 (2): 210-219.

[47] Dawson J P, Adams P J, Pandis S N. Sensitivity of PM2.5 to climate in the Eastern US: A modeling case study [J]. Atmospheric Chemistry & Physics Discussions, 2007, 7 (3): 4295-4309.

[48] Dijkstra B R, Mathew A J, Mukherjee A. Environmental regulation: An incentive for foreign direct investment [J]. Review of International Economics, 2011, 19 (3): 568-578.

[49] Donaldson T, Preston L E. The stakeholder theory of the corporation: Concepts, evidence, and implications [J]. Academy of Management Review, 1995, 20 (1): 65-91.

[50] Dong B, Gong J, Zhao X. FDI and environmental regulation: Pollution haven or a race to the top? [J]. Journal of Regulatory Economics, 2012, 41 (2): 216-237.

[51] Dong G H, Zhang P, Sun B, et al. Long-term exposure to ambient air pollution and respiratory disease mortality in Shenyang, China: A 12-year population-based retrospective cohort study [J]. Respiration, 2012, 84 (5): 360-368.

[52] Eaton J, Grossman G M. Optimal Trade and Industrial Policy under Oligopoly [J]. The Quarterly Journal of Economics, 1986, 101 (2): 383 - 406.

[53] Escriva - Escriva G, Alvarez - Bel C, Roldan - Blay C, Alcazar - Ortega M. New artificial neural network prediction method for electrical consumption forecasting based on building end-uses [J]. Energy and Buildings, 2011, 43 (11): 3112-3119.

[54] Fagiani R, Barquin J, Hakvoort R. Risk - based assessment of the cost efficiency and the effectivity of renewable energy support schemes: Certicate markets versus feed-in tariffs [J]. Energy Policy, 2013, 55 (C): 648-661.

[55] Fan M, Shao S, Yang L. Combining global Malmquist - Luenberger index and generalized method of moments to investigate industrial total factor CO_2 emission performance: A case of Shanghai (China) [J]. Energy Policy, 2015, 79 (C): 189-201.

[56] Farzin Y H. The effects of emissions standards on industry [J]. Journal of Regulatory Economics, 2003, 24: 315-327.

[57] Fisher-Vanden K, Jefferson G H, Jingkui M, et al. Technology development and energy productivity in China [J]. Energy Economics, 2006, 28 (5-6): 690-705.

[58] Francoeur C, Melis A, Gaia S, et al. Green or greed? An alternative look at CEO compensation and corporate environmental commitment [J]. Journal of Business Ethics, 2017, 140 (3): 439-453.

[59] Galinato G I, Yoder J K. An integrated tax-subsidy policy for carbon emission reduction [J]. Resource Energy Economics, 2010, 32 (3): 310-326.

[60] Gardberg N A, Fombrun C J. Corporate citizenship: Creating intangible assets across nstitutional environments [J]. Academy of Management Review, 2006, 31 (2): 329-346.

[61] Garriga E, Melé D. Corporate social responsibility theories: Mapping the territory [J] Journal of Business Ethics, 2004, 53 (1): 51-71.

[62] Gautie A, Pache A C. Research on corporate philanthropy: A review and assessment [J]. Journal of Business Ethics, 2015, 126 (3): 343-369.

［63］ Ghobadian B, Najafi G, Rahimi H, Yusa T F. Future of renewable energies in Iran ［J］. Renewable and Sustainable Energy Reviews, 2009, 13 (3): 689-695.

［64］ Godfrey P C, Hatch N W. Researching corporate social responsibility: An agenda for 21st Century ［J］. Journal of Business Ethics, 2007, 70 (1): 87-98.

［65］ Han J, Mol A P J, Lu Y, Zhang L. Onshore wind power development in China: Challenges behind a successful story ［J］. Energy Policy, 2009, 37 (8): 2941-2951.

［66］ Hansen B E. Threshold effects in non-dynamic panels: Estimation, testing, and inference ［J］. Journal of Econometrics, 1999, 93 (2): 345-368.

［67］ Henriques C O, Antunes C H. Interactions of economic growth, energy consumption and the environment in the context of the crisis-A study with uncertain data ［J］. Energy, 2012, 48 (1): 415-422.

［68］ Hervani A A, Helms M M, Sarkis J. Performance measurement for green supply Chain management ［J］. Benchmarking: An International Journal, 2005, 12 (4): 330-353.

［69］ Heshmati A, Oh D. A sequential Malmquist-Luenberger productivity index: Environmentally sensitive productivity growth considering the progressive nature of technology ［J］. Energy Economics, 2010, 32 (6): 1345-1355.

［70］ Honma S, Hu J L. Panel data parametric frontier technique for measuring total-factor energy efficiency: Application to japanese regions ［J］. MPRA Paper, 2014 (78): 732-739.

［71］ Hwang S L, Guo S E, Chi M C, et al. Association between atmospheric fine particulate matter and hospital admissions for chronic obstructive pulmonary disease in Southwestern Taiwan: A population-based study ［J］. International Journal of Environmental Research & Public Health, 2016, 13 (4).

［72］ Ishikawa J, Spencer B J. Rent-shifting export subsidies with an imported intermediate product ［J］. Journal of International Economics, 1999, 48 (2): 199-232.

［73］ Ito K. CO_2 emissions, renewable and non-renewable energy consumption, and economic growth: Evidence from panel data for developing countries [J]. International Economics, 2017, 151: 1-6.

[74] Jaffe A B, Peterson S R, Stavins P R N. Environmental regulation and the competitiveness of U. S. manufacturing: What does the evidence tell us? [J]. Journal of Economic Literature, 1995, 33 (1): 132-163.

[75] Jamali D, Karam C. Corporate social responsibility in developing countries as an emerging field of study [J]. International Journal of Management Reviews, 2018, 20 (1): 32-61.

[76] Jebaraj S, Iniyan S, Goic R. Forecasting of coal consumption using an artificial neural network and comparison with various forecasting techniques [J]. Energy Source Part A – Recovery Utilization and Environmental Effects, 2011, 33 (14): 1305-1316.

[77] Jiang X, Liu Y. Global value chain, trade and carbon: Case of information and communication technology manufacturing sector [J]. Energy for Sustainable Development, 2015, 25: 1-7.

[78] Kamimura A, Guerra S M G, Sauer I L. On the substitution of energy sources: Prospective of the natural gas market share in the Brazilian urban transportation and dwelling sectors [J]. Energy Policy, 2006, 34 (18): 3583-3590.

[79] Kamimura A, Sauer I L. The effect of flex fuel vehicles in the Brazilian light road transportation [J]. Energy Policy, 2008, 36 (4): 1574-1576.

[80] Kan H D, Chitming W, Vichitvadakan N, et al. Short-term association between sulfur dioxide and daily mortality: The public health and air pollution in Asia (PAPA) study [J]. Environmental Research, 2010, 110 (3): 258-264.

[81] Kan H, London S J, Chen G, et al. Season, sex, age, and education as modifiers of the effects of outdoor air pollution on daily mortality in Shanghai, China: The public health and air pollution in Asia (PAPA) study [J]. Environmental Health Perspectives, 2008, 116 (9): 1183-1188.

[82] Kawai N, Strange R, Zucchella A. Stakeholder pressures, EMS implementation, and green innovation in MNC overseas subsidiaries [J]. International Business Review, 2018, 27 (5): 933-946.

[83] Kaynar O, Yilmaz I, Demirkoparan F. Forecasting of natural gas

consumption with neural network and neuro fuzzy system [J]. Energy Education Science and Technology Part A-Energy Science and Research, 2010, 26 (2): 221-238.

[84] Khanna M, Speir C. Motivations for proactive environmental management [J]. Sustainability, 2013, 5 (6): 2664-2692.

[85] Kim J, Lee D J, Ahn J. A dynamic competition analysis on the Korea mobile phone market using competitive diffusion model [J]. Computers and Industrial Engineering, 2006, 51 (1): 174-182.

[86] Kraft K L, Jauch L R. The organizational effectiveness menu: A device for stakeholder assessment [J]. American Business Law Journal, 1992, 7 (1): 18-23.

[87] Kreng V B, Wang T C, Wang H T. Tripartite dynamic competition and equilibrium analysis on global television market [J]. Computers and Industrial Engineering, 2012, 63 (1): 75-81.

[88] Krutilla K, Reveuny R. The systems dynamics of endogenous population growth in a renewable resource-based growth model [J]. Ecological Economics, 2006, 56 (2): 256-267.

[89] Kumar A, Kumar K, Kaushik N, Sharma S, Mishra S. Renewable energy in India: Current status and future potentials [J]. Renewable and Sustainable Energy Reviews, 2010, 14 (8): 2434-2442.

[90] Kumar U, Jain V K. Time series models (Grey-Markov, Grey Model with rolling mechanism and singular spectrum analysis) to forecast energy consumption in India [J]. Energy, 2010, 35 (4): 1709-1716.

[91] Kwon T H. Rent and rent-seeking in renewable energy support policies: Feed-in tariff vs. renewable portfolio standard [J]. Renewable and Sustainable Energy Reviews, 2015, 44: 676-681.

[92] Lakka S, Michalakelis C, Varoutas D, Martakos D. Competitive dynamics in the operating systems market: Modeling and policy implications [J]. Technological Forecasting and Social Change, 2013: 80 (1): 88-105.

[93] Lee C C, Chiu Y B. Nuclear energy consumption, oil prices, and economic growth: Evidence from highly industrialized countries [J]. Energy Economics, 2011, 33 (2): 236-248.

［94］Lee S J, Lee D J, Oh H S. Technological forecasting at the Korea stock market：A dynamic competition analysis using Lotka-Volterra model ［J］. Technological Forecasting and Social Change, 2005, 72 (8)：1044-1057.

［95］Lee Y S, Tong L I. Forecasting energy consumption using a grey model improved by incorporating genetic programming ［J］. Energy Conversion and Management 2011, 52 (1)：147-152.

［96］Lehmann P. Supplementing an emissions tax by a feed-in tariff for renewable electricity to address learning spillovers ［J］. Energy Policy, 2013, 61 (O)：635-641.

［97］Lei, Jasu, He, et al. Energy efficiency and productivity change of China's iron and steel industry：Accounting for undesirable outputs ［J］. Energy Policy, 2013, 54 (54)：204-213.

［98］Lesser J A, Su X J. Design of an economically efficient feed-in tariff structure for renewable energy development ［J］. Energy Policy, 2008, 36 (3)：981-990.

［99］Li D C, Chang C J, Chen C C, Chen W C. Forecasting short-term electricity consumption using the adaptive grey-based approach-An Asian case ［J］. Omega, 2012, 40 (6)：767-773.

［100］Li Q, Luo W, Wang Y, et al. Firm performance, corporate owner-ship, and corporate social responsibility disclosure in China ［J］. Business Eth-ics：A European Review, 2013, 22 (2)：159-173.

［101］Li S, Ragu-Nathan B, Ragu-Nathan T S, et al. The impact of sup-ply chain management practices on competitive advantage and organizational per-formance ［J］. Omega, 2006, 34 (2)：107-124.

［102］Li X, Hubacek K, Siu Y L. Wind power in China—Dream or real-ity? ［J］. Energy 2012, 37 (1)：51-60.

［103］Liao C H, Ou H H, Lo S L, Chiueh P T, Yu Y H. A challenging approach for renewable energy market development ［J］. Renewable and Sus-tainable Energy Reviews, 2011, 15 (1)：787-793.

［104］Liao C, Jochem E, Zhang Y, Farid N R. Wind power development and policies in China ［J］. Renewable Energy, 2010, 35 (9)：1879-1886.

［105］Liao Z J. The evolution of wind energy policies in China (1995-

2014）： An analysis based on policy instruments ［J］. Renewable and Sustainable Energy Reviews, 2016, 56： 464-472.

［106］ Lim H J, Yoo S H, Kwak S J. Industrial CO_2 emissions from energy use in Korea： A structural decomposition analysis ［J］. Energy Policy, 2009, 37 (2)： 686-698.

［107］ Lin H P, Yeh L T, Tsui H C, Chien S C. Nuclear and non-nuclear energy consumption and economic growth in Taiwan ［J］. Energy Sources, Part B： Economics, Planning, and Policy, 2015, 10 (1)： 59-66.

［108］ Ling Y, Cai X. Exploitation and utilization of the wind power and its perspective in China ［J］. Renewable and Sustainable Energy Reviews, 2012, 16 (4)： 2111-2117.

［109］ Lipp J. Lessons for effective renewable electricity policy from Denmark, Germany and the United Kingdom ［J］. Energy policy, 2007, 35 (11)： 5481-5495.

［110］ Litao Wang, Pu Zhang, Shaobo Tan, et al. Assessment of urban air quality in China using air pollution indices (APIs) ［J］. Journal of the Air & Waste Management Association, 2013, 63 (2)： 170-178.

［111］ Liu P, Gopalsamy K. On a model of competition in periodic environments ［J］. Applied Mathematics and Computation, 1997, 82 (2-3)： 207-238.

［112］ Liu W, Lund H, Mathiesen B V. Large-scale integration of wind power into the existing Chinese energy system ［J］. Energy, 2011, 36 (8)： 4753-4760.

［113］ Liu Y X, Ren L Z, Li Y B, Zhao X G. The industrial performance of wind power industry in China ［J］. Renewable and Sustainable Energy Reviews, 2015, 43： 644-655.

［114］ Liu Y, Kokko A. Wind power in China： Policy and development challenges ［J］. Energy Policy, 2010, 38 (10)： 5520-5529.

［115］ Lo K. A critical review of China's rapidly developing renewable energy and energy efficiency policies ［J］. Renew Sustain Energy Rev, 2014, 29： 508-516.

［116］ Lopez L, Sanjuan M A F. Defining strategies to win in the internet market ［J］. Physica A, 2001, 301 (1-4)： 512-534.

［117］Lotfalipour M R, Falahi M A, Ashena M. Economic growth, CO$_2$ emissions, and fossil fuels consumption in Iran ［J］. Energy, 2010, 35（12）: 5115-5120.

［118］Ma Y, Chen R, Pan G, et al. Fine particulate air pollution and daily mortality in Shenyang, China ［J］. Science of the Total Environment, 2011, 409（13）: 2473-2477.

［119］Macusani Yellowcake. Nuclear is part of the clean energy solution ［M］. Macusani Yellowcake Inc., 2013.

［120］Magat W A, Viscusi W K. Effectiveness of the EPA's regulatory enforcement: The case of industrial effluent standards ［J］. The Journal of Law and Economics, 1990, 33（2）: 331-360.

［121］Magazzino C. The relationship between CO$_2$ emissions, energy consumption and economic growth in Italy ［J］. International Journal of Sustainable Energy, 2014, 33（9）: 1-14.

［122］Maier F, Meyer M. Managerialism and beyond: Discourses of civil society organization and their governance implications ［J］. Voluntas International Journal of Voluntary & Nonprofit Organizations, 2011, 22（4）: 731-756.

［123］Makridou G, Andriosopoulos K, Doumpos M, et al. Measuring the efficiency of energy-intensive industries across European countries ［J］. Energy Policy, 2016, 88（C）: 573-583.

［124］Menanteau P, Finon D, Lamy M L. Prices versus quantities: Choosing policies for promoting the development of renewable energy ［J］. Energy policy, 2003, 31（8）: 799-812.

［125］Menguc B, Auh S, Ozanne L. The interactive effect of internal and external factors on a proactive environmental strategy and its influence on a firm's performance ［J］. Journal of Business Ethics, 2010, 94（2）: 279-298.

［126］Menyah K, Wolde-Rufael Y. CO$_2$ emissions, nuclear energy, renewable energy and economic growth in the US ［J］. Energy Policy, 2010, 38（6）: 2911-2915

［127］Ming Z, Song X, Mingjuan M, Xiaoli Z. New energy bases and sustainable development in China: A review ［J］. Renewable and Sustainable Energy Reviews, 2013, 20: 169-185.

[128] Miras-Rodríguez M D M, Carrasco-Gallego A, Escobar-Pérez B. Has the CSR engagement of electrical companies had an effect on their performance? A closer look at the environment [J]. Business Strategy & the Environment, 2015, 24 (8): 819-835.

[129] Mirza U K, Ahmad N, Harijan K, Majeed T. Identifying and addressing barriers to renewable energy development in Pakistan [J]. Renewable and Sustainable Energy Reviews, 2009, 13 (14): 927-931.

[130] Mirza U K, Ahmad N, Majeed T, Harijan K. Wind energy development in Pakistan [J]. Renewable and Sustainable Energy Reviews, 2007, 11 (9): 2179-2190.

[131] Moir L, Taffler R. Does corporate philanthropy exist?: Business giving to the arts in the U. K. [J]. Journal of Business Ethics, 2004, 54 (2): 149-161.

[132] Mondal A H, Kamp L M, Pachova N I. Drivers, barriers, and strategies for implementation of renewable energy technologies in rural areas in Bangladesh-An innovation system analysis [J]. Energy Policy, 2010, 38 (8): 4626-4634.

[133] Neas L M, Dockery D W, Ware J H, et al. Concentration of indoor particulate matter as a determinant of respiratory health in children [J]. American Journal of Epidemiology, 1994, 139 (11): 1088-1099.

[134] Nguyen K Q. Wind energy in Vietnam: Resource assessment, development status and future implications [J]. Energy Policy, 2007, 35 (2): 1405-1413.

[135] Oliveira C, Antunes C H. A multi-objective multi-sectoral economy-energy-environment model: Application to Portugal [J]. Energy, 2011, 36 (5): 2856-2866.

[136] Owen A D. Environmental externalities, market distortions and the economics of renew able energy technologies [J]. The Energy Journal, 2004, 25 (3): 127-156.

[137] Owen A, Steen-Olsen K, Barrett J, Wiedmann T, Lenzen M. A structural decomposition approach to comparing MRIO databases [J]. Economic Systems Research, 2014, 26 (3): 262-283.

［138］Panklib K, Prakasvudhisarn C, Khummongkol D. Electricity consumption forecasting in Thailand using an artificial neural network and multiple linear regression ［J］. Energy Sources Part B-Economics Planning and Policy, 2015, 10 （4）: 427-434.

［139］Pao H T, Chen H, Li Y Y. Competitive dynamics of energy, environment, and economy in the U. S. ［J］. Energy, 2015, 89 （C）: 449-460.

［140］Pao H T, Fu H C, Tseng C L. Forecasting of CO_2 emissions, energy consumption and economic growth in China using an improved grey model ［J］. Energy, 2012, 40 （1）: 400-409.

［141］Pao H T, Fu H C. Competition and stability analyses among emissions, energy, and economy: Application for Mexico ［J］. Energy, 2015, 82 （C）: 98-107.

［142］Pao H T, Fu H C. Renewable energy, non-renewable energy and economic growth in Brazil ［J］. Renewable and Sustainable Energy Reviews, 2013a, 25 （C）: 381-392.

［143］Pao H T, Fu H C. The causal relationship between energy resources and economic growth in Brazil ［J］. Energy Policy, 2013b, 61 （C）: 783-801.

［144］Pao H T, Tsai C M. CO_2 emissions, energy consumption and economic growth in BRIC countries ［J］. Energy Policy, 2010, 38 （12）: 7850-7860.

［145］Pao H T, Tsai C M. Modeling and forecasting the CO_2 emissions, energy consumption, and economic growth in Brazil ［J］. Energy, 2011a, 36 （5）: 2450-2458.

［146］Pao H T, Tsai C M. Multivariate Granger causality between CO_2 emissions, energy consumption, FDI (foreign direct investment) and GDP (gross domestic product): Evidence from a panel of BRIC (Brazil, Russian Federation, India, and China) countries ［J］. Energy, 2011b, 36 （1）: 685-693.

［147］Pao H T, Yu H C, Yang Y H. Modeling the CO_2 emissions, energy use, and economic growth in Russia ［J］. Energy, 2011, 36 （8）: 5094-5100.

［148］Pao H T. Forecasting energy consumption in Taiwan using hybrid nonlinear models ［J］. Energy, 2009, 34 （10）: 1438-1446.

［149］Pao H T. Forecasting electricity market pricing using artificial neural networks [J]. Energy Conversion and Management, 2007, 48 (3): 907-912.

[150] Paulo Henrique de Mello Santana. Cost－effectiveness as energy policy mechanisms: The paradox of technology－neutral and technology－specific policies in the short and long term [J]. Renewable and Sustainable Energy Reviews, 2016, 58 (C): 1216-1222.

[151] Payne J E. On the dynamics of energy consumption and output in the US [J]. Applied Energy, 2009, 86 (4): 575-577.

[152] Payne J E. The causal dynamics between US renewable energy consumption, output, emissions, and oil prices [J]. Energy Sources, Part B: Economics, Planning, and Policy, 2012, 7 (4): 323-330.

[153] Pi D, Liu J, Qin X. A grey prediction approach to forecasting energy demand in China [J]. Energy Sources, Part B: Economics, Planning, and Policy, 2010, 32 (16): 1517-1528.

[154] Pope C A , Burnett R T, Thun M J, et al. Lung cancer, cardiopulmonary mortality, and long－term exposure to fine particulate air pollution [J]. Jama, 2002, 287 (9): 1132-1141.

[155] Pope C A, Ezzati M, Dockery D W. Fine－particulate air pollution and life expectancy in the United States [J]. New England Journal of Medicine, 2009, 360 (4): 376.

[156] Porter M E, van der Linde C. Green and competitive: Ending the stalemate [J]. Harvard Business Review, 1995, 28 (6): 128-129.

[157] Porter M E. Competitive strategy [M]. New York: The Free Press, 1980.

[158] Porter, M E, Kramer M R. Strategy and society: The link between competitive advantage and corporate social responsibility [J]. Harvard Business Review, 2006, 84 (12): 2-17.

[159] Puliafito S E, Puliafito J L, Grand M C. Modeling population dynamics and economic growth as competing species: An application to CO_2 global emissions [J]. Ecological Economics, 2008, 65 (3): 602-615.

[160] Qian Z, He Q, Lin H M, et al. Association of daily cause－specific mortality with ambient particle air pollution in Wuhan, China. [J]. Environmental Research, 2007, 105 (3): 380-389.

［161］Ramos-Jiliberto R. Resource-consumer models and the biomass conversion principle ［J］. Environmental Modeling and Software, 2005, 20 (1): 85-91.

［162］Ringel M. Fostering the use of renewable energies in the European Union: The race between feed-in tariffs and green certificates ［J］. Renew Energy, 2006, 31 (1): 1-17.

［163］Saboori B, Sapri M, Baba M B. Economic growth, energy consumption and CO_2 emissions in OECD (Organization for Economic Co-operation and Development)'s transport sector: A fully modified bi-directional relationship approach ［J］. Energy, 2014, 66 (1): 150-161.

［164］Saboori B, Sulaiman J. CO_2 emissions, energy consumption and economic growth in Association of Southeast Asian Nations (ASEAN) countries: A cointegration approach ［J］. Energy, 2013, 55 (C): 813-822.

［165］Saboori B, Sulaiman J. Environmental degradation, economic growth and energy consumption: Evidence of the environmental Kuznets curve in Malaysia ［J］. Energy Policy, 2013b, 60 (C): 892-905.

［166］Sahir M H, Qureshi A H. Assessment of new and renewable energy resources potential and identification of barriers to their significant utilization in Pakistan ［J］. Renewable and Sustainable Energy Reviews, 2008, 12 (1): 290-298.

［167］Seppälaä J, Melanen M, MäenpääI, et al. How can the Eco-efficiency of a region be measured and monitored? ［J］. Journal of Industrial Ecology, 2005, 9 (4): 117-130.

［168］Shahbaz M, Ozturk I, Afza T, Ali A. Revisiting the environmental Kuznets curve in a global economy ［J］. Renewable and Sustainable Energy Reviews, 2013, 25 (C): 494-502.

［169］Silva R A, West J J, Zhang Y, et al. Global premature mortality due to anthropogenic outdoor air pollution and the contribution of past climate change ［J］. Environmental Research Letters, 2013, 8 (3): 034005.

［170］Slaughter J C, Lumley T, Sheppard L, et al. Effects of ambient air pollution on symptom severity and medication use in children with asthma ［J］. Annals of Allergy Asthma & Immunology, 2003, 91 (4): 346-353.

［171］Song Z, Byun S Y. Corporate social responsibility and corporate financial performance in China: The moderating effect of globalization ［J］. Social Science Electronic Publishing, 2017, 11 （6）: 1-17.

［172］Sun P, Nie P Y. A comparative study of feed-in tariff and renewable portfolio standard policy in renewable energy industry ［J］. Renewable Energy, 2015, 74 （C）: 255-262.

［173］Supasa T, Hsiau S S, Lin S M, Wongsapai W, Wu J C. Has energy saving been an effective policy for Thailand? An input-output structural decomposition analysis from 1995 to 2010 ［J］. Energy Policy, 2016, 98 （C）: 210-220.

［174］Tai A P K, Mickley L J, Jacob D J. Correlations between fine particulate matter （PM2.5） and meteorological variables in the United States: implications for the sensitivity of PM2.5 to climate change ［J］. Atmospheric Environment, 2010, 44 （32）: 3976-3984.

［175］Tak Hur, Ik Kim, Ryoichi Yamamoto. Measurement of green productivity and its improvement ［J］. Journal of Cleaner Production, 2003, 12 （7）: 673-683.

［176］Tamas M M, Shrestha S, Zhou H. Feed-in tariff and tradable green certificate in oligopoly ［J］. Energy Policy, 2010, 38 （8）: 4040-4047.

［177］Tang C F, Tan B W. The impact of energy consumption, income and foreign direct investment on carbon dioxide emissions in Vietnam ［J］. Energy, 2015, 79 （C）: 447-454.

［178］Tang T, Popp D. The learning process and technological change in wind power: Evidence from China's CDM wind projects ［J］. Journal of Policy Analysis and Management, 2016, 35 （1）: 195-222.

［179］Testa F, Boiral O, Iraldo F. Internalization of environmental practices and institutional complexity: Can stakeholders pressures encourage green washing? ［J］. Journal of Business Ethics, 2018, 147 （2）: 287-307.

［180］Thurston G D, Burnett R T, Turner M C, et al. Ischemic heart disease mortality and long-term exposure to source-related components of U.S. fine particle air pollution ［J］. Environmental Health Perspectives, 2016, 124 （6）: 785-794.

[181] Tone K , Tsutsui M . Dynamic DEA: A slacks-based measure approach [J]. Omega, 2010, 38 (3-4): 145-156.

[182] Tugcu C T, Ozturk I, Aslan A. Renewable and non-renewable energy consumption and economic growth relationship revisited: Evidence from G7 countries [J]. Energy Economics, 2012, 34 (6): 1942-1950.

[183] Ulph A. Environmental policy instrument and imperfect competitive international trade [J]. Environmental and Resource Economics, 1996, 7 (4): 333-355

[184] Ulph A. International trade and the environment: A survey of recent economic analysis [C]. The International Yearbook of Environmental and Resource Economics 1997/1998: A Survey of Current Issues, 1997: 205-243.

[185] Venners S A, Wang B, Xu Z, et al. Particulate matter, sulfur dioxide, and daily mortality in Chongqing, China [J]. Environmental Health Perspectives, 2003, 111 (4): 562-567.

[186] Voigt S, De Cian E, Schymura M, Verdolini E. Energy intensity developments in 40 major economies: Structural change or technology improvement? [J]. Energy Economics, 2014, 4 (C) 1: 47-62.

[187] Wachsmann U, Wood R, Lenzen M, Schaeffer R. Structural decomposition of energy use in Brazil from 1970 to 1996 [J]. Applied Energy, 2009, 86 (4): 578-587.

[188] Wang H, Choi J. A new look at the corporate social-financial performance relationship: The moderating roles of temporal and inter domain consistency in corporate social performance [J]. Journal of Management, 2013, 39 (2): 416-441.

[189] Wang J, Ogawa S. Effects of meteorological conditions on PM2. 5 concentrations in Nagasaki, Japan [J]. International Journal of Environmental Research & Public Health, 2015, 12 (8): 9089-9101.

[190] Wang Q, Chen Y. Status and outlook of China's free-carbon electricity [J]. Renewable and Sustainable Energy Reviews, 2010, 14 (3): 1014-1025.

[191] Wang Z, Qin H, Lewis J I. China's wind power industry: Policy support, technological achievements, and emerging challenges [J]. Energy Pol-

icy, 2012, 51 (C): 80-88.

[192] Wei Z, Hao S, Zhou K Z, et al. How does environmental corporate social responsibility matter in a dysfunctional institutional environment? Evidence from China [J]. Journal of Business Ethics, 2017, 140 (2): 209-223.

[193] Wu L, Liu S, Liu D, Fang Z, Xu H. Modeling and forecasting CO_2 emissions in the BRICS (Brazil, Russia, India, China, and South Africa) countries using a novel multi-variable grey model [J]. Energy, 2015, 79 (C): 489-495.

[194] Wu S I, Wu Y C. The influence of enterprisers'green management awareness on green management strategy and organizational performance [J]. International Journal of Quality & Reliability Management, 2014, 31 (4): 455-476.

[195] Wursthorn S, Poganietz W R, Schebek L. Economic-environmental monitoring indicators for European countries: A disaggregated sector-based approach for monitoring eco-efficiency [J]. Ecological Economics, 2010, 70 (3): 487-496.

[196] Xie S C. The driving forces of China's energy use from 1992 to 2010: An empirical study of input-output and structural decomposition analysis [J]. Energy Policy, 2014, 73 (C): 401-415.

[197] Xu J, He D, Zhao X. Status and prospects of Chinese wind energy [J]. Energy, 2010, 35 (11): 4439-4444.

[198] Xu X, Gao J, Dockery D W, et al. Air pollution and daily mortality in residential areas of Beijing, China [J]. Archives of Environmental Health, 1994, 49 (4): 216.

[199] Xu Y, Dietzenbacher E. A structural decomposition analysis of the emissions embodied in trade [J]. Ecological Economics, 2014, 101 (5): 10-20.

[200] Yang C, Peng X, Huang W, et al. A time-stratified case-crossover study of fine particulate matter air pollution and mortality in Guangzhou, China [J]. International Archives of Occupational & Environmental Health, 2012, 85 (5): 579.

[201] Yildirim E, Sarac S, Aslan A. Energy consumption and economic

growth in the USA: Evidence from renewable energy [J]. Renewable and Sustainable Energy Reviews, 2012, 16 (9): 6770-6774.

[202] Yongrok Choi, Dong-hyun Oh, Ning Zhang. Environmentally sensitive productivity growth and its decompositions in China: A metafrontier Malmquist-Luenberger productivity index approach [J]. Empirical Economics, 2015, 49 (3): 1017-1043.

[203] Zhang P, Dong G, Sun B, et al. Long-term exposure to ambient air pollution and mortality due to cardiovascular disease and cerebrovascular disease in Shenyang, China [J]. Plos One, 2011, 6 (6): e20827.

[204] Zhang S, Qi J. Small wind power in China: Current status and future potentials [J]. Renewable and Sustainable Energy Reviews, 2011, 15 (5): 2457-2460.

[205] Zhao X L, Wang F, Wang M. Large-scale utilization of wind power in China: Obstacles of conflict between market and planning [J]. Energy Policy, 2012b, 48 (1): 222-232.

[206] Zhao Z Y, Chang R D, Chen Y L. What hinder the further development of wind power in China? —A socio-technical barrier study [J]. Energy Policy, 2016, 88 (1): 465-476.

[207] Zhao Z Y, Ling W J, Zillante G. An evaluation of Chinese wind turbine manufacturers using the enterprise niche theory [J]. Renewable & Sustainable Energy Reviews, 2012a, 16 (1): 725-734.

[208] Zhao Z, Yan Y. Consumption-based carbon emissions and international carbon leakage: An analysis based on the WIOD database [J]. Social Sciences in China 2014, 35 (3): 174-186.

[209] Zhou P, Ang B W, Han J Y. Total factor carbon emission performance: A Malmquist index analysis [J]. Energy Economics, 2010, 32 (1): 194-201.

[210] 白雪洁, 孟辉. 新兴产业、政策支持与激励约束缺失——以新能源汽车产业为例 [J]. 经济学家, 2018 (1): 50-60.

[211] 曾贤刚, 许志华, 鲁颐琼. 基于 CVM 的城市大气细颗粒物健康风险的经济评估——以北京市为例 [J]. 中国环境科学, 2015, 35 (7): 2233-2240.

［212］陈超凡．中国工业绿色全要素生产率及其影响因素——基于 ML 生产率指数及动态面板模型的实证研究［J］．统计研究，2016，33（3）：53-62.

［213］陈贵梧，胡辉华，陈林．行业协会提高了企业社会责任表现吗？——来自中国民营企业调查的微观证据［J］．公共管理学报，2017（4）：102-117.

［214］陈亮，胡文涛．金融发展、技术进步与碳排放的协同效应研究——基于 2005—2017 年中国 30 个省域碳排放的 VAR 分析［J］．学习与探索，2020（6）：117-124.

［215］陈强．高级计量经济学及 Stata 应用（第二版）［M］．北京：高等教育出版社，2014.

［216］陈仁杰，陈秉衡，阚海东．大气细颗粒物控制对我国城市居民期望寿命的影响［J］．中国环境科学，2014，34（10）：2701-2705.

［217］陈诗一．能源消耗、二氧化碳排放与中国工业的可持续发展［J］．经济研究，2009，44（4）：41-55.

［218］陈仕华，李维安．公司治理的社会嵌入性：理论框架及嵌入机制［J］．中国工业经济，2011（6）：99-108.

［219］陈硕，陈婷．空气质量与公共健康：以火电厂二氧化硫排放为例［J］．经济研究，2014，49（8）：158-169，183.

［220］陈同会．基于循环经济的资源回收企业 X 公司发展战略研究［D］．天津大学硕士学位论文，2020.

［221］陈艳，朱雅丽．基于博弈模型的可再生能源产业补贴标准设计［J］．统计与决策，2014（20）：49-51.

［222］陈钊，陈乔伊．中国企业能源利用效率：异质性、影响因素及政策含义［J］．中国工业经济，2019（12）：78-95.

［223］程海森，马婧，樊昕晔．京津冀能源消费、经济增长与碳排放关系研究［J］．现代管理科学，2017（11）：81-83.

［224］崔盼盼，赵媛，夏四友，郾继尧．黄河流域生态环境与高质量发展测度及时空耦合特征［J］．经济地理，2020，40（5）：49-57，80.

［225］戴璐，支晓强．影响企业环境管理控制措施的因素研究［J］．中国软科学，2015（4）：108-120.

［226］戴志敏，曾宇航，郭露．华东地区工业生态效率面板数据研

究——基于整合超效率 DEA 模型分析 [J]. 软科学, 2016, 30 (7): 35-39.

[227] 翟石艳, 王铮. 基于 ARDL 模型长三角碳排放、能源消费和经济增长关系研究 [J]. 长江流域资源与环境, 2013, 22 (1): 94-103.

[228] 董敏杰, 李钢, 梁泳梅. 中国工业环境全要素生产率的来源分解——基于要素投入与污染治理的分析 [J]. 数量经济技术经济研究, 2012, 29 (2): 3-20.

[229] 风电光伏数百亿财政补贴拖欠危及企业资金链 [EB/OL]. ht-tp://jjckb.xinhuanet.com/2015-11/10/c_ 134799456. htm.

[230] 冯文, 刘子文, 孙堃, 刘达. 专利分析法在国内新能源汽车技术创新研究中的应用 [J]. 智慧电力, 2019, 47 (11): 35-40, 47.

[231] 傅为忠, 陈文静. 基于改进 CRITIC-GGI-VIKOR 的工业发展绿色度动态评价模型构建及其应用研究 [J]. 科技管理研究, 2017, 37 (10): 249-257.

[232] 傅为忠, 徐丽君. 区域工业绿色发展成熟度动态评价——基于熵值修正 G1 法和距离协调度改进模型的实证分析 [J]. 工业技术经济, 2018, 37 (3): 51-69.

[233] 傅志寰, 宋忠奎, 陈小寰等. 我国工业绿色发展战略研究 [J]. 中国工程科学, 2015, 17 (8): 16-22.

[234] 盖美, 曹桂艳, 田成诗, 柯丽娜. 辽宁沿海经济带能源消费碳排放与区域经济增长脱钩分析 [J]. 资源科学, 2014, 36 (6): 1267-1277.

[235] 高建刚, 马中东, 王丙毅. 基于结构方程模型的中国风能产业发展障碍因素研究 [J]. 中国软科学, 2016 (12): 24-36.

[236] 高建刚, 杨娜. 促进中国再生能源产业发展的整合性政策工具——以风能产业为例 [J]. 数学的实践与认识, 2019, 49 (13): 30-42.

[237] 高建刚. 再生能源生产和消费中的外部性与最优政策——以生物质能为例 [J]. 北京理工大学学报 (社会科学版), 2016, 18 (1): 38-44.

[238] 高建刚. 中国新能源汽车产业创新系统的发展与失灵研究 [J]. 情报杂志, 2019, 38 (12): 77-85, 91.

[239] 高建刚. 中国能源效率、环境绩效与政策优化 [M]. 北京: 经济科学出版社, 2015.

[240] 高小芹, 刘传庚, 刘晓燕, 陈绍杰. 中国工业行业煤炭利用效率测度及影响因素研究 [J]. 宏观经济研究, 2020 (4): 49-59, 102.

［241］高勇强，陈亚静，张云均．"红领巾"还是"绿领巾"：民营企业慈善捐赠动机研究［J］．管理世界，2012（8）：106-114.

［242］工业和信息化部关于印发《工业绿色发展规划（2016—2020年）》的通知［EB/OL］．http：//www. miit. gov. cn/n1146295/n1652858/n1652930/n3757016/c5143553/content. html，2016-07-18.

［243］谷少华，贾红英，李萌萌，杨军，司春峰，张瑞，刘小波，刘起勇．济南市空气污染对呼吸系统疾病门诊量的影响［J］．环境与健康杂志，2015，32（2）：95-98.

［244］关伟，许淑婷，郭岫垚．黄河流域能源综合效率的时空演变与驱动因素［J］．资源科学，2020，42（1）：150-158.

［245］郭本海，陆文茜，王涵，乔元东，李文鹏．基于关键技术链的新能源汽车产业政策分解及政策效力测度［J］．中国人口·资源与环境，2019，29（8）：76-86.

［246］郭付友，吕晓，于伟，任嘉敏，初楠臣．山东省绿色发展水平绩效评价与驱动机制——基于17个地市面板数据［J］．地理科学，2020，40（2）：200-210.

［247］韩洁平，程序，闫晶，杨晓龙．基于网络超效率 EBM 模型的城市工业生态绿色发展测度研究——以三区十群47个重点城市为例［J］．科技管理研究，2019，39（5）：228-236.

［248］郝淑双，朱喜安．中国区域绿色发展水平影响因素的空间计量［J］．经济经纬，2019，36（1）：10-17.

［249］侯沁江，蔺洁，陈凯华．中国新能源汽车产业的创新系统功能［J］．经济管理，2015，37（9）：19-28.

［250］胡宗义，刘亦文，唐李伟．中国能源消费、碳排放与经济增长关系的实证研究［J］．湖南大学学报（自然科学版），2012，39（7）：84-88.

［251］黄聪英，林宸彧．福建工业绿色发展的制约因素与路径选择研究［J］．福建师范大学学报（哲学社会科学版），2018（1）：29-38，169.

［252］黄磊，吴传清．长江经济带城市工业绿色发展效率及其空间驱动机制研究［J］．中国人口·资源与环境，2019，29（8）：40-49.

［253］江洪，李金萍，纪成君．省际能源效率再测度及空间溢出效应分析［J］．统计与决策，2020，36（1）：123-127.

［254］晋晶，王宇澄，郑新业．集中供暖要跨过淮河吗？——基于中国

家庭能源消费数据的估计［J］．经济学（季刊），2020，19（2）：685-708.

［255］靳小翠．企业社会责任会影响社会资本吗？——基于市场竞争和法律制度的调节作用研究［J］．中国软科学，2018（2）：129-139.

［256］兰宗睿，孙振清．考虑碳排放的中国轻工产业绿色生产率及影响因素研究——基于轻工业16个细分行业面板数据［J］．中国人口·资源与环境，2020（5）：58-68

［257］李兰，刘家国，李天琦．考虑非期望产出的制造业能源生态效率地区差异研究——基于SBM和Tobit模型的两阶段分析［J］．中国管理科学，2019，27（11）：76-87.

［258］李江，谢明华，杜小敏．中国可再生能源补贴措施有效性研究——基于居民环境支付意愿的实证分析［J］．财贸经济，2011（3）：102-109.

［259］李王兵．战略性新兴产业创新系统演化进程与驱动力［J］．科学学研究，2016（9）：1426-1431.

［260］李平，楚紫穗．我国区域产业绿色发展指数评价及动态比较［J］．经济问题探索，2015（1）：68-75.

［261］李平，张佳．长江经济带工业绿色发展水平差异及其分解——基于2004—2013年108个城市的比较研究［J］．软科学，2016，30（11）：48-53.

［262］李珏，陶锋．污染密集型产业的绿色全要素生产率及影响因素——基于SBM方向性距离函数的实证分析［J］．经济学家，2011（12）：32-39.

［263］李兰，丁世豪．进口技术溢出提升了制造业能源效率吗？［J］．中国软科学，2019（12）：137-149.

［264］李维安，齐鲁骏．公司治理中的社会网络研究——基于科学计量学的中外文献比较［J］．外国经济与管理，2017，39（1）：68-83.

［265］李怡娜，徐丽．竞争环境、绿色实践与企业绩效关系研究［J］．科学学与科学技术管理，2017，38（2）：44-54.

［266］李颖，徐小峰，郑越．环境规制强度对中国工业全要素能源效率的影响——基于2003—2016年30省域面板数据的实证研究［J］．管理评论，2019，31（12）：40-48.

［267］梁正，李代天．科技创新政策与中国产业发展40年——基于

演化创新系统分析框架的若干典型产业研究 [J]. 科学学与科学技术管理, 2018, 39 (9): 21-35.

[268] 廖羽, 郝元涛. 2007-2009 年广州市六区 PM2.5 空气污染所致肺癌疾病负担研究 [J]. 中国卫生统计, 2016, 33 (4): 677-680.

[269] 林伯强, 吴微. 全球能源效率的演变与启示——基于全球投入产出数据的 SDA 分解与实证研究 [J]. 经济学 (季刊), 2020, 19 (2): 663-684.

[270] 刘丛. 风力发电激励制度及竞价机制的研究 [D]. 华北电力大学博士学位论文, 2008.

[271] 刘海英, 刘晴晴. 中国省级绿色全要素能源效率测度及技术差距研究——基于共同前沿的非径向方向性距离函数估算 [J]. 西安交通大学学报 (社会科学版), 2020, 40 (2): 73-84.

[272] 刘兰剑, 赵志华. 财政补贴退出后的多主体创新网络运行机制仿真——以新能源汽车为例 [J]. 科研管理, 2016, 37 (8): 58-66.

[273] 刘洽, 赵秋红. 政策对发电企业能源决策的影响及最优化模型 [J]. 系统工程理论与实践, 2015, 35 (7): 1717-1725.

[274] 刘雪凤, 高兴. 中国风能技术发明专利维持时间影响因素研究 [J]. 科研管理, 2015, 36 (10): 139-145.

[275] 刘颖, 刘世炜. 空气污染与肺癌死亡率: 来自山东省自然实验的证据 [J]. 山东大学学报 (哲学社会科学版), 2018 (3): 141-149.

[276] 刘雨佳. 淮河流域工业绿色发展绩效评价及影响因素研究 [D]. 安徽财经大学硕士学位论文, 2018.

[277] 刘兆国, 韩昊辰. 中日新能源汽车产业政策的比较分析——基于政策工具与产业生态系统的视角 [J]. 现代日本经济, 2018, 37 (2): 65-76.

[278] 刘自敏, 邓明艳, 杨丹, 马源. 降低企业用能成本可以提高能源效率与社会福利吗——基于交叉补贴视角的分析 [J]. 中国工业经济, 2020 (3): 100-118.

[279] 卢强, 吴清华, 周永章等. 工业绿色发展评价指标体系及应用于广东省区域评价的分析 [J]. 生态环境学报, 2013, 22 (3): 528-534.

[280] 马媛, 侯贵生, 尹华. 企业绿色创新驱动因素研究——基于资源型企业的实证 [J]. 科学学与科学技术管理, 2016, 37 (4): 98-105.

［281］聂言，李延升，华正罡，崔仲明．辽宁沈阳地区大气PM2.5中重金属污染特征及健康风险评价［J］．中国公共卫生，2018，34（4）：574-576.

［282］宁山．基于质量、效率、动力三维视角的数字经济对经济高质量发展多维影响研究［J］．贵州社会科学，2020（4）：129-135.

［283］潘侠，何宜庆．工业生态效率评价及其影响因素研究——基于中国中东部省域面板数据［J］．华东经济管理，2014，28（3）：33-38.

［284］彭华．中国地区收入差距、全要素生产率及其收敛分析［J］．经济研究，2005（9）：19-29.

［285］任航，王震，张雨漾．中国碳排放、清洁能源与经济增长的实证研究［J］．中国人口·资源与环境，2015，25（S2）：6-9.

［286］石光．中国省区工业绿色全要素生产率影响因素分析——基于SBM方向性距离函数的实证分析［J］．工业技术经济，2015，34（6）：137-144.

［287］史丹，杨帅．完善可再生能源价格的政策研究——基于发电价格补贴政策与实践效果的评述［J］．价格理论与实践，2012（6）：24-28.

［288］宋林，张琳玲，宋峰．中国入世以来的对外贸易与环境效率——基于分省面板数据的统计分析［J］．中国软科学，2012（8）：130-142.

［289］苏阳，郑红霞，王毅．中国省际工业绿色发展评估［J］．中国人口·资源与环境，2013，23（8）：116-122.

［290］孙政．风电产业发展环境影响因素评价及对策研究［D］．华北电力大学硕士学位论文，2014.

［291］孙晓华，王昀，刘小玲．范式转换、异质性与新兴产业演化［J］．管理科学学报，2016，19（8）：67-83.

［292］涂正革，刘磊珂．考虑能源、环境因素的中国工业效率评价——基于SBM模型与省级数据分析［J］．经济评论，2011（2）：55-65.

［293］涂正革，王秋皓．中国工业绿色发展的评价及动力研究——基于地级以上城市数据门限回归的证据［J］．中国地质大学学报（社会科学版），2018，18（1）：47-56.

［294］万鲁河，张茜，陈晓红．哈大齐工业走廊经济与环境协调发展评价指标体系——基于脆弱性视角的研究［J］．地理研究，2012，31（9）：1673-168.

［295］汪克亮，孟祥瑞，杨宝臣，程云鹤．基于环境压力的长江经济带工业生态效率研究［J］．资源科学，2015，37（7）：1491-1501．

［296］王建民，仇定三，蒋倩颖，张敏．长江经济带工业绿色发展效率测量与提升路径研究［J］．科技管理研究，2019，39（12）：46-52．

［297］王静宇，刘颖琦，Ari Kokko．基于专利信息的中国新能源汽车产业技术创新研究［J］．情报杂志，2016，35（1）：32-38．

［298］王丽萍．物流业碳排放与能源消耗、经济增长关系的实证研究——以河南省为例［J］．系统科学学报，2017，25（2）：112-116．

［299］王丽霞，陈新国，姚西龙．环境规制政策对工业企业绿色发展绩效影响的门限效应研究［J］．经济问题，2018（1）：78-81．

［300］王小艳，陈文婕，陈晓春．基于E-NSBM模型的中国省际资源环境效率动态评价［J］．湖南大学学报（社会科学版），2016，30（3）：101-107．

［301］王询，张为杰．环境规制、产业结构与中国工业污染的区域差异——基于东、中、西部Panel Data的经验研究［J］．财经问题研究，2011（11）：23-30．

［302］王艳艳，赵曙明．国外企业管理者道德问题研究综述［J］．外国经济与管理，2007，29（3）：25-32．

［303］王在翔，赵晶，牛泽亮，祁鹏．空气污染对心脑血管疾病门诊量影响的Poisson广义可加模型分析［J］．中国卫生统计，2017，34（2）：232-235．

［304］魏咏梅，檀勤良，张充，邓艳明，刘媛．风电产业技术效率及其影响因素分析［J］．中国科技论坛，2015（6）：76-81，87．

［305］翁章好，陈宏民．三种可再生能源政策的效果和成本比较［J］．现代管理科学，2011（4）：17-18，53．

［306］翁章好，路瑶．风电优惠定价政策下投资者收益风险的比较——基于蒙特卡罗法的仿真分析［J］．价格理论与实践，2009（10）：72-73．

［307］吴传清，黄磊．长江经济带工业绿色发展效率及其影响因素研究［J］．江西师范大学学报（哲学社会科学版），2018，51（3）：91-99．

［308］吴军．环境约束下中国地区工业全要素生产率增长及收敛分析［J］．数量经济技术经济研究，2009，26（11）：17-27．

［309］吴明隆．结构方程模型-AMOS的操作与应用［M］．重庆：重

庆大学出版社，2009.

[310] 吴旦晓. 区域工业绿色发展效率动态评价及提升路径研究——以重化工业区域青海、河南和福建为例 [J]. 生态经济, 2016, 32（2）: 63-68.

[311] 吴英姿，闻岳春. 中国工业绿色生产率、减排绩效与减排成本 [J]. 科研管理, 2013, 34（2）: 105-111, 151.

[312] 武春友，陈兴红，匡海波. 基于 Rough-DEMATEL 的企业绿色增长模式影响因素识别 [J]. 管理评论, 2014, 26（8）: 74-81.

[313] 武红，谷树忠，关兴良，鲁莎莎. 中国化石能源消费碳排放与经济增长关系研究 [J]. 自然资源学报, 2013, 28（3）: 381-390.

[314] 武红，谷树忠，周洪，王兴杰，董德坤，胡咏君. 河北省能源消费、碳排放与经济增长的关系 [J]. 资源科学, 2011, 33（10）: 1897-1905.

[315] 肖黎，张媛. 经济增长、能源消费与二氧化碳排放的互动关系——基于动态面板联立方程的估计 [J]. 经济问题探索, 2016（9）: 29-39.

[316] 肖红军，许英杰. 企业社会责任评价模式的反思与重构 [J]. 经济管理, 2014, 36（9）: 67-78.

[317] 谢青，田志龙. 创新政策如何推动我国新能源汽车产业的发展——基于政策工具与创新价值链的政策文本分析 [J]. 科学学与科学技术管理, 2015, 36（6）: 3-14.

[318] 熊勇清，范世伟，刘晓燕. 新能源汽车财政补贴与制造商研发投入强度差异——制造商战略决策层面异质性视角 [J]. 科学学与科学技术管理, 2018, 39（6）: 72-83.

[319] 徐建中，贯君，林艳. 基于 Meta 分析的企业环境绩效与财务绩效关系研究 [J]. 管理学报, 2018, 15（2）: 246-254.

[320] 徐晓亮，许学芬. 能源补贴改革对资源效率和环境污染治理影响研究——基于动态 CGE 模型的分析 [J]. 中国管理科学, 2020, 28（5）: 221-230.

[321] 杨飞虎，晏朝飞，熊毅. 政府投资、人力资本提升与产业结构升级——基于面板 VAR 模型的实证分析 [J]. 经济问题探索, 2016（12）: 18-25.

［322］杨宏伟，李雅莉，郑洁．区域协同视角下丝路中道工业绿色发展差异演化及影响因素研究［J］．工业技术经济，2019，38（11）：61-69．

［323］杨莉，余倩倩，张雪磊．江苏沿江城市工业绿色发展评价与转型升级路径研究［J］．江苏社会科学，2019（6）：249-256．

［324］杨娜．基于动态 SBM 模型的山东省环境效率的时空分析与影响因素研究［J］．福建金融管理干部学院学报，2018（4）：38-46．

［325］杨娜．山东省工业绿色发展的绩效评价与影响因素研究［D］．聊城大学硕士学位论文，2020．

［326］杨娜．山东省工业绿色生产率及收敛性分析［J］．山东商业职业技术学院学报，2018，18（6）：19-24．

［327］杨庆舟，马平平，吕素姣．基于 DDF-DEA 三阶段模型国家能源开发效率研究——以国家划分的 20 个大型综合能源基地为例［J］．工业技术经济，2020，39（3）：143-153．

［328］杨帅．我国可再生能源补贴政策的经济影响与改进方向——以风电为例［J］．云南财经大学学报，2013，29（2）：64-74．

［329］杨文举，龙睿赟．中国地区工业绿色全要素生产率增长——基于方向性距离函数的经验分析［J］．上海经济研究，2012，24（7）：3-13，21．

［330］杨亦民，王梓龙．湖南工业生态效率评价及影响因素实证分析——基于 DEA 方法［J］．经济地理，2017，37（10）：151-156，196．

［331］杨志江，文超祥．中国绿色发展效率的评价与区域差异［J］．经济地理，2017，37（3）：10-18．

［332］杨子晖．经济增长、能源消费与二氧化碳排放的动态关系研究［J］．世界经济，2011，34（6）：100-125．

［333］姚君．我国能源消费、二氧化碳排放与经济增长关系研究［J］．生态经济，2015，31（5）：53-56．

［334］姚树洁，张帅．可再生能源消费、碳排放与经济增长动态关系研究［J］．人文杂志，2019（5）：42-53．

［335］尹开国，刘小芹，陈华东．基于内生性的企业社会责任与财务绩效关系研究——来自中国上市公司的经验证据［J］．中国软科学，2014（6）：98-108．

［336］余泳泽，杜晓芬．经济发展、政府激励约束与节能减排效率的

门槛效应研究 [J]. 中国人口·资源与环境，2013，23（7）：93-99.

[337] 臧杰伟，陈红花. 创新能力如何助力本土品牌厂商"换道超车"？[J]. 科学学研究，2019，37（2）：338-350.

[338] 张阿玲，郑淮，何建坤. 适合中国国情的经济、能源、环境（3E）模型 [J]. 清华大学学报（自然科学版），2002，42（12）：1616-1620.

[339] 张洁，温旭新. 我国工业绿色低碳发展水平的省际测度及比较 [J]. 经济问题，2018（5）：68-74.

[340] 张洁斌，盛昭瀚，孟庆峰. 新能源汽车市场开拓的政府补贴机制研究 [J]. 管理科学，2015，28（6）：122-132.

[341] 张江雪，蔡宁，杨陈. 环境规制对中国工业绿色增长指数的影响 [J]. 中国人口·资源与环境，2015，25（1）：24-31.

[342] 张路蓬，薛澜，周源，张笑. 战略性新兴产业创新网络的演化机理分析——基于中国 2000-2015 年新能源汽车产业的实证 [J]. 科学学研究，2018，36（6）：1027-1035.

[343] 张明志，孙婷，李捷. 中国制造 2025 的碳减排目标会实现吗 [J]. 广东财经大学学报，2017，32（4）：4-14，23.

[344] 张晓娣，孔圣昂. 基于 DSGE 模型的能源税征收最优环节选择：产出型抑或投入型？[J]. 上海经济研究，2019（12）：56-67.

[345] 张晓燕，赵艳平，苏志伟. 研发支出越多越好吗？——基于创业板上市公司的面板门槛效果检验 [J]. 证券市场导报，2015（8）：23-30，37.

[346] 张志萍，张志琴，张晓萍，封宝琴，李海平. 太原市空气污染对心脑血管疾病死亡率急性影响的 Poisson 广义可加模型分析 [J]. 环境与健康杂志，2008（1）：11-15.

[347] 张意翔，黄亚云，周旋，成金华. 家庭能效政策的节能创新效应：中国数据的实证 [J]. 中国地质大学学报（社会科学版），2020，20（2）：92-102.

[348] 张正，赵飞. 中美新能源汽车发展战略比较研究——基于目标导向差异的研究视角 [J]. 科学学研究，2014，32（4）：531-535.

[349] 张子龙，薛冰，陈兴鹏，李勇进. 中国工业环境效率及其空间差异的收敛性 []. 中国人口·资源与环境，2015，25（2）：30-38.

[350] 章秀琴，孔亮，吴琼，郭俊晖. 新能源汽车创新型产业集群路径

升级研究——以芜湖市为例［J］. 科学管理研究, 2020, 38 (1): 78-82.

［351］赵楠, 王辛睿, 朱文娟. 中国省际能源利用效率收敛性研究［J］. 统计研究, 2015, 32 (3): 29-35.

［352］赵振宇, 甘景双, 姚雪. 风电产业链发展影响因素及解释结构分析［J］. 可再生能源, 2014, 32 (6): 814-821.

［353］郑吉川, 赵骅, 李志国. 双积分政策下新能源汽车产业研发补贴研究［J］. 科研管理, 2019, 40 (2): 126-133.

［354］周成, 魏红芹. 基于专利引用网络的我国新能源汽车省际间知识流动研究［J］. 情报杂志, 2018, 37 (7): 60-65.

［355］周华林, 李雪松. Tobit 模型估计方法与应用［J］. 经济学动态, 2012 (5): 105-119.

［356］周五七, 武戈. 低碳约束的工业绿色生产率增长及其影响因素实证分析［J］. 中国科技论坛, 2014 (8): 67-73.